MPAcc

MPAcc CLASSICS

MPAcc 精品系列

MPAcc CLASSICS

MPAcc精品系列

MPAcc

TAX PLANNING

税收筹划

理论、实务与案例

（第3版）

主 编 蔡 昌

副主编 李梦娟 阴长霖 王爱清

中国人民大学出版社

·北 京·

前言

PREFACE

随着市场经济的深入发展和经济全球化的趋势，税收与经济的关系更为密切，也更显著地影响着我们的生活。2013 年 1 月 3 日，瑞士最古老的私人银行——韦格林银行承认曾帮助 100 多位美国富人逃避税收，并同意为此缴纳 5 780 万美元的补偿金和罚金；同时，这家有着 271 年历史的银行在经营超过两个半世纪后宣布永久歇业。① 法国政府决定，自 2013 年起，向年收入超过 100 万欧元的个人征收税率为 75%的所得税以及提高财产继承税税率，不少富人“闻风外逃”。法国奢侈品巨头路易威登公司（LV）董事局主席兼首席执行官贝尔纳·阿尔诺 2012 年 9 月正式向比利时移民局递交入籍申请（已于 2013 年撤销申请）；法国著名影星、国宝级演员热拉尔·德帕迪约 2013 年 1 月 3 日申请加入俄罗斯国籍并获普京总统批准。② 2015 年，欧盟判决荷兰政府与星巴克签订的预约定价协议不正当地减少了星巴克在荷兰的税负，构成了荷兰对星巴克的非法国家补助，责令星巴克向荷兰政府补缴 2 000 万～3 000 万欧元的税款。③ 自 2015 年以来，著名足坛球星梅西、C 罗（克里斯蒂亚诺·罗纳尔多）、马斯切拉诺、内马尔等都因涉嫌逃税被西班牙政府、巴西政府予以制裁和处罚。2017 年，欧盟宣布对亚马逊与卢森堡签订的税收协议展开调查，认为亚马逊在卢森堡非法避税，要求其补缴 2.5 亿欧元的税款及利息。2017 年，亚马逊与美国国内税务局（IRS）的税收争议案经美国税务法庭审议，法官阿尔伯特·劳勃尔驳回了 IRS 的诸多指控，判定 IRS 多次滥用自由裁量权，最终以 IRS 败诉而结案。④ 美国总统特朗普上台后开始实施减税计划，在美国制造税收洼地以吸引国际资本投资。“一带一路”沿线的霍尔果斯市成了中国的税收洼地，“五免五减半”的企业所得税优惠及多种税收返还政策冲击着中国的税制体系。华谊兄弟、橙子映像、春暖花开、光线传媒、博纳影业等影视传媒公司蜂拥而至，多位知名导演和影星也活跃在霍尔果斯这片投资热土上。⑤ 2018 年 10 月 3 日，深受社会关注的范冰冰“阴阳合同”逃税案最终公布了处理结果：税务当局对范冰冰处以 8.8 亿元的巨额罚款。该案终于尘埃落定。开曼群岛当局于 2018 年 12 月

① 瑞士最古老银行被迫永久关门. 北京日报，2013-01-06.

② 富人税吓走富人 “大鼻子情圣”入俄籍. 北京日报，2013-01-06.

③ 欧盟要求星巴克和菲亚特补税 更多公司面临风险. 腾讯证券，2015-10-22.

④ 亚马逊打官司赢了，不用缴纳 15 亿美元税款. 网易科技报，2017-03-24.

⑤ “一带一路”最火城市：霍尔果斯成“皮包公司”集散地. 新京报，2017-11-03.

27日颁布《国际税收合作（经济实质）法》，2019年4月30日颁布《开曼群岛经济实质法指引2.0》，2020年7月13日颁布《开曼群岛经济实质法指引3.0》，对2.0版本的部分内容进行修订，尤其是对法律中涉及的九类相关活动给出更具行业针对性的指引。经济实质法要求在当地注册设立的公司、合伙企业等实体从事某些活动应具备充足的商业实质，否则将会受到处罚。具体来说，根据《开曼群岛经济实质法指引3.0》，在开曼群岛注册成立的相关主体就其所从事的相关活动，须通过相应的经济实质测试，并每年向当地税务机关做出报告。若当地税务机关认为该相关主体不符合经济实质的具体要求，则可以对其处以罚款甚至注销。这是国际反避税规则的重大发展。经济合作与发展组织（OECD）于2019年6月发布税基侵蚀和利润转移（BEPS）两大支柱的咨询意见，2020年1月31日发布两大支柱的包容性框架声明，承诺将于2020年底之前对数字经济的税收应对方案达成一致。BEPS两大支柱的确立及应用将进一步影响国际税收环境。Klepper & Nagin（1989）有一句极为经典的名言：人的一生中有三件事情是确定的：死亡、税收以及人类为逃避这两件事所做出的不懈努力。

目前，税收筹划得到全社会的广泛关注。何谓税收筹划？税收筹划是指纳税人在既定的税制框架内，通过对纳税主体的战略模式、经营活动、投资行为、理财涉税事项等进行事先规划和安排，以达到节税、递延纳税和降低税务风险等目标的一系列税务规划活动。出于理财决策和税收利益的考虑，集团公司、商务机构乃至个人都十分关注税收筹划的实践运作，税收筹划已经成为“皇冠上的明珠”。国内一些税务师事务所、税务研究机构、律师事务所等中介组织积极推出高端税收筹划服务，一些上市公司、集团企业开始尝试设立税务部并开展卓有成效的税收筹划活动。

“横看成岭侧成峰，远近高低各不同”，对税收筹划的理解与认识也是如此。基于私法自治原则①以及法律框架下对税收利益的合法追求，税收筹划被界定为纳税人享有的一项合法权益。税收法定原则确立了纳税人的税收筹划权，而私法自治原则使这种权利成为现实。税收筹划是市场经济的必然产物，是纳税人具有法律意识的主动行为，它不仅具备合法性的基本要件，更体现着民主正义的税收契约精神。因此，对于有失公平的逃避税收行为必须坚决遏制和打击。如果放纵逃避税收行为，就会使经济生态失衡。因此，我们需要一个公平、透明的游戏规则，需要缔结一份税收筹划的博弈合约。

征税与纳税是一种永恒的、高智商的动态博弈对局，我们经常用“渔网理论”来刻画征纳双方之间的微妙关系：渔民编织渔网出海打鱼，但在打鱼过程中，必然会出现一些漏网之鱼。鱼之漏网，原因在于网，鱼从网中钻出是鱼渴望生存的天性使然，渔民不应该埋怨漏网之鱼，而应该想办法修补好捕鱼之网。其实，将“渔网理论”应用于税收筹划有一定的借鉴意义：税法犹如一张大网，再结实的渔网都有网眼过大乃至破损之处，再完善的税法都有缺陷和漏洞。因此，税收筹划体现着纳税人捕捉税法漏洞、挖掘税收空间的洞察力，是纳税人对税收环境的反应和适应。更为重要的是，税收筹划堪称税收公平与效率的试金石，能使政府意识到修补税法之网的迫切性，进而演变成一种税制变迁的推动力，引

① 私法自治原则建立在19世纪个人自由主义之上，强调国家应严格限制自己的权利范围和权力界限，充分关注个体利益和最大限度地发挥个体的主观能动性、积极性，以实现社会效益的最大化和社会的公平正义。

发税制的诱致性制度变迁。①

关于税收筹划的起源，根据文献记载，最早可以追溯到19世纪中叶的意大利，当时意大利的税务咨询业已衍生出税收筹划服务，这可以看作税收筹划的萌芽。税收筹划在官方文件中正式提出始于美国财务会计准则（SFAS），美国财务会计准则委员会（FASB）在SFAS 109《所得税的会计处理》中提出了“税收筹划战略”（tax-planning strategy）的概念。欧洲税务联合会于1959年在法国巴黎成立，当时由5个欧洲国家的从事税务咨询的专业团体发起成立，其主要业务就是为纳税人开展税收筹划服务。美国经济学家迈伦·斯科尔斯与马克·沃尔夫森提出了有效税收筹划理论②，其税收筹划思想体现了一般均衡的战略思想，旨在建立一个透视税收规则如何影响税务决策、资产定价、资本结构和财务战略的理论框架。自罗纳德·科斯获得诺贝尔经济学奖以来，产权契约经济学思想逐步渗透进税收筹划领域，税收筹划被视为“由社会多方契约关系制约的、多方契约力量之合力推动的一种经济行为”（蔡昌，2008）。③ 在承认理性经济人的逐利本性、契约不完备性和利益博弈均衡等前提下，契约各方当事人（经营者、投资者、供应商、代理商等利益相关者）便有动机、有条件利用交易契约进行税收筹划运作，在更大范围内更主动灵活地安排理财涉税事项，以达成契约各方的共赢局面。美国税务学会主席萨利·琼斯与谢利·罗兹-盖特那奇（2010）敏锐地指出，税收代表一种经营成本，而且要像产品成本、雇员工资、财务成本等一样进行管理。将税收作为一种战略规划变量，特别强调其在经营决策制定中的角色。他们在《高级税收战略》一书中系统阐述了战略税收筹划理论，深入研究了税收战略、经营战略、企业成长和扩张的战略、资本交易等对交易各方的净现金流量、利润表和资产负债表的影响。④

本书由蔡昌任主编，负责编著与总纂工作，李梦娟、阴长霖、王爱清任副主编，中央财经大学财政税务学院孙鲲鹏为本书提供了一些篇章案例和习题。本书以《企业会计准则》和税法为依据，借鉴经济学、管理学的最新研究成果，以企业经营流程为主线，结合大量财税、会计实践案例，系统阐述税收筹划的相关理论与实务操作。本书并不拘泥于税制结构和税收政策的细节，而是把税收筹划放到一个更为开阔的空间里，在更普遍的意义上探讨税收筹划的理论结构、操作技术及实践应用，在更深层次上提供理解税收筹划与战略规划、经营模式、资本交易、财务决策之间彼此影响的分析框架。

本书适合MPAcc、MBA、MT等教学使用，同时也适合企事业单位各级管理者学习以及培训使用，对从事财税研究的科研工作者也有一定的参考价值。限于我们的学识水平，书中疏漏在所难免，恳请读者批评指正。

蔡 昌

---

① 诱致性制度变迁是与强制性制度变迁相对立的一种制度演进模式。著名经济学家林毅夫教授认为，诱致性制度变迁指的是一群（个）人在响应由制度不均衡引致的获利机会时所进行的自发性变迁；强制性制度变迁指的是由政府行动来加以促进的变迁。（林毅夫. 关于制度变迁的经济学理论：诱致性变迁与强制性变迁//R. 科斯，A. 阿尔钦，D. 斯诺. 财产权利与制度变迁：产权学派与新制度学派译文集. 上海：上海人民出版社，1994.）

② 迈伦·S. 斯科尔斯，等. 税收与企业战略：第2版. 北京：中国财政经济出版社，2004.

③ 蔡昌. 契约视角的税收筹划研究. 北京：中国财政经济出版社，2008.

④ 萨利·M. 琼斯，谢利·C. 罗兹-盖特那奇. 高级税收战略：第4版. 北京：人民邮电出版社，2010.

目录

CONTENTS

第一章

税收筹划的基础理论

人们合理安排自己的活动以降低税负，这是无可指责的。每个人都可以这样做，不论他是富人还是穷人。纳税人无需超过法律的规定来承担国家税收。

——美国大法官汉斯

第一节　税收筹划的研究动态及概念

一、国内外税收筹划研究动态

（一）国际税收筹划的发展现状与研究动态

1. 国际税收筹划的发展现状

从已有的文献记载中探寻税收筹划的起源，最早可以追溯到19世纪中叶的意大利，那时意大利的税务咨询业务中已存在税收筹划行为，意大利税务专家的地位不断提高，这可以看作税收筹划的最早萌芽。[①] 税收筹划的正式提出始于美国财务会计准则（SFAS），美国财务会计准则委员会（FASB）在SFAS 109《所得税的会计处理》中提出了“税收筹划战略”的概念，并将其表述为：一项满足某种标准，其执行会使一项纳税利益、营业亏损或税款移后扣减在到期之前得以实现的举措。在评估是否需要递延所得税资产的估价准备及所需要的金额时，要考虑税收筹划策略。SFAS 109的表述较为准确地说明了税收筹划与税务会计的关系，尽管现代税收筹划的边界远远超出了SFAS 109所定义的范围，但税收筹划始终是税务会计的重要组成部分。此外，有三件里程碑事件使税收筹划正式进入人们的视野。

① 梁云凤. 战略性税收筹划研究. 北京：中国财政经济出版社，2006.

第一，早在1935年，英国上议院议员汤姆林爵士在针对税务局长诉温斯特大公一案的发言中对税收筹划就有所涉及：任何一个人都有权安排自己的事业，如果他依据法律所做的某些安排可以使自己少缴税，那么就不能强迫他多缴税。这一观点得到了法律界的普遍认同，税收筹划第一次得到法律的认可，该案件也成为税收筹划史上的基础判例。

第二，美国知名大法官汉斯在为纳税人辩护时曾有一段精辟的论述：人们合理安排自己的活动以降低税负，这是无可指责的。每个人都可以这样做，不论他是富人还是穷人。纳税人无需超过法律的规定来承担国家税收。税收是强制课征的，而不是自愿的捐款。以道德的名义来要求税收，纯粹是奢谈。该判例成为美国税收筹划的法律基石。

第三，欧洲税务联合会于1959年在法国巴黎成立，当时由5个欧洲国家的从事税务咨询的专业团体发起成立，后来规模不断扩大，其主要业务就是为纳税人进行税收筹划。

西方国家关于税收筹划的判例，多半基于民本思想，即更多地站在纳税人的立场上为纳税人着想。随着社会经济的发展，国家干预经济活动越来越多，因此纳税人在进行税收筹划时，不可对国家的宏观调控造成过多的负面影响。

2. 国际税收筹划的研究动态

Hoffman (1961)① 指出，税收筹划的研究文献大部分都关注税收实务的具体操作层面。这在很大程度上是由税收筹划本身的特点所决定的：研究者要使纳税人获得直接的税收利益，就必须时刻关注纳税人的具体经营情况及相关税收法规。

著名经济学家、诺贝尔经济学奖得主迈伦·斯科尔斯认为，在错综复杂的税收筹划实务及其技术细节之中，隐含着税收筹划的一般规律。迈伦·斯科尔斯(2002)② 提出了有效税收筹划理论，并阐述了该理论的三大特征：一是多边契约方法（multilateral approach)。企业在开展税收筹划时，必须考虑所有契约方的税收收益，筹划是基于多边关系的，而不应局限于单边利益。二是隐性税收（hidden taxes）的决策价值。企业在开展税收筹划时，必须考虑综合税收，而不仅是显性税收，隐性税收也具有重要的实践意义。三是非税成本（nontax costs）的重要性。企业在开展税收筹划时，必须考虑所有成本，而不仅仅是税收成本。迈伦·斯科尔斯的有效税收筹划理论体现了一般均衡的战略思想，旨在建立一个透视税收规则如何影响税务决策、资产定价、资本结构和战略管理的理论框架，这在很大程度上促进了税收筹划理论向纵深发展。

（二）国内税收筹划的发展现状与研究动态

1. 国内税收筹划的发展现状

随着我国社会主义市场经济体制的确立，税收筹划如雨后春笋般破土而出，起

① William H. Hoffman, Jr. The Theory of Tax Planning. *The Accounting Review*, 1961, 36 (2): 274-281.

② Scholes, Myron S. et al. *Taxes and Business Strategy*: *A Planning Approach*. 2nd ed. Upper Saddle River, New Jersey: Prentice Hall, Inc., 2002.

初被冠以“合理避税”“节税”等称谓，后来固定形成“税收筹划”这一称谓。税收筹划是从西方传播到我国的，作为舶来品，直到20世纪90年代末期才逐渐被社会理解和接受。我国税收筹划的春天真正到来是在2000年以后，《中国税务报》开始开设“筹划专栏”，刊登一些市场主体微观筹划的方法和案例。一些中介机构，包括“四大”在内的会计师事务所、税务师事务所、律师事务所逐渐崛起并从事税务咨询顾问业务，税收筹划业务逐渐发展起来。多数税收筹划的成果表现在这些税务中介机构提供的税收筹划方案之中。

税收筹划的产生与发展有两个条件：一是承认纳税人的权利；二是法治的健全和透明。而市场主体经济行为的多元化与税制的复杂性是促进税收筹划发展的关键因素。由于税收筹划涉及税收学、法学、管理学、经济学、会计学、财务管理等多门学科知识，因此开展税收筹划必须统筹考虑各种相关因素的影响，难度较大且具有较强的现实约束性。

2. 国内税收筹划的研究动态

国内税收筹划的研究发端于20世纪90年代初期的市场经济发展。市场环境下，企业作为营利性组织，必须考虑自身经营成本问题，税收就是其中很重要的一个成本因素。

1994年，我国出版第一部税收筹划专著——《税务筹划》(唐腾祥、唐向著)；20世纪90年代中期，天津财经大学盖地教授作为税收筹划早期研究的代表人物，从税务会计研究延伸到税收筹划研究，为我国税收筹划理论研究做出了开创性贡献。2000年以后，在税收筹划领域比较活跃的学者有盖地、计金标、朱青、杨志清、张中秀、丁芸、刘蓉、黄凤羽、蔡昌、谭光荣、童锦治、沈肇章、姚林香、梁云凤、高金平、王素荣、梁俊娇、薛钢、翟继光、庄粉荣等，同时期出版了多部税收筹划领域的论著与教材。

回顾我国税收筹划的研究历史，大致分为三种范式：一是按照税种类别展开研究，分析不同税种的税收筹划特点、方法与规律；二是按照业务流程展开研究，分析不同业务流程中的税收筹划特点、方法与规律；三是按照行业类别展开研究，分析不同行业的税收筹划特点、方法和规律。总体来讲，我国已有的税收筹划的研究大多停留在就税论税、单边筹划层面，较少考虑经济交易中其他交易方的利益及税收以外的影响(非税因素)，更难结合企业经营活动和战略规划进行深层次分析。

按照研究思路可将税收筹划研究者分为学院派和实务派。学院派主要包括高等院校、科研机构的一些研究者，实务派主要包括企业高管、职业经理人、财务总监以及税务系统的一些研究人员。学院派主要从税收学、法学原理出发，结合税制要素和税收制度分析税收筹划的基本方法和技术，致力于发现税收法规中存在的优惠性待遇或漏洞(loopholes)，偏向于研究税收筹划方法论，原理性强、逻辑严谨，能够启迪思维，但是与税收实务联系不够紧密，操作性不强，在实务中往往需要结合具体情况进行验证。尽管学院派试图从企业经营业务的角度来加强与税收实务的联系，但其实质只是将企业经营业务中涉及的不同税种综合考虑，没有考虑实务中税收筹划本身的运作成本及非税因素等。相反，实务派的研究则注重税收筹划本身的可行性，他们从税收实务角度探索可行的税收筹划操作方案，并从中总结出一些基本规律和方法，可操作性强，但是缺乏原理性分析和方法论基础，容易陷入一事一议的局限，特别是在税制变革时期税收筹划方案容易完全失效。

近年来，随着学术研究的融合、开放、发展，逐渐出现从不同专业角度研究税收筹划的研究派系和研究者，税收筹划研究呈现出广泛性、社会化特征，同时也表现出一定程度的融合性特征。比如，法学界逐渐参与到税收筹划研究领域，推出了一系列法律规制视角的税收筹划研究成果，即主要探讨税收筹划的合法性及与税收筹划相关的法律证据、行政复议、法律诉讼等具体问题，将税收筹划研究引向法律视野；会计学界从税会差异、税务会计视角参与到税收筹划研究中，关注税收筹划与会计管理的融合，从盈余管理等信息披露视角研究税收对财务报表披露的影响。比较具有代表性的有战略税收筹划理论研究、契约观视角的税收筹划理论研究、法律规制视角的税收筹划研究、博弈均衡视角的税收筹划研究、产权视角的税收筹划研究、行为经济学视角的税收筹划研究等。

二、税收筹划的概念之争

税收筹划在我国的产生和发展，是经济发展和社会进步的必然产物，标志着纳税人纳税意识的提高。那么，我们应该如何认识税收筹划呢？

1. 税收筹划的争论

学术界对于税收筹划存在着六种称谓：税收筹划、税务筹划、纳税筹划、税收策划①、税收规划②、税务规划。其实这些说法并无本质差别，尤其是前三个概念基本上是混用的。国内对“tax planning”一词大多译为“税收筹划”，《中国税务报》开设的周刊也称为“筹划周刊”。但也存在不同的看法，盖地教授认为，“税务筹划”与“税务会计”相对应，称为税务筹划对于纳税人更为妥帖。③ 黄凤羽教授认为，针对“税收筹划”与“税务筹划”的概念之争，从一个侧面说明了国内从事税收筹划研究的学者所遵从的两种不同研究范式与分析线索。“税收筹划”观点主要体现了以税收学中的税收管理和税收制度为基础的分析范式，“税务筹划”观点主要代表了以会计学中的税务会计和财务管理为基础的研究思路。在某种程度上，二者体现了殊途同归的学术思想，也是国内税收筹划研究“百花齐放，百家争鸣”的发展趋势使然，都是值得加以肯定的……循着研究传承的逻辑一致性，既然在“tax planning”一词引入我国之初就将其译为“税收筹划”，况且这种译法没有什么不妥之处，并且能够更好地体现纳税人减轻税收负担的中性结果，今后也不妨继续沿用约定俗成的规范用语。④

---

① 庄粉荣在《实用税收策划》（西南财经大学出版社，2001）中，把税收筹划称为“税收策划”。

② 刘心一、刘从戎在《税收规划——节税的原理、方法和策略》（经济管理出版社，2006）中，把税收筹划称为“税收规划”。

③ 盖地所著的《税务筹划》（高等教育出版社，2003）、《税务会计与税务筹划》（中国人民大学出版社，2004）、《企业税务筹划理论与实务》（东北财经大学出版社，2005），书名都明显体现“税务筹划”的称谓。

④ 黄凤羽．从消极避税到阳光筹划．税务研究，2006（6）．

关于税收筹划主体，目前有“征纳双方”[1] 与“纳税人一方”两种观点。税收筹划主体仅包括纳税人一方的观点是学术主流，大量的文献都支持这一观点。笔者认为，所谓的征税筹划，其实是不存在的，只不过是征税计划或征税规划，即针对不同性质、不同表现的纳税人，税务当局采取不同的监控方式和征管模式，以实现税款征收管理的计划性和有效性。

2. 税收筹划的学科定位

关于税收筹划的学科定位以及与其他学科的关系，学术界普遍认为税收筹划应属于财务管理范畴，笔者也认同这一观点。税收筹划是财务管理的重要组成部分，税收筹划的目标与财务管理的目标一致，且隶属于财务管理的大目标。现代企业财务管理的目标是企业价值最大化，影响企业价值及其计量结果的重要变量是现金流，而税收筹划的功能之一就是对现金流的管理，包括节约现金流、平衡现金流、获取货币时间价值等，并为财务安排与规划增加了新的涉税因素。税收筹划与企业价值具有相关性，从而使税收筹划成为现代企业财务管理的重要组成部分。

税收筹划天然不是税务会计，而税务会计必然衍生出税收筹划。企业税收活动离不开税务会计，税收征管活动依据税务会计信息，进而也导致税收筹划对税务会计产生依赖；不以税务会计为根基，税收筹划是无法进行的。因此，税收筹划与税务会计相辅相成，形成了一种交叉互补的依存关系。税务会计与税收筹划最大的相似性和依存性在于其对内的决策职能和对外的披露职能的双重特征。对于税务会计与税收筹划的关系，盖地教授有着精辟的见解：在会计专业中，税务筹划可以不作为一门独立的学科，而是作为税务会计的组成部分。[2] 查尔斯·T. 亨格瑞等著的《会计学》中更是一语破的：税务会计有两个目的：遵守税法和尽量合理避税。其实，税收筹划是一门新兴的复合型、应用型学科，融财务学、会计学、税收学、法学、管理学知识为一体。但税收筹划学科又自成体系，所以许多学者还是倾向于把它单独作为一门学科。对于税收筹划与管理会计的关系，许多学者认为，税收筹划实际上也可归属于管理会计范畴，因为它不仅有着涉税会计决策功能，而且可为企业管理层提供有益的内部税务会计信息。

3. 税收筹划的概念

什么是税收筹划，可谓众说纷纭，目前尚难从词典和教材中找出权威且统一的说法。下面是国内外学者的代表性观点。

荷兰国际财政文献局（IBDF）编写的《国际税收词汇》中是这样定义的：税收筹划是指纳税人通过经营活动或个人事务活动的安排，实现缴纳最低的税收。

---

① 张中秀所著的《公司避税节税转嫁筹划》（中华工商联合出版社，2001）认为，税收筹划＝纳税筹划＋征税筹划。贺志东所著的《征税筹划》站在税务机关的角度，专门对征税筹划进行探讨。刘建民等所著的《企业税收筹划理论与实务》认为，税收筹划的内容主要涉及两个方面：一种是站在税收征管的角度进行的纳税筹划；另一种是站在纳税人减少税收成本的角度进行的征税筹划。

② 盖地. 税务筹划几个基本理论问题探讨//MPAcc《税收筹划》教学研讨会论文集. 天津：天津财经大学，2005.

美国南加州大学 W. B. 梅格斯博士的《会计学》中，对税收筹划做了如下阐述：人们合理而又合法地安排自己的经营活动，使之缴纳尽可能低的税收，他们使用的方法可称为税收筹划……少缴税款和递延纳税是税收筹划的目标所在。他进一步指出，税制的复杂性使得为企业提供详尽的税收筹划成为一种谋生的职业。现在几乎所有的公司都聘用专业的税务专家，研究税收对企业主要经营决策的影响，为合法地少纳税制定计划。

唐腾翔、唐向在《税收筹划》一书中写道：税收筹划指的是在法律规定许可的范围内，通过对经营、投资、理财活动的事先安排和筹划，尽可能地取得“节税”（tax savings）的税收利益。①

盖地在《税务筹划》一书中，把税收筹划定义为纳税人依据所涉及的税境（tax boundary）和现行税法，在遵守税法、尊重税法的前提下，规避涉税风险，控制或减轻税负，以有利于实现企业财务目标的谋划、对策和安排。②

从上述观点来看，虽然税收筹划没有一个统一的定义，但大家存在一些共识，即税收筹划是在法律许可的范围内合理合法地降低税收负担和税务风险的一种经济行为。本书把税收筹划定义为：纳税人在既定的税制框架内，通过对纳税主体的战略模式、经营活动、投资行为、理财涉税事项进行事先规划和安排，以节约税款、递延纳税和降低税务风险为目标的一系列税务规划活动。

实际上，在税收征纳活动中，税收筹划是纳税人对税收环境的反应和适应，这不仅顺应了纳税人减轻税负的要求，还有降低税务风险的要求。所以，纳税人应该分析税收环境的特征，掌握不同领域税收政策的差异性，了解税务当局的工作规划及相关征税信息，有针对性地开展税收筹划。毋庸置疑，纳税人的税收筹划行为也影响着税制的变迁。

三、税收筹划的深层诠释

从市场经济的国际经验来看，税收筹划早已有之，且在西方有“皇冠上的明珠”之美誉。为了使读者科学理解和运用税收筹划，这里对税收筹划的内涵做进一步诠释。

1. 税收筹划属于财务管理范畴，其性质是一种理财活动

纳税人为达到降低税收负担的目的而开展的税收筹划活动，属于企业财务管理范畴。这主要体现在选择和安排投资、经营及交易等事项的过程之中。在税法框架内，纳税人往往面临着多种纳税方案的选择，纳税人必然会选择税负最低或税后收益最大的纳税方案，最大限度地减轻其税收负担。但需要提醒的是，企业的经营管理应以合法为前提，如果采取违法手段来减少税款支出，不仅有损企业形象，还会受到严厉制裁，对企业的生产经营产生负面影响。所以，税收筹划不是要挖空心思逃避税收，而是充分利用税法赋予纳税人的权利，运用科学的方法和手段开展经营

① 唐腾翔，唐向. 税收筹划. 北京：中国财政经济出版社，1994.

② 盖地. 税务筹划. 北京：首都经济贸易大学出版社，2011.

管理活动，用足、用好、用活税收政策，这与政府制定税法的初衷是相吻合的。

2. 税收筹划是纳税人的一项重要权利

税收筹划的权利观涵盖以下三方面内容：第一，纳税人有依法纳税的义务，但又享有避免多缴税的权利；第二，纳税人享有合理谋划其涉税事项，尽可能实现税负最小化的权利；第三，纳税人享有维护其正当权益的权利。

3. 税收筹划是企业的一种长期行为和事前筹划安排

税收筹划不仅着眼于法律规制，更重要的是着眼于管理决策，还必须与企业的发展战略相结合，围绕战略规划进行税收筹划安排。纳税人在进行税收筹划时，除了要通晓税法外，还要熟知会计、审计、资产评估、财政、金融、保险等相关经济法律和政策，真正做到事前筹划，不逾矩、不违规，使税收筹划方案符合国家的政策导向和宏观调控要求。

4. 税收筹划是一种降低企业经营成本的有效手段

通过税收筹划节税与降低企业经营成本有着同等重要的价值。对纳税人来说，税收的无偿性决定了其税款的支出是一项不折不扣的现金流出，且没有与之直接匹配的现金流入。从这一角度分析，节税等于直接增加企业的净收益，与降低企业经营成本具有同等重要的意义。

5. 税收筹划是市场经济发展的必然产物

税收筹划的产生有两个基本条件：一是企业利益的独立性和法定范围内经营管理行为的自主性；二是国家和企业之间利益分配关系的规范化与税收秩序的正常化。这两个条件既强调了私法自治原则，又注重税收秩序问题，兼顾公私，内外兼修。税收筹划是企业适应市场经济要求的一种普遍的市场行为，既具有必要性，也具有可能性。

6. 税收筹划是纳税人对税法合理、有效的运用

纳税人必须依照税法规定办理税务登记，设置账目，进行纳税申报，及时缴纳税款，主动接受和积极配合税务机关的税务检查，这是纳税人应尽的义务。当然，纳税人在承担纳税义务时也享有相应的税收筹划权利。合理、有效地运用税收筹划，依法纳税，科学筹划，这是纳税人纳税意识增强、纳税观念提高、纳税方法纯熟、纳税效益明显的一个标志。这不仅有利于纳税人降低税务风险，提高收益水平，而且有利于税务机关提高税收征管水平，加强税收监督管理。所以，税收筹划对于税收政策和征管制度的完善也会起到积极的促进作用。

7. 税收筹划的目标并非税负最小化

税收筹划的目标不仅体现在降低企业税负方面，更注重实现税制框架约束下的税后利润最大化或股东财富最大化。这是衡量税收筹划成败的基本标准。在现实经济生活中，最优的税收筹划方案并不一定是税负最小化的方案，但一定是税后利润最大化或股东财富最大化的方案。因为税负最小化未必一定实现企业税后利润最大化，有时一味追求税负最小化反而可能导致税后利润下降，损害股东的最终利益。

税收筹划的目标还在于控制税务风险。控制税务风险主要从以下四个方面具体实施：第一，吃透税收政策精神，在经济活动中自觉地正确运用税收政策；第二，提高纳税自查能力，在纳税申报之前进行全面的检查、过滤，消除一切税收隐患；第三，钻研税务管理基本技能，掌握各种纳税技巧，提高税收筹划方案的设计能力；第四，从战略角度审视财税管理手段与方法，做到战略、经营、财务、法务、税务的协调统一。

8. 税收筹划风险与收益并存

税收筹划是一种事前行为，具有长期性和预见性。税收筹划和其他财务管理活动一样，也是收益与风险并存，这是市场经济的普遍规律。当然，纯粹考虑税收筹划还可能导致投资扭曲风险。现代税制遵循税收中性原则，即税收不影响纳税人的经济行为，纳税人不因政府课税而改变其既定的投资决策。但在现实经济环境中，纳税人往往由于税收的原因，被迫将资金投向次优项目而放弃最优项目。这种由于政府课税而改变纳税人投资行为从而给企业带来机会损失的风险即为投资扭曲风险，这在现实经济生活中屡见不鲜。

9. 税收筹划要考虑实际税负水平

影响实际税负水平的主要因素是货币时间价值和通货膨胀。货币时间价值对企业投资绩效及税负水平的最深刻影响表现在现金流量的内在价值的差异方面。因此，企业开展税收筹划，必须重视提高应收账款的收现速度和有效比重，在不损害企业市场信誉的前提下，尽可能延缓税收支出的时间和速度，控制即期现金支付的比重。通货膨胀对实际税负水平的影响，主要考虑两个方面：一是通货膨胀会造成高估应税收益的不利影响；二是通货膨胀会延缓企业纳税过程，产生抑减税负的效应。

10. 税收筹划要考虑边际税率

对税收筹划影响较大的税率不是某一税种的平均税率，而是其边际税率。边际税率是指在一定税基基础上，对新增加的一单位税基所适用的税率。对单一比例税率而言，边际税率是不变的；对累进税率或累退税率而言，边际税率随税基大小和税率结构的变化而变化。在实践中，往往会出现“边际税率越低，税收收入越高，边际税率提高，税收收入反而降低”的怪现象，这反映了边际税率变化对纳税人心理及经济行为的影响。企业通过对边际税率的考察，可以合理控制边际收益与边际成本，提高经营绩效。

11. 税收筹划要树立大系统思维

大系统思维就是全局观，税收筹划的大系统思维即以整体观和系统思维来看待不同的税收筹划方案，形成系统性税收筹划决策。中国有句谚语：天时不如地利，地利不如人和。这里讲的就是天时、地利、人和三者之间的辩证关系，反映了中国传统文化中的系统思维方法。我们在解决一切问题时都应该运用大系统思维，税收筹划也不例外。因此，税收筹划要立足于市场微观经济循环和宏观经济系统角度，全面分析一切影响税收筹划的因素和条件，统筹安排相关经营活动，即税收筹划决策与安排必须遵循“天时地利人和”的大系统思维模式。

第二节　税收筹划与偷税、避税的区别

一、偷税

偷税（tax evasion）是指负有纳税义务的纳税人故意违反税法，通过对已发生的应税经济行为进行隐瞒、虚报等欺骗手段逃避缴纳税款的行为。偷税也可称为逃税，它具有明显的欺诈性和违法性。

在我国税收实践中，偷税被解释为：纳税人伪造、变造、隐匿、擅自销毁账簿或记账凭证；在账簿上多列支出或者不列、少列收入；税务机关通知申报而拒不申报；进行虚假的纳税申报，不缴或者少缴应纳税款。[①] 偷税具有欺诈性与隐瞒性，其基本特征为：（1）偷税的目的是非法占有税款；（2）在手段上采用故意制造错弊、涂改凭证、伪造单据、更改账表等方式，利用欺诈方法以减轻税负；（3）属于违法行为，会造成国家税款的大量流失，破坏经济活动的公平性，败坏社会风气。

（一）偷税的五种形式

1. 伪造、变造、隐匿、擅自销毁账簿或记账凭证

对这一偷税形式争论最多的是取得的发票等原始凭证是否属于《中华人民共和国刑法》（以下简称《刑法》）第二百零一条所列举的行为。从法律条文的字面含义理解，的确未明确载明“原始凭证”字样，根据法无明文规定禁止即不为违法的原则，这样的理解有一定的道理。但是，根据这一理解，在实际运用中会得出一个悖论：纳税人只要保持记账凭证上的记载数据等于所附原始凭证的汇总数据就不存在伪造、变造记账凭证的问题。纳税人取得伪造、变造的原始凭证虽然可能造成偷税，但是仍不属于《刑法》第二百零一条所列举的偷税手段，不构成偷税，只能按照未按规定取得发票进行行政处罚。显然这样从字面上理解不符合立法意图。

为此，最高人民法院于 2002 年 11 月 5 日对此行为进行了司法解释：纳税人伪造、变造、隐匿、擅自销毁用于记账的发票等原始凭证的行为，应当认定为《刑法》第二百零一条第一款规定的伪造、变造、隐匿、擅自销毁记账凭证的行为。此司法解释堵塞了这一立法漏洞。

2. 在账簿上多列支出或者不列、少列收入

对于这一偷税形式争议较多的是纳税人取得虚开的增值税专用发票并且进项税额已入账属于哪一种偷税手段。一种观点认为应当属于伪造记账凭证，另一种观点认为《中华人民共和国税收征收管理法》（以下简称《税收征收管理法》）中未列出

① 《中华人民共和国税收征收管理法》第六十三条。

这种偷税手段，根据法无明文规定禁止即不为违法的原则，取得虚开的增值税专用发票的行为不应确定为偷税行为。

对此，国家税务总局以规章的形式进行了界定：纳税人非法取得虚开的增值税专用发票上注明的税额已经计入“应交税费”中的进项税额，构成了“在账簿上多列支出……”的行为，应确定为偷税。

3. 税务机关通知申报而拒不申报纳税

在这一偷税形式上，税务人员普遍存在的一种理解是：纳税人应申报而未申报，经税务机关通知申报而仍不申报。在实务操作时，为避免争议，通常情况下，税务机关通知的方式主要为书面通知。税务机关这么操作，当然是无可非议的，但对于这一偷税形式的理解存在重大偏差。

最高人民法院在对《刑法》中关于偷税罪（与《税收征收管理法》中的表述是一致的）的司法解释中指出，具有下列情形之一的，应当认定为《刑法》第二百零一条第一款规定的“经税务机关通知申报”：纳税人、扣缴义务人已经依法办理税务登记或者扣缴税款登记的；依法不需要办理税务登记的纳税人，经税务机关依法书面通知其申报的；尚未依法办理税务登记、扣缴税款登记的纳税人、扣缴义务人，经税务机关依法书面通知其申报的。

4. 进行虚假纳税申报

与这一行为相关联的是编造虚假的计税依据，两者在表现上极其相似。但由于两者是不同性质的违法行为，其所受处罚也有很大的不同：进行虚假纳税申报按照偷税处罚，编造虚假的计税依据可处以5万元以下的罚款。区别两者的不同，对于适用法律的罚则条款十分重要，同时对于保护纳税人的合法权益有着十分重要的意义。

最高人民法院关于偷税的司法解释指出：虚假纳税申报，是指纳税人或者扣缴义务人向税务机关报送虚假的纳税申报表、财务报表、代扣代缴、代收代缴税款报告表或者其他纳税申报资料，如提供虚假申请，编造减税、免税、抵税、先征收后退还税款等虚假资料等。其主要表现是申报表、申报资料与纳税人账簿记载的内容不一致。

根据国家税务总局税收征管司的释义，纳税人编造虚假计税依据，是指编造虚假的会计凭证、会计账簿，或者通过修改、涂抹、挖补、拼接、粘贴等手段变造会计凭证、会计账簿，或者擅自虚构有关数据、资料编制虚假的财务报告，或者虚报亏损等。

编造虚假计税依据可能有两种结果：一种是造成不缴或少缴应纳税款。对于这种行为，应该认定为偷税。《税收征收管理法》第六十三条规定，对纳税人偷税的，由税务机关追缴其不缴或者少缴的税款、滞纳金，并处不缴或者少缴的税款50%以上5倍以下的罚款。另一种是并未产生实际的不缴或少缴税款的事实，但却影响了纳税申报的真实性，可能造成以后纳税期的不缴或少缴税款。对于这种行为，根据《税收征收管理法》第六十四条规定，税务机关有权责令纳税人、扣缴义务人在规定的时间内改正编造的虚假计税依据，同时处5万元以下的罚款。

纳税人编造虚假计税依据的，视其是否造成不缴或少缴税款的情况，分别按《税收征收管理法》第六十三条或第六十四条进行处理，不应同时适用两条规定。

5. 骗取税款

骗取税款有多种表现形式，这里主要分析以下三种情况：

（1）纳税人先缴纳了税款，然后以假报出口或者其他欺骗手段骗取所缴纳的税款，这种情况下，应当认定为偷税。

（2）纳税人未缴纳税款，以假报出口或者其他欺骗手段骗取国家出口退税，这种情况下，应当认定为骗取出口退税。

（3）纳税人先缴纳了税款，然后以假报出口或者其他欺骗手段骗取比所缴纳的税款数额更多的税款，例如纳税人先缴纳了100万元的税款，然后骗取了150万元的税款。在这种情况下，应当分别认定：对于骗取的出口退税款中与纳税人缴纳数额相等的部分，如本例中的100万元，认定为偷税；对于超过已缴纳的税款部分，如本例中的50万元（150－100），认定为骗取出口退税。

在理解这一偷税形式时应当注意，骗取的出口退税款与已缴税款之间有着同一笔业务的因果联系时，可以认定为偷税。否则，即使纳税人就其他货物缴纳了增值税、消费税，也应当认定为骗取出口退税。

（二）逃税罪

2009年2月28日第十一届全国人民代表大会常务委员会第七次会议通过的《中华人民共和国刑法修正案（七）》（以下简称《刑法修正案（七）》）明确规定用逃税罪取代原来的偷税罪。《刑法修正案（七）》对逃税罪定义如下：纳税人采取欺骗、隐瞒手段进行虚假纳税申报或者不申报，逃避缴纳税款数额较大并且占应纳税额10%以上的；扣缴义务人采取欺骗、隐瞒手段，不缴或者少缴已扣、已收税款，数额较大的即构成逃税罪。

《刑法修正案（七）》将《刑法》第二百零一条修改为以下表述：纳税人采取欺骗、隐瞒手段进行虚假纳税申报或者不申报，逃避缴纳税款数额较大并且占应纳税额10%以上的，处3年以下有期徒刑或者拘役，并处罚金；数额巨大并且占应纳税额30%以上的，处3年以上7年以下有期徒刑，并处罚金。

扣缴义务人采取前款所列手段，不缴或者少缴已扣、已收税款，数额较大的，依照上述规定处罚。

案例分析

范冰冰逃税案

范冰冰作为中国娱乐圈具有极大影响力的代表性人物，其涉嫌逃税的爆炸性新闻占据了各大媒体的头版，成为社会热议的话题之一。2018年10月3日，深受社会关注的范冰冰逃税案最终公布了处理结果：税务当局共惩处范冰冰8.8亿元的巨额罚款。范冰冰逃税案终于尘埃落定。范冰冰作为国内知名演员，常年跻身于《福布斯》中国名人榜，在影视界的影响力很大。范冰冰平日还经营12家公司，涵盖文化传媒、影视制作、影视发行、投资管理、葡萄酒等多个领域。加上未公开的投资额，据保守估算，范冰冰身价已达15亿元。2018年10月3日，新华社的通稿《税务部门依法查处范冰冰“阴阳合同”等偷逃税问题》发布了税务部门对范冰冰逃税案件的阶段性处理决定。

江苏省税务局对范冰冰及其担任法定代表人的企业追缴税款2.55亿元，加收滞纳金0.33亿元（依据《税收征收管理法》第三十二、五十二条的规定）；对范冰冰采取拆分合同手段隐瞒真实收入偷逃税款处4倍罚款计2.4亿元，对其利用工作室账户隐匿个人报酬的真实性质偷逃税款处3倍罚款计2.39亿元（依据《税收征收管理法》第六十三条的规定）；对其担任法定代表人的企业少计收入偷逃税款处1倍罚款计94.6万元；对其担任法定代表人的两户企业未代扣代缴个人所得税和非法提供便利协助少缴税款各处0.5倍罚款，分别计0.51亿元、0.65亿元（依据《税收征收管理法》第六十九条和《中华人民共和国税收征收管理法实施细则》第九十三条的规定）。

（三）虚开增值税专用发票罪

根据《刑法》第二百零五条规定，虚开增值税专用发票或者虚开用于骗取出口退税、抵扣税款的其他发票，是指有为他人虚开、为自己虚开、让他人为自己虚开、介绍他人虚开行为之一的，违反有关规范，使国家造成损失的行为。

除此之外，《刑法》第二百零五条还规定，虚开增值税专用发票或者虚开用于骗取出口退税、抵扣税款的其他发票的，处3年以下有期徒刑或者拘役，并处2万元以上20万元以下罚金；虚开的税款数额较大或者有其他严重情节的，处3年以上10年以下有期徒刑，并处5万元以上50万元以下罚金；虚开的税款数额巨大或者有其他特别严重情节的，处10年以上有期徒刑或者无期徒刑，并处5万元以上50万元以下罚金或者没收财产。单位犯本条规定之罪的，对单位判处罚金，并对其直接负责的主管人员和其他直接责任人员，处3年以下有期徒刑或者拘役；虚开的税款数额较大或者有其他严重情节的，处3年以上10年以下有期徒刑；虚开的税款数额巨大或者有其他特别严重情节的，处10年以上有期徒刑或者无期徒刑。

三、避税

（一）避税的概念

联合国税收专家小组对避税（tax avoidance）做如下解释：避税是一个不甚明确的概念，很难用人们普遍接受的措辞对它做出定义。但是，一般来说，避税是纳税人采取利用法律上的漏洞或含糊之处的方式来安排自己的事务，以减少其应承担的纳税额，但这种做法并没有违反法律。虽然避税行为可能被认为是不道德的，但避税所采取的方式是合法的，而且纳税人的行为不具有欺诈的性质。

荷兰国际财政文献局在1988年版的《国际税收词汇》中对避税的解释为：避税，指以合法手段减少其纳税义务，通常含有贬义。该词常用以描述个人或企业通过精心安排，利用税法的漏洞，或其他不足之处钻空取巧，以达到避税目的。

《中国税务百科全书》对避税的解释是：避税是指负有纳税义务的单位和个人

在纳税前采取各种合乎法律规定的方法，有意减轻或解除税收负担的行为。

避税定义各有不同，但上述对避税的解释都说明了避税是用合法手段或不违法手段减轻纳税义务的一种行为，有其存在的合理性。从各国法律界定和税收实践看，也存在较大差异。譬如，在美国，避税与偷税实际上并没有明确界限，避税被广泛解释为除偷税以外种种使税负最轻的技术，人为的避税技术并不是为了经济或业务发展的需要，经常与偷税紧密联系，因此应加以制止。格拉斯哥大学税务学访问教授汤姆·林奇对避税有一段精辟的评论："避税"一词不幸地被冠以一种不守规矩的含义，事实上，它涵盖了很多方面的内容。不仅包括对简单和现实的业务的重新组合，且这种组合安排显然是合理而方便的，还包括复杂的组合策略。这些组合安排并无实际的影响——除了减轻纳税负担外并无其他实质意义，这些人为的规划并不违法，但许多人认为这种行为应该受到惩罚，而且更重要的是避税会潜在地导致无效率。①

（二）避税的合法性

英国、美国、德国、阿根廷、巴西、墨西哥、挪威等国都认可纳税人拥有避税的权利。在巴西，只要不违反法律，纳税人有权选择使其缴税最少的经营模式，但纳税人的选择必须在纳税义务法律事实发生之前进行。

尽管避税的合法性在这些国家得到了法律的认可，但并不意味着政府会对一切避税行为听之任之。事实上，各国政府往往针对频繁发生且危害严重的避税行为制定专门的反避税制度，如转让定价税制、避税港税制等。

少数国家认为避税行为是非法的，如澳大利亚，通常将避税和偷税等同。该国《所得税征收法》第231条规定，通过恶意的行为不履行或疏忽纳税义务，通过欺诈或诡计来避免纳税，均属违法行为。1980年颁布的《制止违反税法法案》进一步规定，妨碍公司或受托人缴纳所得税、销售税的行为，或唆使、协助、商议及介绍上述行为者，均属违法。② 在这些国家，任何使法律意图落空的做法都被视为触犯法律。它们否认避税的具体理由是，如果避税合法，那么税收的公平原则将被破坏。澳大利亚政府对避税非法的认定，尤其是将其与偷税并列的做法，受到了许多学者的质疑。

有些国家的法律中并没有明确说明避税是否合法，如我国颁布的《税收征收管理法》对避税或税收筹划的概念未做任何表述。国家税务总局税收科学研究所编著的《中国税收实务手册：2002》认为，对于逃税可以有两种理解：一种是广义的逃税，指纳税人采用各种合法或非法手段逃避纳税义务的行为；一种是狭义的逃税，指纳税人采用非法手段少缴税或不履行纳税义务的行为。通常认为，采用合法手段减轻税负或不履行纳税义务的行为是"避税"，采用非法手段少缴税或不履行纳税义务的行为是"逃税"。由于我国目前还没有一部税收基本法，《中华人民共和国宪法》的第五十六条仅规定"中华人民共和国公民有依照法律纳税的义务"，因此避

---

① 莱昂纳多·J. 布鲁克斯. 商务伦理与会计执业道德. 北京：中信出版社，2004.

② 国家税务总局税收科学研究所. 偷税与避税. 北京：中国财政经济出版社，1993.

税在法律上处于空白地带。

但是，在国际上，越来越多的国家认为避税是错用（misuse）或滥用（abuse）税法的行为，是纳税人通过个人或企业事务的人为安排，利用税法的漏洞、特例（anomalies）和缺陷（deficiencies），来规避或减轻其纳税义务的行为，避税也已成为一种政府制止的活动。究其原因，避税虽以非违法的手段来达到逃避纳税义务的目的，但其结果与逃税一样危及国家税收，直接后果是导致国家财政收入的减少，间接后果是影响税收制度的公平性。美国经济学家约瑟夫·斯蒂格利茨认为，尽管各种税收漏洞和税收庇护有非常大的负面后果——无效率和不公平，使其成为税制改革的主要动力之一，但不同行业对设法取得有利于自己的特殊待遇有着强烈的动机，而且对于这种特殊待遇常常有微不足道的理由。

一般认为，避税不符合政策制定者的立法意图，所以政府会通过制定更为详尽的税收规则来管制避税行为。这些规则主要分为两大类：一类是原则性的反避税条款，另一类是针对交易细节的具体性税法规定。从制度经济学的角度分析，完善的税收制度要么是不可能存在的，要么是代价过高的。Auerbach（2002）① 甚至认为，税法只能针对经济活动的形式而不是实质，而形式和实质间的对应关系会发生变化。法律条文越多，规则越细，税法的模糊性和漏洞也就越多，避税的可能性反而越大。税法在堵塞一个漏洞的同时，经常在其他方面带来更多问题。因此，税法漏洞和法规本身的模糊性必然存在，纳税人和政府之间的避税和反避税斗争也将持续下去。

国内学者在避税问题上也存在诸多分歧。多数学者包括杨斌（2004）②、葛家澍（2006）③、盖地（2008）④ 等都明确主张“法律没有禁止的就是允许的”，税收筹划应该包括避税。按照税收法定原则，避税并没有直接违反法律，所以不应受到法律的制裁（杨斌，2004）⑤；避税不是道德范畴的问题，因此不能以道德的观念来看待法律范畴的避税行为（葛家澍，2006）⑥。虽然税收筹划或避税行为可能会带来一定的社会危害，但国家不能超越法律规定以道德名义要求纳税人承担纳税义务；对税收筹划甚至对避税行为至少从法律上应该持肯定态度。

税收采用的是法定主义原则。税收法定原则怎么能够排斥不违反税收法律的避税呢？我们只能说，国家和政府应该通过法律制度建设来规范纳税人的避税行为，但是不能认定纳税人的避税行为就是违法的。

总之，避税是指纳税人在不违反法律的前提下，通过对生产经营活动及财务活动的安排以期达到纳税义务最小化的经济行为。由于避税的行为并不违法，因此在

---

① Auerbach, Alan J. Taxation and Corporate Financial Policy//A. J. Auerbach & M. Feldstein. Handbook of Public Economics, 2002: 1251-1292.

② 杨斌．国际税收．上海：复旦大学出版社，2004.

③ 葛家澍．企业有效避税定式．北京：企业管理出版社，2006.

④ 盖地．企业税务筹划理论与实务．大连：东北财经大学出版社，2008.

⑤ 同②.

⑥ 同③.

我国税收实践中，对避税并没有严格的法律界定和明确的法律责任，但对于纳税人利用税法漏洞和税制缺陷采取操纵手段人为减少税收支出的避税行为，可能已构成逃税行为的，税务机关可以采取强制性的反避税措施，调整纳税人的财务结果并要求其补缴税款。

当前，在经济全球化的背景下，跨国公司在国际领域的避税行为愈演愈烈，引起了全球政治领袖、媒体和社会公众的高度关注。为此，2012 年 6 月，G20 财长和央行行长会议同意通过国际合作应对 BEPS① 问题，并委托 OECD 开展研究。2013 年 6 月，OECD 发布《BEPS 行动计划》，并于 2013 年 9 月在 G20 圣彼得堡峰会上得到各国领导人背书。2013 年 8 月 27 日，中国签署《多边税收征管互助公约》，成为该公约的第 56 个签约方，G20 成员自此全部加入这一公约。2015 年 10 月，BEPS 项目的 15 项行动计划成果报告发布，并在 2015 年 11 月举行的 G20 安塔利亚峰会上得到 G20 领导人批准，包括中国在内的不少国家通过修改本国税收法规来落实《BEPS 行动计划》。2017 年 6 月 8 日，国家税务总局局长王军代表中国政府在法国巴黎签署《实施税收协定相关措施以防止税基侵蚀和利润转移（BEPS）的多边公约》（以下简称《公约》），中国成为 67 个国家和地区的首批签署方。《公约》旨在将国际税收计划 BEPS 项目的成果应用于全球 3 000 多项税收协定中，在为各国和地区之间税收协定政策提供灵活性的同时，执行最低标准防止协定滥用，并改进争议解决机制。OECD 于 2017 年 7 月 6 日发布《跨国企业与税务机关转让定价指南》，特别强调“准确界定关联交易的实质至关重要”，提出“如果双方交易的实际行为与合同安排并不一致，应以交易双方的实际行为作为依据”，这其实也是对国际反避税规则的重大发展。此外，2019 年 OECD 发布 BEPS 两大支柱的咨询意见，2020 年 1 月 31 日发布两大支柱的包容性框架声明，承诺将于 2020 年底之前对数字经济的税收应对方案达成一致。BEPS 两大支柱的确立及应用将进一步影响国际税收环境。

其实，全球应对《BEPS 行动计划》表明世界大多数国家对待避税的观点和立场是一致的，即必须出重拳打击国际避税行为，促进主要经济体之间协调一致，开展务实高效的国际经贸合作和税收合作，构建公平和现代化的国际税收体系，促进世界经济包容性增长。

知识链接

2019 年 1 月 1 日以来，开曼群岛当局更新了一系列有关经济实质现行监管的法律法规，主要包括 2018 年 12 月 27 日陆续更新的《经济实质法》（2019 年 1 月 1 日生效）及后续相关修正案、2019 年 4 月 30 日更新的《经济实质指引 2.0》及 2019 年 9 月 17 日更新的最新版的指引修正案。

① BEPS（base erosion and profit shifting）即税基侵蚀和利润转移，是指跨国公司利用国际税收规则存在的不足，以及各国税制差异和征管漏洞，最大限度地减少其全球总体的税负，甚至达到双重不征税的效果，造成对各国税基的侵蚀。跨国公司大多利用不同税收管辖区的税制差异和规则错配进行避税，其目的是人为造成应税利润“消失”或将利润转移到没有或几乎没有实质经营活动的低税负国家（地区），从而降低其整体税负。

《经济实质法》的全称为《国际税收合作（经济实质）法》（The International Tax Co-Operation (Economic Substance) Law），顾名思义，《经济实质法》与国际税收有重要的关联。《经济实质法》是针对OECD和欧盟在公平税收方面的工作制定的。根据《经济实质法》及相关配套文件要求，《经济实质法》涉及的相关主体开展相关活动并取得相关收入的情况下，相关主体必须满足经济实质测试，并向开曼群岛税务信息局申报相关信息。

1. 经济实质的概念

经济实质指的是相关公司主体需在某一司法辖区内有实质性的活动。简而言之，即核心创收活动和所获得的收入相匹配。具体而言，相关主体从事相关活动获得相应收入，除非满足法定的除外情形，均需通过经济实质测试，满足经济实质的要求。

2. 相关主体的范围

相关主体指根据开曼群岛《公司法》（2018年修订版）注册的开曼群岛公司、根据开曼群岛《有限责任公司法》（2018年修订版）注册的开曼群岛有限责任公司、根据开曼群岛《有限合伙法》（2017版）注册设立的开曼群岛有限合伙企业以及根据开曼群岛《公司法》（2018年修订版）注册的在开曼群岛岛外成立的公司，但明确不包括以下三类主体：开曼群岛国内企业、投资基金、非开曼群岛税收居民实体。

3. 相关活动的含义

《经济实质法》规定应遵守经济实质要求的相关活动涵盖以下九类业务：

（1）银行业务；

（2）分销和服务中心业务；

（3）融资租赁业务；

（4）基金管理业务；

（5）总部业务；

（6）控股公司业务；

（7）保险业务；

（8）知识产权业务；

（9）航运业务。

4. 如何通过经济实质测试

从事相关活动的相关主体必须满足经济实质测试，即满足以下要求：

（1）在开曼群岛开展与相关活动有关的“核心创收项目”。

（2）在开曼群岛以适当的方式指导和管理相关活动。

（3）在开曼群岛发生足够的经营支出；拥有足够的实体存在（包括经营场所、工厂、资产和设备）；有足够数量的全职员工或具有适当资格的其他人员。

5. 惩罚机制

相关主体如果未通过经济实质测试，当地税务机关可对其进行约合1.2万美元的罚款；若第二年仍未通过测试，则会要求相关主体支付约合12万美元的罚款。如果两次罚款后仍然不符合要求，当地税务机关可能申请法院注销该相关主体。

相关主体如果故意提供虚假或者误导性信息，将被处以约合1.2万美元的罚款和5年有期徒刑。

《开曼群岛经济实质法指引3.0》新增未按时向税务机关提交经济实质报告表的惩罚措施。当地税务局可对相关主体处以约合6 000美元的罚款并按日加收罚款，约合600美元。

（三）避税的特征与分类

1. 避税的特征分析

通过对避税概念的探讨，可以看出避税具有以下显著特征：

第一，合法性或非违法性。即避税所采用的行为方式是合法的或是非违法的，纳税人没有行使欺诈行为，这一点明显区别于偷税或逃税。

第二，避税的手段大多表现为利用税法漏洞或税制缺陷来减轻税负。避税行为一般通过交易安排进行，但交易安排不纯粹是出于商业动机，也不纯粹是出于税收动机，可能既包含商业动机，也包含税收动机。

第三，避税行为尽管不违法，但往往与税收立法意图相违背，可能被认为不道德。这只是“可能”，因为避税方式多种多样，很难明确界定。

关于避税行为的界定，下面举例阐释其内涵特征。原来我国对香皂征收消费税，因其属于护肤护发品系列，而肥皂则不属于此系列，所以对肥皂不征收消费税。对此有一厂商钻税法的空子，生产了一种名为“阿尔贝斯皂”的介于肥皂和香皂之间的产品，而拒绝缴纳消费税，这一做法显然带有避税倾向。在国际领域，避税最常见、最一般的手段是利用“避税港”（指一些无税收负担或税收负担极低的特殊区域）虚设经营机构或场所转移利润，以及利用关联企业之间的转让定价转移收入，即采取税基侵蚀、利润转移的方式实现避税。由于通常意义上的避税行为有悖于税法精神，也可以说是对税法的歪曲或滥用，世界上多数国家对避税行为采取不接受或拒绝的态度，一般针对较为突出的避税行为，通过单独制定法规或在有关税法中制定特别条款来加以规制。

2. 避税的分类

避税行为在经济领域普遍存在，从本质上讲，避税和税收筹划有着密切的联系，正如一枚硬币有正反两面一样。避税是从政府角度定义，侧重点在于纳税人回避纳税义务；而税收筹划则是从纳税人角度进行界定，侧重点在于纳税人合法减轻税收负担。由于征纳双方立场不同，纳税人从个体利益最大化出发，在降低税收成本（包括税收负担和违法造成的税收处罚）而进行筹划的过程中会尽量利用现行税法，当然不排斥钻税法的漏洞；而税务部门为保证国家财政收入，贯彻立法精神，必然反对纳税人的税收筹划行为，但这种反对仅限于道义上的谴责。所以，政府只要没有通过法定程序完善税法，就不能禁止纳税人在利益驱动下开展税收筹划或避税活动。①

根据避税活动的行为方式、本质属性及其影响，可以把避税分为两类：一是灰

① 虽然有些避税行为没有触犯法律，可以被社会接受，但对于不合理的避税行为，如果道德约束无力，则会给社会增添许多交易成本，这些交易成本可能来自税务稽查成本、税法修订成本、避税案件调查成本等。

色避税；二是中性避税。

灰色避税是通过改变经济活动的本来面目来达到少缴纳税款的避税行为，或者是企业会计核算和纳税处理中所反映的信息不符合经济事实，从而导致少缴纳税款的避税行为。灰色避税属于违背道德伦理的行为，应该受到道德的谴责。同时，税务机关在掌握了有关证据后可以进行反避税。

例 1－1

王某兄弟二人开办了一家民营公司，将已赋闲养老的父母聘为公司正式员工，王老夫妇二人工作甚为轻松，但报酬优厚。如果王某兄弟二人不将父母聘入公司，则王某兄弟要先获得较高的个人收入（包括工资、薪金收入和红利所得），在扣缴了个人所得税后，再用税后所得去赡养二老。现在让王老夫妇“上班”，并获得与其劳动贡献明显不相称的工资收入，显然是利用了中国传统的家族关系，将本属于王某兄弟的个人收入分解一部分到其父母名下，这里只是利用了二人对公司人事安排和薪酬决策的权力，变相地转移了收入，从而达到了避税的目的。这种行为表象与事实不符，是现行税法所不支持的灰色避税。

中性避税主要是利用现行税制中的税法漏洞或税制缺陷，或者是利用税收政策在不同地区、不同时间的差异，通过对经济活动的周密策划和适当安排，将应税行为转变为非税行为、高税负活动转变为低税负活动的避税方式。

税法漏洞是指所有导致税法失效、低效的政策条款。由于税制体系内部结构的不协调或不完善，税法漏洞难以避免，这些漏洞性条款往往自身规定存在矛盾或在具体规定中忽视某个细小环节，又或存在较大的弹性空间和不确定性。税制缺陷多表现在税收程序、定额税、转让定价及税收管辖权等方面。

例 1－2

2003 年春天，中国爆发了一场特殊的“非典”灾难。为了支持“抗非典”工作，《财政部 国家税务总局关于非典型肺炎疫情发生期间个人取得的特殊临时性工作补助等所得免征个人所得税问题的通知》（财税〔2003〕101 号）规定，对于非典型肺炎疫情发生期间，在医疗机构任职的个人取得的特殊临时性工作补助等所得免征个人所得税。根据这项政策，一些医疗机构及医疗行业相关单位在“抗非典”期间乘机大搞奖金分配和福利补助，从形式和内容上都与“抗非典”工作挂钩，以此来规避个人所得税。避税成功的主要原因是“抗非典”税收政策存在操作层面的漏洞。当然，纳税人主动利用税法漏洞避税，这本来是无可厚非的，但可能会受到伦理道德的谴责。纳税人的这种避税行为属于中性避税，只是利用税法漏洞，实际上并不违法。

避税行为在实践中有着极大的机会主义倾向，纳税人通常采取微妙的行为方式来完成避税活动。避税又与不对称信息联系在一起，信息不对称助长并强化了避税行为，使避税行为极易变成扭曲、误导、模棱两可或混乱等故意行为，如灰色避税就带有典型的机会主义倾向，应该受到商业伦理的约束。而中性避税是纳税人的一种适应性行为，是对税收环境的一种敏感反应，而且与商业伦理并行不悖，是市场利益驱动下的正常行为，应该受到法律保护。

市场经济是以制度为基础的法治经济，但市场经济的运行离不开伦理基础，社会经济秩序的维护在一定程度上也依靠伦理的力量，因为伦理会影响人类的行为方式。对于避税行为，存在着道德压力，而不仅仅是依靠法律约束。避税行为是否触及伦理道德，必须将其放在特定的经济制度与税收环境中考察，正所谓“橘生淮南则为橘，生于淮北则为枳”。

三、税收筹划的特征与原则

（一）税收筹划的合法性

税收筹划是符合税法要求的，是市场条件下纳税人维护自身合法权益的一种正当行为，有别于偷税、避税、逃税等行为。

1. 税收制度是税收筹划的基础

税收制度一贯强调税收法定原则。税收法定原则最早产生于英国。1215 年英国《大宪章》在世界历史上第一次对国王征税权做出限制。1689 年英国国会制定《权利法案》，规定国王不经国会同意而任意征税是非法的，只有国会通过法律规定才能向人民征税，这正式确立了近代意义上的税收法定原则。所谓税收法定原则，是指税收主体的权利和义务必须由法律加以规定；税收的各种构成要素必须由法律予以明确规定；没有法律依据，任何主体不得征税或减免税，任何人不得被要求纳税。

从税收法定原则角度观察，税收制度的法定性越强，税收筹划的预期性越明确，税收筹划的技术、方法就越具稳定性和规范性。正是税收的法定性要求催生了税收筹划。税收筹划要求纳税人必须遵从税收制度的约束，但纳税人只要符合税收规则，就可以“打擦边球”，这也是税收法定原则带给我们的启示。

政府征税产生了税收制度，也直接导致了纳税人的税收筹划，所以，税收制度与税收筹划可谓一对“孪生兄弟”，二者有着密切的联系。一方面，健全、合理、规范的税收制度将大大压缩纳税人偷逃税款等违法行为的空间，从而促使其通过税收筹划寻求税收利益；另一方面，税收制度作为贯彻国家权力意志的杠杆，不可避免地会在其立法中体现国家推动整个社会经济运行的导向意图，会在税负公平、税收中性的一般原则下渗透税收优惠政策。而税收优惠政策的存在，使得同一种税在实际执行中的差异形成了非中性的税收制度，这无疑为企业选择税后收益最大化的经营策略与理财行为即进行税收筹划提供了客观条件。

税收制度中还存在一些税法差异和缺陷，纳税人会利用这些差异和缺陷进行旨在减轻税负的税收筹划。如果仅从单纯的、静态的税收意义上说，的确有可能影响国家税收的相对增长，但这是短期的。税收制度的这些差异或缺陷，其实质是国家对社会经济结构进行能动的、有意识的优化调整的工具，这也可视为国家为获取未来更大预期收益而支付的有限的机会成本。所以，企业利用税收制度的非完全统一性所实现的税负减轻，与其说是利用了税收制度的差异和缺陷，还不如说是对税法意图的有效贯彻和执行。

2. 税收筹划的法律规制

税收筹划是纳税人的一项基本权利，其存在的合理性及法理基础是对纳税人基本权利的界定。税法关于税收筹划的法律规制主要体现在以下四个方面：

第一，纳税人具有税收筹划的权利。目前，国际上普遍认可纳税人拥有进行税收筹划的权利。在确认税收筹划权利的前提下，各国也采取了各种措施，如完善税法，压缩纳税人利用税法漏洞进行筹划的空间。税收筹划在我国税收实践中也被普遍接受，并作为纳税人的一项基本权利得到法律的认可。

第二，税法界定了税收筹划的范围和空间。按照法学理论，法律一方面通过宣告权利，赋予人们从事社会经济活动的选择范围；另一方面又通过设置义务，激励或抑制某些经济行为。在税收法定原则下，纳税人一方面享有税收筹划的权利，另一方面又必须履行依法纳税的义务。假如我们把税收法定看作一个征收区间，在征收区间内纳税人承担必须依法纳税的义务，而在征收区间之外，即税收筹划的空间与范围，纳税人享有筹划节税的权利。没有法定的征收区间便难以界定税收筹划的空间与范围。

第三，税法是确认税收筹划合法与否的标准和依据。法律作为一种行为标准和尺度，具有判断、衡量人们行为合法与否的评价作用。在税收法律关系中，税法同样为纳税人纳税、税务机关征税建立了明确的评价标准和法律依据，纳税人的税收筹划行为是否合法需要在税收法律中予以明确。

第四，税法对税收筹划予以认可和保护。对于征税主体双方来说，所处的地位与立场是截然不同的。国家以往倾向于保证税务机关的征税权利，而随着市场经济的推进和税收观念的转变，社会各界也逐步认识到保护纳税人私有财产的重要性。《税收征收管理法》第一条明确规定要保护纳税人的合法权益，促进经济和社会发展；第五十一条规定纳税人超过应纳税额缴纳的税款，税务机关发现后应当立即退还。这说明按照国家税法规定缴纳税款之外的任何款项，都是对纳税人私有财产的侵害。同理，纳税人进行税收筹划节约的税款属于纳税人的合法收入，应该得到法律的保护。

3. 税制框架下的税收筹划权

纳税人自由行使税收筹划权主要表现在以下四个方面：

第一，追求税收筹划的利益。纳税人为什么要进行税收筹划？按照经济学观点，纳税人是在社会经济中从事生产、消费、交换的行为人，具有“理性经济人”的特征，并以此作为选择行为方式准则的主体。这种对自身利益的追求在税收法律关系中，必然带来对税收筹划利益的追求与向往。

第二，分析税收筹划的空间。这是行使税收筹划权的前提条件。在税收制度中，影响税收筹划空间的因素既与纳税人的自身状况有关，也受国家具体税法条款的影响，还与国家宏观政策环境有关。仅从税收制度层面分析，无论税法多么健全、多么严密，税负在不同纳税人、不同纳税期、不同行业和不同地区之间总是存在差别。而不同的纳税人面对不同的税种、不同的计税依据和税率，其税收筹划的空间是不同的。税法对计税依据规定得越粗略，应纳税额的调整幅度越大，其税收筹划的空间也就越大。由于各种影响税收的因素的存在，税收筹划的空间也是客观存在的，并且各种条件下其税收筹划的空间大小、广度和深度都是不一样的，这就给税收筹划带来了极大的运作空间。

第三，优化税收筹划的方案。获取税收筹划利益需要在众多的备选方案中进行科学决策，这需要一定的专业技术，专门从事税收筹划的机构和专家便应运而生。实践中，一项经济活动往往存在多个纳税方案，且每种方案对应于某种特定的预期收益或目标效益，但同时都需要付出一定的代价或风险。在这种约束下，纳税人总是倾向于选择收益最大化的方案。通过这种最优纳税方案的选择和技术运作，为纳税人寻求节税利益、降低税收成本提供了极大的可能和众多的机会。

第四，遵守税收筹划的规则。“法律按其真正的含义而言与其说是限制，还不如说是指导一个自由而有智慧的人追求他的正当利益。”① 而越轨的自由不是真正的自由。税收法定原则确立了纳税人的税收筹划权利，而税法在规定这种权利的同时也要求权利的行使必须遵循一定的规则，以使自由的潮流不致横溢。这就要求纳税人不断地更新税收筹划的内容与方法，与时俱进，适应国家税收政策的调整及变化。

（二）税收筹划的基本原则

1. 综合性原则

综合性原则是指纳税人不仅要把税收筹划放在整体经营决策中，而且要放在具体的经济环境中加以考虑。税收筹划是为企业整体利益最大化服务的，它是方法和手段，而不是最终目的。因此，企业进行税收筹划，必须对其经营活动整体加以权衡才能取得最大的利益。这种整体权衡主要指以下方面：

（1）同时兼顾相关的各税种。企业的任何一项经济活动都会涉及多个税种的课征。

（2）全面考察相关年度的盈亏情况、课税情况及未来发展要求。

（3）统筹考虑经济活动参与各方面临的税负状况。

2. 经济性原则

经济性原则是指企业进行税收筹划是为了获得整体经济利益，而不是某一环节的税收利益，因此企业在税收筹划时要进行整体的成本效益分析。

税收筹划所获得的整体经济利益是指它给企业带来的纯经济利益，即

① 洛克．政府论：下．北京：商务印书馆，1981.

纯经济利益＝筹划后的经济利益－筹划前的经济利益

这种整体经济利益的大小常常与税法、经济环境有很大关系。当企业税负重、课税税率高（特别是超额累进税率具有高边际税率）、税收优惠条款复杂时，企业是否采取税收筹划，效果大不一样。税收筹划的成本则包括为进行筹划所花费的时间、精力和财力。由于税收筹划涉及面广，有时需要税务方面的专业人才参与方可成功，因此很多企业聘请税务专家为其筹划，这就产生了支付税务专家费用的成本。企业规模越大、经营范围越广、业务越复杂，所花费的成本也就越高。因此，企业决定是否采取税收筹划的标准是：税收筹划收益大于税收筹划成本时，应当开展税收筹划；税收筹划成本高于税收筹划收益时，应当放弃税收筹划。

在进行成本效益分析时，还要考虑税收筹划的风险性。在无风险时，当然是收益越高越好，但存在风险时，高风险常常伴随着高收益，这时不能简单比较收益大小，还应考虑风险因素以及经过风险调整后的收益大小。税收筹划之所以有风险，与经济环境、国家政策及企业自身活动的不断变动有关。如果一切都可预测、可量化，也就无风险可言。但在现实中，有的税收筹划是立足于长期规划的，长期性则蕴含着较大的风险性。例如，在较长一段时间内，国家可能调整税法，开征一些新税种，减少部分税收优惠；企业预期的盈利由于经济波动、市场疲软而变为亏损，而根据预计盈利情况设定的筹划方案则变得不可行；在较长一个周期内，国家政策也会发生变动，从而使预定的税收筹划方案失效。

3. 守法性原则

税法是处理征纳关系的法律规范，是征纳双方共同遵守的法律准绳。纳税人依法纳税，税务机关也应依法征税。纳税人如果违反税法的规定，会受到法律惩处；如果有多种纳税方案可供选择，纳税人合法地选择低税负的方案，则是无可非议的。因此，守法性原则是企业进行税收筹划时首先要遵守的最基本的原则。守法性原则还要求企业正确进行纳税申报、及时足额地缴纳税款。

正确区分合法与非法是极为重要的，税务部门判断企业一项经济行为是否合法的方法通常有以下几个：

（1）动机检验。这是指税务部门对一个纳税人的经济活动和安排的法律特征或其他特征进行检验，看其主要或部分目的是否在部分或完全逃避纳税义务。如果税务部门认定纳税人的一项经济活动和安排的主要或部分目的是在部分或完全逃避纳税义务，那么这项经济活动和安排就是非法的。在实践中，这种方法是难以单独实施的。因为动机存在于纳税人头脑中，税务部门无法直接判断，只能通过分析纳税人在经济事务上的处理是否合理、合法来间接判断。

（2）人为状态检验。这是分析税收问题时借用的一个民法概念。如果立法机关具有在一定范围内开征一种税的意图，此意图已被纳税人发现，纳税人可能采用一种表面上遵守税收法规，而实质上与立法意图相悖的合法形式来达到自己的目的。在这种状况下，合法的形式背离了实际状况，那么这种处心积虑的合法形式称为人为状态。税务部门可以采取这一方法检验纳税人是否以合法的形式来违背立法机关的征税意图。但是，税务部门把它作为一种独立的判断方法来使用尚有很大困难。

（3）受益检验。受益是指纳税人通过某种安排减少的纳税额或获得的其他税收上的好处。税务部门根据某项经济活动的受益情况，检验其性质。如果一项税收上的好处只是一种特定交易的唯一结果，税务部门则将这项特定的交易判断为非法的；如果一项税收上的好处是某一交易的主要或仅是一部分，税务部门则将这项特定的交易判断为合法。

（4）规则检验。这是指税务部门运用具体成文的法律规定来进行检验，看纳税人是否有违规行为。在特定环境中，判断合法与否的权柄基本上落在税务机关手中，由其酌情处理。这种处理权的大小可能取决于或受限于税收法规中的特定标准。在某些情况下，政府税务部门甚至可能具有完全自由的自行处置权。

4. 事前性原则

在经济活动中，企业的纳税义务通常具有滞后性，这就从客观上为纳税人提供了对纳税问题做出事前筹划安排的机会。另外，企业的经营、投资和理财活动是多方面的，税收规定也具有较强的针对性。纳税人身份和课税对象不同，税收待遇也存在差别，这从另一个方面向纳税人展示了可选择较低税负的机会。总之，纳税人进行税收筹划具有现实的可能性。但税收筹划的实施必须在纳税义务发生之前，这也是税收筹划的重要特征之一。

总之，税收筹划是对涉税事宜和纳税活动的一种谋划或规划，值得深入研究。同时还应看到，税收筹划是一项综合性很强的微观经济管理活动，它将财政、税收、财务、法律、管理以及经济等诸多方面的知识融合在纳税活动中，充分考虑到宏观经济政策和企业现实情况，有其复杂性和操作难度。因此，纳税人应在理解和掌握基本方法的基础上，寻求适合自身特点的税收筹划模式。

第三节　宏观视野下的税收筹划

一、税收筹划的宏观定位

税收筹划的本质是纳税人在税法许可的范围内，通过对经营和财务活动的合理筹划和安排，达到减轻税负、降低风险的目的的行为。税收筹划具有两个特点：（1）税收筹划是在合法的条件下进行的，是在对政府制定的税法加以精细比较后进行的纳税最优化选择，或者是在纳税义务没有现实发生以前就采取了一定的措施和手段，从而减轻或免除了纳税义务，使纳税义务并没有真实发生。（2）税收筹划符合政府的政策导向。从宏观经济调节来看，税收是调节企业市场行为的一种有效的经济杠杆，政府可以有意识地通过税收优惠政策，引导投资和消费行为的价值取向，使之符合国家政策导向。

对纳税人而言，税收筹划在追求经济利益方面，是为维护、增加和扩大纳税人的既得利益，减少纳税数额，增加纳税人税后利润服务的。但要使企业主观的节税动机转化为现实的节税行为，使节税成为现实，还必须具备一定的客观条件，其中的关键是税法、税制的完善程度及税收政策导向的合理性与有效性。然而，税收筹划及其后果与税收法理的内在要求相一致，它不影响或削弱税收的法律地位，也不影响或削弱税收的各种职能及功能，这种节税筹划行为完全是基于政府对社会经济规模和结构能动地、有意识地进行优化调整，这也正说明了税收筹划行为的实质是对税法立意宗旨的有效贯彻。

二、税收筹划的宏观环境及微观博弈

税收的存在对企业有着直接或间接的约束。一方面，征税会增加税收负担，直接减少企业的净利润；另一方面，征税会导致企业现金流出，使企业现金流量匮乏，影响其偿债能力。纳税导致企业既得利益的损失，这是一种客观存在。因此，企业必然要考虑这样一些问题：既然纳税缘于对社会共同利益的维护与保障，税收是调节市场经济运行的重要杠杆，那么政府利用税收杠杆能够在多大程度上给企业带来利益呢？如果纳税的积极作用的确能使纳税人预期得到实惠，并的确有助于提高其经济效益，纳税贡献大的企业就会因此而增强市场竞争能力，推动后进企业强化纳税意识，淡化对纳税义务的抵触情绪。否则，企业以各种形式和手段对抗政府征税的意识和行为就不可避免。同时，我们还看到，纳税会使企业承担投资扭曲风险、税款支付风险。在这种环境下企业会对宏观环境及其自身的行为取向进行博弈分析，寻求税收筹划的帮助，可以说这也是企业在复杂经济环境下的自然选择。

三、税收政策与税收筹划

税收政策是国家制定的指导税收分配活动和处理各种税收分配关系的基本方针和基本准则。税收政策是各种经济力量综合作用的结果，其基本目的包括为公共项目筹集所需资金、重新分配社会财富以及鼓励符合公众利益的经济行为等。因此，税收政策对不同的经济活动区别对待，如很多国家都对社会公益组织、文化教育、农业生产和产品出口等行为给予一定的税收优惠待遇，使其成为实现各项社会目标的有效工具，而这个工具能否奏效的前提正是企业的税收筹划行为。所以，税收筹划并非简单的零和博弈，而是帮助政府实现社会目标的一个有效工具，其成本往往低于政府直接参与经济行为的成本。

税收筹划的过程实际上就是税收政策的选择过程。国家的税收政策在不同时期和不同的税收法律制度中有不同的表现形式与内容。如20世纪50年代我国对农业、手工业和资本主义工商业的社会主义改造时期，最重要的税收政策是“公私区别对待，繁简不同，工轻于商，各种经济成分之间负担大体平衡”；而现阶段实行社会主义市场经济，特别强调公平税负、鼓励竞争的税收政策等。

不论税收政策的具体内容如何，就其经济影响方面的功能而言，大体上可归纳为以下四种主要类型。

1. 激励性税收政策

这种税收政策体现了国家的一种政策引导和税收激励。如增值税的出口退税政策；企业所得税有关高新技术企业的税收优惠政策；创业投资企业投资中小高科技企业的投资抵免政策；个人所得税中的国债利息和国家奖励所得免税政策；等等。

2. 限制性税收政策

这种税收政策是国家基于产业调整、供求关系和实现社会目标等方面的需要而做出的税收限制。如消费税中对卷烟、粮食白酒等实行高税率；《中华人民共和国企业所得税法》规定在计算应纳税所得额时，赞助费、税收罚款、罚金、滞纳金等不得在税前扣除；个人所得税中对一次收入畸高的劳务报酬所得实行加成征税；关税中对需要限制进口的货物实行高税率等，都是限制性税收政策的体现。

3. 照顾性税收政策

这种税收政策体现了国家对某类纳税人的一些临时性或特殊性困难给予的照顾。如对小型微利企业实行 20%的低税率政策；残疾人提供劳务所获得的收入免税；企业因遭受严重自然灾害造成的财产损失可申请税前扣除。

4. 维权性税收政策

这种税收政策主要是为了贯彻对等原则和维护国家的经济利益，同时也体现了税收的激励或限制作用。维权性税收政策主要存在于关税、涉外所得税与财产税中。如我国企业或个人赴境外投资或经营，对方国家对其征税，则对方国家的企业和个人来我国投资或经营，我国也应对其征税。若国家之间签有避免双重征税协定，国外投资者回国后汇总纳税时可以抵免在我国已缴纳的税款，我国投资者汇总纳税时对来源于境外的所得已在投资国缴纳的税款也允许抵免。

针对上述四种类型的税收政策，开展税收筹划要主动响应激励性税收政策，尽量回避限制性税收政策，实施跨国投资前应事先对不同国家的税收政策进行认真的研究。由于税收政策经常调整变化，开展税收筹划还必须掌握税收政策的精神实质和发展动态。

四、税收筹划与宏观调控

税收筹划与宏观调控存在着相互依存关系，一国或地区的税收制度处于主控地位，是一种自上而下的控制信息输入，经过纳税人这个处理器，产生两个输出信息参数：一是纳税人上缴给国家的税款；二是纳税人投入宏观经济运行的生产要素。由于税法的约束力，输入的税法信息能够控制税收结构、税额等数据输出。获取税款只是税收杠杆调节系统的辅助目标，促进经济增长是其主要目标。因此，必须设法控制生产要素的输出，这种控制要经过纳税人这一中间环节，其关键在于纳税人的生产积极性。系统中输出参数对输入参数的依存关系取决于纳税人这个中间处理器的运行方式，而纳税人的处理原则之一就是努力减轻税负，实现税后净收益的最大化，即进行有效的税收筹划。在既定的税制框架下，纳税人往往面对一个以上的纳税方案，不同的纳税方案，其税负轻重往往是不同的。因此，纳税人开展税收筹划，选择不同的纳税方案，是实现国家税收经济调控职能的必要环节。

税收作为一种宏观经济调控手段，能否实现最终政策目标要受到诸多因素的共同制约，包括政策制定的科学性、传导机制的健全性、调控对象的反应性等。税收筹划是纳税人对国家税法做出的合理的、良性的反应，它能体现政府对某些行业或地区的鼓励政策，可以达到涵养税源、调节产业结构的目的，有助于社会经济资源的优化配置。这种通过纳税人自身的行为选择来达到优化资源配置的效果，是市场经济条件下政府引导资源配置的主要方式，是国家税收经济调控职能的重要体现，对于宏观经济的稳定和产业结构的平衡有着非常重要的作用。

五、税收筹划与公平效率

企业的税收筹划活动能正确反映和体现政府追求公平、效率的政策倾向，而且是实现财政政策目标的手段之一。政府通过税收立法，调节某一行业或地区的纳税人在税收筹划过程中所能得到的利益，为纳税人提供弹性的纳税空间，即有选择地调节纳税人的节税能力，使纳税人在税收固定性的基础上有一定的节税弹性。这种节税弹性是依靠纳税人的主观能动性和税收筹划能力转化为现实收益的。

节税能力的大小在不同的纳税人之间的分布，体现出政府对公平、效率的选择，具体表现为两个层次：

第一个层次是税收范围内的公平、效率选择。若各项税收条款对所有纳税人具有普遍约束力，没有针对某些行业或地区的特定条款，纳税人具备相同的税收选择余地、相同的节税弹性，则是趋向公平的政策选择，反之为效率选择。

第二个层次是整个国民经济运行过程中的公平、效率选择。市场对资源配置发挥主导作用，经济增长与收入分配不公、地区差异过大、行业间发展不均衡并存。企业可支配的资源数量决定其市场地位，也决定着其抵御风险能力、盈利能力和核心竞争力。税收发挥调节职能，通过各税种合理搭配，赋予在市场中处于不利地位的小规模投资者、欠发展地区和低盈利行业纳税人较大的节税弹性，使这部分税收优惠能弥补由于市场不公平带给他们的损失。这就表现为税法通过调节企业税收利益从而实现对公平政策的选择；反之，进一步刺激优势部门和地区的发展。

税收筹划有助于调节经济，引导企业发展。税收筹划活动从某一角度看，也是企业对国家税法和政府税收政策的反馈行为。如果政府的税收政策导向正确，税收筹划行为将会对社会经济产生良性的、积极的作用。可以说，正是由于税收对企业具有激励功能，税收的杠杆作用才得以发挥。在市场经济条件下，企业科学筹划，在税法允许的范围内减少自身的税收支出，可以增加自身的经营净收益和增强经济实力。由于企业具有强烈的节税愿望，政府才可能利用税收杠杆来调整纳税人的行为，从而实现税收的宏观经济管理职能。

复习思考题

1. 什么是税收筹划？如何理解税收筹划的概念？

2. 税收筹划与偷税、避税有何不同？请举例说明。

3. 避税可以分为哪几类？请分别举例说明。

4. 开曼群岛的《经济实质法》有何意义？你认为我国的税收洼地应如何借鉴该法律的规定？

5. 请分析税收遵从与税收筹划的关系。

6. 微观税收筹划活动对宏观经济调控有何作用？

7. 请分析税收筹划与公平、效率的关系。

案例分析题

警惕酒店给的“小惠”

陈先生是阳光服装公司的销售部经理，由于要和客户进行业务交流，因此经常在外地出差。某日，陈先生与客户洽谈业务后，在一家酒店设宴款待客户，但结账付款索要发票时，却被酒店收款员婉言拒绝。酒店收款员对陈先生说：“你的消费金额为 2 120 元（含增值税价格），如果不要发票，可以给你 3%的价格折扣，或者一箱价值为 100 元的橙汁饮料。”

思考：从税收筹划角度分析，陈先生应该放弃索要发票而接受 3%的价格折扣或者橙汁饮料吗？为什么？酒店为何不愿给顾客开发票？你在实际生活中消费付款时遇到过类似情况吗？你是如何处理的？

综合阅读题

亚马逊成本分摊税收争议案

亚马逊集团的美国总公司与卢森堡子公司之间的成本分摊协议是一个典型的利用成本分摊协议来降低税负的案例。

亚马逊美国总公司（以下简称 AMZN US）是美国最大的网络零售商和全球第二大互联网企业，其无形资产会为企业带来高水平的利润。为扩大公司在欧洲的业务，AMZN US 将新的欧洲总部设立在卢森堡。卢森堡的税率比美国低，且是欧盟国家增值税税率最低的。2004 年，AMZN US 与其在卢森堡的子公司（以下简称 AMZN LU）签订了成本分摊协议，AMZN US 向 AMZN LU 转让无形资产，AMZN LU 对这些已经存在的无形资产进行成本分摊协议中的“买进付款”，向 AMZN US 支付约 2.55 亿美元，同时承担后续无形资产研究和开发的成本。根据成本分摊协议，AMZN US 向 AMZN LU 转让的已经存在的无形资产主要包括亚马逊的网站建立及维护技术、欧洲客户信息及名单和营销型无形资产（包括商标和域名等）。2005 年和 2006 年，AMZN LU 分别支付了约 1.16 亿美元和约 7 700 万美元的研究和开发费用。

美国国家税务局（IRS）认为 AMZN LU 所支付的“买进付款”明显低估了被授权的无形资产价值，IRS 使用现金流贴现方法计算的“买进付款”为 36 亿美元，要求 AMZN US 调整应纳税所得额并补缴税款。AMZN US 对 IRS 的计算方法提出质疑，认为应该使用可比非受控价格法对无形资产进行估价，并向美国税务法庭提起诉讼。

如图 1－1 所示，AMZN US 与 AMZN LU 签订的成本分摊协议规定，AMZN LU 可以使用 AMZN US 已有的三种无形资产并进行“买进付款”，支付的对价为 2.55 亿美元。这三类无形资产为：(1) 建立、维护网站所需要的软件和技术；(2) 运行网站所需要的域名、商标等营销性无形资产；(3) 亚马逊的欧洲客户名单及客户信息。同时，AMZN LU 对以后无形资产的研究与开发进行成本分摊。2005 年和 2006 年，AMZN LU 分别支付了约 1.16 亿美元和约 7 700 万美元。

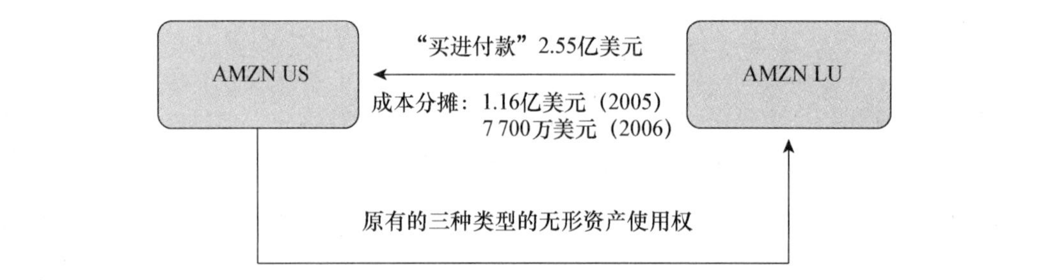

图 1－1　亚马逊集团的成本分摊协议

经过这一安排，AMZN US 获得了较少的无形资产使用权的对价，减轻了在美国的税收负担，且因为是母子公司之间的成本分摊，除税款和相关管理费用外并不影响集团利润；AMZN LU 支付了较少的研究和开发费用，使得主要研究和开发费用的扣除留在 AMZN US，以减轻在美国的税负。

2017 年，美国税务法庭做出判决，认为 IRS 滥用其自由裁量权，在计算无形资产价值时加入了成本分摊协议中没有涉及的无形资产，并认为合理的“买进付款”为 7.79 亿美元，IRS 不服并向美国第九上诉法院提起上诉。2019 年 8 月 16 日，美国第九上诉法院宣布判决支持美国税务法庭的观点，认为无形资产的计算方法应为可比非受控价格法，IRS 的纳税调整是不合适的。

问题思考：

1. 亚马逊成本分摊协议的核心问题是什么？对税收有什么影响？
2. 美国税务法庭为何判 IRS 败诉？你从该案例获得哪些启发？

第二章 税收筹划的基本方法

零散的宝石和修补珠宝不会被征税……如果你把祖母胸针上的宝石重新镶嵌在别处，你就会被征税，但是如果把一颗从戒指上掉下的价值30 000美元的钻石重新安上，由于属于修补，你就不会被征税。

——著名学者斯科特·施梅德尔

第一节　税收筹划的目标与规则

一、税收筹划的目标

（一）降低税务风险

税收筹划的基本目标是控制税务风险。企业在税收筹划过程中要领悟税法精神，吃透税法条款。虽然税收筹划与偷税、逃税在概念上相去甚远，但在经济生活中有时却难以划清界限。企业开展税收筹划可以过滤、查定、排除税收隐患，并对未来的纳税活动进行谋划，设计规避税务风险和降低税负的操作方案。

（二）挖掘规律性的纳税模式

税收筹划是针对企业个性特征提出的一种纳税优化方案。由于企业经营和运作是有规律的，通过税收筹划可以挖掘最为合适、最为有效的纳税模式，并使之逐步在企业内部管理中制度化，发挥税收筹划的长效机制。

虽然企业间差异很大，但反映在纳税问题上却存在着惊人的相似。一旦通过税收筹划成功解决企业的某个问题，就会形成一种成功的创新模式，并可以规律性地推广到其他近似领域。也就是说，在税收领域，优秀的纳税模式是可以复制和移植的。

（三）维护企业合法权益

税收筹划以税收负担的低位选择为己任，尽力为企业构造更为轻松、自由的税收环境。开展税收筹划可以维护企业合法权益，这可以从多个角度分析。

第一，税收筹划在一定程度上可以减轻企业的税收负担，合理节税。而这种节税效应也是建立在合法基础之上的，没有任何风险。

第二，税收筹划在一定程度上挖掘税收操作的最佳模式，探寻合理纳税的最优方法。企业应当获得的合法权益在税收筹划实施过程中无疑会得到最大的保障。

第三，税收筹划承担着维护企业权益的重任，所以对税收筹划的可操作性要求很高，从法律角度维护了纳税操作的有效性和合法性。

二、开展税收筹划的信息基础

开展税收筹划需要了解纳税人生产经营和理财活动的基本情况。设计税收筹划方案需要掌握以下基本信息。

1. 纳税人的工商登记信息

掌握纳税人的行业类别、经营范围、法人代表、注册资金等基本信息。

2. 纳税人的主要经营活动及业务流程

掌握纳税人的主要经营活动情况，并关注其业务流程的概貌，进一步画出业务流程图，识别其价值链与税收链。

3. 投资关系与组织结构

投资关系引起诸多的关联方关系，组织结构决定着管理体制和管理模式，这也是开展税收筹划需要掌握的重要信息。

4. 最近三年的财务报表和纳税申报表

财务与税收是密不可分的，财务报表体现了企业的财务状况、经营成果及现金流量状况，纳税申报表清晰地揭示了企业纳税的基本情况及税负结构。

5. 纳税人的税收疑难问题及期望值

开展税收筹划活动，一定要特别关注纳税人的税收疑难问题。同时，还要摸清纳税人的期望和要求，这不仅对于内部税收筹划者极为关键，对于外部税收筹划者而言更为重要。

6. 纳税人所处的税收环境

税收环境是开展税收筹划的外部条件，税收环境对税收筹划的实施具有重大的影响作用。税收环境主要包括以下方面：一是纳税人经营活动涉及的税种，根据各个税种的具体规定与优惠政策，分析纳税人的税收利益所在；二是各税种之间的相关性，尤其关注企业的整体税负水平；三是税收征纳程序以及征纳双方的权利和义务；四是税务行政救济制度，如税务行政复议、税务行政诉讼和行政赔偿的相关规定。

7. 政府对税收筹划的态度

税收分配关系中征纳双方存在着对立性和竞争性，并表现出对不同目标的追求。由于纳税人逐利心切，设计的税收筹划方案可能符合政府的课税意图（如节税），也可能违背政府的课税意图（如避税）。所以，企业开展税收筹划必须知悉政府的态度，就政府对税收筹划方案可能的行为反应做出合理的预期，以增强税收筹划方案的现实操作性。这方面的信息包括：政府对税收筹划所持的态度；政府反避税的主要手段和措施；政府反避税的运作规程等。

8. 预期变化的信息

开展税收筹划是以一定的税收环境为基础的，但是影响税收环境的因素（如税收法律、法规、规章、政府的反避税措施）都在不断变化，这就决定了税收筹划方案的制定与执行必然是一个动态调整的过程。在税收筹划实施过程中，企业应注意收集反馈信息，着重分析税收环境中哪些因素预期最有可能变化，哪些因素已经发生了变化，这些变化与税收筹划之间的相关性，并及时对税收筹划的具体方案做出相应的调整。

三、税收筹划的“游戏规则”

在市场经济环境下开展税收筹划，需要遵循一定的“游戏规则”。“游戏规则”可以理解为博弈各方（局中人）在博弈过程中必须遵守的规定或约定，也可以称为博弈规则。从某种意义上说，博弈的规则远比博弈的结果更为重要。在征纳双方的博弈对局中，税务机关应是税收筹划“游戏规则”的制定者，税务机关有责任规范和监督税收筹划的“游戏规则”。

1. 合法规则

无论开展什么形式的税收筹划，有一点必须明确，那就是必须正确认识税收筹划，划清合法与违法的界限，严格区分税收筹划与避税、偷税、逃税、骗税的界限，防止把合法的税收筹划和违法避税混为一谈。非合法的税收筹划不构成征纳博弈。

2. 程序规则

任何纳税人的税收筹划都必须遵从法定的程序，即所制定的筹划方案要获得税务机关的认可。对于一些特定的或特殊的筹划方式，在与税务机关达成共识后方可操作；在税收筹划运作中要向税务机关提出相应的书面申请，只有在税务机关认定合法的前提下才能付诸行动。

3. 举证规则

税收实践中的税收筹划具有多样性、灵活性的特征，加之征纳双方对一些筹划行为的认定可能存在差异，不可避免地会出现纳税人认为税收筹划方案合法而税务机关认为不合法的现象，由此引发征纳双方的矛盾。解决的办法是，一方面税务机关要遵从法律规定，以法律为依据，对所认为的方案的不合法性进行举证，避免随意否定从而给纳税人带来损失；另一方面纳税人要依法筹划，向税务机关提供合法筹划的依据和构成要件。

4. 双赢规则

国家设立税收制度的目的是依法获得税收收入，满足国家运转的需要。而对于市场中独立的纳税人而言，其所缴纳的税款则构成了生产经营活动的一项成本。在利润最大化的驱使下，企业必然会想方设法减少成本、获取税收利益。因此，纳税人与国家之间存在着一种博弈关系，这种博弈关系不仅涵盖征纳双方之间的对抗和竞争，也强调双方的协调与合作。从一定意义上讲，征纳博弈并非“零和博弈”，原因在于：

（1）征纳博弈可以实现征税成本与纳税成本的节约。对于税务机关来说，详细了解每个企业的具体情况，并对每一项经营活动进行监控，征收税款入库，需要花费高昂的成本。如果企业和税务机关在征纳博弈中都能够坦诚相见，就可以减少征税成本与纳税成本，这是一种双赢。

（2）通过征纳博弈减少税务纠纷，涵养税源。在税务机关与企业的博弈关系中，如果采取合作博弈，则可以避免或减少税收政策理解不透彻或双方的理解有偏差引起的不必要的纠纷，从而提高税收工作质量和效率。比如，涉及转让定价时，采用关联定价预约方式可以减少涉税风险，提高效率。合作博弈还要求税务机关关心企业的生产经营，引导企业享受优惠政策，涵养税源。

第二节　税收筹划操作方法

一、纳税人筹划法

纳税人亦称纳税义务人，指税法规定的直接负有纳税义务的单位和个人，有时也称为纳税主体。纳税人可以是法人，也可以是自然人。每一种税都有关于纳税人的规定，如果纳税人不履行纳税义务，就需要承担法律责任。纳税人是税制的一个基本要素。

纳税人筹划法，实质上是进行纳税人身份的合理界定或转化，使纳税人承担的税收负担尽量减少或降低到最小限度，或者直接避免成为某税种的纳税人。纳税人筹划法可以合理减轻税收负担，且方法简单，易于操作。纳税人筹划法的关键是准确把握纳税人的内涵和外延，合理确定纳税人的范围。

（一）纳税人不同类型的选择

从纳税人性质的角度分析，现阶段我国有多种不同类型的纳税人：个体工商户、个人独资企业、合伙企业和公司制企业等。不同类型的纳税人所适用的税收政策存在很大差异，这给税收筹划提供了极大空间。

个体工商户业主、个人独资企业和合伙企业的经营所得，以每一纳税年度的收入总额减除成本、费用以及损失后的余额为应纳税所得额，计算缴纳个人所得税，不需要缴纳企业所得税。而法人企业按照税法要求需要就其经营利润缴纳企业所得税，若法人企业对其自然人股东实施利润分配，还需要缴纳20%的个人所得税。

应纳税所得额＝收入总额－(成本＋费用＋损失＋准予扣除的税金)
－规定的费用扣除

式中，成本、费用是指生产经营活动中发生的各项直接支出和分配计入成本的间接费用以及销售费用、管理费用、财务费用；损失是指生产经营活动中发生的固定资产和存货的盘亏、毁损、报废损失，转让财产损失，坏账损失，自然灾害等不可抗力因素造成的损失以及其他损失等。

个体工商户实际支付给从业人员的、合理的工资薪金支出，准予扣除；个体工商户业主的工资在税前不允许扣除，业主费用扣除标准统一为5 000元/月，即60 000元/年。

当然，纳税人在进行纳税人性质筹划时，应充分考虑各方面的因素，因为选择不同性质的企业形式，其经营风险不同：个人独资企业和合伙制企业承担无限责任，风险较大，而私营企业若以有限责任公司形式出现，只承担有限责任，风险相对较小。

(二) 不同类型纳税人之间的转化

税法规定，增值税的纳税人分为一般纳税人和小规模纳税人。对这两种类型纳税人在征收增值税时，其计税方法和征管要求不同。一般将年应税销售额超过小规模纳税人标准的个人、非企业性单位、不经常发生应税行为的企业，视同小规模纳税人。年应税销售额未超过小规模纳税人标准的，从事货物生产或提供劳务的小规模企业和企业性单位，账簿健全、能准确核算并提供销项税额、进项税额，并能按规定报送有关税务资料的，经企业申请，税务部门可将其认定为一般纳税人。一般纳税人实行税款抵扣制，而小规模纳税人必须按照适用的简易计税方法计算缴纳增值税，不实行税款抵扣制。

一般纳税人采取税款抵扣制，即销项税额减去进项税额后的余额为应纳增值税额。而小规模纳税人不采取税款抵扣制，不允许抵扣进项税额，采用简易计税方法计税，即以销售额乘以征收率计算应纳增值税额。

一般情况下，小规模纳税人的税负略重于一般纳税人，其原因在于选择一般纳税人可以将进项税额抵扣，尤其是当应税销售额的增值率较小时，一般纳税人的税负明显低于小规模纳税人。但这也不是绝对的，需要通过比较两类纳税人的应税销售额的增值率与税负平衡点的关系，合理、合法地选择税负较轻的纳税人身份。

纳税人之间的转化一般存在多种情况，比如增值税一般纳税人和小规模纳税人之间的转变，可以实现筹划节税。

1. 税负无差别平衡点的增值率（不含税销售额）测算

假定纳税人的不含税增值率为R，不含税销售额为S，不含税的可抵扣购进金额为P，一般纳税人适用的增值税税率为T_1，小规模纳税人适用的征收率为T_2，则$R=(S-P)\div S$。

$$一般纳税人应纳增值税额=销项税额-进项税额$$
$$=S\times T_1-P\times T_1$$
$$=S\times T_1-S\times(1-R)\times T_1$$
$$=S\times T_1\times R$$
$$小规模纳税人应纳增值税额=S\times T_2$$

当两者税负相等时，其增值率则为税负无差别平衡点的增值率（不含税销售额）。因此，不含税销售额下税负无差别平衡点的增值率 $R^*=T_2\div T_1$。

按照上述结论，税负无差别平衡点的增值率（不含税销售额）如表 2－1 所示。

表 2－1　税负无差别平衡点的增值率（不含税销售额）（%）

T_1	T_2	R^*
13	3	23.08
9	3	33.33
6	3	50

2. 税负无差别平衡点的增值率（含税销售额）测算

假定纳税人的增值率为 R，含税销售额为 S，含税的可抵扣购进金额为 P，一般纳税人适用的增值税税率为 T_1，小规模纳税人适用的征收率为 T_2，则 $R=(S-P)\div S$。

$$无差别平衡点的增值率\ R^*=T_2\times(1+T_1)/[T_1\times(1+T_2)]$$

请读者借鉴小规模纳税人与一般纳税人的税负无差别平衡点（不含税销售额）的推导方法，自行推导上述公式。

按照上述结论，税负无差别平衡点的增值率（含税销售额）如表 2－2 所示。

表 2－2　税负无差别平衡点的增值率（含税销售额）（%）

T_1	T_2	R^*
13	3	25.32
9	3	35.28
6	3	51.46

例 2－1

假设某商业批发企业主要从小规模纳税人处购入服装进行批发，年销售额为 900 万元（不含增值税），其中可抵扣进项增值税的购入项目金额为 600 万元，由税务机关代开的增值税专用发票上记载的增值税为 60 万元。该企业应如何进行税收筹划？

解析：

按照一般纳税人认定标准，该企业（从事货物批发或零售的纳税人）年销售额超过 500 万元，应被认定为一般纳税人，需缴纳 57 万元（900×13%－60）的增值税。但如果该企业被认定为小规模纳税人，只需缴纳 27 万元（900×3%）的增值税。因此，该企业可以将原企业分立为两个批发企业，每个企业的年销售额均控制在 500 万元以下，这样被分立的两个企业将会被认定为小规模纳税人，按照3%的征收率计算缴纳增值税。通过企业分立实现一般纳税人转化为小规模纳税人，节约税款30万元（57—27）。

（三）避免成为某税种的纳税人

通过合理运作，使纳税人不符合某税种的纳税人的条件，从而避免成为该税种的纳税人。例如，通过税收筹划安排，使纳税人发生的经济业务不属于某一种税的征税范围，该项业务就可避免负担该税种的税负。例如，税法规定，房产税的征税范围是城市、县城、建制镇和工矿区的房产，而对于房产的界定为房屋，即有屋面和围护结构（有墙或两边有柱），能够遮风挡雨，可供人们在其中生产、学习、娱乐、居住或者储藏物资的场所；独立于房屋之外的建筑物，如围墙、烟囱、水塔、变电塔、室外游泳池、喷泉等，不属于房产，若企业拥有上述建筑物，则不成为房产税的纳税人，就不需要缴纳房产税。

例2-2

信达公司兴建了一座工业园区，工业园除厂房、办公用房外，还包括厂区围墙、水塔、变电塔、停车场、露天凉亭、喷泉设施等建筑物，工程造价为8亿元，除厂房、办公用房外的建筑设施总造价为2亿元。如果把8亿元作为房产，那么信达公司从工业园建成后的次月起就应缴纳房产税，每年房产税（假设当地政府规定的房产税扣除比例为30%）为：

$$80\,000\times(1-30\%)\times1.2\%=672(\text{万元})$$

信达公司应如何对房产的界定进行税收筹划？

解析：

除厂房、办公用房以外的建筑物，如停车场、游泳池等，都建成露天的，并且把这些独立建筑物的造价同厂房、办公用房的造价分开，在会计账簿中单独核算。按照税法规定，这部分建筑物的造价不计入房产原值，不需要缴纳房产税。这样一来，信达公司每年可以少缴房产税：

$$20\,000\times(1-30\%)\times1.2\%=168(\text{万元})$$

二、税基筹划法

税基就是计税依据，是计算税金的基本依据。不同税种其税基计算与确认方法不同。

税基筹划法是指纳税人通过控制计税依据的方式来减轻税收负担的一种筹划方法。

大部分税种都采用税基与适用税率的乘积来计算应纳税额。在税率一定的情况下，应纳税额的大小与税基大小成正比，即税基越小，纳税人负担的纳税义务越轻。因此，如果能够控制税基，也就控制了应纳税额。

（一）控制或安排税基的实现时间

1. 税基推迟实现

即税基总量不变，合法推迟税基的实现时间。税基推迟实现可以递延纳税；在通货膨胀环境下，税基推迟实现的效果更为明显，能够降低未来所支付税款的购买力，相当于获取财务收益。

2. 税基均衡实现

即税基总量不变，税基在各个纳税期间均衡实现；在适用累进税率的情况下，还可实现边际税率的最小化，从而大幅降低税负。

3. 税基提前实现

即保持税基总量不变，但将税基合法提前实现。在减免税期间，税基提前实现可以享受更多的税收减免额。

（二）分解税基

即把税基进行合理分解，实现税基从税负较重的形式转化为税负较轻的形式。分解税基筹划方法一般适用于累进税率，如工资薪金所得、劳务报酬所得等综合所得的个人所得税筹划。

例2-3

远辉中央空调公司主要生产大型中央空调机，销售价格相对较高，每台售价为100万元（不含增值税），原因是销售价格中包含5年的维护保养费用，维护保养费用占售价的20%。由于维护保养费用包含在价格中，税法规定一律视为销售额计算缴纳增值税。税收筹划前，远辉中央空调公司应缴增值税为：

100×13%=13(万元)

远辉中央空调公司应如何进行税收筹划？

解析：

如果进行税收筹划，针对空调维护保养专门注册成立一家具有独立法人资格的远辉中央空调维护服务公司，主营业务为中央空调机维护保养服务。这样每次销售中央空调机时，远辉中央空调公司负责签订销售合同，只收取中央空调机的销售额80万元，款项汇入远辉中央空调公司的基本账户；远辉中央空调维护服务公司负责签订维护服务合同，收取中央空调机的维护服务费20万元，款项汇入远辉中央空调维护服务公司的基本账户。这样一来，两家公司各负其责，共同完成中央空调机的销售与服务业务。税收筹划后的纳税额计算如下：

远辉中央空调公司应缴增值税=100×(1-20%)×13%=10.4(万元)

远辉中央空调维护服务公司应缴增值税=20×6%=1.2(万元)

合计纳税额=10.4+1.2=11.6(万元)

筹划方案节税额=13-11.6=1.4(万元)

例 2-4

陈华为某建筑设计院的设计师，业余时间为某项工程设计图纸，同时担任该项工程的顾问，陈华为此工程完成了图纸设计，并获取报酬 4.5 万元。请问，陈华应预缴多少个人所得税？请为陈华获取的报酬设计预缴环节的税收筹划方案（暂不考虑综合所得年终汇算清缴的影响）。

解析：

陈华获得的劳务报酬收入为 4.5 万元，如果作为一次劳务报酬取得来计算应纳个人所得税，需要预缴的个人所得税计算如下：

应纳税所得额＝45 000×(1－20%)＝36 000(元)

应预缴个人所得税额＝36 000×30%－2 000＝8 800(元)

若能将该报酬分解，则可减轻税负支付压力，递延纳税，获得资金时间价值。当分解为每次收入低于 4 000 元时，能使实际扣除的费用超过 20%。纳税人可以要求将 4.5 万元劳务报酬分 12 个月支付，每月支付 3 750 元，则

每月应纳个人所得税额＝(3 750－800)×20%＝590(元)

12 个月应纳个人所得税总额＝590×12＝7 080(元)

分次支付使陈华少纳税额＝8 800－7 080＝1 720(元)

2018 年修订的《中华人民共和国个人所得税法》（以下简称《个人所得税法》）中，征税模式由分类课征转变为分类与综合相结合，工资薪金、劳务报酬、稿酬和特许权使用费所得合并为综合所得。虽然劳务报酬按综合所得汇算清缴，最终的应交税额不会因为支付方式的改变而减少，但分解税基，使劳务报酬收入由一次支付分拆为多次支付，则能使纳税人不必一次性支付较高税费，减轻了资金支付的压力。

（三）税基最小化

即税基总量合法降低，从而减少应纳税额或者避免多缴税。这是对企业所得税、增值税等税种筹划时常用的方法。

例 2-5

卓达房地产开发公司实现年营业收入 9 000 万元，各项代收款项 2 500 万元（包括水电初装费、燃（煤）气费、维修基金等各种配套设施费），代收手续费收入 125 万元（按代收款项的 5%计算）。对于卓达房地产开发公司来说，这些配套设施费属于代收应付款项，不作为房屋的销售收入，而应做其他应付款处理。请问：卓达房地产开发公司应如何进行税收筹划？

解析：

根据《财政部 国家税务总局关于全面推开营业税改征增值税试点的通知》（财税〔2016〕36 号）规定，销售额是指纳税人发生应税行为取得的全部价款和价外费用。价外

费用，是指价外收取的各种性质的收费。

为了降低价外费用的税收负担，卓达房地产开发公司成立独立的物业公司，将这部分价外费用转由物业公司收取。这样，其代收款项就不属于税法规定的价外费用，当然也就不再适用9%的税率缴纳增值税。

上述两个方案的纳税情况比较如下：

（1）原方案：代收款项作为价外费用。

应纳增值税销项税额=(9 000+2 500+125)×9%=1 046.25(万元)

应纳城市维护建设税及教育费附加=1 046.25×(7%+3%)=104.63(万元)

应纳税费合计=1 046.25+104.63=1 150.88(万元)

（2）筹划方案：各项代收款项转由物业公司收取。

卓达房地产开发公司应纳增值税=9 000×9%=810(万元)

卓达房地产开发公司应纳城市维护建设税及教育费附加=810×(7%+3%)=81(万元)

物业公司应纳增值税=(2 500+125)×6%=157.5(万元)

物业公司应纳城市维护建设税及教育费附加=157.5×(7%+3%)=15.75(万元)

两个公司应纳税费合计=810+81+157.5+15.75=1 064.25(万元)

筹划方案比原方案节约税费总额=1 150.88−1 064.25=86.63(万元)

三、税率筹划法

税率筹划法是指纳税人通过降低适用税率的方式来减轻税收负担的一种筹划方法。税率是重要的税制要素之一，也是决定纳税人税负高低的主要因素。在计税依据一定的情况下，纳税额与税率呈正向关系，即降低税率就等于减轻了税收负担，这就是税率筹划法的原理。一般情况下，税率低，应纳税额少，税后利润就多。但是，税率低，不能保证税后利润一定实现最大化。

不同的税种适用不同的税率，纳税人可以利用对课税对象的界定不同而适用不同的税率。即使是同一税种，适用的税率也会因税基或其他假设条件不同而发生相应的变化，纳税人可以通过改变税基分布调整适用的税率，从而达到减轻税收负担的目的。

（一）比例税率筹划法

同一税种对不同征税对象实行不同的税率政策，分析造成其差距的原因及对税后利润的影响，可以寻找实现税后利润最大化的最低税负点或最佳税负点。例如，我国的增值税有13%的基本税率，还有9%，6%等多档税率；对小规模纳税人规定的征收率为3%或5%。对上述比例税率进行筹划，可以寻找最低税负点或最佳税负点。

此外，消费税、企业所得税等税种都存在多档不同的比例税率，可以进一步筹划比例税率，尽量适用较低的税率以节约税金。

（二）累进税率筹划法

各种形式的累进税率都存在一定的筹划空间，筹划累进税率的主要目标是防止税率的爬升。相比较而言，适用超额累进税率的纳税人对防止税率爬升的欲望程度较弱；而适用全额累进税率的纳税人对防止税率爬升的欲望程度较强；适用超率累进税率的纳税人防止税率爬升的欲望程度与超额累进税率相同。

我国个人所得税中的综合所得（包括工资薪金所得、劳务报酬所得、稿酬所得、特许权使用费所得）适用累进税率，税率如表2-3、表2-4所示。对工资薪金所得、劳务报酬所得等综合所得来说，采用累进税率筹划法可以取得较好的筹划效果。

表2-3　综合所得适用税率表（按年）

级数	全年应纳税所得额（含税级距）	全年应纳税所得额（不含税级距）	税率（%）	速算扣除数
1	不超过36 000元的	不超过34 920元的	3	0
2	超过36 000元至144 000元的部分	超过34 920元至132 120元的部分	10	2 520
3	超过144 000元至300 000元的部分	超过132 120元至283 080元的部分	20	16 920
4	超过300 000元至420 000元的部分	超过283 080元至346 920元的部分	25	31 920
5	超过420 000元至660 000元的部分	超过346 920元至514 920元的部分	30	52 920
6	超过660 000元至960 000元的部分	超过514 920元至709 920元的部分	35	85 920
7	超过960 000元的部分	超过709 920元的部分	45	181 920

注：（1）本表所称全年应纳税所得额是指依照新《个人所得税法》第六条的规定，从2019年1月1日开始，居民个人取得综合所得以每一纳税年度收入额减除费用6万元以及专项扣除、专项附加扣除和依法确定的其他扣除后的余额。

（2）非居民个人取得工资薪金所得、劳务报酬所得、稿酬所得和特许权使用费所得，依照本表按月换算后计算应纳税额。

表2-4　综合所得适用税率表（按月）

级数	全月应纳税所得额（含税级距）	全月应纳税所得额（不含税级距）	税率（%）	速算扣除数
1	不超过3 000元的	不超过2 910元的	3	0
2	超过3 000元至12 000元的部分	超过2 910元至11 010元的部分	10	210
3	超过12 000元至25 000元的部分	超过11 010元至21 410元的部分	20	1 410
4	超过25 000元至35 000元的部分	超过21 410元至28 910元的部分	25	2 660
5	超过35 000元至55 000元的部分	超过28 910元至42 910元的部分	30	4 410
6	超过55 000元至80 000元的部分	超过42 910元至59 160元的部分	35	7 160
7	超过80 000元的部分	超过59 160元的部分	45	15 160

例2-6

某工程设计人员利用业余时间为某项工程设计图纸，同时担任该项工程的顾问，设计图纸花费1个月时间，获取报酬30 000元。请问该工程设计人员应如何进行预缴环节的税收筹划（暂不考虑综合所得的年终汇算清缴的影响）？

解析：

如果该设计人员要求建筑单位在其担任工程顾问的期间，将其报酬分10个月支付，每月支付3 000元，试分析该工程设计人员的税负变化情况。

方案一：一次性支付30 000元。

劳务报酬收入按次征税，若应纳税所得额在20 000～50 000元之间的部分，计算应纳税额后再按照应纳税额加征五成，那么，该设计人员应预缴的个人所得税计算如下：

应纳税所得额＝30 000×(1－20%)＝24 000(元)

应预缴税额＝20 000×20%＋4 000×30%＝5 200(元)

或

应预缴税额＝30 000×(1－20%)×30%－2 000＝5 200(元)

方案二：分月支付。

应预缴税额＝(3 000－800)×20%＝440(元)

10个月共预缴税款＝440×10＝4 400(元)

按照分月支付报酬方式，该设计人员预缴环节的节税额为：5 200－4 400＝800（元）。

在例2-6中，分次纳税可以减轻纳税人资金支付压力，通过延迟支付获得货币时间价值，因为虽然《个人所得税法》将劳务报酬所得纳入综合所得计税，但在预缴环节还是按照原来的计算方法，分次纳税可以减轻纳税人预缴环节的资金压力。

需要注意以下税法规定：某项活动带来的收入持续在1个月以上的，支付间隔超过1个月，按每次收入额计入各月计算税金，而间隔时间不超过1个月的，应合并收入额计算税金。因而劳务报酬收入采取什么方式取得，直接影响到个人一定期间的预缴税额。所以，当个人为他人提供劳务时，需要根据劳务合同，合理安排纳税年度内每月收取劳务费的金额和收取劳务费的次数，这样就可以达到在当期减少预缴税款的目的，获取货币时间价值。2019年1月1日之后，综合所得除需要扣缴义务人按月或者按次预扣预缴税款外，纳税人在每年度终了后还需要汇总计算综合所得进行年终汇算清缴。

四、税收优惠筹划法

（一）税收优惠的形式

税收优惠是指国家为了支持某个行业、某个地区或针对某一特殊时期，出台一些包括减免税在内的优惠性规定或条款。税收优惠是一定时期国家的税收导向，纳税人可以充分利用这些税收优惠政策，依法节税。税收优惠主要有以下形式。

1. 免税

免税是国家对特定的地区、行业、企业或特定的纳税人、应税项目等给予纳税人完全免税的照顾或奖励措施。免税属于国家的税收照顾方式，同时也是国家出于政策需要的一种税收奖励方式，它是贯彻国家政治、经济和社会政策的重要手段。我国对从事农、林、牧、渔业生产经营的企业给予免税待遇，就属于一种行业性照顾或激励。各国税法中的免税鼓励规定随处可见，它是各国税收制度的组成部分，是采用免税政策依法节税的法律依据。

对于免税优惠，纳税人应考虑以下操作技巧：第一，在合法、合理的前提下，尽量争取更多的免税待遇。与缴纳税收相比，免征的税收就是节减的税收，免征的税收越多，节减的税收也越多。第二，在合法、合理的情况下，尽量使免税期最长。许多免税优惠都有期限规定，免税期越长，节减税收越多。

2. 减税

减税是对某些纳税人或课税对象给予鼓励或照顾的一种特殊措施。减税与免税类似，实质上也相当于一种财政补贴。政府主要给予纳税人两类减税：一类是出于税收照顾目的的减税。比如，国家对遭受自然灾害地区的企业、残疾人企业等的减税，这类减税是一种税收照顾，是国家对纳税人因各种不可抗力造成的损失进行财务补偿。另一类是出于税收奖励目的的减税。比如，对产品出口企业、高科技企业、环境保护项目等的减税，这类减税是一种税收奖励，是政府对纳税人贯彻国家政策的财务奖励。

3. 免征额

免征额亦称扣除额，是指在征税对象全部数额中免予征税的数额。它是按照一定标准，从征税对象全部数额中预先扣除的数额。免征额部分不征税，只对超过免征额的部分征税。如工资薪金所得允许每月扣除的法定扣除额为 5 000 元，每年允许扣除的法定扣除额为 6 万元。

4. 起征点

起征点亦称征税起点，是根据征税对象的数量规定一个标准，达到这个标准的，就全部征税对象征税，未达到这个标准的就不征税。

5. 退税

退税是指针对可以直接减轻纳税人税收负担的那一部分退税。在国际贸易中，出口退税是鼓励出口的一种有效措施。

6. 优惠税率

对符合条件的产业、企业课以较低的税率。优惠税率有利于吸引外部投资、加快该产业或企业的发展。

7. 税收抵免

对纳税人的境内境外全部所得计征所得税时，准予在税法规定的限度内以其国外已纳税款抵减其应纳税款，以避免重复课税。

（二）优惠政策筹划法

优惠政策属于一种特殊性政策，这种特殊性体现了国家对某些产业或某些领域的税收照顾。优惠政策的筹划可以使纳税人轻松地享受低税负待遇。优惠政策的筹划关键是寻找合适的优惠政策并把它运用在纳税实践中，在一些情况下还表现为创造条件去享受优惠政策，减轻税收负担。

优惠性政策条款多表现为行业性、区域性优惠政策或特定行为、特殊时期优惠政策，如福利企业减免税政策、软件企业的税收优惠政策、环保和节能节水项目的税收优惠政策、鼓励科技研发的税收优惠政策等。

比如，国家对小微企业给予税收优惠政策，按照《财政部 税务总局关于实施小微企业普惠性税收减免政策的通知》（财税〔2019〕13号）规定，自2019年1月1日至2021年12月31日，对小型微利企业年应纳税所得额不超过100万元的部分，减按25%计入应纳税所得额，按20%的税率缴纳企业所得税；对年应纳税所得额超过100万元但不超过300万元的部分，减按50%计入应纳税所得额，按20%的税率缴纳企业所得税。

例2-7

八方建设集团公司是一家以建筑施工为主的工程施工企业，自2018年起，从传统的商品房建筑装修逐渐转向从事国家重点扶持的公共基础设施项目的建设施工，主要是港口码头、机场、铁路、公路、水利等项目的工程施工。请问：八方建设集团公司能享受哪些税收优惠政策?

解析：

按照《中华人民共和国企业所得税法实施条例》第八十七条规定，企业从事国家重点扶持的公共基础设施项目的投资经营所得，自项目取得第一笔生产经营收入所属纳税年度起，第1～3年免征企业所得税，第4～6年减半征收企业所得税（该政策自2008年起全面执行）。

按照上述税收政策，八方建设集团公司2018年起从事公共基础设施的建设施工业务所获得的收入，就可以享受企业所得税“三免三减半”优惠政策，即2018年、2019年、2020年享受所得税免征的优惠，2021年、2022年、2023年享受减半征收企业所得税的优惠。

五、会计政策筹划法

会计政策是会计核算时所遵循的基本原则以及所采纳的具体处理方法和程序。不同的会计政策必然会形成不同的财务结果，也必然会导致不同的税收负担。

会计政策在形式上表现为会计过程的一种技术规范，但其本质上是一项社会经济与政治利益的博弈规则和制度安排。企业选择不同的会计政策会导致不同的财务结果和纳税结果，同时也会对利益相关者产生不同的影响。会计政策是会计的生命，因为企业存在会计政策选择的空间，才使企业的涉税活动多种多样。当企业存在多种可供选择的会计政策时，选择有利于税后收益最大化的会计政策也是税收筹划的基本方法。

(一) 分摊筹划法

对于一项费用，如果涉及多个分摊对象，分摊依据的不同会造成分摊结果的不同；对于一项拟摊销的费用，如果摊销期限和摊销方法不同，摊销结果也就不同。分摊的处理会影响企业损益计量和资产计价，进而影响企业的实际税负。

分摊筹划法涉及的主要会计事项有：无形资产摊销、待摊费用摊销、固定资产折旧、存货计价方法选择以及间接费用的分配等。

例如，存货计价方法会对企业纳税造成影响。在会计实务中，存货计价方法主要有先进先出法、月末一次加权平均法、移动加权平均法、个别计价法等。在不同纳税形势下，应根据存货市场价格的变动趋势合理选择存货计价方法。表 2-5 给出了不同情况下选择存货计价方法的基本规律。

表 2-5 存货计价方法的选择

项目	比例税率			累进税率
价格变动趋势	物价上涨	物价下跌	物价波动	物价波动
存货计价方法	加权平均法	先进先出法	加权平均法	加权平均法
选择理由	多计发出存货成本，少计期末存货成本，减少当期所得税支出。	提高本期发出存货成本，减少当期收益，减轻所得税负担。	避免各期利润忽高忽低及企业各期应纳所得税上下波动，有利于企业资金安排与管理。	使计入成本的存货价格比较均衡，进而使各期利润比较均衡，避免适用较高的税率而加重税负。

(二) 会计估计筹划法

由于企业生产经营中存在诸多不确定因素，一些项目不能精确计量，只能加以估计，因此，在会计核算中，对尚在延续中、其结果尚未确定的交易或事项需要估计入账。这种会计估计会影响计入特定会计期间的收益或费用的数额，进而影响企业的税收负担。

会计估计筹划法涉及的主要会计事项有：坏账估计、存货跌价估计、折旧年限估计、固定资产净残值估计、无形资产受益期限估计等。

例 2-8

丽江矿泉水公司是一家生产和销售天然矿泉水的生产商，该公司为了鼓励代理商，制定了如下优惠折扣政策：年销售矿泉水在 100 万瓶以下的，每瓶享受 0.20 元的折扣；年销售矿泉水在 100 万～500 万瓶的，每瓶享受 0.25 元的折扣；年销售矿泉水在 500 万瓶以上的，每瓶享受 0.30 元的折扣。但是，在代理期间，由于丽江矿泉水公司不知道也不可能知道每家代理商到年底究竟能销售多少瓶矿泉水，也就不能确定每家代理商应享受的折扣率。因此，丽江矿泉水公司通常采用下列做法：等到年底或次年年初，一次性结算应给予代理商的折扣总额，单独开具红字发票，但这种折扣在计税时不允许冲减销售收入，造成每年多缴纳一部分税款。那么，有没有筹划办法改变这一现状呢？

解析：

丽江矿泉水公司通过税收筹划，采取预估折扣率的办法来解决折扣问题，具体有两种操作模式。

筹划方法一：每年年初，丽江矿泉水公司按最低折扣率或根据上年每家经销代理商的实际销量初步确定一个折扣率，在每次销售时预扣一个折扣率和折扣额来确定销售收入，即在代理期间每一份销售发票上都预扣一个折扣率和折扣额，这样企业就可以将折扣额扣除后的收入确认为主营业务收入，从而降低税收支出。等到年底或次年年初每家代理商的实际销售数量和销售折扣率确定后，只需调整预估折扣额与实际折扣额的差额部分。如果属于调增折扣额，虽不能再冲减销售收入，但绝大部分的销售折扣额已经在平时的销售中直接冲减了销售收入，降低了税收支出，折扣额的差额部分正常缴税即可。

筹划方法二：递延折扣额处理方法。前面的预估折扣率的操作与第一种方法相同。等到年底或次年年初，每家代理商的实际销售数量和销售折扣率确定后，预估折扣额与实际折扣额的差额部分不是特别大的情况下，可以递延到下一年度，作为下一年度丽江矿泉水公司的折扣额进行处理，从下一年度的销售收入中扣减。

六、税负转嫁筹划法

在市场经济环境下，受利益的驱动，纳税人会通过种种途径和方式将税负部分或全部转移给他人，因此，税负转嫁可以视为市场主体之间的一种博弈行为。

税负转嫁是一种纳税技巧，在悄无声息中实现税负降低。税负转嫁筹划的操作平台是价格，其基本操作原理是利用价格浮动、价格分解来转移或规避税收负担。税负转嫁筹划能否通过价格浮动方式实现，关键取决于商品的供给价格弹性与需求价格弹性的大小；而实现价格浮动的手段和方法不拘一格，税负转嫁筹划的方式更为灵活多样。

税负转嫁应明确以下几点：第一，税负转嫁问题和商品价格是直接联系的，和价格无关的因素是不能纳入税负转嫁的范畴的；第二，税负转嫁是一个客观过程，没有税收价值的转移过程不能算税负转嫁；第三，税负转嫁应该理解为纳税人的主动行为，与纳税人主动行为无关的价格再分配性质的价值转移不能算税负转嫁。

税负转嫁意味着税负的实际承担者可能不是直接纳税人，而是背后的负税人或潜在的替代者。税款的直接纳税人通过转嫁税负给他人，自己并不承担纳税义务，仅仅是充当了税务部门与实际纳税人之间的中介桥梁。由于税负转嫁没有损害国家利益，也不违法，因此，税负转嫁筹划受到纳税人的普遍青睐，利用税负转嫁筹划减轻纳税人税收负担，已成为一种普遍的经济现象。

（一）税负前转筹划法

纳税人将其所负担的税款，通过提高商品或生产要素价格的方式，转移给购买者或最终消费者承担，这是最典型、最普遍的税负转嫁形式。比如，对在生产环节课征的税收，生产企业就可以通过提高商品出厂价格把税负转嫁给批发商，批发商再以类似的方式转嫁给零售商，零售商最终将税负转嫁给最终消费者。税负前转筹划法也即税负顺转法，一般适用于市场紧俏的生产要素或知名品牌商品。

税负前转筹划法的基础是价格，如果将税负前转筹划法与转让定价策略及集团经济结合起来，会显示出更大的威力。税负前转筹划法运作灵巧，有时能够起到“四两拨千斤”的奇妙效果。

税负前转筹划法很难将企业所有税负都实现转嫁。从实践情况来看，能够进行前转的，主要是难以查定税源的商品，即那些征税时无法确定其最终负担者的税种。比如对香烟征收的消费税，香烟的消费者实际上是香烟消费税的承担者，但由于预先并不能确定每包香烟的消费者（或购买者），因而只能以香烟为标准，以其制造者和贩卖者为纳税人，由制造者和贩卖者将税负转移给消费者（或购买者）。类似香烟消费税的还有其他消费税、关税等，它们的共同点在于，税款可以加在商品价格上，通过提高产品售价的方法将税负转移给消费者，实现税负转嫁。

企业之间的购销交易很容易出现税负转嫁。购买方可能通过赊购等方式先取得增值税专用发票，暂时将增值税税负转由销售方承担。

当然，作为销售方也可以采取一定措施进行反转嫁，防止提前承担税负，具体措施如下：第一，销售方可以控制增值税专用发票的开具时间，在收到购买方的货款之前，不给购买方开具增值税专用发票。第二，销售方与购买方就购销活动签订合同，通过一些条款来限制增值税发票和货款的收付。譬如，销售方根据收到的货款金额开具相应的发票，对于没有实际收到的款项，不予开具发票。通过以上措施，销售方就合理规避了购买方的税负转嫁行为。

例 2－9

我国南方一些竹木产区生产竹木地板，这种地板的特点是清凉、透气、加工制造简单。但是与革制地板、化纤地毯相比，显得不够美观漂亮。生产厂商将竹木地板的定价确定为 80 元/平方米。由于竹木地板只适用于南方潮湿地区，北方多数地区无法使用（竹木地板易裂，怕干燥），市场需求量不大，结果造成竹木地板生产厂商只能简单维持企业运转。由于这在当时已被认为是很高的价格标准，因此有关增值税税负只能由生产厂商负担。那么有没有可能对此进行税收筹划呢?

解析：

日本人发现了这种竹木地板，经他们分析测定，这种竹木地板具有很高的医学价值，使用竹木地板对维持人体内微量元素的平衡有很大作用。因此日本及东南亚国家纷纷到我国南方订货，原来 80 元/平方米的竹木地板的国际价格一跃变成 50 美元/平方米。这样，竹木地板的生产厂商大幅提高了利润水平，其所承担的增值税税负通过提高售价顺利实现了转嫁。

（二）税负后转筹划法

税负后转筹划法多与商品流转有关。纳税人通过降低生产要素购进价格、压低工资或其他转嫁方式，将其负担的税收转移给提供生产要素的企业。这种情况下，纳税人已纳税款由于种种原因不能转嫁给购买者和消费者，而是转嫁给货物的供给者和生产者。比如，一个批发商纳税后，因为商品价格下降，已纳税款难以加在商品价格之上转移给零售商，于是批发商就要求厂家退货或要求厂家承担全部或部分已纳税款，这时就会发生税负后转。税负后转筹划法一般适用于生产要素或商品积压时的买方市场。

在现实经济生活中，税负转嫁法的运用非常灵活。比如，购买方在没有付款的情况下，要求销售方先开具增值税专用发票，然后根据资金周转的安排情况再付款给销售方，这其中就会出现税负转嫁：购买方在没有付款的情况下取得的增值税专用发票，在当期可以抵扣进项税额；而销售方把增值税专用发票开给购买方以后，就必须计提销项税额缴纳增值税。如果遇上所得税申报期，销售方还要计算应纳税所得额缴纳企业所得税。所以，购买方在取得增值税专用发票而没有支付价款的情况下，会实现税负转嫁，而销售方却因此承担了购买方转嫁来的增值税负担。

白酒厂商生产的白酒产品是一种特殊的消费品，需要缴纳消费税。白酒厂商为了保持适当的税后利润率，通常的做法是相应提高出厂价，但这样做一方面会影响市场，另一方面也会导致从价定率消费税与增值税的攀升。有没有实现税负转嫁的筹划办法呢？下面分析酒厂利用税负转嫁原理进行税收筹划的方法。

（1）设立独立的销售公司。许多酒厂都设立独立的销售公司，利用增加流通环节的办法转嫁税负。酒类产品的消费税仅在出厂环节计征，即按产品的出厂价计征消费税，后续的分销、零售等环节不再缴纳。在这种情况下，通过引入独立的销售公司，便可以采取“前低后高”的价格转移策略，先以相对较低的价格卖给自己的销售公司，然后再由销售公司以合理的高价进行层层分销，在确保总体销售收入的同时减轻消费税负担。

（2）市场营销费、广告费的转嫁模式。酒厂还有一种转嫁税负的手段，即将市场营销费、广告费等费用合理转嫁给经销商负担，但酒厂要对经销商做出一定的价格让步，以弥补经销商负担的相关市场营销费、广告费等支出。这种费用的转嫁方式降低了酒类产品的出厂价，直接转嫁了增值税，降低了消费税。对于经销商来说，在销售及其他因素不变的情况下，商品进价的降低会导致可以抵扣的进项税额减少，相当于经销商负担了酒厂的一部分增值税，而酒厂的一部分消费税却在转嫁中悄然消失了。对于经销商多负担的转嫁来的增值税，会因为经销商增加市场营销费、广告费等支出，从而降低其企业所得税得到补偿，当然补偿程度会因为市场营销费、广告费等的开支以及酒厂价格让利程度的不同而不同。

七、递延纳税筹划法

递延纳税可以获取资金的货币时间价值，等于获得了一笔无息贷款，给纳税人带来的好处是不言而喻的。《国际税收词汇》中对递延纳税条目的注释做了精辟的阐述：递延纳税，有利于资金周转，节省利息支出，以及由于通货膨胀的影响，延期以后缴纳的税款币值下降，从而降低了实际纳税额。

纳税环节、抵扣环节、纳税时间、纳税地点是递延纳税筹划法的关键要素。纳税人可以通过合同控制、交易控制及流程控制延缓纳税时间，也可以合理安排进项税额抵扣时间和企业所得税预缴、汇算清缴的时间及额度，合理推迟纳税。

税收的重点是流转税和所得税，而流转税的计税依据是收入，所得税的计税依据是应纳税所得额，即纳税人的收入减去成本费用后的余额。所以，递延纳税的本质是推迟收入或应纳税所得额的确认时间，其所采用的筹划方法很多，但概括起来主要有两类：一是推迟收入的确认；二是及时确认成本、费用。

税法对不同销售行为的纳税义务时间做出了明确的法律规定。纳税人采取不同的收款方式，纳税义务时间有很大差别。纳税人合理利用这些具体规定，就可以签订对自己有利的销售合同。

采取委托代销方式，委托方先将商品交付给受托方，受托方根据合同要求将商品出售后，给委托方开具销货清单。此时，委托方才确认销售收入的实现。按照这一原理，如果企业的产品销售对象是商业企业，并且产品以销售后付款结算方式销售，则可以采用委托代销结算方式，根据实际收到的货款分期计算销项税额，从而延缓纳税时间。

例 2-10

某造纸厂 7 月份向汇文文具商店销售白板纸 113 万元（含税价格），货款结算采用先销售后付款方式，汇文商店 10 月份只汇来货款 33.9 万元。对此类销售业务，该造纸厂应如何进行税收筹划？

解析：

此笔业务，由于购货方是商业企业，并且货款结算采用先销售后付款方式，因此可以选择委托代销模式，即按委托代销结算方式进行税务处理：该造纸厂 7 月份可以不计算销项税额，10 月份在收到代销单位的销货清单后确认销售额，并计提销项税额 $33.9\div(1+13\%)\times13\%=3.9$（万元）。对尚未收到销货清单的货款，可以暂缓申报、计算销项税额。如果不按委托代销结算方式处理，则应计提销项税额 $113\div(1+13\%)\times13\%=13$（万元）。因此，对于此类销售业务，选择委托代销结算方式可以实现递延纳税。

八、规避平台筹划法

在税收筹划中，常常把税法规定的若干临界点称为规避平台。规避平台建立的基础是临界点，因为临界点会由于“量”的积累而引起“质”的突破，是一个关键点。当突破某些临界点时，会导致所适用的税率降低或优惠增多，从而获得税收利益，这便是规避平台筹划法的基本原理。

规避平台筹划法的着眼点在于寻找临界点，利用临界点控制税负。

（一）税基临界点筹划法

税基临界点筹划法主要是寻找税基临界点，税基临界点主要有起征点、扣除限额、税率跳跃点。税基相对于临界点的变化会引起税负的巨大波动，即临界点的边际税率出现递增或递减的变化态势。

税基临界点筹划法的聚焦点在于临界点，要关注临界点，把握临界点，利用临界点。诸如个人所得税的起征点、个人所得税的税率跳跃点、企业所得税的税前扣除限额等，都是典型的税基临界点，对其进行合理筹划，可以降低税负。

公益性捐赠支出、业务招待费、广告费及业务宣传费等扣除项目都有税前扣除限额，都属于税基临界点。《中华人民共和国企业所得税法》（以下简称《企业所得税法》）及其实施条例规定，企业发生的公益性捐赠支出，在年度利润总额12%以内的部分，准予在计算应纳税所得额时扣除；企业发生的业务招待费，按照实际发生额的60%扣除，最高不超过营业额（销售额）的5‰；企业发生的广告费和业务宣传费，在不超过营业额（销售额）15%的范围内扣除。

（二）优惠临界点筹划法

优惠临界点筹划法主要着眼于优惠政策所适用的前提条件，只有在满足前提条件的基础上才能适用税收优惠政策。一般优惠临界点包括以下三种情况：一是绝对数额临界点；二是相对比例临界点；三是时间期限临界点。

规避平台利用的是临界点量变引起质的飞跃这一特质，但如果距离优惠临界点太远，那么要突破它，就得有足够的量变积累，这其中可能会损耗一些成本。所以，在利用优惠临界点筹划法时应合理规划，以免舍本逐利、本末倒置。

例2-11

李先生在北京市拥有一套普通住房，已经居住满1年零10个月，这时他在市区找到一份薪水很高的工作，需要出售该住房，李先生应该如何进行税收筹划？

解析：

增值税相关规定：个人将购买不足2年的住房对外销售的，按照5%的征收率全额缴纳增值税；个人将购买2年以上（含2年）的普通住房对外销售的，免征增值税（适用于北上广深四个城市）。很显然，如果李先生再等2个月出售该住房，便可以适用购买满2年享受增值税免征待遇，而如果现在马上出售，必须按5%征收率缴纳增值税。因此，合乎理性的做法便是将住房于2个月后再转让而不是马上转让。

当然，如果这时遇到合适的买主，也可以出售。即变通利用时间期限临界点筹划，可以采取和买主签订两份合同：一份是远期合同（2个月后正式交割房产）；另一份是为期2个月的租赁合同。只要租金和售价之和等于买主理想中的价位，这种交易很容易成功。这样买主可以马上入住，房主也可以享受增值税免征待遇。

九、资产重组筹划法

（一）合并筹划法

企业合并是实现资源流动和有效配置的重要方式，在企业合并过程中会不可避免地涉及企业的税收负担及筹划节税问题。企业合并筹划是指企业利用并购及资产重组手段，改变其组织形式及股权关系，实现税负降低的筹划方法。

合并筹划法一般应用于以下五个方面：

（1）合并重组后的企业可以进入新领域、新行业，享受新领域、新行业的税收优惠政策。

（2）并购有大量亏损的企业，可以盈亏抵补，实现低成本扩张。

（3）企业合并可以实现关联性企业或上下游企业流通环节的减少，合理规避流转税和印花税。

（4）企业合并可能改变纳税主体性质，譬如，企业可能因为合并而由小规模纳税人变为一般纳税人，或由内资企业变为中外合资企业。

（5）企业合并可以利用免税重组优惠政策，规避资产转移过程中的税收负担。

企业合并筹划法的实践应用需要关注《关于企业重组业务企业所得税处理若干问题的通知》（财税〔2009〕59号）的相关规定：适用于一般重组的企业合并，被合并企业的亏损不得在合并企业结转弥补；而适用于特殊性重组的企业合并，合并企业能以限额弥补被合并企业的亏损。

符合特殊性重组的条件如下：（1）具有合理的商业目的，且不以减少、免除或者推迟缴纳税款为主要目的。（2）企业重组后的连续12个月内不改变重组资产原来的实质性经营活动。（3）企业重组中取得股权支付的原主要股东，在重组后连续12个月内，不得转让所取得的股权。（4）企业股东在该企业合并发生时取得的股权支付金额不低于其交易支付总额的85%，以及同一控制下且不需要支付对价的企业合并。（5）被收购、合并或分立部分的资产或股权比例超过50%。

（二）分立筹划法

分立是指一家企业（以下称为被分立企业）将部分或全部资产分离转让给现存或新设的企业（以下称为分立企业），被分立企业股东换取分立企业的股权或非股权支付，实现企业的依法分立。企业分立有利于企业更好地适应环境和利用税收政策获得税收方面的利益。

分立筹划法利用分拆手段，可以有效地改变企业规模和组织形式，降低企业整体税负。分立筹划法一般应用于以下方面：

（1）企业分立为多个纳税主体，可以形成有关联关系的企业群，实施集团化管理和系统化筹划。

（2）企业分立可以将兼营或混合销售中的低税率或零税率业务独立出来，单独计税，税负。

（3）企业分立使适用累进税率的纳税主体分化成两个或多个适用低税率的纳税

主体，税负自然降低。

（4）企业分立可以增加一个流通环节，有利于流转税抵扣及转让定价策略的运用。

企业分立，通常情况下当事各方应按下列规定处理：

（1）被分立企业对分立出去的资产应按公允价值确认资产转让所得或损失。

（2）分立企业应按公允价值确认接受资产的计税基础。

（3）被分立企业继续存在时，其股东取得的对价应视同被分立企业分配进行处理。

（4）被分立企业不再继续存在时，被分立企业及其股东都应按清算进行所得税处理。

（5）企业分立相关企业的亏损不得相互结转弥补。

企业分立，被分立企业所有股东按原持股比例取得分立企业的股权，分立企业和被分立企业均不改变原来的实质经营活动，且被分立企业股东在该企业分立发生时取得的股权支付金额不低于其交易支付总额的85%，可以选择按以下规定处理：

（1）分立企业接受被分立企业资产和负债的计税基础，以被分立企业的原有计税基础确定。

（2）被分立企业已分立出去资产相应的所得税事项由分立企业承继。

（3）被分立企业未超过法定弥补期限的亏损额可按分立资产占全部资产的比例进行分配，由分立企业继续弥补。

（4）被分立企业的股东取得分立企业的股权（以下简称“新股”），如需部分或全部放弃原持有的被分立企业的股权（以下简称“旧股”），“新股”的计税基础应以放弃“旧股”的计税基础确定。如不需放弃“旧股”，则其取得“新股”的计税基础可从以下两种方法中选择确定：直接将“新股”的计税基础确定为零；或者以被分立企业分立出去的净资产占被分立企业全部净资产的比例先调减原持有的“旧股”的计税基础，再将调减的计税基础平均分配到“新股”上。①

例2-12

奥立电梯公司主要生产、销售电梯并负责电梯的安装、维修及保养。8月份，奥立电梯公司取得含税收入3 390万元，其中安装费约占含税收入的30%，维修费约占含税收入的10%，假设本月购进的进项税额为200万元。请问奥立电梯公司该如何进行税收筹划？

解析：

混合销售行为和兼营的非应税劳务应当缴纳增值税，其销售额分别为货物与非应税劳务的销售额的合计，货物或者应税劳务与非应税劳务的销售额的合计。奥立电梯公司既生产、销售电梯又负责安装、维修的行为属于典型的混合销售行为，按照税法规定，8月份奥立电梯公司应纳增值税额计算如下：

① 参见《关于企业重组业务企业所得税处理若干问题的通知》（财税〔2009〕59号）的相关规定。

应纳增值税＝销项税额－进项税额＝3 390÷(1＋13%)×13%－200＝190(万元)

如果奥立电梯公司设立一个独立核算的安装公司，奥立电梯公司只负责生产、销售电梯，而安装公司专门负责电梯的安装、维修，那么，奥立电梯公司和安装公司分别就销售电梯收入、安装及维修收入开具发票。奥立电梯公司设立电梯安装公司后，涉税情况会发生变化。对企业销售电梯（自产或购进）并负责安装及维修取得的收入，一并征收13%的增值税；对不从事电梯生产、销售，只从事电梯安装和维修的专业公司的电梯安装收入征收10%的增值税，电梯维修收入征收6%的增值税。

奥立电梯公司应纳增值税＝销项税额－进项税额
＝3 390×(1－40%)÷(1＋13%)×13%－200
＝34(万元)

安装公司应纳增值税＝3 390×30%×9%÷(1＋9%)＋3 390×10%×6%÷(1＋6%)
＝103.16(万元)

分立出安装公司后可以节省增值税＝200－34－103.16＝62.84(万元)

例 2－12 中的分立筹划法一般适用于电梯、机电设备等大型设备生产企业。对于这类企业，还可根据需要再分立出独立核算的运输公司或物流配送公司。

分立筹划法在实际操作中要注意以下问题：

(1) 要进行成本收益权衡。设立安装公司所增加的分立成本或税收筹划代理费用应小于节税收益。

(2) 注意定价的合理性。由于涉及货物销售价格与服务价格的剥离，不要为了节税而故意抬高服务收费。因为生产销售企业与提供服务企业存在关联方关系，如果定价不合理，税务机关有权调整货物及服务的定价。

十、业务转化筹划法

通过业务转化筹划法可以寻找更大的节税空间，其手段灵活多样。诸如购买、销售、运输、建房等业务可以合理转化为代购、代销、代运、代建房等业务，无形资产转让可以合理转化为投资或合营业务，工程招标中介可以合理转化为转包人，甚至还有企业雇员与非雇员之间的相互转化……而这些业务转化使得纳税人享受的税收待遇有天壤之别，税收筹划空间瞬息出现。

例 2－13

科研人员张某发明了一种新技术，该技术申请了国家技术专利。由于该专利实用性强，许多企业拟出高价购买。其中，甲公司开出了 100 万元的最高价。这种情况下，张某是否应该转让其技术专利呢？

解析：

根据《财政部 国家税务总局关于全面推开营业税改征增值税试点的通知》（财税〔2016〕36 号）相关规定，转让专利技术是销售无形资产，免征增值税。这里所说的“技术”包括专利技术和非专利技术。申请免征增值税时，技术专利转让合同或投资入股书面合同须经所在地省级科技主管部门认定并出具审核意见证明文件，报主管税务机关备查。

根据新《个人所得税法》的有关规定，转让专利使用权属于特许权使用费收入，应计入综合所得，参与年终汇算清缴。张某取得该笔收入时应预缴的个人所得税为：

100×(1－20％)×20％＝16(万元)

如果采用业务转化筹划法，张某不转让技术专利使用权，而是将技术专利进一步开发，以技术服务的形式将专利技术应用于甲公司生产经营活动中。按甲公司的经营状况测算，张某每年预计可从甲公司获取10万元技术服务收入。若张某愿意采取技术服务形式，则其所负担的个人所得税可实现递延缴纳：(1) 按照增值税有关规定，纳税人提供技术开发和与之相关的技术服务免征增值税。(2) 按照个人所得税有关规定，个人取得的技术咨询、技术服务所得，应于取得所得的当月按照20％的比例税率预缴个人所得税，同时并入综合所得于年终汇算清缴。所以，张某应预缴的个人所得税为：

10×20％＝2(万元)

若采用技术投资入股形式，张某当年不需负担税收。技术投资入股的实质是转让技术成果和投资同时发生。按照财税〔2016〕36号文相关规定，转让技术成果是销售无形资产，免征增值税。根据财税〔2016〕101号文，个人技术投资入股，被投资企业支付的对价全部为股票（权）的，企业或个人可选择适用递延纳税优惠政策。经向主管税务机关备案，投资入股当期可暂不纳税，允许递延至转让股权时，按股权转让收入减去技术成果原值和合理税费后的差额计算缴纳个人所得税。

复习思考题

1. 税收筹划方案设计的目标是什么？
2. 税基筹划法有哪些具体操作方法？请举例说明。
3. 税率筹划法有哪些具体操作方法？请举例说明。
4. 你是如何认识会计政策筹划法的？当会计处理与税务规定存在差异时，应该如何进行税收筹划？
5. 合并筹划法与分立筹划法分别适用于哪些情形？

案例分析题

案例一　报酬获取方式的税收筹划

张先生是一位建筑设计工程师，利用业余时间为某项工程设计图纸，同时担任该项工程的顾问，工作时间为 10 个月，获取报酬 30 000 元。

思考：张先生获取的 30 000 元报酬是要求建筑单位一次性支付，还是在其担任工程顾问的期间，要求建筑单位分 10 个月平均每月支付 3 000 元呢？

案例二　纳税人身份选择的税收筹划

甲、乙两个企业均为工业企业，是增值税小规模纳税人，它们都加工生产机械配件。甲企业的年销售额为 400 万元，年可抵扣购进货物金额为 350 万元；乙企业的年销售额为 430 万元，年可抵扣购进货物金额为 375 万元（以上金额均为不含税金额，可取得增值税专用发票）。由于两个企业的年销售额均达不到一般纳税人标准，税务机关对两个企业均按小规模纳税人的简易方法征税，征收率为 3%。甲企业年应纳增值税 12 万元（400×3%），乙企业年应纳增值税 12.9 万元（430×3%），两个企业每年共应缴纳增值税 24.9 万元（12+12.9）。

思考：甲、乙两个企业应分别如何选择纳税人身份以降低税负？

案例三　折旧方法选择的税收筹划

某大型机械制造厂新进口一台机器设备，价格为 40 万元，该设备经过税务机关认定，折旧总年限为 5 年，核算出的残值率为 3%。在提取折旧之前，企业每年的税前利润为 107.76 万元。使用不同的折旧方法，会影响纳税的方案。假定税法允许采用直线法、缩短折旧年限法（缩短 40%年限）、双倍余额递减法、年数总和法这四种折旧方法。

思考：该机械制造厂应采取哪种折旧方法？

案例四　企业捐赠支出的税收筹划

某企业本年度预计可以实现会计利润 1 000 万元，应纳税所得额 1 000 万元，企业所得税税率为 25%。为树立社会形象，该企业决定通过政府及相关民政部门向贫困山区教育捐赠 200 万元。企业提出两种方案：第一种方案为直接对贫困山区中学进行公益性捐赠，并建立山区书屋；第二种方案为通过我国境内非营利性社会团体、国家机关进行公益性捐赠，并且在当年全部捐赠。

思考：评析上述两个方案，并提出税收筹划方案。

案例五　收入期间的税收筹划

小陈 2×19 年在一处街区开了一家个体工商户性质的家常菜馆，生意十分火爆，当年取得应纳税所得额为 95 000 元，这其中包含了年末预订春节酒席的预收款项 20 000 元。由于周围街坊看小陈如此赚钱，2×20 年纷纷开设各种饭馆，预估小陈 2×20 年的应纳税所得额应该在 40 000 元左右。

思考：为小陈设计一个税收筹划方案。

案例六　转让定价的税收筹划

某集团公司由甲、乙两个企业组成，甲企业产品为乙企业的原料。若甲企业产品适用的消费税税率为30%，乙企业产品适用的消费税税率为20%。假设甲企业以130万元（不含税）的价格销售一批商品给乙企业，乙企业加工以后以200万元（不含税）的价格对外销售该产品。

思考：计算该集团公司应当缴纳的消费税，并提出税收筹划方案。

综合阅读题

利用共享经济平台筹划节税

居民个人孟先生是一位自由职业者，他通过在共享经济平台——猪八戒网提供高端家居设计服务获取收入。假设他一年获得的不含税设计服务收入为300万元，其中需支付给平台5%的佣金，平台为一般纳税人，提供服务适用税率6%。由于孟先生的年收入较高，可以单独设立个人独资企业M，设立地点可以选择具有核定征收政策的省份或地区，比如，根据国家税务总局贵州省税务局公告2018年第42号规定，不符合查账征收条件，但能准确核算收入或成本费用的个人独资企业投资者，其取得的经营所得采用核定应税所得率方式征收个人所得税。在增值税方面，可认定为小规模纳税人。假设孟先生无其他收入，取得收入时无其他成本费用扣除，不考虑附加税费，不考虑专项扣除和专项附加扣除，核定应税所得率按10%计算。表2-6列出了税收筹划前后的税负对比情况。

表2-6　税收筹划前后税负对比情况

税种	筹划前		筹划后	
	孟先生	猪八戒网	M企业	猪八戒网
增值税	无	3 000 000×6%=180 000（元）	3 000 000×(1－5%)×3%=85 500（元）	若M企业开专用发票：3 000 000×6%－3 000 000×5%×3%=175 500（元） 若M企业开普通发票：3 000 000×6%=180 000（元）
企业所得税	无	3 000 000×5%×25%=37 500（元）	个人独资企业不缴纳企业所得税	若M企业开专用发票：3 000 000×5%×25%=37 500（元） 若M企业开普通发票：3 000 000×(1－5%)×5%×25%=35 625（元）
个人所得税	[3 000 000×(1－5%)－60 000]×45%－181 920=1 073 580（元）	替孟先生代扣代缴个人所得税	3 000 000×(1－5%)×10%×20%－10 500=46 500（元）	无
部分合计	1 073 580元	217 500元	132 000元	213 000元或215 625元
总计	1 291 080元		345 000元或347 625元	

从表 2-6 可知，通过共享经济平台，个人税负可以得到合理控制。而平台由于能够取得一些进项税额抵扣，以及合法扣除营运成本，其税负也有一定程度的降低。

问题思考：

1. 本案例中，利用共享经济平台有效降低税负的基本原理是什么？
2. 通过此类共享经济平台纳税存在税务风险吗？一般体现在哪些方面？

第三章 税收筹划的发展前沿

税收的影响将通过价格、产出和收入的变化渗透到各个经济领域。从这个意义上说，即使那些非直接纳税者也受到税收制度的影响。

——英国著名财政经济学家西蒙·詹姆斯

第一节 税收筹划的战略思想

在现代社会经济中，战略管理日益凸显其价值。战略管理的本质是敏捷地识别和适应环境变化，为企业持续发展提供路径指南。战略管理决定着企业的现在和未来，决定着企业的兴衰和成败。税收筹划是企业战略管理的重要组成部分，税收也随着经济的发展而日益成为战略管理中的关键因素。

一、战略管理与税收筹划的关系定位

（一）战略管理与税收筹划的关系

1. 战略管理指导税收筹划

战略管理是首要的，税收筹划是为之服务的。税收筹划只有在战略管理的框架下才能充分发挥作用，税收筹划对企业战略管理能够起到一定作用，但不可能起决定性作用。

2. 战略管理重视税收筹划

战略管理是从宏观角度看待问题的，它关注的是企业整体，战略管理不仅考虑税收对企业的影响，还考虑其他非税收因素对企业的影响。但税收是影响企业战略的重要因素之一，税收筹划是战略管理要考虑的一个重点，税收筹划必然成为企业

战略管理框架的组成部分。

战略管理和税收筹划有着共同的目的，即从企业整体绩效出发，为股东创造最大价值。在实现这一目标过程中，税收筹划也明显带有长期战略的痕迹。但当企业决策是否进入某个行业或某个市场时，考虑最多的是该行业或市场的潜力，而不是税收筹划。尽管也要考虑相关税收政策和税收筹划，但这些是附属的、次要的，即不能因为税收因素而改变企业的战略决策。这是一条重要的企业法则。

（二）企业战略税收筹划的导向

企业战略是对企业未来的长期发展所做的全局性的总体谋划，是为创造未来而设定的成长路径。其本质在于调整和变革以适应未来环境的变化，实现企业价值创造和未来可持续发展。企业战略支配着企业经营与财务活动，自然也包括税收筹划。因此，税收筹划必须服从于企业的总体发展战略。

在探讨企业战略与税收筹划的关系时，必须强调的是：企业战略是首要的，其次才是税收筹划，税收筹划只有在企业战略确定的情况下才能充分发挥作用。当然，在某些条件下，税收筹划在确定企业战略时能够起到一定的作用，但绝不是决定性的作用，下面从多个角度分析其原因。

1. 市场超越一切

当企业决定是否进入某个市场时，考虑最多的不是税收筹划，而是这个市场的潜力如何，企业能否在短期内占领这个市场。比如，许多外国投资者考虑在中国投资时，看重的并不是中国优惠的税率、优厚的待遇，而是广大的消费市场和广阔的发展空间。当然，优惠的税收待遇能够为投资者提供良好的竞争条件，但投资者为了扩大市场份额，是很少考虑税收成本的，甚至有的投资者为了达到一定的目的，如扩大市场份额、击垮竞争对手、逃避政治经济风险以及获取一定的政治地位等，可能把投资由低税区转向高税区。

2. 税收筹划为企业战略服务

当企业决定是否进入某个行业时，考虑最多的也不是该行业是否能够享受税收优惠，而是企业进入该行业后能否有长期的发展潜力。在决定是否进入某个行业时，企业首先要考虑清楚行业的供货方或原料提供者，即上游企业是一些什么性质的企业，与企业选址的相对位置如何；其次要考虑它的市场在哪里，下游企业是一些什么性质的企业，是垄断还是竞争；再次要考虑该行业的潜在进入者有哪些，构成的潜在威胁有多大；最后要考虑替代产品或替代服务有哪些，它们是否对本企业构成威胁以及潜在的威胁程度如何。至于筹划节税问题，则应列在这些因素之后。因此，从这个意义上说，企业战略是税收筹划的导向，税收筹划要为企业战略服务。

3. 企业战略目标决定税收筹划的内容与方式

企业在考虑采取某项经营活动时，往往不是从税收筹划的角度出发的，虽然税收筹划能够渗透企业生产经营的每个环节，但它并不是企业的首要目标，企业发展的唯一目标是盈利，为投资者带来税后收益，而不是少缴税款。因此，企业采取的某些政策措施虽然从税收筹划的角度来说可能是不划算的，但符合企业的战略目标。如某些上市公司在不违反法律的条件下，推迟费用入账时间以降低当期费用，这样筹划的结果是公司的本期利润增加，从而所得税款的缴纳也相应增多。但由于经营业绩变好，股票价格上扬提升公司价值，这对公司来说是有利的。

企业战略目标决定了税收筹划的内容和方式。企业不同阶段的不同需求和战略目标定位，对税收筹划的相关领域和内容提出要求，也对税收筹划的方式提出约束条件。不满足企业战略目标要求的税收筹划方案，不能在企业实践中得到实施。

二、税收筹划的战略管理方法

税收筹划的战略管理是立足系统思维和超前思维的管理活动，其核心内容是基于“价值链”概念的“税收链”思想，税收筹划的战略管理方法主要是税收合作博弈。

（一）“税收链”思想及应用

1. 价值链的概念

价值链概念最早是由迈克尔·波特教授在1985年提出的。每一个企业都是在设计、生产、销售、发送和辅助其产品生产过程中进行种种活动的集合体，所有这些活动都可以用一个价值链来表示。价值链的含义包括三个部分：第一，企业各种活动之间都有密切联系，如原材料供应的计划性、及时性与企业的产品生产有密切联系；第二，每项活动都能给企业带来有形或无形的价值，如售后服务，如果企业密切关注顾客的需要或做好售后服务，就可以为企业赢得良好的信誉，带来无形价值；第三，价值链不仅包括企业内部各链式活动，还包括企业的外部活动，如与供应商之间、与顾客之间的活动。由此可见，价值链将一个企业分解成许多与战略相关的活动，企业的价值增长和利润就是在这些活动中产生的。

2. 税收链的含义

企业所从事的生产经营活动是多种多样的，在生产经营过程中面临的税收问题也是多种多样的，既有增值税等流转性质的税收，又有企业所得税和个人所得税等所得性质的税收，还有诸如房产税、契税、土地增值税等其他性质的税收。从企业的生产经营过程来看，其主要活动分为供应、研发、生产、销售四大经营活动，即企业先采购原材料，然后研发新技术、设计新产品，继而进行生产加工，最后到市场上销售产品。所有这些环节都创造价值或实现价值，构成了完整的价值链。在这条价值链上，有一部分价值以税收的形式流入国库。企业所承担的税收都是在价值流转的节点确认纳税义务并实际缴纳给政府的，如果沿着价值流转的路径观察，也形成了一个与税收相关的链条，即所谓的税收链（见图3-1）。

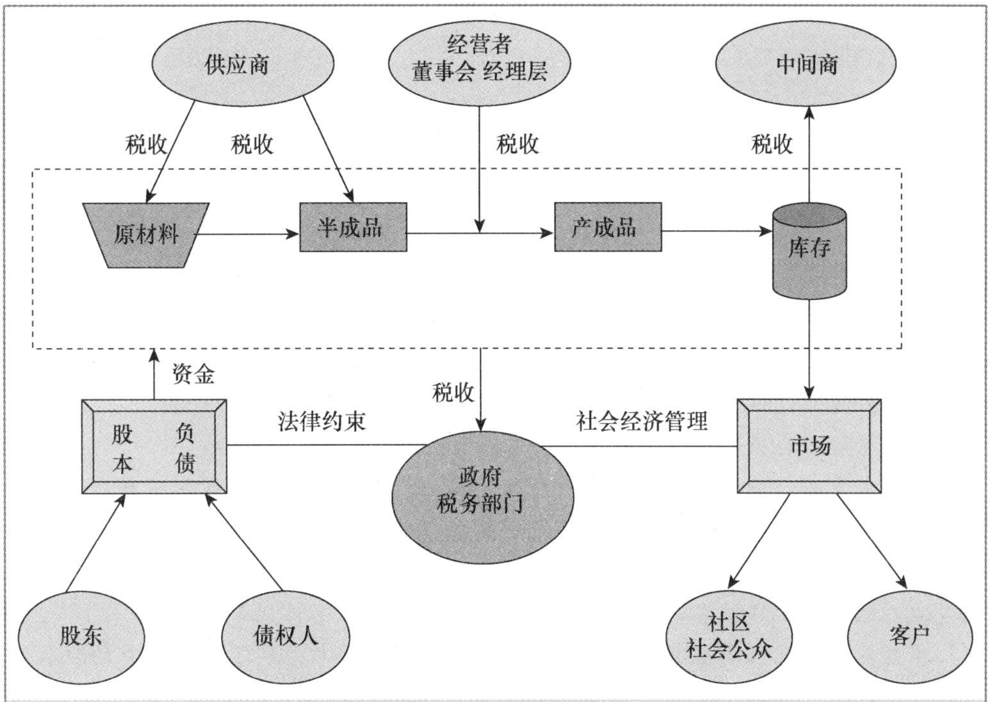

图 3-1　税收链示意图

注：图中虚线框内为企业生产经营主体部分，利益相关者皆用椭圆形表示。

利用税收链有助于分析税收的形成机理与纳税环节。对于企业来说，许多税收都是在流程中形成的，所谓税收的流程观其实也就是税收链思想。

3. 税收链的应用

如果企业具有税收链的观念，就能够找到税收筹划的易胜之地，即与哪些利益相关者合作最有效，在哪个流程筹划最合适，哪些税种的筹划空间最大。基于税收链的企业税收筹划战略必须树立一种系统观，从整体和全局出发，不能仅考虑局部环节税收负担或个别利益相关者的税收利益，而应该具有开阔的视野，考虑到全部流程的税款支出及所有利益相关者的税收利益。

税收链思想要求企业从利益相关者视角看问题，不仅要考虑企业自身的税收情况，还要从企业与利益相关者的交易在整个价值链上的位置来考虑，照顾到利益相关者的纳税要求，这样才能真正利用税收链彻底解决与利益相关者因交易活动而产生的税收问题。推而广之，在国际税收领域，随着数字经济的兴起，全世界联系日益密切，国家或地区之间的各个经济体共同形成一条涉及数字经济的全球产业链，各个经济体在产业链上的位置及对全球产业链的贡献程度，都会影响到各个经济体的实际税负水平和利润率。因此，从全球产业链视角分析，也涉及一条庞大的全球税收链，该全球税收链对税收的影响超越了国界、国境，形成全球视野的跨境税收分配大格局。全球税收链的税收影响会对一国或地区的税收主权形成挑战。从人类命运共同体角度考虑，人类的经济活动和价值创造也要兼顾税收公平和国际利益均衡思想，反对任何霸权主义和经济侵略主义思潮和行为。

例3－1

某生产企业有一家代理商，属于小规模纳税人，该代理商虽然能给终端客户开具增值税专用发票，但征收率为3%，远低于一般纳税人，市场拓展一直存在障碍。从税收链角度分析，即使该代理商的价格（指含税价格）比属于一般纳税人的同类产品的代理商价格（指含税价格）低，只要不低到一定程度，终端客户一般也不会购买。道理很简单，如果终端客户购买了该代理商的产品，取得的增值税专用发票进项税额抵扣率较低，该代理商的产品无疑会因增加终端客户的税收负担而不被接受。

如果代理商从税收链的角度考虑，就能够很快解决问题，可行的操作思路如下：

第一种思路：该生产企业对代理商实行销售让利，并促使代理商给终端客户让利，代理商的价格优势会吸引大量终端客户。

第二种思路：该生产企业和代理商改变商业模式，把原来代理商买断后再对外销售的商业模式改为委托代销，让代理商只充当销售中介，仅收取销售佣金，而由该生产企业给终端客户开具增值税专用发票，这样就能使终端客户取得进项税额抵扣率较高的增值税专用发票，从而降低终端客户的税收负担。

很显然，这两种思路都能够吸引客户，其原因在于考虑到了终端客户的税收利益。这是税收链思想在现实中应用的典型案例。

（二）税收合作博弈——税收筹划的战略方法

税收合作博弈是税收筹划活动中很重要的一个概念，它包括企业之间的税收合作、企业与客户之间的税收合作、企业与税务机关之间的税收合作。但这种税收合作并不是双方合谋逃避税收，而是一种正当的税收合作行为，可以达到共赢或多赢的效果。

1. 企业之间的税收合作博弈

企业之间的税收合作形式是多种多样的。企业之间或集团内部组织之间可以通过合理的转让定价转移利润，这是常用的税收筹划方法。例如，集团内部组织之间通过转让定价将高税区的利润转移到低税区。其实，将这种现象引申开后可知，只要两个企业之间有购销关系，是利益关联方，就可以进行合作，共同实现筹划节税。市场价格处于不断波动的状态，价格有高也有低，因此，转让定价可以稍高于市场价格，也可以稍低于市场价格，有一定的弹性空间。如果我们把这种现象推演到一般情形，则可得出如下结论：只要两个企业之间有交易，就可以进行税收合作。

企业之间的税收合作主要有以下六种形式：

（1）商品交易的税收合作；

（2）提供劳务的税收合作；

（3）无形资产交易的税收合作；

（4）租赁业务的税收合作；

（5）融资业务的税收合作；

（6）成本分摊与费用转嫁的税收合作。

企业之间的税收合作博弈在实务操作中主要表现为以下三种形式：

（1）一方完全掌握产权或控制权，另一方购买使用权；

（2）双方逐步通过交易实现产权转让；

（3）实行委托代理制，转让使用权或控制权。

这三种形式都存在不同程度的税收筹划空间，其实质是资源利用和转让过程中的巧妙安排。譬如，一个企业拟向其利益相关者转移资产，则可以考虑的路径有：

（1）通过正常交易行为转移资产；

（2）通过非货币资产对外投资方式转移资产；

（3）通过捐赠行为转移资产；

（4）通过租赁方式让渡资产使用权，具体分为经营租赁与融资租赁两种形式；

（5）通过实体资产抵债方式转移资产；

（6）通过非货币资产交换方式转移资产；

（7）通过企业合并、分立、股权交易等资产重组方式转移资产。

当然，具体选择哪种资产转移方式，完全取决于企业之间的税收合作博弈的目标导向和操作模式。

2. 企业与客户之间的税收合作博弈

企业与客户之间的税收合作也是一种相当重要的税收合作，这种税收合作其实也可以归入企业之间的税收合作，但由于一些客户可能属于自然人，因此在这里单列出来。按照一般的经营常识，商品最终总要销售给客户，因此企业与客户的税收合作就具有重要的现实意义。比如装修服务，到底是由企业还是由客户提供装修材料，这是可以协商的。再如房产租赁业务，出租人与承租人在租金额度以及支付方式上也是可以进行磋商合作的。双方的契约安排和有效合作可以大大降低税收负担。

3. 企业与税务机关之间的税收合作博弈

企业与税务机关也存在着税收合作，而且这种税收合作具有一定的操作空间。税务机关征税本身是要花费成本的，而企业的生产经营活动错综复杂，税务机关根本无法完全掌握企业经营活动的全貌。因此，对税务机关来说，详细了解每个企业的具体情况，并对企业每项经营活动都实施监控，就需要花费高昂的成本。如果企业与税务机关相互沟通和协调，就能减少征税成本。比如，涉及转让定价时，企业与税务机关采取预约定价安排，不仅可以方便税务机关征税，降低其征税成本，而且会给纳税人带来好处，既可以适当采用有利的转让价格，又可以避免转让价格被调整的税务风险。

第二节　税收筹划的风险思想

一、税收筹划的风险分析

美国著名保险学家特瑞斯·普雷切特将风险定义为“未来结果的变化性”，这里强调的是风险的不确定性特征；另一位美国学者威雷特则强调了风险的客观性特征，他把风险定义为“关于不愿发生的事件发生的不确定性的客观体现”。我国很多学者都认为，风险是事件出现损失的可能性，或者更广义地说，是事件实现收益的不确定性。

风险无处不在，纳税人开展税收筹划也存在一定的风险。所谓税收筹划风险，是指纳税人在进行税收筹划时因各种不确定因素的存在，导致税收筹划结果偏离纳税人预期目标的可能性。税收筹划风险产生的主观原因是征纳双方的有限理性，客观原因是经济活动复杂多变的特性。税收筹划风险可能导致纳税人遭受经济损失、法律惩罚以及信誉损失等负面效应。下面我们分析税收筹划风险的存在原因。

1. 税收筹划方案的设计具有主观性

税收筹划方案的设计取决于纳税人的主观判断，包括对税收政策的理解与判断、对纳税活动的认识与判断等。通常，税收筹划操作成功的概率与纳税人的业务素质成正比关系。因此，税收筹划方案的设计具有较高的主观风险。

2. 税收筹划方案的实施具有条件性

税收筹划方案必须在一定条件下实施。税收筹划方案的实施过程实际上就是纳税人根据自身生产经营情况，对税收政策的正确贯彻与灵活运用，受到一系列环境因素的制约。纳税人的经济活动与税收政策都在不断发展变化，税收筹划方案的实施风险也就不可避免。

3. 纳税人与税务机关权力责任的不对称性

税务机关和纳税义务人都是税收法律关系的权利主体之一，双方的法律地位是平等的。但由于主体双方是管理者与被管理者的关系，双方的权利和义务并不完全对等，表现为税务机关拥有较大的自由裁量权，税收筹划方案能否顺利实施在很大程度上取决于税务机关对税收筹划方案的认定程度。

二、税收筹划风险管理

（一）税收筹划风险类型

税收筹划主要涉及两大风险：经营活动风险和税收政策变动风险。

经营活动风险主要是企业不能准确预测经营方案的实现所带来的风险，实质上是一种纯粹的经营风险，即经营活动未实现预期效果而导致税收筹划方案失效。

税收政策变动风险与税法的刚性有关，目前我国税收政策还处于频繁调整时期，可能一个有效的税收筹划方案会因为政策的变动而完全失效。所以，税收政策变动风险不容忽视。比如，以前一些企业乐于通过变相的公费旅游为雇员谋福利，避税现象严重。税务机关为弥补政策漏洞制定了相关税收规定：凡是享受公费旅游的雇员必须将人均旅游消费额计入当月的工资、薪金所得合并计算缴纳个人所得税。显然，由于税收政策的变动，公费旅游的筹划方案就彻底失效了。

（二）税收筹划风险管理模式

税收筹划风险管理是指纳税人通过对税收筹划风险的确认和评估，采用一定的技术手段和方法对风险加以管理和控制，旨在减少风险损失的一种管理活动其模式有以下四种。

1. 风险规避

风险规避是指为避免风险的发生而拒绝某种行为或某一事件。风险规避是避免风险最彻底的方法，但其只能在相当窄的范围内应用，因为企业不能为规避风险而彻底放弃税收筹划方案。

2. 风险控制

风险控制是指那些用以使风险程度和频率最小化的努力。风险控制在于降低风险发生的可能性，减轻风险损失的程度，包括风险防范的事前、事中和事后控制。

3. 风险转移

风险转移是将风险转嫁给参与风险计划的其他人，一般通过合约的形式将风险转移，譬如纳税人可以与税收筹划方案设计者签订最终方案风险责任约定以及其他形式的损失保险合约等转移风险。

4. 风险保留

风险保留是风险融资的一种方法，是指遭遇风险的经济主体自我承担风险所带来的经济损失。风险保留的重心在于寻求和吸纳风险融资资金，但这取决于人们对待风险的态度：一种是风险承担，在风险发生后承担损失，但可能因为承担突如其来的巨大损失而面临财务问题；另一种是为可能出现的风险做准备，在财务上预提风险准备金就是常用的办法之一。

（三）税收筹划风险管理的具体措施

1. 密切关注财税政策的变化，建立税收信息资源库

税收筹划的关键是准确把握税收政策。但税收政策层次多，数量大，变化频繁，掌握起来非常困难。因此，企业应建立税收信息资源库，对适用的政策进行归类、整理、存档，并跟踪政策变化，灵活运用。准确理解和把握税收政策是设计筹划方案的基本前提，也是保证筹划方案质量的基础。

2. 严格区分违法与合法的界限，树立正确的筹划观

依法纳税是纳税人的义务，而合理、合法地筹划涉税问题，科学安排收支，也是纳税人的权利。纳税人应树立正确的筹划观：税收筹划可以节税，但税收筹划不是万能的，其筹划空间和弹性是有限的。

3. 综合衡量税收筹划方案，降低税务风险

一个好的税收筹划方案应该合理、合法，能够达到预期效果。但是，实施筹划方案往往会“牵一发而动全身”，要注意方案对整体税负的影响；实施过程还会增加纳税人的相关管理成本，这也是不容忽视的问题；还要考虑战略规划、税收环境的变迁等风险。

4. 保持税收筹划方案适度的灵活性

由于纳税人所处的经济环境千差万别，加之税收政策和税收筹划的主客观条件

时刻处于变化之中，这就要求在税收筹划时，要根据纳税人的实际情况，制定纳税方案，并保持一定的灵活性，以便随着国家税制、税法、相关政策的改变及预期经济活动的变化，对筹划方案进行重新审查和评估，适时更新筹划内容，采取措施分散风险，趋利避害，保证税收筹划目标的实现。

5. 具体问题具体分析，切忌盲目照搬

税收筹划虽有一定的规律，但筹划方案设计并没有固定的套路，因为每个企业都是独特的，不存在最好的方案，只有最适合企业特征的税收筹划方案。针对不同的问题，因地制宜，具体问题具体分析。所以，税收筹划方案及操作结果随纳税人具体情况的不同而不同，切忌盲目照搬照套别人的方案。

第三节　税收筹划的管理思想

一、管理模式与税收筹划的关系

税收筹划不能离开企业的管理模式，税收筹划方案设计应顺应管理的环境和管理的要求。做好税收筹划方案设计必须从强化管理入手。

管理是一项系统工程，必须渗透到公司的每个部门，如营销管理、采购管理、生产管理、人力资源管理、组织管理、财务管理等。公司的每一项业务、公司运作的每一个环节都存在着管理活动，不同的管理方式有不同的目的，不同的管理方式有不同的效果。例如，采购管理主要是为了保证原材料以最低的价格，保质、保量按时供应，保证生产经营正常进行。生产管理是为了保证在最低的成本约束下，生产出质量最好的产品。

但目前企业最缺乏的一种管理就是税务管理。为什么很多企业在税务管理上都有困惑？为什么税务稽查过程中很多企业都存在问题？难道企业都想逃避税收吗？问题的根源在于纳税过程中缺乏管理，很多业务操作不规范。

什么是税务管理？税务管理就是企业运用管理的手段，制定各种制度对公司的经营过程加以控制，以达到规范纳税行为、规避税务风险的目的。譬如，公司的车辆要加油，很多情况下取得的发票五花八门，甚至还有很多增值税普通发票，因为发票开具不规范以及没有取得增值税专用发票而不能抵扣进项税额。怎样解决这一税务问题呢？这就需要公司根据加油站的特点，制定相应的税务管理措施。有一家公司是这样做的：财务人员统一到加油站购买加油卡，车辆需要加油时用加油卡加油。等公司把加油卡里的金额消费完了，统一要求加油站开具增值税专用发票，这样就可取得增值税专用发票，从而可以抵扣增值税进项税额。

因此，我们要对经营业务及其过程进行管理，根据现行税收政策，制定与其相适应的管理方法对经营过程进行控制，从而达到规避风险和降低税负的目的。

例 3-2

某民营企业董事长由于工作需要，从财务部领取 80 万元资金购买了一辆轿车。该董事长以个人名义购买车辆，并办理了相关手续。过了一段时间，使用车辆发生燃油费、保险费、维修费等，该董事长将这些费用票据统统拿到财务部报销。后来税务机关进行税收检查，认定车辆所发生的费用属于董事长的个人消费支出，不能在企业所得税前扣除，必须调增应纳税所得额，补缴企业所得税并处少缴税款一倍的罚款。

解析：

该董事长以个人名义购买车辆，其行为属于从企业借钱用于个人消费。个人拥有产权的车辆不能在企业报销相关费用，该董事长将车辆发生的费用票据报销，就造成企业因多扣除费用而少缴税款。

按照《财政部 国家税务总局关于规范个人投资者个人所得税征收管理的通知》（财税〔2003〕158 号）的规定，纳税年度内个人投资者从其投资的企业（个人独资企业、合伙企业除外）借款，在该纳税年度终了后既不归还，又未用于企业生产经营的，其未归还的借款可视为企业对个人投资者的红利分配，依照利息、股息、红利所得项目计征个人所得税。如果该董事长向企业借钱长期不还，凡是超过一个纳税年度的，应视同分配行为缴纳 20%的个人所得税。

但该董事长购买车辆事件完全可以进行事前的税收筹划，即以企业名义购买车辆，那么车辆发生的相关费用自然就可以税前扣除了。购买车辆的支出还可以作为固定资产入账，每期计提折旧并实现税前扣除，合法抵减企业所得税。

二、财务管理对纳税活动的影响

财务管理活动非常重要，越是崇尚经营与财务相结合的企业，其财务管理越有成效。用一句时髦的话来说，就是“业财融合”，如果再引申一下，就是税收筹划需要做到“业财法税融合”。税收筹划作为财务管理的重要组成部分，必须与业务流程管理相结合，充分考虑不同财务管理活动对显性税收、隐性税收以及非税成本的影响。总之，财务管理对纳税活动产生重要的影响，纳税活动必然受到财务管理的制约。

例 3-3

秀丽服装公司由于其服装价格合理、质量过硬，订单纷至沓来。服装的运输量骤然增加，公司的车辆已经远远不能满足物流运输的需要。公司研究决定到市场上外雇五辆货车补充运力。但令公司头疼的是，那五辆外雇货车不能提供运输发票，不能抵扣运费的进项税额。

解析：

营销部经理想出了一个“绝妙”的主意：让外雇的五辆货车加油时，以秀丽服装公司的名义向加油站索要增值税专用发票，然后把发票交到秀丽服装公司进行进项税额抵扣。于是，秀丽服装公司就按这种方法抵扣了增值税进项税额。税务机关在对秀丽服装公司进行税务检查时发现，抵扣的进项税额中有关油料费过多。进一步检查发现，每张发票的背后都有签字。这是怎么回事呢？原来销售部经理为了区分外雇货车与自己的车辆，凡是外雇的货车所消耗的油料专用发票上都签有“雇车运输，准予报销”字样。这一管理举措恰恰暴露了这些发票都是由外雇货车提供的。按照税法规定，外雇车辆的油料费不允许在税前扣除，更不能抵扣增值税进项税额。最后，税务机关认定秀丽服装公司故意逃避税收，必须补缴税款，并加收滞纳金和罚款。

第四节　税收筹划的设计思想

企业应该针对经济业务及纳税事项，从解决问题的角度出发设计税收筹划方案。税收筹划的设计思想作为一种行动指南，对设计税收筹划方案具有重要的指导意义。税收筹划的设计思想主要概括为以下三大思想：流程思想、契约思想、转化思想。

一、流程思想

所有的经济业务都有业务流程，所谓业务流程。就是经济业务发生、发展的路线和次序过程。业务流程是可以改变的，主客观因素都可能改变业务流程。税收是和业务流程紧密相连的，税收产生于业务流程，不同的业务内容和业务流程决定着税收的性质和流量。因此，在设计税收筹划方案时，要充分利用业务流程再造的优势改变税收。这是一种创造性的税收筹划设计思想。

例3-4

北方有一家自动化设备生产企业，自主研发了一套软件，配置在所生产的设备上，导致该设备售价比同类产品高出30%，企业为此非常困惑：由于产品售价高，而企业为生产设备购进的材料并未增加，企业的增值税、企业所得税负担都很重。请分析原因，并为该企业设计一个税收筹划方案。

解析：

如果以流程思想为指导，从业务流程角度分析，我们发现设备售价高的原因主要在于这套自主研发的软件。软件属于高附加值产品，销售包含软件的设备会使增值率上升，而增值税负担源于增值率，产品的增值率越高，增值税负担就越重。研发成功的软件，一般将其研发费用计入无形资产价值，以后期间通过摊销的形式逐渐冲抵应纳税所得额，较长的摊销期限也会造成前期较高的企业所得税负担。

筹划方案一：对自动化设备生产企业进行拆分，成立专门的软件公司从事软件的研发和销售。这样，自动化设备生产企业在向购买方出售设备时，由软件公司出售该设备的配套软件。购买方购买设备和软件后，再把软件配置在设备上。虽然只对业务流程进行了微调，但纳税结果发生了显著变化：在设备主体和软件交易过程中，购买方外购的软件可以抵扣13%的增值税，而软件公司自产自销的软件可以享受税收优惠政策，其增值税负担仅为3%（财税〔2011〕100号文件规定，增值税一般纳税人销售其自行开发生产的软件产品，按17%的税率征收增值税后，其增值税实际税负超过3%的部分实行即征即退政策）。这样，税收负担就因为业务流程的调整而合法减轻了。

筹划方案二：自动化设备生产企业向客户提供设备的售后服务（比如安装调试、操作工人技术培训、设备维护等），向客户收取售后服务费，配套的软件则不再打包出售，而是附带在售后服务协议中，把提供技术作为售后服务的一项内容。这样一来，就可以实现设备和软件价款转化为技术服务费收入。技术服务费收入按照6%的税率征收增值税，相比13%的增值税税率，税负也会大幅减轻。

二、契约思想

诺贝尔经济学奖得主罗纳德·科斯认为，公司的实质是一系列契约的联结。契约是与市场紧密联结的，市场经济其实就是契约经济。我们从契约角度考察税收问题，至少包括两个层面：一是公司与税务当局之间存在一种法定契约关系，是依靠双方对税法的遵从来维护的。其实税法也是一种契约，属于公共契约。二是公司与各利益相关者（包括股东、债权人、供应商、顾客、雇员等）之间存在着微妙的博弈竞争与合作关系，它们之间的博弈合作是靠契约合同来维护的，这种契约合同其实是一种纯粹的市场契约。对于纳税人来说，利用契约思想可以在更大范围内更主动地实现统筹规划，并按签订的契约统一安排纳税事宜。

例3-5

一家公司的董事长向公司借款240万元购买别墅，并办理了借款手续。到第二年年末还未归还该笔借款。《财政部 国家税务总局关于规范个人投资者个人所得税征收管理的通知》（财税〔2003〕158号）规定，个人投资者从其投资企业（个人独资企业、合伙企业除外）借款，在一个纳税年度未归还的，且又未用于企业生产经营的，应视为企业对个人投资者的红利分配，征收20%的个人所得税。该公司的财务人员没看懂上述文件，也没有对董事长的借款做出任何处理。税务稽查人员到企业检查，要求企业补缴税款，并加征滞纳金和罚款。

个人股东长期借款不归还的，应视为股息分配，计算缴纳20%的个人所得税。

$$应纳个人所得税=240\div(1-20\%)\times 20\%=60(万元)$$

请问：面对该涉税事项，应该如何应对？能否设计税收筹划方案？

解析：

如果利用契约思想进行税收筹划方案设计，完全可以实现节税。这里提供两个按照契约思想设计的税收筹划方案。

方案一：对董事长的个人借款，让其在次年筹备周转资金归还，进入第三个年度后再签订借款合同借出该笔款项。这种处理模式要求董事长每年年初都要办理借款协议，年末筹备资金归还，这样一来个人借款每期都不会超过一年，也就不再有纳税义务。

方案二：在个人签订借款协议时就转变契约方，即以该董事长朋友的名义去办理个人借款（该董事长朋友必须不是公司的股东），从而摆脱上述政策的约束，即使该董事长的朋友借款超过一个纳税年度也不用缴纳任何税金。

三、转化思想

税收筹划的本质是在税制约束下寻找税收空间，即讲求规则约束之下的变通、转化与对策。古人云：穷则变，变则通，通则久。在税收筹划方案设计过程中，要引入转化思想。譬如，运输业务可以转化为代运业务，销售活动可以转化为代销业务，建房业务可以转化为代建房业务，无形资产转让可以转化为委托研发业务模式。

转化思想体现着一种创新思维，蕴涵着一种大智慧，是冲破税制约束与环境约束的最佳选择。转化思想灵活多变，富有创造性，也是最能体现税收筹划本质的一种思想。

例3-6

兴华公司用于出租的库房有三栋，其房产原值为6 000万元，年租金收入为1 000万元（不含税价格），承租方主要用于商品和原材料等存货的存放。兴华公司按照租金收入需要缴纳6%的增值税，同时缴纳12%的房产税，还要缴纳企业所得税（因企业所得税与成本、费用有关，这里暂不考虑），总算起来，兴华公司的税负率（不包括企业所得税）为：6%+12%=18%，税负相当高。请思考：此房产租赁业务应如何进行税收筹划？

解析：

引入转化思想，就可以考虑把租赁业务转化为仓储业务。这里要注意区分租赁与仓储的含义。所谓租赁，是指租赁双方在约定的时间内，出租方将房屋的使用权让渡给承租方并收取租金的一种经营行为；仓储是指在约定的时间内，库房所有人利用仓库代为客户储存、保管货物并收取仓储费的一种经营行为。不同的经营行为适用不同的税收政策，对于租赁服务、仓储服务均征收增值税，适用税率均为6%。但应当注意到，房产用于租赁和仓储的，房产税的计税方法有所不同：房产用于租赁的，其房产税依照租金收入的12%计算缴纳；仓储属于房产自用，其房产税依照房产余值的1.2%计算缴纳。如果兴华公司与客户进行友好协商，继续利用库房为客户存放商品，但将租赁合同改为仓储服务合同，增加服务内容，配备保管人员，为客户提供24小时服务。假设提供仓储服务的收入为1 000万元（不含税价格），与租赁收入相同，则兴华公司改变经营模式前后的税负如下。

租赁服务纳税额计算如下：

应纳增值税＝1 000×6%＝60(万元)

应纳房产税＝1 000×12%＝120(万元)

仓储服务纳税额计算如下：

应纳增值税＝1 000×6%＝60(万元)

应纳房产税＝6 000×(1－30%)×1.2%＝50.4(万元)

比较可知，采用仓储形式比租赁形式每年节税：

(60＋120)－(60＋50.4)＝69.6(万元)

转化思想孕育着业务模式的转变，不同的业务模式适用不同的税收政策，自然形成不同的税收负担，这其中就显示出巨大的节税空间。运用税收筹划的转化思想，主要有以下三种操作模式：业务形式转化、业务口袋转化、业务期间转化。

(一) 业务形式转化

业务形式转化，即将企业的业务活动从一种形式转化为另一种形式。随着业务形式的转化，所涉及的业务收入和税种也会相应发生变化，税负自然不同。通过转化业务形式可以产生税收筹划节税空间。

例 3－7

美国的股份公司经常为其利益相关者——职工购买多份生命保险，保险费的资金来源是贷款，可以是银行提供的，也可以是保险公司提供的。请对此进行税务分析。

解析：

按照税法规定，银行贷款利息可以在税前扣除，每年购买保单的资金不必立刻缴税，只是在保单变现时才予以课税。因此，购买保单就是一项获取税收利益的投资。进一步分析，如果保险费是由保险公司提供的融资，则企业要求保险公司通过银行转贷该笔资金给自己使用，就可以实现贷款利息税前扣除，而保险公司还可以从银行拿到利息收入（见图 3－2）。这一融资形式的转化就体现着业务形式转化的思想。

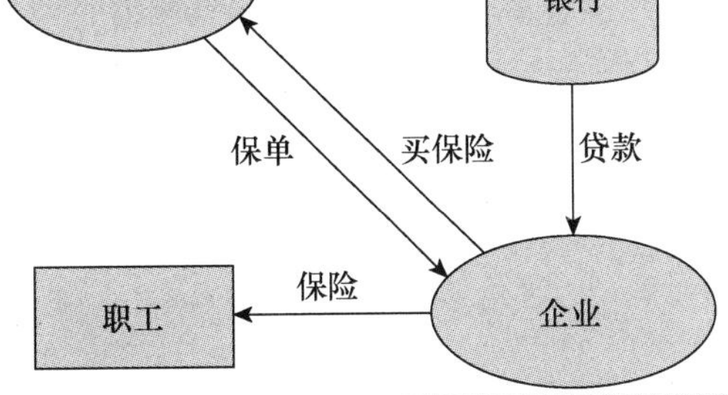

图 3－2　为职工购买保险的税收筹划模型

（二）业务口袋转化

业务口袋转化，即将一个会计主体的业务转化为另一个会计主体的业务。最常见的就是利用关联企业之间的税率差以转让定价方式实现利润转移，从而达到在不同纳税主体之间规避税收的目的。

例3-8

一家设备生产企业自行研发了一套高科技智能软件，与设备配置在一起对外销售。这套高科技智能软件使设备的性能大大改善，企业因此提高了销售价格。但随之而来的是企业面临棘手的税收问题，即产品售价高，购进的材料并不多，但增值税负担非常重，企业老总和财务经理一筹莫展。对于该税收问题，可以采用业务口袋转化模式寻找税收筹划空间。从业务流程分析，我们发现税负高的原因在于设备销售价格高，而销售价格高的原因主要在于这套软件。软件属于高附加值产品，设备的增值率因此而上升，而增值税负担主要源自设备的增值率。如果利用软件业税收优惠政策，就可以获取税收利益。具体的税收筹划操作思路应该如何设计呢？

解析：

将生产企业进行拆分，专门成立软件企业，在向购买方出售设备主体的同时，由软件企业出售高科技智能软件。即把一项交易拆分为两个纳税主体的两项交易。虽然对于客户没有太大的影响，但设备生产企业的税收状况发生了显著变化：在设备主体和软件交易过程中，设备主体和软件分摊原来的销售价格，客户采购活动没有增加支付，但新分立出来的软件企业作为独立的纳税主体，可以申办高新技术企业，其软件的销售收入享受软件产品税收优惠，实际仅负担15%的企业所得税与3%的增值税。① 该税收问题的解决就是引入业务口袋转化模式，把原来的销售收入分解流入不同的“口袋”，而不同“口袋”的税收待遇有差异或存在税差利益，从而实现节税目的。

随着技术的进一步发展，客户所投资购买的自动化设备需要生产企业提供软件升级及设备维护等方面的后续服务。如果全部由生产企业提供，可能的办法有两种：一是生产企业在设备销售时一次性收取服务费；二是生产企业逐年收取服务费。其实，这两种方式都不太合适：前者会使生产企业在销售时多实现、早实现纳税②；后者虽然递延了纳税时间，但并不能摆脱纳税义务。对于后续服务问题，可以利用业务口袋转化模式进行税收筹划，具体操作策略如下：生产企业再投资成立一家网络科技服务企业（申办为高新技术企业），可以享受企业所得税15%低税率的优惠。由该网络科技服务企业逐年收取服务费，

---

① 《财政部 国家税务总局关于软件产品增值税政策的通知》（财税〔2011〕100号）规定，自2011年1月1日起，增值税一般纳税人销售其自行开发生产的软件产品，按17%税率征收增值税后，对其增值税实际税负超过3%的部分实行即征即退政策。《财政部 税务总局关于调整增值税税率的通知》（财税〔2018〕32号）规定，纳税人发生增值税应税销售行为或者进口货物，原适用17%税率的，税率调整为16%。《财政部 税务总局 海关总署关于深化增值税改革有关政策的公告》（财政部 税务总局 海关总署公告2019年第39号）规定，增值税一般纳税人发生增值税应税销售行为或者进口货物，原适用16%税率的，税率调整为13%；原适用10%税率的，税率调整为9%。

② 销售设备时一并收取后续服务费，属于混合销售行为，对于生产企业应一并征收增值税。后续服务费提前实现，就会提前缴纳税金。

即实现的服务费收入由原来的生产企业转移到新办的网络科技服务企业，可以获取两个企业的税差利益。

（三）业务期间转化

业务期间转化，即把一个纳税期间的业务转化为另一个纳税期间的业务，实现业务收入、成本、费用及税金的跨期转移，以实现筹划节税。

最典型的例子是控制收入的实现时间。控制收入的实现时间就可以合理地将收入归属于合理的期间，从而影响企业当期的应税收入和税收。在实践中，企业控制收入实现的期间主要有以下方法：（1）合理安排交易时间，控制交易进度。这主要通过对交易业务的时间安排来实现。（2）利用交易合同来控制，即通过签订并履行交易合同来实现。（3）通过不同的收入结算方式来控制收入的实现时间及所归属的期间。

同理，企业控制成本、费用的发生期间也会对税收造成极大的影响。在实务中，企业控制成本、费用的发生期间主要采用以下手段：（1）利用会计政策，合理控制成本、费用的发生时间。如存货发出计价方法、资产折旧方法与折旧年限、资产与费用的合理划分、待摊费用与长期待摊费用的摊销方法等会计处理方法。（2）合理安排成本、费用的发生时间，使其归属于合理的期间。（3）充分利用税法所规定的准予扣除项目的列支限额，以实现当期税前扣除、合理降低企业所得税负担。

采用业务期间转化进行税收筹划，还可以利用一些理财工具来实现。譬如企业年金①就是一种重要的工具。国际上通行的企业年金计划采用的是EET征税模式，用字母E（enterprise，代表企业）、E（exempt，代表免税）、T（tax，代表征税）来表示政府对企业年金计划的课税情况。该模式对职工在工作期间的企业年金（补充养老保险费）、企业年金基金（补充养老保险基金）的投资收益免税，只在职工未来领取补充养老保险金时才课征个人所得税。这种企业年金计划事实上是一种将现在收入转化为未来收入并推迟缴纳税收的薪酬形式。

下面从税收筹划角度分析企业年金的节税原理。假定企业采用企业年金计划时，每年把少支付的现金形式的工资 U 全部转化为企业年金，个人所得税税率为 t。个人所获得的相当于年金部分的工资全部用于投资，投资报酬率为 r，企业年金基金的投资报酬率也为 r。企业年金缴纳的持续期间为 n 年，第 $(n+1)$ 年年初全部返还给个人。

若企业采取现金形式发放工资 U，则税前工资投资 n 年后获得的收益为：

$$F_c=U(1-t)[1+r(1-t)]^n$$

---

① 企业年金（occupational pension）是指政府养老保险制度之外，雇主为进一步提高其雇员退休后的收入水平而建立的一种补充性养老保险制度。在欧美国家，企业年金一般称为补充养老保险计划（supplementary schemes或complementary schemes）。我国《〈企业会计准则第10号——企业年金基金〉应用指南》中规定：企业年金是指企业及其职工在依法参加基本养老保险的基础上，自愿建立的补充养老保险制度。企业年金由企业缴费、职工个人缴费和企业年金基金投资运营收益组成，实行完全积累，采用个人账户方式进行管理。

若企业把现金工资 U 转化为企业年金形式，则企业年金项目经过 n 年后获得的收益为：

$$F_p=U(1-t)(1+r)^n$$

由于

$$U(1-t)(1+r)^n>U(1-t)[1+r(1-t)]^n$$

故

$$F_p>F_c$$

比较现金形式的工资和企业年金，其投资回报率有差别：现金形式的工资，其投资报酬率为 $r(1-t)$，企业年金的税前投资报酬率为 r。所以，对于职工来说，获得企业年金显然比现金形式的工资更为合适。

若企业采取现金形式发放工资，每年多获得的现金工资 U 在 n 年后的税后总收益 E_c 为：

$$\begin{aligned}E_c &=U(1-t)[1+r(1-t)]^n+U(1-t)[1+r(1-t)]^{n-1}+U(1-t)\\&\quad[1+r(1-t)]^{n-2}+\cdots+U(1-t)[1+r(1-t)]\\&=U(1-t)\{1+1/[r(1-t)]\}\{[1+r(1-t)]^n-1\}\end{aligned}$$

若企业把现金工资 U 转化为企业年金形式，n 年后企业年金基金的税后总价值 E_p 为：

$$\begin{aligned}E_p &=U(1-t)(1+r)^n+U(1-t)(1+r)^{n-1}+U(1-t)(1+r)^{n-2}\\&\quad+\cdots+U(1-t)(1+r)\\&=U(1-t)(1+1/r)[(1+r)^n-1]\end{aligned}$$

比较可知，必有 $E_p>E_c$ 成立，即职工以企业年金形式获得的税后总收益大于现金形式的工资的税后总收益。所以，从税收筹划角度分析，企业年金优于现金形式的工资。

第五节　税收筹划的前沿理论

一、税收筹划战略的理论框架

税收筹划战略是指导税收筹划全局的计划和策略，具体表现为企业适应税收环境的一组税收行动计划和策略，其作用在于规避税务风险、降低税收负担。基于企业税收筹划环境的复杂性，尤其是企业面对众多的利益相关者，应该借鉴战略管理的思想，制定税收筹划战略。

为了提高税收筹划的效率，实现税后利润最大化目标，企业在与利益相关者的交易中需要充分考虑税收因素的影响，这就是建立税收筹划战略模型的意义所在。

基于企业与其利益相关者的交易，税收筹划战略模型设计如图 3－3 所示。从战略管理视角分析税收筹划的特征可知，税收筹划有着对环境和相关主体的高度依赖性，持续监控环境和相关主体的变化情况，持续改进税收筹划策略与战略规划，是税收筹划获得成功的基本保障性条件。从“战略定位”到“策略选择-交易协商”的交互融合，再到“战略实施”，这是税收筹划战略管理的关键所在。

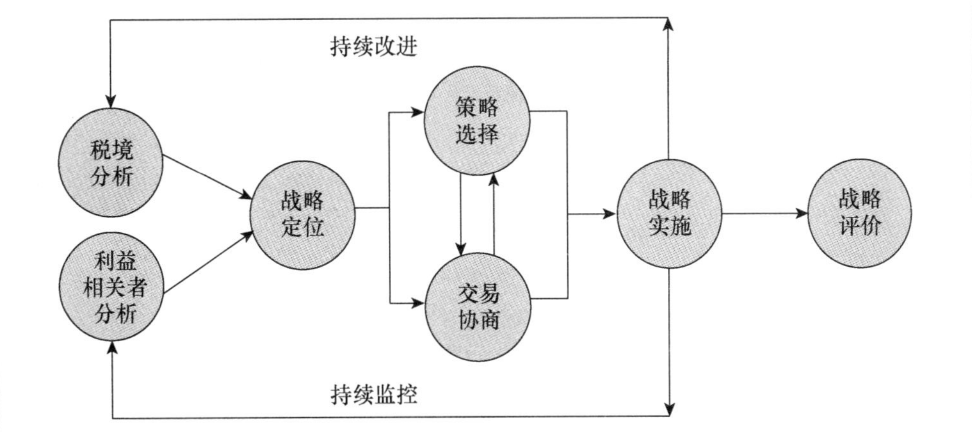

图 3－3　基于利益相关者的企业税收筹划战略模型

（一）战略环境分析

1. 税境分析

所谓税境分析，指的是对企业所处税收环境的分析，主要从经济发展水平、市场开放程度、物价变动、税制变革、税种结构、征管模式、税务人员素质等方面分析税收环境的复杂性与变动性，为制定税收筹划战略提供基础性环境信息。

税境分析要预测税收制度的变化及其对企业和利益相关者的税收影响。中国正在进行的税制改革对社会经济产生了重大影响，企业也存在着许多税收筹划的机会和空间。中国的税制改革比较透明，企业也完全可以预期，并做出合理的纳税行为调整及税收筹划策略安排。

2. 利益相关者分析

在市场经济中，企业与利益相关者的关系非常密切，为了实现税收筹划战略目标，必须对利益相关者的基本情况进行分析。对利益相关者的分析，主要从行业背景、经营特征、发展战略、业务模式、税收状况等方面进行，掌握利益相关者的经营情况、财务状况、纳税状况，为税收筹划战略制定及具体策略选择提供决策依据。

（二）战略定位

企业根据税境分析及利益相关者分析确定税收筹划的战略目标，明确战略定位。税收筹划战略表明了企业未来的路径指向，是企业税收筹划的前进方向。税收筹划的战略定位必须建立在企业外部环境、内部条件和战略目标的基础之上。

（三）策略选择

美国战略学家乔治·斯坦纳教授认为，策略即为达成计划中制定的目标所采取的特别行动，通常这类行动是指资源的配置与运用。[①] 从博弈论的角度理解，策略就是参与人在给定信息的情况下的行动规则，它规定了参与人在什么时候选择什么行为。其实，策略也可以理解为特定环境下对于特定问题的应对之策，即"对策"。对一个企业而言，策略是具体的，也可称为"战术"，它体现着企业的战略导向，对企业战略起着支撑作用；企业战略驾驭着策略，其实战略可以看作一组或多组策略的组合。因此，策略支配着整个生产经营活动的细节，决定着企业的生存和发展。

企业战略的实现在于成功地选择策略，对于企业税收筹划战略也是如此。在企业实际经营管理活动中，策略选择可以看成通过资源的系统规划来建立竞争优势的一种适应性行为。

（四）交易协商

交易协商主要是关于税收利益分配的协商，包括两个方面：一是企业与税务部门协商税收利益的分配，如税务部门与企业协商给予一定的税收优惠，鼓励企业实施再就业工程或吸引投资；二是企业与利益相关者协商交易价格及交易形式、交易合约，如协商关联定价的原则、关联交易的时间、契约履行的条件等。交易协商可以在企业与其一个利益相关者之间进行，也可以在企业与其多个利益相关者之间进行。交易协商的目的是就交易中的税收利益达成一致。

交易协商与策略选择有着直接的联系，也相互影响，两者形成一种交互推进关系，最后融合为一种稳定的策略选择。策略选择决定交易协商的内容，交易协商的结果也可能引起策略的调整。

（五）战略实施

战略实施是把战略付诸实施或执行的过程。要把税收筹划战略变成现实，需要具体付诸实施。在税收筹划战略实施过程中，要特别注意环境变化和战略定位的持续改进问题。

现代社会环境变化迅速，即使税收筹划战略制定得相当缜密、科学，也需要在执行中随着环境的变化进行修订。在图3-3中，基于税境分析和利益相关者分析的持续改进，就是一种应变能力的提高，能够使税收筹划战略更加适应环境的变化。

（六）战略评价

战略评价是对战略实施结果的评价与总结。税收筹划战略实施后，应该对税收筹划战略的实施结果进行检查和评价，也就是将税收筹划战略的实施结果与战略目标进行比较，审查执行业绩及战略执行成本，分析税收筹划战略的有效性。此外，战略评价还要从税收筹划对企业财务、税收及战略管理的影响角度分析税收筹划战略的适应性。

---

① 刘心一，刘从戎．税收规划——节税的原理、方法和策略．北京：经济管理出版社，2006.

二、战略税收筹划的基本理论

战略税收筹划的思想是20世纪建立起来的，它把企业战略与税收筹划有机地结合在一起。诺贝尔经济学奖获得者迈伦·斯科尔斯在其所著的《税收与企业战略》“写给中文译本的序”中写道，所有国家的筹划者都必须确定税收战略与公司的财务和经营战略之间的相互影响性。

（一）战略税收筹划的基本观点

基于企业税收筹划环境的复杂性，税收筹划不能停留在具体方法的探索上，应该借鉴战略管理的思想，从战略的高度审视和把握企业的税收活动。盖地教授指出，税收筹划研究从单纯的节税论向经营战略论的转变是一个新的研究方向。[①] 因此，在企业总体战略下，应该存在一个纳税战略，但纳税战略很难脱离企业总体战略而单独存在，所以从战略税收筹划角度研究纳税战略可能更为容易，更能与企业管理结合起来全面把握税收对企业战略的影响。

下面是国内关于战略税收筹划的最新观点。

战略税收筹划是为谋求企业税收利益和实现企业战略，为发挥企业在税收筹划方面的优势，从战略管理的角度，在分析企业内外部环境因素对企业税收筹划的影响的基础上，对企业的纳税计划进行全局性、长期性和创造性的谋划，并确保其执行的过程。[②]

所谓战略性税收筹划，是企业以税收环境为因变量，在战略愿景的驱动下，通过企业战略调整，在战略调整过程中采取一系列措施和方法，通过运用税收优惠政策等重塑企业的经济行为，对企业自愿进行系统性协调，在追求企业可持续发展的目标引导下实现恰当纳税的过程。战略性税收筹划包含着税收筹划的基本内容。它不是对传统税收筹划的全盘否定，而是在传统税收筹划的基础上注入战略思想，拓展税收筹划的时间和空间范围，是适应战略管理的需要对传统税收筹划的发展和完善。[③]

笔者认为，战略税收筹划从企业战略高度，以全局视野考量税收筹划的定位与运作，以协调各方利益关系为线索，以控制经营风险、财税风险及综合性风险为支柱，以实现企业价值最大化为目标取向。战略税收筹划是兼顾宏观与微观、动态与静态，并受到局部利益与全局利益、短期利益与长远利益等关系影响的税收战略规划行为。适应税收环境并整合资源是战略税收筹划的主要思维模式。

（二）战略税收筹划的理论基础与内容

1. 战略税收筹划的理论基础

战略税收筹划包括五个理论基础：一是税收效应理论与税收控制理论；二是产

---

① 盖地. 税务筹划几个基本理论问题探讨//MPAcc《税收筹划》教学研讨会论文集. 天津：天津财经大学，2005.

② 谭光荣. 战略税收筹划研究. 长沙：湖南大学出版社，2007.

③ 梁云凤. 战略性税收筹划研究. 北京：中国财政经济出版社，2006.

业组织理论与资源基础理论；三是企业核心竞争能力理论；四是企业战略风险管理理论；五是企业战略评价理论。

2. 战略税收筹划的内容

战略税收筹划的内容包括战略纳税环境分析、战略税收筹划目标与原则制定、战略税收筹划的实施与控制。这里主要引入 SWOT 分析法，根据战略纳税环境的变化，适时选择和实施战略税收筹划方案。

运用 SWOT 分析法首先分析企业开展税收筹划的优势与劣势。优势通常是指企业所擅长的一些事情，或那些能提升企业竞争力的与众不同的特征。相对应，劣势则指竞争对手拥有但企业尚不具备的竞争性资源以及其他使公司处于不利竞争地位的内部条件。判断企业税收筹划资源的优势与劣势，可以设计表 3-1 进行分析。

表 3-1　企业税收筹划资源的优势与劣势

企业潜在的优势	企业潜在的劣势
筹划战略目标细化到各组织中 企业内部有良好的筹划氛围 企业内各组织协调有序 拥有税收筹划专业人才 拥有卓越的技术手段 取得规模经济效益及学习经验曲线的效应 财务状况良好，资金充足 具有紧密的战略联盟	战略方向不清晰 企业内部筹划环境缺失 企业内部筹划行为混乱 专业人才匮乏 技术设备落后于竞争对手 筹划所针对的适用范围太狭窄 经营资金不足 筹划伙伴缺失

运用 SWOT 分析法接着分析企业开展税收筹划所面临的机会及威胁。评估企业的筹划机会及其吸引力时，应避免将行业机会均等同于企业的机会。企业应根据自身的资源状况来把握外部的筹划机会，同时也应留心未来可能会带来筹划收益的机会。但有时外部环境的某些因素会对企业筹划产生一定的威胁。例如，政府出台新的税收政策给企业带来税收筹划方面的限制。面对外部威胁，企业一方面需要预测这些威胁可能会带来的负面影响；另一方面要在此基础上，明确如何采取措施来减轻或消除这些影响。评价企业开展税收筹划的机会与威胁时，可以设计表 3-2 进行分析。

表 3-2　税收筹划 SWOT 分析矩阵

<table>
<tr><td colspan="3" rowspan="2"></td><td colspan="2">内部因素</td></tr>
<tr><td>优势</td><td>劣势</td></tr>
<tr><td rowspan="2">外部因素</td><td>机会</td><td>国家各类税收优惠政策的制度供给</td><td>内部优势：对国家相关税收政策有专门研究，与外部机会相匹配</td><td>内部劣势：研究资金、专业人才紧缺，与外部机会相关</td></tr>
<tr><td>威胁</td><td>国家法律、经济政策的不稳定性</td><td>内部优势：对国家经济运行状况有所研究，与外部威胁相匹配</td><td>内部劣势：相关部门税收筹划氛围缺失，与外部威胁相关</td></tr>
</table>

战略税收筹划的重点是对税收筹划风险、战略纳税评价的分析。战略税收风险

包括环境风险、经营管理风险、金融风险、财务风险、筹划风险。战略税收筹划评价可以运用平衡计分卡从财务、客户、内部经营、学习与创新四个方面评价企业的战略税收筹划活动。

3. 战略税收筹划方案的基本特征

战略税收筹划方案其实是对经营战略和财务战略的税务安排，每一个备选的战略税收筹划方案都必须符合两个标准：一是具有战略协同性，任何战略税收筹划方案都服从于企业整体战略目标，不能与企业总体发展战略相左；二是具有战略资源支撑性，即企业内部必须有充分的人力资源和技术条件对税收筹划方案提供支撑。

三、有效税收筹划理论

传统税收筹划理论没有考虑成本，只以纳税最小化为目标。针对传统理论的种种缺陷，迈伦·斯科尔斯和马克·沃尔夫森提出了有效税收筹划理论，它是一种研究在各种约束条件下实现纳税人税后利润最大化目标的税收筹划理论。

有效税收筹划理论框架构成了一个严密的逻辑体系。当企业进行投融资决策时，其目标是投资报酬率最大化或融资成本最小化。税收规则的存在又使得企业在进行各项战略决策时必须考虑税收的作用。此理论将除税收成本以外的各项成本统称为非税成本。而且，由于交易成本的定义具有非常广泛的意义，因此税收成本和非税成本可以统一为交易成本。很显然，交易成本是交易各方之间利益不一致和信息不对称所引起的。至此，有效税收筹划理论框架的三条思路可以通过交易成本连接起来（见图 3-4）。

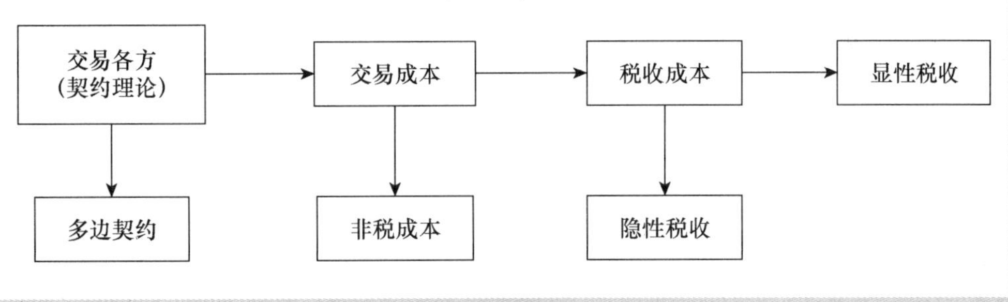

图 3-4　有效税收筹划理论框架

从图 3-4 可知，有效税收筹划理论框架包括三个方面内容：（1）有效税收筹划要求筹划者从交易各方多边契约的角度来考虑交易的税收问题；（2）有效税收筹划要求筹划者认识到税收成本仅仅是企业成本的一种，在税收筹划过程中必须考虑所有的成本，被提议的税收筹划方案的实施可能会带来大量的非税成本；（3）有效税收筹划要求筹划者在投资和融资决策时，不仅考虑显性税收，还要考虑隐性税收。

有效税收筹划理论框架的三条思路并非随意的组合，而是互相依存并层层分解的。多边契约与利益相关者、交易成本与企业组织紧密相关，使得在这一框架下的企业税收筹划活动（本身也属于企业组织设计活动的一部分）从企业整体角度进行，严格区别于短期化倾向的税负最小化目标。有效税收筹划既考虑税收成本又考虑非税成本，目标是税后利润最大化。

（一）多边契约

有效税收筹划理论的一项重要内容，就是运用现代契约理论（contracting theories）的基本观点和方法展开分析，研究在信息不对称的现实市场上，各种类型税收筹划产生和发展的过程。

如果将税收因素考虑在内的话，那么政府作为税法的代表毫无疑问应被引入订立契约的程序。不过，相对于其他契约方而言，政府无法及时调整其策略，因为政府要通过变动税法来实现，而税法调整通常是滞后的。政府与其他契约方的另一个显著差别在于政府所追求的目标具有多样性，社会的公平也是其追求的目标之一。公平目标的实现往往要借助累进的税率，这使得支付能力不同的纳税人面临不同的边际税率。而政府对市场经济活动中出现的外部性问题的纠正，也使得不同类型投资的税收待遇大不相同，这进一步加大了纳税人边际税率的差别，同时也为纳税人从事税收筹划提供了空间。

税收体系的多重目标性不仅使纳税人处于不同的税收地位，同时纳税人也改变了税前收益率。假定初始状态，市场上有两种具有相同税前投资收益率的无风险资产，但两种资产的税收待遇不同，其中一种资产由于享受了税收优惠，其税后收益率要高于另一种没有享受税收优惠的资产，这种状态显然是不均衡的，因为投资者会增加对税后收益率较高的享受税收优惠的资产的投资。这种需求的增加将改变资产的价格，使其不断上升，从而税后收益率下降，直到两种资产税后收益率相同才实现了均衡。在均衡点，边际投资者对两种资产的选择是无差异的。不过，由于税率具有累进性，比边际投资者处于更高或更低税率级次的投资者依然可以通过相互订立契约受益。比边际投资者税率高的投资者倾向于享受税收优惠的资产，比边际投资者税率低的投资者倾向于没有税收优惠的资产。他们之间订立的合作契约将使总财富达到最大化，并使除了政府以外其他参与的当事人受益。因此，从某种程度上讲，这种契约实现了税收筹划的帕累托改进。

例3-9

假定均衡市场上有三个投资者甲、乙和丙，面临的边际税率依次为30%，40%和50%。有两种无风险资产A和B，其中A为免税债券，利率为6%；B为应就收益全额纳税的公司债券，利率为10%。请根据多边契约思想，对甲、乙、丙的收益进行分析。

解析：

由于市场实现均衡，因此两种资产利率保持不变。对于乙而言，投资于A和B的税后收益率相同，均为6%（10%×(1−40%)），因此，乙为边际投资者（对购买两种同等风险但纳税不同的资产无偏好的投资者）；对丙而言，投资于B的税后收益率为5%（10%×(1−50%)），低于A（6%）；对甲而言，投资于B的税后收益率为7%（10%×(1−30%)），高于A（6%）。因此，在其他条件相同的情况下，丙会选择A，甲会选择

B。现假设考虑其他因素以后，丙要投资B，而甲要投资A。如果两人直接投资，且均为一个单位，那么丙的收益为0.05（1×10%×(1－50%)），甲获得的收益为0.06（1×6%），总收益为0.11（0.05＋0.06）。此时，如果甲和丙订立契约，由甲投资B而丙投资A，然后两人进行交换，那么两者的总收益为0.13（1×6%＋1×10%×(1－30%)），比前者多出0.02。将这部分增加的收益在甲、丙之间分配，会使甲、丙获得的收益均比未订立契约时增加，增加的值就是政府税收收入减少的值。

（二）非税成本

根据契约理论，面对不同边际税率的纳税人可以通过相互订立契约共同受益。在完美市场，当事人通过签订契约开展的税收筹划将实现纳税最小化。而在非完美市场，即存在不确定性和交易费用的情况下，各种因素权衡的结果却常常会使有效税收筹划与纳税最小化偏离。因为不确定性引致了一系列非税成本的增加，而非税成本的出现使税收筹划策略的选择更加复杂。

非税成本是指纳税人因实施税收筹划而引致增加的非税收支出形式的各种成本费用。非税成本是一个内涵丰富的概念，有可以量化的部分，也有不能量化的部分，具有相当的复杂性和多样性。在一般情况下，税收筹划引发的非税成本有代理成本、交易成本、机会成本、组织协调成本、隐性税收、财务报告成本、税务寻租成本、违规成本等。在现实社会经济中，环境的复杂性、有限理性是导致非税成本产生的直接诱因。

不确定性是现代契约理论的一个重要假设。不确定性的引入大大增强了运用经济分析解释现实世界的能力。通常情况下，不确定性有两种类型：一种是对称型不确定性，另一种是非对称型不确定性（即信息不对称）。

1. 对称型不确定性下的有效税收筹划

在存在对称型不确定性的情况下，虽然签约各方同等地了解信息，但有关投资未来的现金流是不可知的，这种不可知意味着投资有风险。特别是当对称型不确定性与一个累进税率表相连时，即使在初始状态对风险无偏好的投资者也会因两者的共同作用显示出规避风险的态度。也就是说，对称型不确定性的存在使风险成为投资者开展有效税收筹划时不得不考虑的一个因素，累进税率表则进一步扩大了风险的影响。

例3-10

假定投资者有10单位资金，他可以选择两项投资计划中的一项。一项计划是无风险的（如储蓄、购买国债等），收益为2单位；另一项计划是有风险的，如果投资成功，可以获得15单位收益，如果投资失败会遭受10单位损失，成功和失败的概率均为50%。再假定该投资者是风险中性的，他会选择期望收益较高的方案。因为有风险的方案的期望收益为2.5单位(15×50%＋(－10)×50%)，高于无风险方案，所以投资者会选择有风险的投资方案。请问在考虑税收因素的情况下，该投资者会如何选择？

解析：

现考虑税收因素，假定投资者面临这样一个税率表：如果所得为正，则税率为30%；如果所得为负或为0，税率为0（对于新开办的企业而言，如果投资失败则企业不复存在；对于已开业的企业，我们可以假定税法规定不允许亏损前转或后转）。毫无疑问，这是一个有两档税率的累进税率表。投资者将通过比较资产的税后收益做出选择，由于无风险方案的税后收益为1.4单位(2×(1－30%))，而有风险方案的税后收益为0.25单位(50%×15×(1－30%)＋50%×(－10))，此时，投资者会选择无风险方案。为什么会出现这种变化呢？因为有风险方案所缴纳的税收2.25单位（15×30%×50%）要高于无风险方案的税收0.6单位（2×30%）。而且，这种税收上的差异导致两方案的税后收益出现相反变化。由此可见，累进税率表的平均税率随着应税收入的增加不断升高，会导致投资者倾向于风险更小的投资。也就是说，即便原先属于风险中性的投资者也会呈现出规避风险的特征。在许多国家，当纳税人所得为负，即出现亏损时，一般都允许向以后递延，冲减以后的应纳税额。这种规定实际上降低了税率表累进的程度，但税率表仍是累进的（因为资金的时间价值，后一期节约的税收总是小于同等金额当期的税收）。

2. 非对称型不确定性下的有效税收筹划

非对称型不确定性也是现实生活中普遍存在的一种状态。由于契约双方拥有不对称信息，一方无法观察到交易另一方的行为或进行控制。这种情况增加了契约订立的成本，甚至有时为了获得其他方面更大的利益，交易方不得不放弃减少税收的计划。企业在开展税收筹划时，必须考虑由于非对称型不确定性而增加的成本。下面就以劳动力市场上雇主和雇员之间的契约为例加以说明。

假定雇主面临的是一个随着时间不断下降的税率表，而雇员的税率随着时间的推移不断上升。在这种情况下，从税收角度而言，对雇员薪金进行即期支付比将其推迟到以后期间支付更为有利。因为对雇主来说，薪金即期支付可以使雇主在税率较高的即期获得税收扣除，从而较多地减少应纳税额；而对雇员来说，在税率较低的时期获得收入也比在税率高的时候获得收入纳税少。

例3-11

假定某公司生产的产品是一种耐用消费品——家用电器，雇主和雇员的利益存在矛盾。雇员有两种行动策略可以选择：(1) 努力工作，使产品的使用寿命达到 L。(2) 不努力工作，产品的使用寿命只有 S，$L>S$ 且销售价格 $P(L)>P(S)$，即随着产品使用寿命增加，其销售价格也会提高，并且提高的幅度大大超出了成本增加的幅度。请问雇员会如何选择？

解析：

在这种情况下，雇主自然希望雇员能够努力工作，他们愿意为此支付额外的奖金。假定受到相关法律的限制，即使雇员没有努力工作并且雇主观察到雇员没有努力工作，雇主也不能采取额外罚款或其他方式处罚。另外，不考虑时间价值，即雇员对即期支付和推迟支付没有偏好，他们追求的是总收入最大化。在忽略税收的情况下，为减少这种信息的不对称，雇主激励雇员努力工作的最有效方式是将对雇员的支付推迟到超过 S 期以后，因为这样就可以很清楚地观察到雇员的行动。不过，这种激励安排显然与以税收最小化为目的的契约相冲突。当然，雇主税率不断升高而雇员税率不断降低，那么税收最小化的方案就是推迟支付。不过，假如我们再加上一个考虑因素，即虽然不存在时间价值，但雇员对即期支付还是推迟支付不是无偏好的。原因在于推迟支付会使雇员承担企业可能丧失支付能力的风险。如果雇员一味增大对这种风险的预期，他们就会放弃推迟支付而要求即期支付。但此时显然是推迟支付更能节约纳税。这时，为了激励的目的也许仍然要放弃税收最小化。

（三）隐性税收与税收套利

显性税收是通常意义上由税务机关按税法规定征收的税收；隐性税收则是指同等风险的两种资产税前投资回报率的差额。与显性税收完全不同，隐性税收的产生源于市场。在一个给定的市场环境中，不存在税法的限制和交易成本，两种资产的初始税前投资回报率相同且均为无风险资产，所不同的是它们面临不同的税率。由于一种资产的税后回报率高于另一种资产，因此会吸引投资者投向税收待遇较为优惠的资产，从而使其价格上升，投资回报率下降，直到两种资产的税后投资回报率相同，这种趋势才会停止，实现均衡。隐性税收是开展税收筹划时不可忽视的一个因素。纳税人通过税收筹划减轻的税收负担不仅包括显性税收，也包括隐性税收。总体税收负担（显性税收＋隐性税收）的降低才是理想的税收筹划结果。

若两种不同资产的税前收益率相同，税后收益率也相同，这是一种均衡状态。当税制发生变化时，会影响其中一种资产的税收支出，结果导致两种不同资产虽然税前收益率相同，但税后收益率不同。在这种情况下，投资方会增加对税后收益率高的资产的投资，而减少对税后收益率低的资产的投资，使得税后收益率高的资产价格升高，税前收益率因此而降低，导致税后收益率逐渐降低；而税后收益率低的资产价格降低，税前收益率因此而提高，导致税后收益率也逐渐提高。这一投资动态博弈过程持续到两种资产的税后收益率相等为止，才会重新达到新的均衡状态。当税制发生变化时，税后收益率的均衡过程如图 3－5 所示。

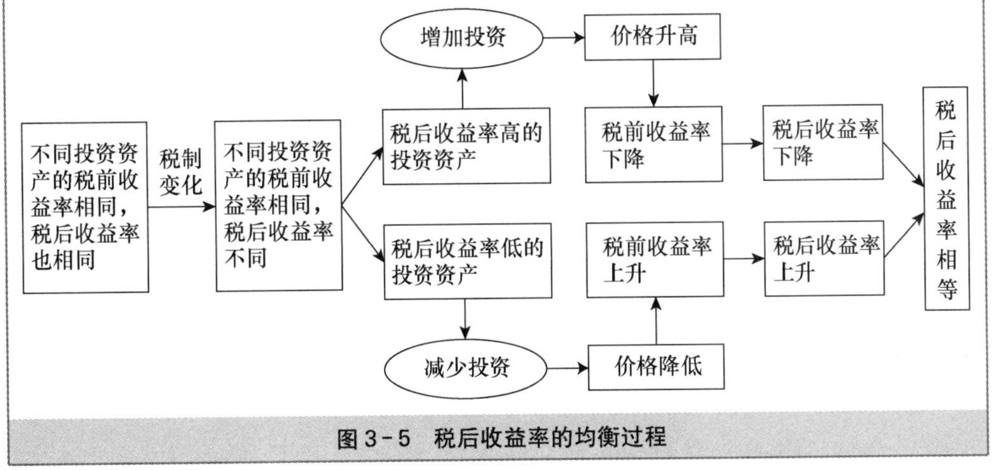

图 3－5　税后收益率的均衡过程

税收套利是指在总净投资为零的前提下，通过一种资产的买进和另一种资产的卖出获得税收上的好处，即通过资产的买卖获取一定的税收利益。尽管市场达到均衡点以后，边际投资者对两种资产的选择是无差异的，但市场上仍有相当一部分非边际投资者，他们之间仍可以通过相互订立契约受益。非边际投资者的存在从理论上导致了税收套利行为。

四、基于税收契约的税收筹划创新理论①

（一）税收契约的内涵与基本类型

1. 税收契约的内涵

税收契约思想源于社会契约论。霍布斯、卢梭、孟德斯鸠等将契约思想从私人领域扩展到公共领域，形成了社会契约论思想。税收契约正是社会契约在税收领域承继、沿袭的产物。税收契约作为一种公共契约，具有契约的基本属性。税收契约的表现形式为税收法律制度，它是国家和纳税人经过多层次博弈形成的一种相对固化的税收分配与管理关系。

税收制度的演化其实是税收契约关系演化的积累与外在表现形式。税收契约建立在平等原则之上，税收契约的缔结必须遵循社会正义与诚实信用原则。因此，税收契约一旦签订，是受法律保护的。税收契约既要求纳税人依法诚信纳税，不能蓄意逃避税收，也要求政府代表国家行使征税权须以宪法为依据，依宪治税。税收契约对政府与纳税人的合法权益均等保护，不偏袒任何一方。

2. 税收契约的基本类型

契约理论认为，企业实质上是一系列契约的联结。税收契约是企业契约的重要组成部分，是企业契约关系网中的利益焦点。在企业契约集合中存在着两类较为明显的税收契约：一是政府与纳税人之间的法定税收契约；二是纳税人与其利益相关者之间的交易税收契约。这两类税收契约在经济发展中发挥着重要作用，影响着资源配置效率与纳税主体的税收利益。

税收筹划作为由社会多方契约关系制约的、多方契约力量合力推动的一种经济行为，与税收契约之间有着千丝万缕的联系。在承认理性经济人的逐利本性、契约的不完备性和相当一部分契约是以会计信息为基础等前提条件下，税收契约各方当事人（包括经营者、投资者、供应商、代理商等利益相关者）便有动机、有条件进行税收规划和安排，以实现企业价值最大化（或税后利润最大化）的目标。

（二）法定税收契约与政策性税收筹划

1. 法定税收契约的内涵

税收本质上是一种契约关系，作为公民财产权的一种让渡，公民必须获得政府

---

① 蔡昌．税收契约的源流嬗变：类型、效力及实施机制．税务研究，2012（6）．

提供的公共服务。政府和公民之间以获得公共产品为“标的”的特殊交换关系具有公共契约的性质。政府征税和纳税人缴税是一种权利和义务的交换。政府具有政治权力的垄断性，为避免政府对其权力的滥用，政府和纳税人之间需要缔结“契约”，把政府与纳税人之间的产权的分隔用“法”这种书面协议的形式固定下来。由于政府和纳税人之间的税收契约是政府加诸纳税人的一种不可推卸的责任，政府是不请自来的法定契约方，这种天然存在的税收契约称为法定税收契约。例如，作为税收程序法的《税收征收管理法》，以及作为税收实体法的《企业所得税法》《个人所得税法》等都是法定税收契约的典型表现形式。在经济学界和法学界，法定税收契约得到广泛的认可、传播和应用。

法定税收契约其实是政府依照政治权力以提供公共服务为目的分享纳税人利益的依据。在法定税收契约缔结过程中，政府和纳税人是平等的，政府和纳税人各自依法享有法定权利。这种双方权利平等体现了契约精神的本质，并贯穿于政府和纳税人之间关系的各个层面。在政府和纳税人法定税收契约的履行中，超出作为这种契约要求的税法规定的额度和范围的税款征收就是掠夺，纳税人也不应该因其向政府纳税而提出过分的要求。

2. 法定税收契约的效力

法定税收契约具有强制性。法定税收契约的效力不仅源于政府具有政治强制力，还源于税收契约的签订具有公共选择的机制和程序。法定税收契约的签订是社会成员通过公共选择机制选择的结果，它代表着社会成员集体意愿的表达。在经过一定的立法程序把这种集体意愿固化为税收法律后，税收契约就有了法律强制力，社会成员和政府都必须遵守。如果纳税人和政府或者税务当局违反税法这种税收法定契约，必须承担相应的责任。

譬如，《税收征收管理法》规定了对纳税人的核定征收、税款追缴、滞纳金征收、纳税担保、税收保全、纳税救济等保障政府税收权益的措施。同样，政府或者税务当局对纳税人可能造成侵犯时也要承担一定的责任。政府在税务当局对纳税人执法不当造成损失时要承担相应的赔偿责任：对税收保全不当造成的损失，政府要对纳税人进行税收赔偿；对纳税人超额征收的税款要加息归还给纳税人。法定税收契约对税务执法人员本身的徇私舞弊规定了禁止性和惩罚性条款。法定税收契约的效力不仅是强制性的，也包含着代表执政者偏好的政府利益的驱动。

3. 法定税收契约的实施机制

法定税收契约是国家和公民之间为获得公共产品或服务而签订的。法定税收契约的签订过程是双方合意通过公共选择机制得以表示的结果。一旦国家和公民之间签署了这一契约，法定税收契约就具有了强制性。国家作为民众订立社会契约的缔约方，其实是一个抽象的权力主体，国家的权力要由政府这个代理人来执行。

法定税收契约的实施是一个复杂的过程。从契约论的观点看，国家的权利和公民（纳税人）的权利是平等的，但国家的公权力和公民的私权利发生冲突时，公民的私权利常处于弱势地位。政府作为国家的代理人，有追求预算收入规模最大化的动机与行为。为保障纳税人的权利，就需要围绕税收契约进行立宪，以保障税收契约实施过程中双方权利、义务的一致性。对于符合税收宪政的税收契约，由国家委托政府的征税机关来实施税款的征收。征税机关代表政府对违反税法（税收契约的固化形式）规定的纳税人实施强制征税、加收滞纳金或者罚款等惩戒行为，以保障政府获得税收收入的权利。政府也要对税收的征收使用情况向纳税人进行信息公开，接受广大纳税人的监督。对政府违反法定税收契约的情形，纳税人有权借助其代表机构通过公共选择的程序更改税收契约内容，并让政府对纳税人进行合法补偿。因此，法定税收契约的实施机制是建立在委托代理制基础上的，但委托代理制的执行须以法定税收契约的依法履行为前提。法定税收契约的有效履行会促进一国或地区税收制度的优化与演变。

4. 政策性税收筹划：法定税收契约下的税收筹划创新

政策性税收筹划是指企业在不违背税收立法精神的前提下，与政府的税务、财政等部门进行协商，试图改变现有对企业（或行业）不适用的税收制度，以实现企业利益最大化的筹划活动。政策性税收筹划作为一种动态的筹划方式，对国民经济和企业有宏观和微观的双重效应，不仅使企业的涉税风险减小，而且对完善税收制度发挥着重要作用。

当然，从另一角度分析，政策性税收筹划有其不公平的一面。因此，一些学者将政策性税收筹划形象地称为“政府俘获”，即企业通过向政府官员提供私人报酬来影响法律、规则及规章制度的选择和制定。通过俘获政府机构，企业就能够将其偏好变成整个市场经济博弈规则的基础，创造大量可能为特定部门和组织所获取的税收利益。

从经济学角度分析，政策性税收筹划实质上是一种税收制度筹划的创新活动，它改变了原来的法定税收契约关系，本质上是一种契约变革性质的税收筹划模式。当企业发现税收制度的非均衡①，从而产生税收制度的创新需求时，政府根据这一制度需求对税收制度的供给进行调整，以实现税收制度均衡。政策性税收筹划是以一种新的更有效的税收制度来替代旧的税收制度的过程，正体现了税收制度由非均衡到均衡的运动。② 政策性税收筹划与一般的税收筹划策略存在较大的差异，但是它并不是对目前税收筹划模式的“背叛”，而是对税收筹划模式的延伸和扩展，更能在税收筹划中发挥纳税人的主动性。政策性税收筹划的操作模式如图3-6所示。

---

① 税收制度的非均衡是指税收征纳博弈各方对现行税收制度不满意的状态，从供求关系看，呈现出一种制度供给与制度需求不一致的状态。

② 税收制度的非均衡必然意味着现行税制安排的净收益小于可供选择税制安排的净收益，而基于企业（行业）特殊性对原有税收制度的修正和改进，符合税收的公平与合理原则。国家的利益不仅不会减少，反而会因为企业（行业）生产积极性的提高而大幅增加，形成税收制度创新的潜在收益，推动税收制度的变迁。

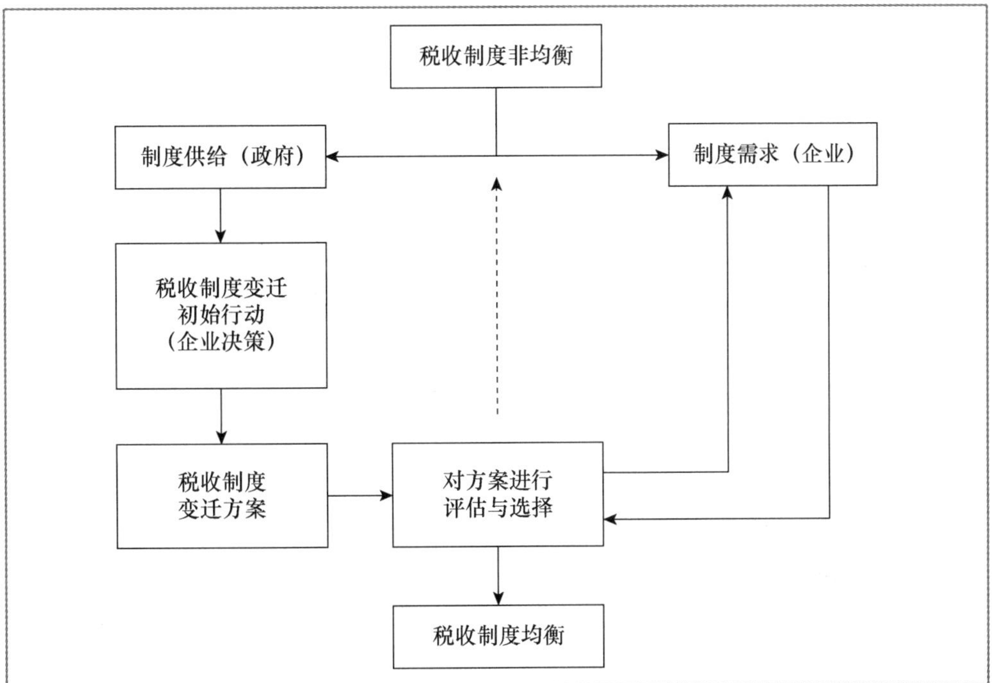

图 3-6　政策性税收筹划的操作模式

（三）交易税收契约与税收筹划创新

1. 交易税收契约的内涵

契约是交易当事人在市场交易活动中确立的一种权利义务关系，交易活动的实质是交易当事人对财产权利做出的契约安排，其目的是实现资源在时间和空间上的合理配置与有效利用。企业是一系列契约的联结，在这种契约的联结中，存在着包括股东、债权人、供应商、代理商、终端客户、职业经理人、雇员等在内的各类利益相关者。尽管企业与这些利益相关者之间的关系是纯粹的市场关系，但它们之间交易合约的缔结对企业的纳税行为和税收负担也有微妙的影响。①

企业与其利益相关者之间的税收关系是交易当事人各方确立的权利和义务关系的一种，它们之间由于交易活动引发的税收关系称为交易税收契约。交易税收契约是企业契约集合中的子契约，可以将其界定为企业法人与其利益相关者在交易活动中形成的有关财产权利流转中的税收协议或者约定。斯韦托扎尔·平乔维奇认为，契约是人们用以寻找、辨别和商讨交易机会的工具。② 对契约功能的这一深刻认识非常适用于交易税收契约，缔约各方缔结交易税收契约的目的在于探寻和把握交易机会、获取经济利益。交易税收契约的各缔约方利用契约的签订，合理规划其税务活动，实施税务战略管理，最终实现税收利益乃至经济利益的最大化。

企业与其利益相关者的交易税收契约所涉及的各项交易包含复杂的关系，关系

① 蔡昌. 契约视角的税收筹划研究. 北京：中国财政经济出版社，2008.
② 斯韦托扎尔·平乔维奇. 产权经济学. 北京：经济科学出版社，1999.

和交易紧密结合，两者同等重要且不可分割，属于一种典型的关系契约[①]，具有以下三个显著特征：

（1）交易税收契约各方存在契约团结或共同意识。缔约方利用正式或非正式规则确保他们之间关系的稳定性。复杂的利益相互依赖性使交易缔约各方当事人必须就某些事件达成共识，这种共识的达成需要通过当事人之间的沟通。在沟通过程中，会产生各种正式或非正式规则，以规范交易过程中当事人的行为，减少契约各方存在的信息不对称，从而降低交易费用。因此，交易税收契约强调合作及其长期关系的维持，契约当事人都愿意建立一种规制结构来对契约关系进行适应性调整。

（2）交易税收契约各方是伙伴关系。与法定税收契约要借助法律的强制性来维护政府与纳税人之间的契约关系不同，交易税收契约依赖于企业与利益相关者的经济活动，即市场合约，他们之间是以利益为纽带结成的伙伴关系。基于伙伴关系的交易税收契约的最终目标是获得相应的经济利益。交易税收契约注重经济伙伴关系的过程性与连续性，以至于很多契约条款悬而未决，留待以后根据商业形势做适当的变化，这使得交易税收契约具有灵活多变的特征。因此，交易税收契约的缔结与履行过程中，不会出现阻碍契约自由的权力、等级和命令，纯粹是一种商业环境下的利益合约。在交易税收契约中，冲突的解决可以自我调节，可以通过第三方的介入，也可以通过其他的利益协调机制。

（3）交易税收契约具有合法边界下的自由性。交易税收契约缔约各方的自由权利受到法律保护，这些自由权利包括缔约的自由、选择缔约方的自由、决定缔约内容与形式的自由、变更或解除缔约的自由，这些自由权利体现了契约的意思自治。但缔约各方不存在绝对的自由权利，其缔约的自由具有一定的边界，即必须受法定税收契约的框架约束，必须受一国或地区的法律约束。超越了这一边界，交易税收契约是不成立的。

2. 交易税收契约的效力

交易税收契约属于一种经济规则或者经济合约，建立在利益基点上。利益是研究人类经济活动的出发点，是社会化的需求，它在本质上属于社会关系范畴。[②] 人类个体与群体既是利益的需要者，同时也是利益的供给者。在利益相关者的社会网络中，获得利益必须通过与其他利益主体进行利益的交换。交易活动的每一个利益相关者都是理性人，在交易中都追求短期利益或长期利益的最大化。由于交易各方的力量并不均衡，交易中必然出现利益冲突。契约因利益冲突而存在，以利益协调为目的，通过利益关系调整对交易行为进行约束。交易税收契约以追求利益作为效力根源，它是寻求经济利益的一个有效工具，缔约方都倾向于从税收契约中获得相应的利益。利益的存在和分配吸引了纳税人及其利益相关者签订有利的税收契约以保护自身利益。从这一角度分析，交易税收契约的履行并不需要具有强制性政治约

---

① 关系契约的概念由著名法学家麦克尼尔提出。他认为契约具有社会性和关系性，即契约是当事人及其协议内容的内在性社会关系的体现。

② 李淮春. 马克思主义哲学全书. 北京：中国人民大学出版社，1996.

束，主要由交易的利益各方为获得满意的利益而自我约束。当然，交易税收契约效力的发挥也必然被限定在宪法、合同法、税法等法律框架内。

契约是市场中交易当事人在交易过程中确立的一种权利义务关系。交易时约定的基本内容构成了契约的基础。交易活动的实质是交易当事人之间对财产权利所做出的契约安排，其目的是实现资源在时间和空间上的合理配置和有效利用。从利益相关者角度分析，企业与包括股东、债权人、供应商、客户、职工等在内的各利益相关者之间存在着微妙的关系，他们之间的博弈竞争与合作关系是靠契约来维持的，这种契约其实是一种纯粹的市场契约。

从税收筹划角度分析，交易税收契约的引入，可以指导企业与其利益相关者签订理性的税收契约，在更大范围内更主动、巧妙地安排纳税理财事宜，有效开展税收筹划，实现企业与其利益相关者的双赢。

3. 交易税收契约的实施机制

交易税收契约是经济交往的当事人为了降低交易成本、获得经济利益而缔结的协议和约定。交易税收契约符合法定税收契约的基本框架约束。在法定税收契约框架下，缔约各方为实现自身利益最大化，主要依靠自律自我实施，即缔约各方根据合同或协议履行各自的权利与义务，实现税收利益和其他经济利益的最大化目标。

交易税收契约与法定税收契约相比，契约的不完备性更加明显，这种不完备性增加了缔约各方灵活应对商业形势变化的便利，也增加了交易税收契约履行的难度。交易税收契约的履行需要依靠契约团结或者共同意识。交易中的企业一般假定会持续经营，因此，企业和其利益相关者之间的经济关系也可以看作长期的。这种长期合作不论是采取一次次独立的短期合约，还是采取一次性签订一种长期合约，都使得交易缔约各方形成一种长期的、信息不完备下的动态博弈关系。在长期的博弈中，即使交易活动的参与者极为注重短期利益，也有动机假冒成注重长期合作的参与者，以获得最大化的长期利益。交易税收契约的履行要依赖缔约各方长期的合作博弈，而不是短期的、一次性的竞争博弈。

因此，交易税收契约实施的核心机制是要建立起公平、透明的信息披露制度，并接受社会中介组织或者政府监督。因此，交易税收契约的实施机制是建立在信息披露制度和诚信原则基础上的，而交易税收契约的最终履行是依靠缔约各方长期博弈中建立的声誉来维护的。

4. 交易税收契约下的税收筹划创新

基于交易税收契约的安排，纳税人可以采取创新型的税收筹划策略来达到节税的目的。根据企业及其利益相关者的税收利益关系，税收筹划被划分为四种类型：偏利税收筹划、零和税收筹划、多赢税收筹划和混合税收筹划（见图 3－7）。

（1）偏利税收筹划。税收筹划使得企业享受筹划所带来的税收利益，而对其利益相关者无害也无利。换句话说，税收筹划使得企业的涉税风险及税收负担降低，但不对利益相关者产生任何影响，但有时可能需要利益相关者的支持和配合。偏利税收筹划的显著特征是其偏利性，即税收筹划所创造出的新的价值主要分配给筹划者一方。由于利益相关者没有收益也没有损失，他们并不热衷于这种筹划活动，但出于建立战略联盟或维护良好的合作关系的考虑，他们可能会支持或配合企业的这种筹划活动。如企业改变交易模式进行税收筹划，可能需要客户在签订交易合约时予以配合，因为交易模式的改变可能会导致交易合约的改变。当然，纳税人的税收筹划也可能不需要利益相关者参与或者配合，如企业自身创造条件单方面享受税收优惠政策就属于纯粹的偏利税收筹划。

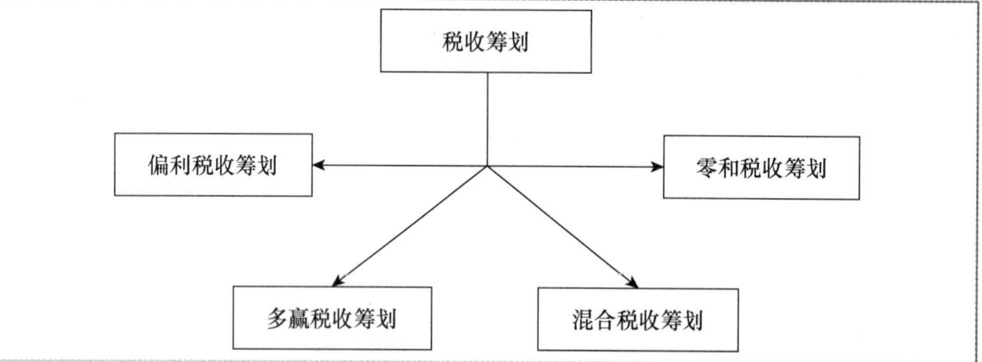

图3-7　税收筹划的类型

（2）零和税收筹划。税收筹划给企业带来一定的税收利益，其利益相关者却因此蒙受与企业税收利益等额的税收损失，即双方的税收利益与税收损失之和为零。这虽然对双方总体的利益没有影响，但对于任何一方都会产生重大影响，反映为税收利益在双方之间的等量转移，体现着双方税收利益的再分配。因此，来自利益相关者的阻力会使零和税收筹划难以付诸实施。但这种策略的运用也并非不可能，如果企业承诺给予利益相关者一定的补偿或其他利益，也可能会使利益相关者接受，这有赖于双方的交易协商。例如，税收筹划中的税负转嫁筹划就属于典型的零和税收筹划。

（3）多赢税收筹划。税收筹划给企业带来税收利益的同时，也给其利益相关者带来一定的税收利益，即双方都从税收筹划活动中受益。由于企业是主动的，主动获取税收利益、追逐利润是其天性使然，而利益相关者是被动的，被动地享受税收筹划带来的好处，利益相关者非常愿意甚至热衷于参与这种筹划活动。多赢税收筹划是一种最佳的合作模式，有时可能涉及三方或者三方以上的利益相关者，这时税收筹划所带来的利益在企业及其利益相关者之间分配。

（4）混合税收筹划。税收筹划因其复杂性和关联性可能带给企业及其利益相关者更多可能的利益结果，如企业的一项税收筹划活动，可能对同一利益相关者产生多层面、多维度的综合影响，可能涵盖上述三种情况中的两种或两种以上的组合。这种情况完全可以拆解为上述三种情况的组合，这里不再赘述。

复习思考题

1. 企业战略管理与税收筹划有何关系？请分析说明。

2. 税收链思想有何价值？请举例说明。
3. 如何理解税收筹划风险？规避税收筹划风险有哪些方法？
4. 如何理解税收筹划的三大设计思想？
5. 法定税收契约和交易税收契约有什么区别和联系？
6. 请阐述税收契约理论对税收筹划创新的推动作用。

案例分析题

案例一　均衡点增值率的测算方法

假定纳税人销售某类商品的增值率为 R，该商品的含税价格为 S，购进商品的含税价格为 P，$R=(S-P)/S$。一般纳税人的适用税率为 T_1，小规模纳税人的征收率为 T_2。

思考：

1. 当一般纳税人和小规模纳税人税负相等时，请推导出均衡点增值率 R 的表达式。计算当 $T_1=13\%$，$T_2=3\%$时，税负均衡点增值率的大小。

2. 请分析营改增后影响增值税税负的相关因素。企业应该如何控制增值税税负？可以采取哪些有效的税收筹划方法？

案例二　转让在建项目的税收筹划

从事房地产开发的 A 公司拟转让一个在建的写字楼项目，已累计发生在建工程成本 3 500 万元，经与另一家从事房地产开发的 B 公司协商，有两种转让方案：

（1）A 公司以 6 000 万元转让该项目。

（2）A 公司以转让在建项目公司股权形式出售该项目，股权转让价格为 6 000 万元。

假设 B 公司接受该在建项目后需要再投入 1 000 万元才能建成该项目，最终出售不动产可获得销售收入 9 000 万元。

思考：根据有效税收筹划理论，从 A 公司、B 公司角度分别决策应如何选择在建项目转让方案。

综合阅读题

隐性税收的计量模型①

税收优惠待遇会导致投资者哄抬税收优惠资产的价格，从而降低这些税收优惠资产的税前收益率。税收优惠资产待遇导致纳税人较低的显性税收和较低的税前收益率，我们把

① 杨华. 企业有效税务筹划研究. 北京：中国财政经济出版社，2011.

这种关系称为隐性税收计量模型。

隐性税收的计量模型是由迈伦·斯科尔斯和马克·沃尔夫森于1992年提出的S-W模型。S-W模型明确指出，企业承担的总税收应该是显性税收与隐性税收之和。S-W模型引入了基准资产的概念，基准资产是一种经过风险调整后所获收益每年按照一般所得税税率全额课税的资产，即基准资产被定位为按最高的法定税率全额征税的资产。基准资产仅仅承担显性税收，不享受任何税收优惠，如完全应税债券等。有了基准资产，就可以把其他享有税收优惠的资产的税前收益率与基准资产的税前收益率做比较，并借以确定这些资产的显性税率、隐性税率和总税率。

任何一项资产的隐性税收等于基准资产和已调整风险的备选资产（如有税收优惠的债券）之间税前收益率的差额。假设 a 为税收优惠资产，b 为基准资产，t_a 为税收优惠资产承担的隐性税率①，R_a 为税收优惠资产的税前收益率，R_b 为基准资产的税前收益率，则投资该项税收优惠资产 a 的隐性税收为 R_b-R_a。在没有税收约束和摩擦的完全竞争均衡状态下，所有资产已经调整风险的税后收益率都应当相同，否则就会存在税收套利的机会，即一定有 $R_b(1-t_a)=R_a$ 成立。

因此，可以反推出隐性税率的计算公式：

$$t_a=\frac{R_b-R_a}{R_b}$$

从市场均衡角度分析，任何投资者支付的税收总额都应当是显性税收与隐性税收之和。用 r^* 表示这个共同的税后收益，则总税收可以表示如下：

$$\begin{aligned}\text{总税收}&=\text{隐性税收}+\text{显性税收}\\&=(R_b-R_a)+(R_a-r^*)\\&=R_b-r^*\end{aligned}$$

由上式可知，在完全竞争状态下，所有资产负担的税收总额是一样的。

然而实际经济生活中，市场远未达到完全竞争的状态，市场摩擦②与税务约束③无处不在，税收套利的困难和高昂的成本使得S-W模型中隐性税收的计算结果应是一种理想状态，实际的隐性税收远远低于其理想值。

S-W模型在实际经济生活中难以推广的重要原因还在于如何选择合适的基准资产并衡量其预期的税前收益率。Callihan and White（1999）则对S-W模型进行了扩展研究，提出了C-W模型，这是一种综合运用企业财务报表所提供的信息来计量隐性税收的方法，其最为重要的突破是解决了如何利用财务会计的数据来衡量隐性税收的各项指标。C-W模型如下：

---

① 即若该税率被显性地用在基准资产上，则基准资产获得的税前收益率将会与税收优惠资产的税前收益率相等。

② 经济学上的摩擦是指在不完全市场下，买卖资产而发生的交易费用和相关信息成本。

③ 此处税务约束也就是税收规则约束，即国家通过立法施加的、阻止纳税人利用各种方法，以牺牲社会公共利益的方式减少纳税义务的一系列限制。在不完全市场环境下，税收规则约束是普遍存在的约束条件，具体表现为现行各项税收法规。

基准资产（完全应税资产）的税前收益率 $R_b=[(PTI-CTE)/(1-t)]/SE$

基准资产（完全应税资产）的税后收益率 $R_b=[(PTI-CTE)/(1-t)]/[SE(1-t)]$

备选投资资产的税前收益率 $R_a=PTI/SE$

备选投资资产的税后收益率 $r_a=(PTI-CTE)/SE$

式中，R_b 为已调整风险的完全应税资产的税前收益率；PTI 为企业的税前所得（账面价值）；CTE 为企业目前的税收支出；SE 为企业的股东权益；t 为最高的法定税率。根据在完全竞争的市场环境中，完全应税投资资产所获得的税后收益率与其同风险的备选投资资产的税后收益率相同，则有

$$隐性税率=(R_b-R_a)/R_b=\left(\frac{PTI-CTE}{1-t}-PTI\right)\Big/\left(\frac{PTI-CTE}{1-t}\right)$$

$$显性税率=R_a-r_a=CTE\Big/\left(\frac{PTI-CTE}{1-t}\right)$$

C－W 模型中隐性税率的转化形式为：

$$隐性税率=(t-ETR)/(1-ETR)$$

式中，ETR 为企业的平均有效税率（$ETR<t$），$ETR=CTE/PTI$。

比如，一个企业投资于一项税收优惠资产，取得账面价值为 100 万元的税前所得 PTI。假定根据税收优惠政策，企业可抵减应税所得的金额为 30 万元，则企业的应税所得实际为 70 万元，法定税率为 25%。则

$$税收支出\ CTE=70\times25\%=17.5(万元)$$

$$企业的平均有效税率\ ETR=\frac{17.5}{100}=17.5\%$$

$$隐性税率\ t_a=(t-ETR)/(1-ETR)=(25\%-17.5\%)/(1-17.5\%)=9.1\%$$

C－W 模型克服了 S－W 模型的计量缺陷，首次运用企业的财务会计数据尝试建立衡量隐性税收的计量模型。C－W 模型中隐性税率的转化形式表明，衡量企业的隐性税收负担可以只考虑企业最高法定税率与有效税率之间的差异，而可以不用基准投资资产税前收益率估计企业的隐性税收。C－W 模型虽然运用财务会计数据对衡量企业的隐性税收问题进行了尝试，但其应用前提依然是完全竞争市场，且仅针对企业隐性税收的衡量，而不是某个方案承担的隐性税收，因而限制了其在税收筹划方案选择中的运用。

不妨对 S－W 模型做出一定的放松假设，在税收筹划时，把享有税收优惠的方案视作优惠资产，把不享有税收优惠的方案视作基准资产，从而可以计算出享有税收优惠的方案承担的相对隐性税收，帮助企业税收筹划决策时全面衡量方案的税收负担。同时，要考虑到税收筹划时的市场摩擦和税收约束。

假定企业税收筹划决策时面临两个方案的选择，享受税收优惠的方案 A 的税前收益率为 R_a，无税收优惠或较少税收优惠的方案 B 的税前收益率为 R_b。同时，设 c 为市场摩擦率，s 为税收约束率，在阻碍税收套利的进程中，摩擦占的权重为 θ_1，税收约束占的权重为 θ_2，m 是市场摩擦和税收约束的函数，即 $m=f[c_{\theta_1},\ s_{\theta_2}]$。$m$ 取决于不同投资资产的

交易摩擦程度和税收约束程度。则不完全竞争市场下税收套利的均衡结果应该是

$$R_b \times \left(1-\frac{t_a}{1-m}\right)=R_a$$

此时隐性税率为：

$$t_a=\frac{R_b-R_a}{R_b}(1-m)$$

通过放松假设，可得到相对隐性税收的数值，虽然不够精确，但把它引入税收筹划方案，弥补了税收筹划单纯考虑税收收益的缺陷。同时，我们发现隐性税收的高低与市场摩擦程度、税收约束程度密切相关。即市场摩擦程度越低，税收约束越松散，隐性税收越高；反之，市场的摩擦程度越高，税收约束越紧，隐性税收越低。

问题思考：

1. 如何理解隐性税收的概念？你能举出一个隐性税收存在的真实案例吗？
2. 隐性税收的分析对税收筹划有何意义？

第四章 企业设立的税收筹划

相比较而言，合伙人及个人独资者仅就其个人收入缴纳一次税款，因为不征收实体税，合伙企业和个人独资企业充当向所有者转移收入的管道。

——诺贝尔经济学奖获得者迈伦·斯科尔斯

第一节 居民企业与非居民企业

一、居民企业的设立与筹划

（一）居民企业的界定

《企业所得税法》第二条规定：企业分为居民企业和非居民企业。

居民企业是指依法在中国境内成立，或者依照外国（地区）法律成立但实际管理机构在中国境内的企业。居民企业包括两大类：一类是依照中国法律、行政法规在中国境内成立的企业、事业单位、社会团体以及其他取得收入的组织；另一类是依照外国（地区）法律成立的企业和其他取得收入的组织。

需要解释的是，“依法在中国境内成立的企业”中的“法”是指中国的法律、行政法规。目前我国法人实体中各种企业及其他组织类型分别由各个领域的法律、行政法规规定。如《中华人民共和国公司法》《中华人民共和国全民所有制工业企业法》《中华人民共和国乡镇企业法》《事业单位登记管理暂行条例》《社会团体登记管理条例》《基金会管理办法》等，都是有关企业及其他取得收入的组织成立的法律、法规依据。

居民企业如果是依照外国（地区）法律成立的，必须具备其实际管理机构在中国境内这一条件。所谓实际管理机构，是指对企业的生产经营、人员、账务、财产等实施实质性全面管理和控制的机构。我国借鉴国际惯例，对实际管理机构做出了明确的界定：

第一，对企业有实质性管理和控制的机构。实际管理机构与名誉上的企业行政中心不同，属于企业真实的管理中心所在。一个企业在利用资源和取得收入方面往往和其经营活动的管理中心联系密切。国际私法对法人所在地的判断通常采取最密切联系地的标准，也符合实质重于形式的原则。税法将实质性管理和控制作为认定实际管理机构的标准之一，有利于防止外国企业逃避税收征管，从而保障我国的税收主权。

第二，对企业实行全面的管理和控制的机构。如果该机构只是对该企业的一部分或并不关键的生产经营活动进行影响和控制，比如只是对在中国境内的某一个生产车间进行管理，则不被认定为实际管理机构。只有对企业的整体或者主要的生产经营活动有实际管理控制，对本企业的生产经营活动负总体责任的管理控制机构，才符合实际管理机构标准。

第三，管理和控制的内容是企业的生产经营、人员、账务、财产等。这是界定实际管理机构的最关键标准，尤其在控制时特别强调对人事权和财务权的控制。比如，到中国投资的许多外国企业，如果其设在中国的管理机构冠以“亚太区总部”“亚洲区总部”等字样，一般都被认定为实际管理机构，即对企业具有实质性管理和控制的权力。再比如，在我国注册成立的通用汽车（中国）公司，就是我国的居民企业；在英国、美国、百慕大群岛等国家和地区注册的企业，实际管理机构在我国境内的，也是我国的居民企业。

（二）居民企业的税收政策

居民企业负担全面的纳税义务。居民企业应当就其来源于中国境内和境外的所得缴纳企业所得税。所得包括销售货物所得、提供劳务所得、转让财产所得、股息红利等权益性投资所得、利息所得、租金所得、特许权使用费所得、接受捐赠所得和其他所得。

（三）属于居民企业的公司制企业的税收政策

公司制企业属于法人实体，有独立的法人财产，享有法人财产权。公司以其全部财产对公司的债务承担有限责任。公司制企业一般分为有限责任公司和股份有限公司两大类。《中华人民共和国公司法》还规定了两种特殊形式的有限责任公司：一人有限公司和国有独资公司。

无论是有限责任公司还是股份有限公司，作为法人实体，我国税法做了统一规定，即公司制企业应对其实现的利润总额做相应的纳税调整后缴纳企业所得税，如果向自然人投资者分配股息或红利，还要代扣投资者20%的个人所得税。对于投资国内（沪市和深市）上市公司的自然人股东，对其所获得的股息红利所得，减按10%的税率征收个人所得税。

目前，我国还处于社会转型期，国有独资公司还享受一些税收优惠政策。比如国有独资公司之间划拨土地、房产等各类资产，以及国有独资公司改制时，免征资产交易过程中的契税和企业所得税等。

就税收负担而言，公司形式是股份公司为最佳，原因如下：第一，世界各国税法中鼓励投资的有关税收减免条款一般针对股份公司；第二，以股份公司形式运营有利于降低股东税收负担。《国家税务总局关于股份制企业转增股本和派发红股征免个人所得税的通知》（国税发〔1997〕198 号）规定，股份制企业用资本公积转增股本不属于股息、红利性质的分配，对个人取得的转增股本数额，不作为个人所得，不征收个人所得税。《国家税务总局关于股权奖励和转增股本个人所得税征管问题的公告》（国家税务总局公告 2015 年第 80 号）规定，未上市及未在全国中小企业股份转让系统挂牌的中小高新技术企业以未分配利润、盈余公积、资本公积向个人股东转增股本，并符合财税〔2015〕116 号文件有关规定的，纳税人可分期缴纳个人所得税；非上市及未在全国中小企业股份转让系统挂牌的其他企业转增股本，应及时代扣代缴个人所得税。上市公司或在全国中小企业股份转让系统挂牌的企业转增资本（不含以股票发行溢价形成的资本公积转增股本），按现行有关股息红利差别化政策执行。

二、非居民企业的设立与筹划

（一）非居民企业的界定

非居民企业，是指依照外国（地区）法律成立且实际管理机构不在中国境内，但在中国境内设立机构、场所的，或者在中国境内未设立机构、场所，但有来源于中国境内所得的企业。

机构、场所，是指在中国境内从事生产经营活动的机构、场所，包括以下情形：

第一，管理机构、营业机构、办事机构。管理机构是指对企业生产经营活动进行管理决策的机构；营业机构是指企业开展日常生产经营活动的固定场所，如商场等；办事机构是指企业在当地设立的从事联络和宣传等活动的机构，如外国企业在中国设立的代表处，往往为开拓中国市场进行调查和宣传等工作，为外国企业到中国开展经营活动打下基础。

第二，工厂、农场、开采自然资源的场所。这三类属于企业开展生产经营活动的场所。工厂是工业企业，如制造业的生产厂房、车间所在地；农场是农业、牧业等生产经营的场所；开采自然资源的场所主要是采掘业的生产经营活动场所，如矿山、油田等。

第三，提供劳务的场所。提供劳务的场所包括从事交通运输、仓储租赁、咨询经纪、科学研究、技术服务、教育培训、餐饮住宿、中介代理、旅游、娱乐、加工以及其他劳务服务活动的场所。

第四，从事建筑、安装、装配、修理、勘探等工程作业的场所，包括建筑工地、港口码头、地质勘探场地等工程作业场所。

第五，其他从事生产经营活动的机构、场所。

第六，非居民企业委托营业代理人在中国境内从事生产经营活动的，包括委托单位和个人经常代其签订合同，或者储存、交付货物等，该营业代理人视为非居民企业在中国境内设立的机构、场所。

（二）非居民企业的税收政策

第一，非居民企业在中国境内设立机构、场所的，应当就其所设机构、场所取得的来源于中国境内的所得，以及发生在中国境外但与其所设机构、场所有实际联系的所得，缴纳企业所得税。这里所说的实际联系，是指非居民企业在中国境内设立的机构、场所拥有据以取得所得的股权、债权，以及拥有、管理、控制据以取得所得的财产等。

第二，非居民企业在中国境内未设立机构、场所的，或者虽设立机构、场所但取得的所得与其所设机构、场所没有实际联系的，应当就其来源于中国境内的所得缴纳企业所得税。

由于非居民企业的税收政策相对复杂，且适用较为复杂的税率制度，这里对非居民企业适用的税率予以归纳，如图4-1所示。

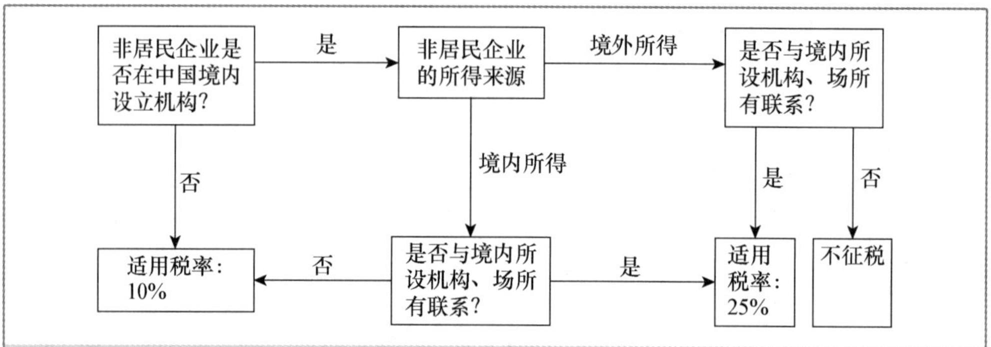

图4-1 非居民企业适用的税率

居民企业和非居民企业都属于企业所得税的纳税人，我国之所以对居民企业与非居民企业进行合理划分，是为了区分纳税义务的不同，这将会对不同纳税主体的税收活动产生深远影响。

例4-1

英国的居民企业A在中国投资建立一个生产基地B。某年A准备转让一项专利技术给中国的居民企业C，转让价格为2 000万元，该专利技术的研发费用为1 200万元。已知：B当年在中国获得利润总额2 500万元，不包括该专利技术转让所得800万元。请问企业A，B，C该如何进行税收筹划？

解析：

有以下三个税务方案可供选择。

方案一：

B在中国注册成立为一家独立的法人公司，成为中国的居民企业，适用25%的企业所得税税率。由B成立研发部门组织开发该专利技术，发生研发费用支出1 200万元，再由B将该专利技术转让给C。

根据《企业研究开发费用税前扣除管理办法（试行）》规定，对其发生的研发费用可以加计扣除，且居民企业的技术转让所得不超过500万元的部分可以免征企业所得税，超过500万元的部分减半征收企业所得税。B在中国的应纳税额为：

(2 500－1 200×75%)×25%＋(800－500)×25%×50%＝400＋37.5＝437.5(万元)

方案二：

B为A在中国设立的生产机构，没有在中国注册，其实际管理机构在英国，不具备中国居民企业身份。由B成立研发部门组织开发该专利技术，发生研发费用支出1 200万元，再由B将该专利技术转让给C。

由于B为中国的非居民企业，不能享受上述加计扣除和减免企业所得税优惠，但B在中国境内有机构、场所，且B的专利技术收入与中国境内所设的机构、场所有联系，对B视同居民企业征税，即按25%的企业所得税税率征收。B在中国的应纳税额为：

(2 500－1 200)×25%＋2 000×25%＝825(万元)

方案三：

B在中国注册为一家独立的法人公司，为中国的居民企业。由A在英国成立研发部门组织开发该专利技术，发生研发费用支出1 200万元，然后由A直接转让该专利技术给C。

该技术转让收入不是通过A在中国境内的B取得的，即该项收入与B没有任何联系，则A获得的收入全额征收预提税。A在中国的应纳预提税额为：

2 000×10%＝200(万元)

B在中国的应纳企业所得税额为：

2 500×25%＝625(万元)

A，B在中国的应纳税额合计为：

200＋625＝825(万元)

采用方案一，B在中国的应纳税额为437.5万元；采用方案二，B在中国的应纳税额为825万元；采用方案三，A，B在中国的应纳税额为825万元。所以，方案一最优。其实方案一主要利用了中国研发费用加计扣除政策和技术转让减免税优惠政策。方案三只是计算了在中国缴纳的税款，由于A的专利技术的研发过程发生在英国，这里没有系统考虑研发费用支出对A在英国缴纳企业所得税的影响。

第二节　分支机构的设立与税收筹划

一、分支机构的设立与税收政策

分支机构的所得税缴纳有两种方式：一种是分支机构独立申报纳税；另一种是

分支机构集中到总公司汇总纳税。采用何种方式纳税关键取决于分支机构的性质——是否为独立纳税人。同时，受分支机构的盈亏状况、所处地区的税率及资金控制等因素影响，不同纳税方式会使企业当期及未来各期的税负水平产生显著差异。由于受分支机构可能存在的盈亏不均、地区税率差异及资金控制等因素影响，不同组织形式的分支机构其税收待遇是不同的，甚至在当期和未来期间还会产生较大的税负差异。

（一）子公司的设立及税收政策

《中华人民共和国公司法》第十四条规定，子公司具有法人资格，依法独立承担民事责任；分公司不具有法人资格，其民事责任由公司承担。

子公司是对应母公司而言的，是指被另一家公司（母公司）有效控制的下属公司或者母公司直接或间接控制的一系列公司中的一家公司。子公司因其具有独立法人资格，而被所在国视为居民企业，通常要履行与该国其他居民企业一样的全面纳税义务，同时也能享受所在国为新设公司提供的免税期或其他税收优惠政策。但建立子公司一般需要复杂的手续，财务制度较为严格，必须独立开设账簿，并需要复杂的审计和证明，经营亏损不能冲抵母公司利润，与母公司的关联交易的真实性与关联交易定价往往是税务机关反避税审查的重点内容。

子公司属于独立法人企业，拥有独立的财产权，一般独立对外开展经营活动，与母公司之间没有连带责任。母公司作为子公司的控股公司，仅在控股权基础上对子公司行使权利，享有对子公司重大事务的决定权。设立子公司，其税收筹划有如下优势：一是子公司可以独立享受所在区域或行业的税收优惠政策；二是子公司的利润分配形式灵活，且不受母公司的干预；三是子公司的税务风险责任不会给母公司造成影响，即母公司没有风险连带责任。

（二）分公司的设立及税收政策

分公司是指总公司下辖的独立核算的、进行全部或部分经营业务的分支机构，如分厂、分店、分部等。分公司是总公司的组成部分，没有独立的财产权，不具有独立的法人资格，不单独构成独立的民事责任主体，其经营活动所有后果均由总公司承担。

《企业所得税法》第五十条规定，居民企业在中国境内设立不具有法人资格的营业机构的，应当汇总计算并缴纳企业所得税。汇总纳税是指一个企业总机构和其分支机构的经营所得，通过汇总纳税申报的办法实现所得税的汇总计算和缴纳。我国实行法人所得税制度，不仅是引入和借鉴国际惯例的结果，也是实现所得税调节功能的必然选择。法人所得税制要求总、分公司汇总计算缴纳企业所得税。因此，设立分支机构，使其不具有法人资格，就可由总公司汇总缴纳企业所得税，这样可以实现总、分公司之间盈亏互抵，合理减轻税收负担。

《跨地区经营汇总纳税企业所得税征收管理办法》（国家税务总局公告2012年第57号）规定，汇总纳税企业实行“统一计算、分级管理、就地预缴、汇总清算、财政调库”的企业所得税征收管理办法。上述管理办法的基本内容是：总机构统一计算包括汇总纳税企业所属各个不具有法人资格分支机构在内的全部应纳税所得额、应纳税额。但总机构、分支机构所在地的主管税务机关都有对当地机构进行企业所得税管理的责任，总机构和分支机构应分别接受机构所在地主管税务机关的管理。在每个纳税期间，总机构、分支机构应分月或分季分别向所在地主管税务机关申报预缴企业所得税。等年度终了后，总机构负责进行企业所得税的年度汇算清缴，统一计算企业的年度应纳所得税额，抵减总机构、分支机构当年已就地分期预缴的企业所得税款后，多退少补税款。

总分机构分摊税款的计算方法如下：

$$\text{总机构分摊税款}=\text{汇总纳税企业当期应纳所得税额}\times 50\%$$

$$\text{所有分支机构分摊税款总额}=\text{汇总纳税企业当期应纳所得税额}\times 50\%$$

$$\text{某分支机构分摊税款}=\text{所有分支机构分摊税款总额}\times\text{该分支机构分摊比例}$$

总机构应按照上年度分支机构的营业收入、职工薪酬和资产总额三个因素计算各分支机构分摊所得税款的比例；三级及以下分支机构，其营业收入、职工薪酬、资产总额统一计入二级分支机构；三个因素的权重依次为0.35，0.35，0.30。具体计算公式如下：

$$\begin{aligned}\text{某分支机构分摊比例}&=\frac{\text{该分支机构营业收入}}{\text{各分支机构营业收入之和}}\times 0.35+\frac{\text{该分支机构职工薪酬}}{\text{各分支机构职工薪酬之和}}\\&\quad\times 0.35+\frac{\text{该分支机构资产总额}}{\text{各分支机构资产总额之和}}\times 0.30\end{aligned}$$

需要注意的是，税法还规定了以下二级分支机构不需要就地分摊缴纳企业所得税：

（1）不具有主体生产经营职能，且在当地不缴纳增值税的产品售后服务、内部研发、仓储等企业内部辅助性的二级及以下分支机构，不就地预缴企业所得税。

（2）上年度认定为小型微利企业的，其二级分支机构不就地预缴企业所得税。

（3）新设立的二级分支机构，设立当年不就地分摊缴纳企业所得税。

（4）当年撤销的二级分支机构，自办理注销税务登记之日所属企业所得税预缴期间起，不就地分摊缴纳企业所得税。

（5）汇总纳税企业在中国境外设立的不具有法人资格的二级分支机构，不就地分摊缴纳企业所得税。

总之，设立分公司有如下税收筹划优势：一是分公司与总公司之间的资本转移因不涉及所有权变动，不必纳税；二是分公司交付给总公司的利润不必纳税；三是经营初期分公司的经营亏损可以冲抵总公司的利润，减轻税收负担。

例 4-2

鼎新集团是一家大中型制造企业，以往年度每年盈利 1 000 万元。根据市场需求，当年在乙地准备新设立 A 分支机构，从事生物制药高科技项目投资，但项目投资前两年（设立当年和第二年）由于投入较大，估计每年亏损400万元，第三年才可能扭亏为盈，以后各年盈利额逐年增加，第三年盈利300万元，第四年盈利500万元。鼎新集团应该如何设立分支机构才能节税？

解析：

如果鼎新集团在当年就将A分支机构设立为子公司，则在设立当年和第二年的两年中，一方面新设A子公司账面数额有巨大亏损；另一方面鼎新集团还要就每年1 000万元盈利缴纳250万元的企业所得税。因此，此时如将A分支机构设立为分公司，其每年亏损400万元可抵减企业利润，使其减少所得税款100万元。

但是，如果第三年及以后年度，A分支机构仍然保持分公司的身份，与鼎新集团汇总纳税，则可能因为A分支机构高新技术产品销售收入、研发费用占集团全部销售收入、全部研发费用的比例达不到税法规定的优惠标准，而无法享受高新技术企业低税率优惠政策。此时，如及时将A分公司转换为A子公司，使其成为独立法人，并争取得到税务机关认定，按照高新技术企业缴纳所得税，则第三年可节税30万元（300×(25%－15%)）；第四年可节税50万元（500×(25%－15%)）。

二、选择分支机构形式的税收筹划

根据分公司及子公司的不同税收特征，下面进行选择分支机构形式的决策分析。假设分支机构与总机构都不存在税收优惠，根据总机构与分支机构预计的盈亏程度及税率的不同，可分为八种情况讨论（见图4－2）。①

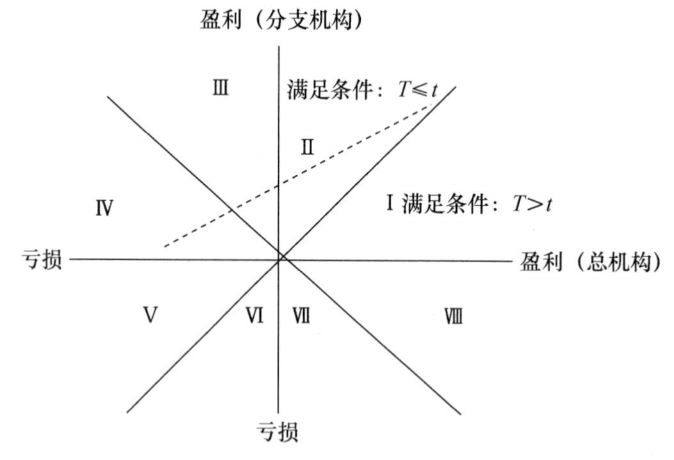

图4－2　选择分支机构形式的决策模式

图4－2中，横轴表示总机构的预计盈亏状况，纵轴表示分支机构的预计盈亏状况。t表示分支机构的税率，T表示总机构的税率。由于我国存在多层面优惠政策，企业所得税有25%，20%，15%等多种税率，这里分别讨论$T>t$和$T\leqslant t$两种情况。图中虚线区域表示采用分公司形式合适；第Ⅰ种情况下，采用子公司合适；其余区域表示采用子公司与

① 宋献中，沈肇章．税收筹划与企业财务管理．广州：暨南大学出版社，2002．

分公司形式没有差别。

第Ⅰ种情况下，总机构与分支机构预计皆为盈利。若要求子公司将税后利润分配给母公司，在第Ⅰ种情况下，满足条件 $T>t$，若 t 属于法定低税率则不需要补税，因此分支机构采用子公司形式比较有利；若分支机构采用分公司形式，总分公司汇总计税，适用总公司的税率，则会导致分支机构的盈利多缴纳企业所得税。所以，第Ⅰ种情况下，分支机构采用子公司形式更合适。第Ⅱ种情况下，满足条件 $T\leqslant t$，分支机构选择分公司形式，采用汇总纳税方式统一适用母公司的低税率则能够降低整体税负。

第Ⅲ，Ⅳ种情况下，总机构预计亏损，分支机构预计盈利。分支机构最好采用分公司形式，采取汇总纳税方式，使总分机构盈亏互抵，使当期的应纳税额最少。

第Ⅴ，Ⅵ种情况下，总机构与分支机构预计皆为亏损，则分支机构不论采取哪种形式对企业（集团）的应纳税额都没有影响，即分支机构采用哪种形式对纳税总额的影响无差别。

第Ⅶ，Ⅷ种情况下，总机构预计盈利，分支机构预计亏损，则选择总分机构形式可以汇总纳税，实现盈亏互抵，使总分公司整体的应纳税额最少。

在设立分公司与子公司的选择筹划中，还要考虑分支机构所处的区域优势及其享受税收优惠政策的情况。若分支机构单独运作，其所享受的税收优惠优于母公司时，分支机构应采用子公司形式，反之采用分公司形式。还要考虑到分支机构初期经营情况，由于开办费、市场风险等因素的存在很容易导致分支机构出现亏损，在分支机构组建初期，最好采用分公司形式；当分公司开始盈利后，可以再把分公司经过注册登记转变为子公司，这样会收到较好的税收效果。

例 4－3

深圳新营养技术生产公司为扩大生产经营范围，准备在外地兴建一家芦笋种植加工企业。在选择芦笋加工企业组织形式时，该公司进行了如下税收分析。

芦笋是一种根基植物，在新的种植区域播种，达到初次具有商品价值的收获期需要4～5年，企业在开办初期将面临很大的亏损，但亏损会逐渐减少。经估计，此芦笋种植加工公司第1年的亏损额为200万元，第2年亏损额为150万元，第3年亏损额为100万元，第4年亏损额为50万元，第5年开始盈利，盈利额为300万元。

该公司总部设在深圳，属于国家重点扶持的高新技术公司，适用的企业所得税税率为15%。该公司除在深圳设有总部外，在其他地区还有一子公司H，适用的企业所得税税率为25%。经预测，未来5年内，新营养技术生产公司总部的应税所得均为1 000万元，H公司的应税所得分别为300万元、200万元、100万元、0、－150万元。

请问该公司应如何进行税收筹划？

解析：

经分析，现有三种组织形式方案可供选择。

方案一：将芦笋种植加工企业建成具有独立法人资格的子公司M。

因子公司具有独立法人资格，属于企业所得税的纳税人，按其应纳税所得额独立计算缴纳企业所得税。

在这种情况下，该新营养技术生产公司包括三个独立纳税主体：深圳新营养技术生产公司、子公司H和子公司M。在这种组织形式下，因芦笋种植企业M是独立的法人实体，不能和深圳新营养技术公司或子公司H合并纳税，所以，其所形成的亏损不能抵消深圳新营养技术生产公司总部的利润，只能在其以后年度实现的利润中抵扣。

在前4年中，深圳新营养技术生产公司总部及其子公司的纳税总额分别为225万元（1 000×15%+300×25%）、200万元（1 000×15%+200×25%）、175万元（1 000×15%+100×25%）、150万元（1 000×15%），4年间缴纳的企业所得税总额为750万元。

方案二：将芦笋种植加工企业建成非独立核算的分公司。

因分公司不同于子公司，它不具备独立法人资格，不独立建立账簿，只作为分支机构存在。按税法规定，分支机构利润与其总部实现的利润合并纳税。深圳新营养技术生产公司仅有两个独立的纳税主体：深圳新营养技术生产公司总部和子公司H。

在这种组织形式下，因芦笋种植企业作为非独立核算的分公司，其亏损可由深圳新营养技术生产公司用其利润弥补，降低了深圳新营养技术生产公司第1年至第4年的应纳税所得额，使深圳新营养技术生产公司的应纳所得税得以延缓缴纳。

在前4年中，深圳新营养技术生产公司总部、子公司及分公司的纳税总额分别为195万元（1 000×15%－200×15%+300×25%）、177.5万元（1 000×15%－150×15%+200×25%）、160万元（1 000×15%－100×15%+100×25%）、142.5万元（1 000×15%－50×15%），4年间缴纳的企业所得税总额为675万元。

方案三：将芦笋种植加工企业建成子公司H的分公司。

在这种情况下，芦笋种植加工企业和子公司H合并纳税。此时深圳新营养技术生产公司有两个独立的纳税主体：深圳新营养技术生产公司总部和子公司H。在这种组织形式下，因芦笋种植加工企业作为H的分公司，与H合并纳税，其前4年的亏损可由H当年利润弥补，降低了H第1年至第4年的应纳税所得额，不仅使H的应纳所得税得以延缓缴纳，而且使得整体税负下降。

在前4年里，深圳新营养技术生产公司总部、子公司及分公司的纳税总额分别为175万元（1 000×15%+300×25%－200×25%）、162.5万元（1 000×15%+200×25%－150×25%）、150万元（1 000×15%+100×25%－100×25%）、150万元（1 000×15%），4年间缴纳的企业所得税总额为637.5万元。

通过对上述三种方案的比较，应该选择第三种组织形式，将芦笋种植企业建成子公司H的分公司，以使整体税负最低。

第三节　各类经济组织的选择与税收筹划

一、公司制企业与非公司制企业选择的税收筹划

按照我国法律规定，企业有公司制企业和非公司制企业之分。非公司制企业主

要指个人独资企业与合伙企业，公司制企业主要指有限责任公司和股份有限公司。

公司制企业属于企业法人，有独立的法人财产，享有法人财产权。无论是有限责任公司还是股份有限公司，公司制企业应对其利润总额做相应的纳税调整后缴纳企业所得税。如果向自然人投资者分配股息或红利，还要代扣投资者税率为20%的个人所得税。

我国税法规定对于个人独资企业、合伙企业只征收个人所得税，而对于公司制企业，既要征收企业所得税又要征收个人所得税，这通常称为双重征税。但由于存在股息红利和资本利得之间转化的可能，以及资本利得税率偏低甚至免征的优惠待遇，公司制企业在双重征税下的总税负并不必然多于个人独资企业或合伙企业。因此，在组织形式选择决策中，存在个人独资企业、合伙企业与公司之间的选择与筹划。

下面构建一个比较合伙企业或个人独资企业与公司的税后收益的模型。[①] 该模型假定：公司的税前收益率为 R_C，合伙企业的税前收益率为 R_P，R_C 和 R_P 在不同时期均保持不变。企业所得税税率为 t_C，个人所得税税率为 t_P，资本利得税税率为 t_G。由于存在非税因素，合伙企业的生产经营和投融资活动面临较高的管理成本。在缴纳企业所得税之后、个人所得税之前，公司的收益率为 r_C，且 $r_C=R_C(1-t_C)$；合伙企业缴纳个人所得税之前的收益率为 r_P，且 $r_P=R_P(1-t_P)$。假定该投资项目持续期为 n 年，n 年后公司清算买回所有的股票，且公司中间不对股东支付股利或分配利润。

如果项目是在合伙企业中实施，当取得收入时，合伙人以税率 t_P 支付税收，则合伙人 1 单位的原始投资 n 年后的税后累计收益为：$[1+R_P(1-t_P)]^n$。

如果项目是在公司实施，则 n 年后公司清算买回所有的股票时，股东的 1 单位投资的税后累计收益为：$[1+R_C(1-t_c)]^n-t_G\{[1+R_C(1-t_C)]^n-1\}$。

当合伙企业与公司的税后收益率相等时，合伙企业形式与公司形式的税收筹划没有差异。令此时公司的税后收益率的均衡临界值为 r_C^*，则有

$$[1+R_P(1-t_P)]^n=[1+R_C(1-t_C)]^n-t_G\{[1+R_C(1-t_C)]^n-1\}$$

整理可得

$$[1+R_P(1-t_P)]^n=[1+R_C(1-t_C)]^n\times(1-t_G)+t_G$$

且有　$r_P=R_P(1-t_P)$，$r_C^*=R_C\times(1-t_C)$

故可得　$(1+r_P)^n=(1+r_C^*)^n(1-t_G)+t_G$

则有　$$r_C^*=\left(\frac{(1+r_P)^n-t_G}{1-t_G}\right)^{\frac{1}{n}}-1$$

从上式可知，r_C^* 受到以下因素的影响：合伙企业缴纳个人所得税之前的收益率 r_P、资本利得税税率 t_G，以及投资项目持续期 n。从税收角度来看，如果公司层

① 迈伦·斯科尔斯，马克·沃尔夫森．税收与企业战略．北京：中国财政经济出版社，2004.

次的税后收益率大于 r_C^*，则投资者选择公司形式更合适；如果公司层次的税后收益率小于 r_C^*，则投资者选择合伙企业形式更合适。

公司制企业的出现晚于个人独资企业、合伙企业，公司制企业相对较为进步，这不仅体现在公司较低的运作风险方面，而且体现在公司在税收方面的独特优势：公司在冲抵损失时不限于当期利润，损失甚至可以延续冲抵未来的利润；公司能够在合理范围内税前列支有利于雇员且金额相当可观的年金支出；公司还能够在所得税扣除方面税前列支更多的成本费用项目。这些都是个人独资企业或合伙企业所不可比拟的。

二、个人独资企业、合伙企业的设立与税收筹划

我国对个人独资企业、合伙企业从2000年1月1日起，比照个体工商户的生产、经营所得，适用五级超额累进税率，仅征收个人所得税。而公司制企业需要缴纳企业所得税，如果向个人投资者分配股息、红利，还要代扣个人所得税（个人投资者分回的股息、红利，税法规定适用20%的比例税率）。

一般来说，企业设立时应合理选择纳税主体的身份，选择的思路如下：

第一，从总体税负角度考虑，个人独资企业、合伙企业一般要低于公司制企业，因为前者不存在重复征税问题，而后者一般涉及双重征税问题。

第二，在个人独资企业、合伙企业与公司制企业的决策中，要充分考虑税基、税率和税收优惠政策等多种因素，最终税负的高低是多种因素综合作用的结果，不能只考虑一种因素。

第三，在个人独资企业、合伙企业与公司制企业的决策中，还要充分考虑可能出现的各种风险。

例4-4

李先生投资兴办了一家企业，年应纳税所得额为100万元。那么该企业的类型在个人独资企业、合伙企业、有限责任公司之间应如何选择？

解析：

该企业如果注册登记为个人独资企业，应按照经营所得缴纳个人所得税，经营所得适用5%～35%的超额累进税率（见表4-1）。

表4-1　经营所得适用5%～35%的五级超额累进税率

级数	全年应纳税所得额	税率（%）	速算扣除数
1	不超过30 000元的	5	0
2	超过30 000元至90 000元的部分	10	1 500
3	超过90 000元至300 000元的部分	20	10 500
4	超过300 000元至500 000元的部分	30	40 500
5	超过500 000元的部分	35	65 500

注：本表所称全年应纳税所得额，是指以每一纳税年度的收入总额减除成本、费用以及损失后的余额。

个人所得税负担为：

1 000 000×35%－65 500＝284 500(元)

企业税后净收益为：

1 000 000－284 500＝715 500(元)

但如果该企业注册为有限责任公司，则应首先以法人身份计算缴纳企业所得税，然后分配给投资者的税后利润还应按照股息、红利所得计缴个人所得税，总税收负担为：

1 000 000×25%＋1 000 000×(1－25%)×20%＝400 000(元)

企业税后净收益为：

1 000 000－400 000＝600 000(元)

可见，该企业作为有限责任公司比个体工商户多缴纳税收额 115 500 元（715 500－600 000）。

另外，如果投资成立的是合伙企业，虽然也仅需要缴纳个人所得税，但由于现行税制规定每一个合伙人单独按照其所获得的收益计缴个人所得税，因此，投资者有更多机会按照相对较低的税率计税，其总体税负会比个人独资企业更低。

如果李先生与三位朋友共同注册成立一家合伙企业，投资总额为 200 万元，每人投资比例均为 25%，假定年应纳税所得额为 100 万元，则其个人所得税负担为：

[(1 000 000÷4)×20%－10 500]×4＝158 000(元)

合伙企业比个人独资企业少缴的所得税金额为：

284 500－158 000＝126 500(元)

公司制企业所得税采用 25%的比例税率，这意味着无论企业应纳税所得额规模多大，其税收负担率是不变的（小型微利企业税率为 20%）；而个人所得税对生产、经营性收入采用五级超额累进税率，这意味着应纳税所得额越大，其税收负担率越高。从个人所得税生产、经营所得适用的五级超额累进税率表可以看出，个体工商户的应纳税所得额在 30 万元时，适用的边际税率为 20%，由于超额累进税率计税时应将以前级次适用低税率部分的差额减除，因此其实际税率为 16.5%（(300 000×20%－10 500)÷300 000×100%）。应纳税所得额在 50 万元时，适用的边际税率为 30%，其实际税率是 23.25%（(600 000×30%－40 500)÷600 000×100%）。应纳税所得额为 80 万元时，适用的边际税率为 35%，其实际税率是 26.81%（(80 000×35%－65 500)÷80 000×100%）。随着应税所得的增加，个体工商户的实际税率还会逐渐提高。

因此，如果单纯比较企业所得税与个体工商户的经营所得的税收负担率，企业负担的企业所得税税负率高于个体工商户经营所得的税负率。

三、民营企业、个体工商户的选择与税收筹划

民营企业亦称私有企业，是由私人投资经营的企业，产权完全私有，与国有企

业的公有产权相对应。民营企业的生产资料和产品属私人所有，经营活动由私人投资者或雇用职业经理人管理，资金来源有私人出资或通过银行筹资、发行股票筹资等。我国现阶段鼓励民营企业的存在和发展，同时也允许外国资本家依法在我国投资设立各种形式的中外合资企业或外商独资企业。

个体工商户又称个体户，是个体经济单位，它以劳动者个人及其家庭成员为主体，用自有的劳动工具及生产资料、资金，经向国家有关部门登记，独立地从事生产、经营活动。个体工商户主要分布于各种小型手工业、零售商业、饮食业、服务业、运输业等行业部门。

按照现行税法规定，民营企业作为公司制企业，适用《企业所得税法》的各项规定，其适用的企业所得税税率是 25%。而个体工商户适用《个人所得税法》，按照《个人所得税法》中的经营所得计税，其税率如表 4-2 所示。

表 4-2 个体工商户适用的个人所得税税率表

级数	全年应纳税所得额	税率（%）	速算扣除数
1	不超过 30 000 元的	5	0
2	超过 30 000 元至 90 000 元的部分	10	1 500
3	超过 90 000 元至 300 000 元的部分	20	10 500
4	超过 300 000 至 500 000 元的部分	30	40 500
5	超过 500 000 元的部分	35	65 500

注：本表所称全年应纳税所得额，是指以每一纳税年度的收入总额减除成本、费用以及损失后的余额。

个体工商户适用查账征收的，若为增值税一般纳税人，按税款抵扣制计算缴纳增值税，若为小规模纳税人，按收入总额采用简易计税方法依 3%的征收率计算缴纳增值税；附加税费中，城市维护建设税按缴纳增值税的 7%（县城、镇为 5%，乡、农村为 1%）缴纳，教育费附加按缴纳增值税的 3%缴纳，地方教育费附加按缴纳增值税的 1%缴纳。

民营企业属于公司制企业，负有全面的纳税义务，我国现行的所有税种都可能涉及。因此，民营企业与个体工商户面临不同的税收待遇。总体来说，个体工商户的税收负担低于民营企业的税收负担。

知识链接

个人从事独立劳务，应如何选择合适的组织形式？

对于从事独立劳务的个人来说，在利用国家和地方政府提供的税收优惠政策时，可以比较不同组织形式下的税负状况，选择设立适合的经营机构或业务模式进行税收筹划。下面比较分析以下三种不同组织形式下的纳税模式。

一是个人从事独立劳务，不设立任何机构，以自然人身份提供劳务，则需要按照劳务报酬所得适用三级超额累进税率计算缴纳个人所得税，且在年度终了对其所获取的综合所得进行汇算清缴；二是个人成立一家公司制企业，个人的劳务报酬转化为企业的经营所得，则需要缴纳企业所得税，然后再分配税后利润，以股息、红利等形式获得报酬，但需要缴纳20%的个人所得税；三是个人成立一家个人独资企业，则需要按照个人经营所得计算缴纳个人所得税。这三种模式适用的税收政策比较如表4-3所示。

表4-3　个人从事独立劳务、设立公司制企业、设立个人独资企业的税收政策比较

	个人	公司制企业（小微企业）		个人独资企业
税种	个人所得税	企业所得税	个人所得税	个人所得税
税率	劳务报酬所得：最高边际税率为40%，其余两档分别为20%，30%，且个人的综合所得按照年度进行个人所得税汇算清缴，多退少补	应纳税所得额≤100万元：实际税负率为5% 100万元＜应纳税所得额≤300万元：实际税负率为10% 300万元＜应纳税所得额：实际税负率为20%（不再认定为小微企业）	利息、股息、红利所得：适用的税率为20%	查账征收：按照5%～35%的五级超额累进税率计算缴纳个人所得税 核定征收：对经营所得核定税率，核定征收适用的幅度税率＝应税所得率×五级累进税率；应税所得率一般为10%；累进税率的最高边际税率为35%
费用扣除	不能扣除	允许扣除	不能扣除	不能扣除
增值税	根据现行增值税政策规定，年销售收入小于120万元的纳税人（按月申报的销售收入不超过10万元，按季申报的销售收入不超过30万元），免征增值税；年销售收入在120万～500万元之间的小规模纳税人，适用的增值税征收率为3%；年销售收入在500万元以上的纳税人，劳务服务性质的收入适用的增值税税率为6%。			

复习思考题

1. 居民企业与非居民企业的税收政策有何差异？
2. 子公司与分公司的税收政策有何差异？
3. 非公司制企业有哪些类型？公司制企业与非公司制企业的税收政策有何差异？如何利用企业性质的差异进行税收筹划？

案例分析题

案例一　盈亏互抵的税收筹划

甲公司经营情况良好，准备扩大规模，增设分支机构乙公司。甲公司和乙公司均适用25%的企业所得税税率。假设分支机构设立后5年内经营情况预测如下：

（1）甲公司5年内每年均盈利，每年应纳税所得额为200万元。乙公司经营初期亏损，5年内的应纳税所得额分别为：－50万元、－15万元、10万元、30万元、80万元。

（2）甲公司5年内每年均盈利，每年应纳税所得额为200万元。乙公司5年内也都是盈利，应纳税所得额分别为：15万元、20万元、40万元、60万元、80万元。

（3）甲公司在分支机构设立后前两年亏损，5年内的应纳税所得额分别为：－50万元、－30万元、100万元、150万元、200万元。乙公司5年内都是盈利，应纳税所得额分别为：15万元、20万元、40万元、60万元、80万元。

（4）甲公司在分支机构设立后前两年亏损，5年内的应纳税所得额分别为：－50万元、－30万元、100万元、150万元、200万元。乙公司经营初期亏损，5年内的应纳税所得额分别为：－50万元、－15万元、10万元、30万元、80万元。

思考：在每一种情况下，甲公司应将乙公司设立成哪种组织形式更合适？

案例二　合伙制与公司制的权衡

李某与其两位朋友打算合开一家食品店，预计当年盈利360 000元，三位投资者的工资薪金为每人每月4 000元。

思考：食品店应采取合伙制还是有限责任公司形式？哪种形式能降低税收负担？

案例三　非居民企业的税收筹划

在我国香港注册的非居民企业A，在内地设立了常设机构B。2020年3月，B就2019年应纳税所得额向当地主管税务机关办理汇算清缴，应纳税所得额为1 000万元，其中：

（1）特许权使用费收入为500万元，相关费用及税金为100万元；

（2）利息收入为450万元，相关费用及税金为50万元；

（3）从其控股30%的中国居民企业甲取得股息200万元，无相关费用及税金；

（4）其他经营收入为100万元；

（5）可扣除的其他成本费用及税金合计为100万元。

上述各项所得均与B有实际联系，不考虑其他因素。B据实申报企业所得税。

应申报企业所得税＝1 000×25%＝250(万元)

思考：A企业如何重新规划可少缴税？

综合阅读题

麦当劳组织架构的税收筹划案例

1. 案情介绍①

2015年5月，欧盟委员会对麦当劳进行调查，发现麦当劳2013年从加盟商以及该公

① 万婷. 间接股权转让的税收筹划分析——以麦当劳改名税案为例. 时代金融，2018(9).

司的欧洲各个子公司收取的10亿美元转款中，仅就2.88亿美元的利润缴纳了1.4%的税收，远低于29%的卢森堡企业所得税，认为其2009—2013年间一项税务安排有使麦当劳在卢森堡的子公司避免在当地和美国缴纳约10亿欧元公司税的嫌疑。欧盟委员会认为卢森堡可能误用国家法律和《卢森堡-美国税收协定》，为麦当劳的卢森堡公司提供了非法税收优惠，违反了欧盟国家援助规则。经过相关的调查，欧盟把关注点聚焦在麦当劳的欧洲特许经营权的交易上。

2009—2013年间，麦当劳总部在卢森堡成立一家间接持股的卢森堡子公司，同时将欧洲特许经营权通过收取特许权使用费的方式转让给它。这家卢森堡子公司又在美国和瑞士分设了两家分公司，分别将欧洲特许经营权的持有权分给美国分公司，运营权分给瑞士分公司。美国分公司持有欧洲特许经营权，承担损益，瑞士分公司则挑起运营大梁，负责欧洲特许经营权的业务，收到的特许权使用费在扣除公司运营费用后转交给美国分公司。麦当劳"美国-卢森堡-瑞士-美国"的组织架构如图4-3所示。

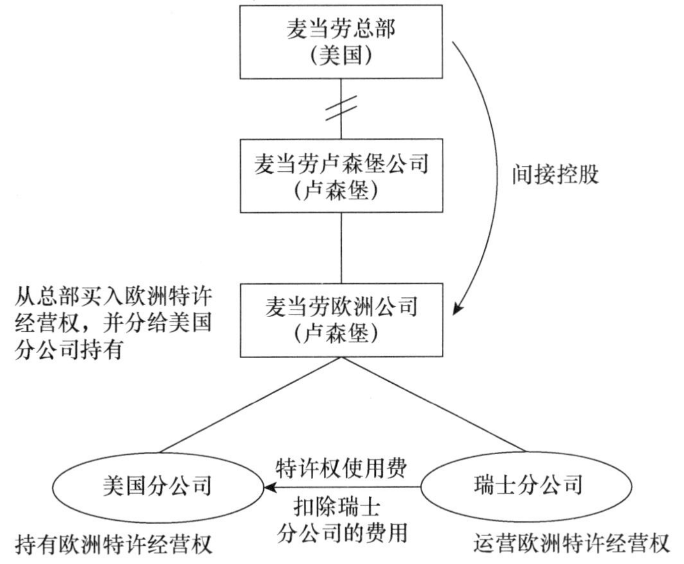

图4-3　麦当劳"美国-卢森堡-瑞士-美国"的组织架构

2. 组织架构的税收筹划分析

(1) 业务划分。作为世界快餐行业的巨头，"麦当劳"三个字具有巨大的品牌价值，这个名称的使用权就是麦当劳独一无二的无形资产。麦当劳将这一无形资产以公司为单位单独持有，以特许经营权的方式出售。在上述麦当劳的筹划案例中，它将欧洲特许经营权从美国分离出去，单独转让给一家卢森堡公司，这就是无形资产的业务划分。同时，麦当劳还下设两家海外分公司，分离欧洲特许经营权的持有人和管理人，这就是无形资产所有权和使用权的分割。美国分公司只是持有欧洲特许经营权，没有在境内开展商贸活动，欧洲特许经营权的运营由瑞士分公司进行，所以在美国税法下，卢森堡公司通过美国分公司获取的利润不属于美国的征税范围，不征收美国的企业所得税。

（2）设立企业类型的选择。麦当劳总部在卢森堡设立了一家子公司。之所以选择子公司，是因为子公司可以构成卢森堡的税收居民，享受卢森堡和美国以及瑞士签订的税收协定的优惠待遇。本来卢森堡公司应该就其40亿欧元的利润向卢森堡缴纳企业所得税，但是由于卢森堡的利润全部来自美国和瑞士的分公司，根据卢森堡和两国签订的税收协定，卢森堡公司的分公司仅单边征税，美国分公司和瑞士分公司的利润均不征收卢森堡的企业所得税。

麦当劳欧洲公司在美国和瑞士下设了两家分公司。之所以区别于卢森堡的子公司，选择设立分公司，是因为这两家分公司可以构成税收协定中的常设机构，适用常设机构原则——仅就常设机构的利润在来源国征税。美国仅就美国分公司的利润征收企业所得税，但是根据业务划分的税收分析可知，这笔利润不在美国的征税范围内，所以最终这笔特许经营权的利润不征收美国的企业所得税。瑞士仅就瑞士分公司的利润征收瑞士的企业所得税。

（3）设立地点的选择。麦当劳总部选择在卢森堡、瑞士成立欧洲子公司和分公司，首先显然是看中了卢森堡和瑞士"避税天堂"的税收地位。卢森堡具备宽松的法律和监管环境、众多税收优惠政策以及广泛的双边税收协定网络，不对境内的投资基金所得红利和资本利得征税，为外国公司提供免税服务，享受欧洲最低的增值税制度；瑞士企业所得税税率较低，最重要的是它有着完备的金融体系，尤其是严格的《银行保密法》，私人账户只要进入瑞士就无法查明资金流向，虽然如今瑞士被美国逼迫开放了金融体系信息的交换，但2013年瑞士还是众多富豪隐匿收入的最佳选择。

其次是看中了卢森堡和美国以及瑞士签订的税收协定，这两项税收协定都规定分公司单边征税。根据《卢森堡-美国税收协议》的规定，美国分公司作为在美国的常设机构，产生的利润仅在美国征税，免征卢森堡的企业所得税。根据前面的分析可知，美国不对美国分公司征收企业所得税，所以美国分公司的利润完全没有缴纳企业所得税。根据《卢森堡-瑞士税收协议》的规定，瑞士分公司作为瑞士的常设机构，产生的利润仅在瑞士征税，免征卢森堡的企业所得税，所以瑞士分公司的利润仅仅缴纳了较低的瑞士企业所得税。

（4）内部交易的规划。在麦当劳这个案例中税收协定给予了免税待遇，所以采用任何支付方式都不会有太大影响，但是上述麦当劳所有无形资产的交易都是通过特许权使用费进行的，使用这种费用支付更容易进行分摊和利润的转移。

3. 案情结果

从图4-4可知，通过麦当劳组织架构的税收筹划，这笔欧洲特许经营权的利润仅就瑞士分公司的部分缴纳了17%的企业所得税，完美避开了欧盟的监管。2018年9月19日，欧盟裁定麦当劳税收合法，指出上述避税的成功是因为美国和卢森堡法律不匹配，是法律的不严谨。而后卢森堡于2019年6月宣布修改税法，重新定义常设机构，麦当劳也随即计划将卢森堡公司的功能转移至英国的一家新公司，因为英国政府计划在2020年将企业所得税税率降低至17%，届时将成为G20国家中企业所得税税率最低的国家。不难看出，麦当劳新计划的搬迁也是利用企业设立地点的筹划思路，选择低税率国家设立公司。

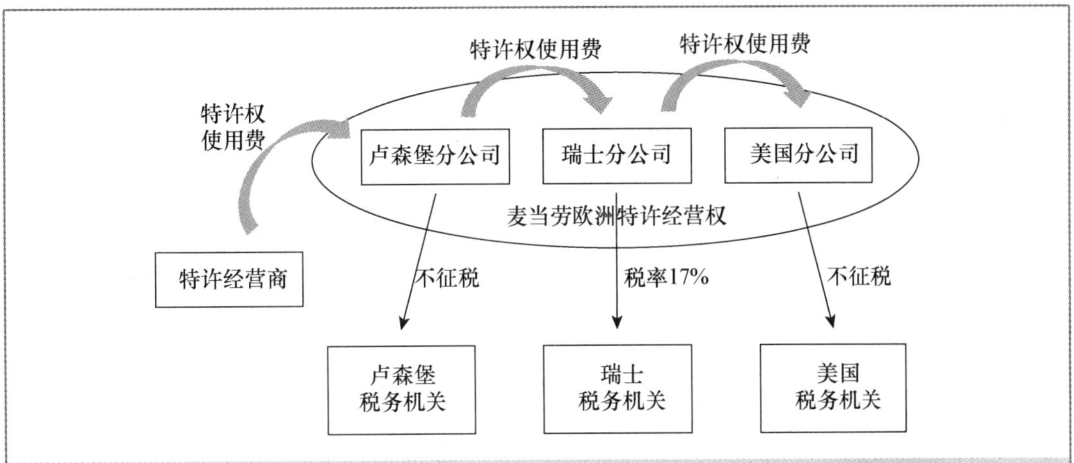

图 4-4　麦当劳欧洲特许权使用费的避税原理

问题思考：

1. 麦当劳的组织机构设置有其税收考虑，请分析其中的税收筹划原理。
2. 政府如何应对跨国公司利用组织架构设置可能造成的税收流失？

第五章

投资融资的税收筹划

在未来税前现金流量和税收法规本身存在不确定性的条件下，风险报酬往往被写入契约中，以保证税收筹划对未来预期的税收状况变化做出灵活的反应。

——诺贝尔经济学奖获得者迈伦·斯科尔斯

第一节　投资决策的税收筹划

一、投资地点选择的税收筹划

（一）境内投资地点的选择

1. 利用西部大开发税收优惠政策投资西部地区

重庆市、四川省、贵州省、云南省、西藏自治区、陕西省、甘肃省、宁夏回族自治区、青海省、新疆维吾尔自治区、新疆生产建设兵团、内蒙古自治区和广西壮族自治区，以及湖南省湘西土家族苗族自治州、湖北省恩施土家族苗族自治州、吉林省延边朝鲜族自治州，自2011年1月1日至2020年12月31日，对设在上述地区的鼓励类产业的企业减按15%的税率征收企业所得税。根据《关于延续西部大开发企业所得税政策的公告》（财政部 税务总局 国家发展改革委公告2020年第23号），西部大开发企业所得税政策会延续十年，即自2021年1月1日至2030年12月31日，对设在西部地区的鼓励类产业企业减按15%的税率征收企业所得税。

2. 在新疆困难地区投资新办企业

为支持新疆经济社会发展，2010年1月1日至2020年12月31日，政府对在新疆困难地区新办的属于《新疆困难地区重点鼓励发展产业企业所得税优惠目录》范围内的企业，自取得第一笔生产经营收入所属纳税年度起，第1～2年免征企业所得税，第 3～5 年减半征收企业所得税。

因此，企业完全能够而且有必要在投资之前，充分考虑基础设施、金融环境等外部因素，选择整体税收负担相对较低的地点进行投资，以获得最大的税收利益。一般做法是：在低税区创办企业，即利用低税区的各种优惠政策，其业务活动自然也可以扩大到非低税区；或在低税区设置关联机构，将更多利润留在低税区，以降低总体税负。但是企业一旦选择了在“老、少、边、穷”地区投资，必须考虑这些地区的硬件环境、软件环境及需求状况，以免为了节税影响企业盈利，得不偿失，这是企业投资前应当慎重考虑的。

（二）跨国投资地点的选择

如果进行跨国投资，仅从税收角度出发，要考虑以下几点：一是宏观税负的高低；二是所涉及的主要税种及其税负的高低；三是税收结构；四是居住国与投资地所在国关于避免双重征税的政策规定。

从国外的情况看，有的国家或地区不征收所得税，有的国家或地区的所得税税率高于或者低于我国。因此，投资地点不同，税收负担会有所差别，最终影响到投资收益。对于跨国投资者，还应考虑有关国家同时实行居民管辖权和收入来源地管辖权而导致对同一项所得的双重征税，以及为避免国际双重征税的双边税收协定有关税收抵免的具体规定，以进行投资国别或地区选择。

公司所得税（即企业所得税）是世界上开征相当普遍的一个税种。根据对世界各国的跟踪检索，世界各国公司所得税的基本状况是，普遍征收公司所得税的国家和地区有 220 个；OECD 在 2019 年公布的《公司所得税统计报告》对全球 76 个国家的法定公司所得税税率的统计显示，共有 12 个国家或地区的法定公司所得税税率为零，这 12 个国家或地区为英属维尔京群岛、特克斯和凯科斯群岛、沙特阿拉伯王国、美国新泽西州、英国马恩岛、英国根西岛、开曼群岛、百慕大群岛、巴哈马、巴林王国、英国安圭拉、阿拉伯联合酋长国。部分国家或地区的公司所得税采取累进税制。

公司所得税综合税率存在持续下降的趋势。2010 年降低公司所得税税率的国家和地区至少有 21 个。自美国 1986 年实行以降低税率、拓宽税基为基调的税制改革以来，全世界公司所得税税率普遍呈下降趋势。2017 年底，特朗普税改方案在美国通过，这是 30 多年来美国税法最大的一次调整，美国的大规模减税政策可能将引起新一轮的全球减税浪潮。

此外，不少国家的地方所得税各地税率不一，如美国、日本、德国、瑞士、意大利等，有的差别还比较大。统计表明，税率达到 20%但不超过 30%的国家和地区最多，有 46 个，其中税率低于 25%的国家和地区有 11 个；税率达到 25%但不超过 30%的国家和地区次之，有 23 个，其中税率为 25%的国家和地区有 12 个。

企业进行投资时，应充分利用不同地区的税制差别或区域性税收倾斜政策，选择整体税负较轻的地区，以提高投资收益率。表 5－1 给出了亚太地区主要国家或地区公司所得税税率。

表5-1　亚太地区主要国家或地区公司所得税税率一览表

国家或地区	税率	备注
日本	法人税税率30%，居民税税率6.21%，企业地方税税率7.56%，其法定税率达到43.77%	有效税率降至40.69%
印度	国内公司：33.66%（包括附加税）；外国公司：41.82%	另有最低替代税率：国内公司为11.22%；外国公司为10.455%
韩国	14.3%（对第1个1亿韩元应税所得），27.5%（超过1亿韩元，包括10%的居民附加费）	
菲律宾	35%（主业务净所得），从经营的第4年起，毛所得适用2%的最低公司所得税	
新加坡	20%	2008年降至18%
泰国	30%（符合特定条件可以降低税率）	
印度尼西亚	10%～30%	
斯里兰卡	当地注册的企业适用15%的公司所得税税率，没有在当地注册的企业适用35%的公司所得税税率	15%的低税率，适用于非传统出口、农业、旅游推广、建筑业等
澳大利亚	30%	
越南	28%	
马来西亚	28%	
新西兰	33%	
中国香港	16.5%	税率较低，体现国际避税地的优势

注：我国《企业所得税法》所规定的25%的税率在亚太地区是有较强竞争力的，但是，国际上出现的减税趋势对我国也可能造成较大的影响和冲击。例如，新加坡从2008年起，税率从20%降为18%。中国香港作为国际税收优惠地区，其公司所得税税率仅为16.5%。

二、投资行业选择的税收筹划

（一）流转税的行业税负差异

流转税主要通过对企业现金流量的影响约束企业的投资决策。在一定时期内企业缴纳的流转税越多，企业在该时期的现金流量就越少，从而抑制了企业的投资；反之，企业的现金流量增加会刺激企业的投资。

我国现行税法在流转税方面是根据企业所属行业及经营业务内容分别规定按不同税种征收，即工业企业、商业企业和服务企业销售或进口货物，提供加工修理修配劳务，提供交通运输、邮政、电信、建筑和其他服务，销售不动产，转让无形资产所获得的收入应缴纳增值税；其中，特定产品（如烟、酒、化妆品等共十五大类）在缴纳增值税的同时还须缴纳消费税。

为此，企业投资进行行业选择时应首先考虑未来经营收入缴纳流转税的差异。尽管从经济学角度考虑，流转税可以转嫁他人负担，但实际能否转嫁、转嫁程度如何都会对企业的税收负担及税后利润造成不同影响，具体可从以下方面分析。

1. 适用税率差异

不同行业业务收入适用的税种不同，实际税负也不相同。工商企业销售收入缴纳增值税，名义税率较高，为13%或9%，但以增值额为计税依据，购进项目可做进项税额抵扣，税基较小。服务企业提供各类服务在营改增后缴纳增值税，名义税率为6%。

2. 适用税种数量差异

生产销售产品的工业企业，大部分商品销售收入只缴纳增值税；而生产消费税应税产品的企业则须缴纳增值税、消费税两道流转税。而且由于消费税是价内税，增值税与消费税计税价格相同，消费税税率高低既影响消费税应纳税额的多少，又影响增值税应纳税额的多少。

3. 适用税目差异

同样缴纳增值税、消费税，税目不同，适用税率不尽相同，税负轻重也不相同。不同类别商品或劳务适用的税目税率不同；同类商品也会有税率高低的差别，如乘用小汽车消费税根据气缸容量的不同适用不同的税率。另外，还需考虑免税项目、出口退税率差别、进口征税时关税对增值税及消费税的影响等问题。

（二）所得税的行业税负差异

所得税对企业投资决策的影响主要体现在其直接影响企业的税后利润水平，进而影响企业的投资收益和投资决策。虽然我国企业所得税对各行业采用统一的比例税率，但各种优惠政策仍然为企业投资的行业选择提供了空间。

1. 工业制造业税收优惠

（1）利用公共基础设施项目企业税收优惠政策。企业从事国家重点扶持的公共基础设施项目的投资经营所得，自项目取得第一笔生产经营收入所属纳税年度起，第1～3年免征企业所得税，第4～6年减半征收企业所得税。

（2）利用农、林、牧、渔业项目企业税收优惠政策。企业从事农、林、牧、渔业项目的所得，可以免征、减征企业所得税。企业从事花卉、茶以及其他饮料作物和香料作物种植，海水养殖、内陆养殖的所得，减半征收企业所得税。

（3）利用环境保护、节能节水项目企业税收优惠政策。企业从事环境保护、节能节水项目的所得，包括公共污水处理、公共垃圾处理、沼气综合开发利用、节能减排技术改造、海水淡化等，自项目取得第一笔生产经营收入所属纳税年度起，第1～3年免征企业所得税，第4～6年减半征收企业所得税。

（4）利用高新技术企业税收优惠政策。国家需要重点扶持的高新技术企业减按15%的税率征收企业所得税。

（5）利用创业投资企业税收优惠政策。创业投资企业采取股权投资方式投资未上市的中小高新技术企业2年以上的，可以按照其投资额的70%在股权持有满2年的当年抵扣该创业投资企业的应纳税所得额；当年不足抵扣的，可以在以后纳税年度结转抵扣。

（6）利用资源综合利用企业税收优惠政策。企业以《资源综合利用企业所得税优惠目录》规定的资源作为主要原材料，生产国家非限制和禁止并符合国家和行业相关标准的产品取得的收入，减按90%计入收入总额。

（7）利用国家扶持动漫产业发展税收优惠政策。经认定的动漫企业自主开发、生产动漫产品，可申请享受国家现行鼓励软件产业发展的所得税优惠政策。另外，经国务院有关部门认定的动漫企业自主开发、生产的动漫产品中，确需进口的产品可享受免征进口关税和进口环节增值税的优惠政策。

（8）利用鼓励软件产业税收优惠政策。软件生产企业实行增值税即征即退政策，所退还的税款用于研究开发软件产品和扩大再生产，不作为企业所得税应税收入，不予征收企业所得税；我国境内新办软件生产企业经认定后，自获利年度起，第1～2年免征企业所得税，第3～5年减半征收企业所得税；国家规划布局内的重点软件生产企业，如当年未享受免税优惠的，减按10%的税率征收企业所得税；软件生产企业的职工培训费用，可按实际发生额在计算应纳税所得额时扣除。

案例阅读

灿坤集团的投资活动的税收筹划案例

灿坤集团为我国台湾地区最大的家电零售企业，也是全球最大的小家电生产基地，产品销售量全球第一。灿坤集团拥有七大先进的设计研发基地，产品行销全球上百个国家和地区，其主要产品的年产量均列全球第一。灿坤集团能够快速发展起来，离不开初建时期选择了有利于企业发展的投资方面的税收政策，即主要通过投资地点选择、产品选择、投资资金选择、经营方式选择、组织形式筹划等进行税收筹划。

1. 投资地点选择

灿坤集团作为我国台湾企业，于20世纪80年代末进入我国大陆投资，在投资地点选择上非常谨慎。企业寻找的投资地点最好是一个税收洼地，这样有利于未来发展。在这一点上，灿坤集团做出了非常明智的选择——福建厦门湖里工业区。厦门市在当时发布了特殊的企业所得税优惠政策和土地使用税优惠政策。① 这个政策的发布年度为1988年，而厦门灿坤实业股份有限公司的成立也是这一年，灿坤集团密切跟踪税收优惠政策，并对其加以充分利用。厦门市对企业所得税有着较高的优惠待遇：台资企业除了原本享受属于特区外商投资企业的优惠待遇外，还可以享受特别优惠，包括投资兴办工业和农业项目，其经营期高于10年，获利年度起4年免征企业所得税，后5年减半；台资企业建设期间和投产后5年内，免征土地使用费。

为了充分享受企业所得税优惠政策，灿坤集团没有急于盈利，而是通过加大生产经营

① 《厦门市人民政府关于鼓励台湾同胞在厦门经济特区投资的若干规定》（厦府〔1988〕综014号）。

投入将获利年度合理推迟，从而在1991—1994年享受免税政策，1995—1999年继续享受减半征收企业所得税政策。

2. 产品选择

灿坤集团在产品选择上也有所斟酌，其选择的是小家电产品，对小家电的税收优惠政策①的发布年度是1986年，灿坤集团2000—2004年获得企业所得税税率减半的税收优惠，以10%的税率缴纳企业所得税，在1999年优惠政策到期后又无缝衔接地享受了小家电税收优惠政策，灿坤集团对国家的宏观政策有较好的掌握和了解，小家电作为连续5年出口超过70%的产品，对灿坤集团的长期发展至关重要。

3. 投资资金选择

在投资资金的选择方面，灿坤集团利用了自有资金进行投资。根据相关规定②，灿坤集团作为外商投资企业的外国投资者，没有将从企业取得的利润汇回国外，而是投资于本企业，用于增加注册资本或开办其他企业，当经营期大于等于5年时，可退还投资部分已纳所得税的40%。如果再投资用于兴办扩建产品出口企业或先进技术企业，经营期大于等于5年时，全部退还投资部分已纳所得税。厦门灿坤实业股份有限公司利用利润再投资的优惠政策，采取发放股票股利、用盈余公积转增资本等方式进行利润再投资，持续时间从1999年一直到2003年，累计获得厦门税务局近4 000万元的退税款。

4. 经营方式选择

在企业经营方式选择上，灿坤集团一直坚持创新，加强产品研发，不是做简单的代工生产商，而是掌握自己的核心技术，创造自己的品牌商标。企业要长远经营下去，做得更大更好，必须加强企业的核心竞争力。厦门灿坤实业股份有限公司的经营方式由最开始企业建立时简单的贴牌生产转变为贴牌生产和自创品牌并重。每年拿出其营业收入的5%作为研发费用，推出几十个自行研发的产品新品种。这种经营模式大大增加了研发费用的投入，可以享受研发费用加计扣除税收优惠政策。

5. 组织形式筹划

厦门灿坤实业股份有限公司选择了成立子公司，与总公司构成母子关系来进行税收筹划。选择在福建漳州成立子公司，在原公司大量盈利之前将利润转移到子公司，这样做子公司可以继续享受“两免三减半”税收优惠。相隔3年后，又在漳州成立经营活动相似的另一家子公司。其实，设立子公司也是一种投资形式，不仅可以延伸投资领域，而且可以转移利润，形成一种产业布局。

---

① 《国务院关于鼓励外商投资的规定》第八条规定，产品出口企业按照国家规定减免企业所得税期满后，凡当年企业出口产品产值达到当年企业产品值70%以上的，可以按照现行税率减半缴纳企业所得税。经济特区和经济技术开发区的以及其他已经按15%的税率缴纳企业所得税的产品出口企业，符合前款条件的，减按10%的税率缴纳企业所得税。

② 《中华人民共和国外商投资企业和外国企业所得税法》第十条规定，外商投资企业的外国投资者，将从企业取得的利润直接再投资于该企业，增加注册资本，或者作为资本投资开办其他外商投资企业，经营期不少于5年的，经投资者申请，税务机关批准，退还其再投资部分已缴纳所得税的40%税款，国务院另有优惠规定的，依照国务院的规定办理；再投资不满5年撤出的，应当缴回已退的税款。

三、投资方式选择的税收筹划

（一）直接投资方式

直接投资主要是指投资者用于开办企业、购置设备、收购和兼并其他企业等的投资行为，其主要特征是投资者能有效地控制各类投资资金的使用，并能实施全过程的管理。直接投资的形式多种多样，如投资开办一家新公司；以较高比例股份参与其他企业经营；对外扩张设立子公司或分公司；收购或兼并外部企业；开办中外合资公司；等等。

企业直接投资是一个长期的、极其复杂的事项，投资过程中的涉税问题也同样错综复杂。但无论怎样复杂，涉税事项无非是税收成本的增减。企业选择投资项目，主要判断标准就是是否能以最少的投入获得最大的收益。而税收成本的增加是一种现金流出，税收成本的节减与现金流入具有同样的意义。

1. 项目之间的不同税收处理

国家税收有多项差异性条款，企业投资于不同项目常常会由于所适用的条款不同，税前收益与税后收益有很大差别。

例5-1

A公司现有一笔资金准备投资兴建一个项目，有甲、乙两个备选方案。其中甲方案预计年收入为1 000万元，成本费用为620万元，计算企业所得税时，由于部分费用超过税法规定准予税前扣除的标准，故税前可扣除项目金额仅为500万元。乙方案预计年收入为960万元，收入中有200万元可以按90%比例减计收入，成本费用为600万元，均符合税法规定准予税前扣除的标准，可在税前全额扣除。两个方案适用的企业所得税税率均为25%。

解析：

税收成本计算分析过程如表5-2所示。

表5-2 甲、乙方案的税收成本比较

单位：万元

项目	甲方案	乙方案
应纳税收入	1 000	760＋200×90%＝940
成本费用	620	600
税前现金流	380	360
可扣除项目金额	500	600
所得税成本	(1 000－500)×25%＝125	(940－600)×25%＝85
税后现金流	380－125＝255	360－85＝275

如果不考虑税收的影响，甲方案（税前现金流380万元）优于乙方案（税前现金流360万元），但当考虑了税收的影响后，则乙方案（税后现金流275万元）优于甲方案（税后现金流255万元）。

2. 税率的影响

企业投资项目在不同年度适用的边际税率不一定相等。所谓边际税率，是指当纳税人再增加一单位应纳税所得额时所适用的税率。有的国家采用的企业所得税税率是累进税率，在这种情况下，当纳税人某年收入较少时，其所适用的边际税率就比较低，但当纳税人某年收入较多时，其所适用的边际税率就比较高。再如，虽然有的国家企业所得税采用的是比例税率，但对于那些可以享受定期税收优惠的企业来说，不同年度所适用的边际税率实际上是不同的。

《中华人民共和国企业所得税法实施条例》（以下简称《企业所得税法实施条例》）规定，企业从事国家重点扶持的公共基础设施项目的投资经营所得，从项目取得第一笔生产经营收入所属纳税年度起，第 1～3 年免征企业所得税，第 4～6 年减半征收企业所得税。不难看出，适用这项优惠政策的企业第 1～3 年适用的边际税率为 0，第 4～6 年适用的边际税率为 12.5%，第 7 年及以后年度适用的边际税率为 25%，实际上是一种不同年度间的累进税率。也就是说，假设企业获得同样数额的应纳税所得 100 万元，若在第 1 年获得，则不需缴纳企业所得税；在第 4 年获得，则需要缴纳企业所得税 12.5 万元；在第 7 年获得，则需缴纳企业所得税 25 万元。

例 5-2

B公司所在国实行超额累进税率的企业所得税，相关税收政策规定，年应纳税所得额在 60 万元以下的适用税率 20%；年应纳税所得额超过 60 万元的部分适用税率 30%。2020 年 B 公司原应纳税所得额为 40 万元，2021 年预计年应纳税所得额为 80 万元。2020 年拟追加投资一个项目，有甲、乙两个项目可供选择，两个项目均可获得 30 万元应纳税所得额。甲项目收益可在 2020 年实现，而乙项目收益可在 2021 年实现。

解析：

两个项目的投资比较分析如表 5-3 所示。

表 5-3　项目的投资比较分析　　单位：万元

	2020 年	2021 年	两年合计
如追加投资选择甲项目			
应纳税所得额	40＋30＝70	80	150
应缴所得税	60×20%＋10×30%＝15	60×20%＋20×30%＝18	33
税后利润	70－15＝55	80－18＝62	117
如追加投资选择乙项目			
应纳税所得额	40	80＋30＝110	150
应缴所得税	40×20%＝8	60×20%＋50×30%＝27	35
税后利润	40－8＝32	110－27＝83	115

从甲、乙两个项目的比较可以看出，同样数额的应纳税所得，由于适用的边际税率不同，缴税数额和投资项目的税后收益也不相同。投资于甲项目所获得的 30 万元应纳税所得由于是在原收入较少年度实现的，其中的 20 万元实际适用税率 20%，只有 10 万元适用

较高边际税率30%。而投资于乙项目所获得的30万元应纳税所得是在原收入较高年度实现的，全部适用30%的较高的边际税率，故比甲项目多缴2万元企业所得税，导致整体税后收益降低。

3. 现值的考虑

企业投资是一项长期行为，故在投资决策中须考虑投资收益的货币时间价值，应用净现值法可以对不同时期的投资收益折现值进行比较。运用净现值法分析，税款缴纳时间的早晚会导致分析结果的变化。

例5-3

C公司投资有甲、乙两个可选择方案，两年中各年的收入均为100万元。甲方案第一年成本费用为55万元，第二年成本费用为65万元。乙方案第一年成本费用为70万元，第二年成本费用为50万元。每年年终计算缴纳企业所得税。假设税率为30%，当期利率为10%，第一年复利现值系数为0.909，第二年复利现值系数为0.826。

解析：

计算两个方案的应纳税额现值，如表5-4所示。

表5-4 应纳税额现值比较分析 单位：万元

项目		甲方案	乙方案
第一年	应纳税所得额	100－55＝45	100－70＝30
	应纳所得税额	45×30%＝13.5	30×30%＝9
	折现值	13.5×0.909＝12.271 5	9×0.909＝8.181
第二年	应纳税所得额	100－65＝35	100－50＝50
	应纳所得税额	35×30%＝10.5	50×30%＝15
	折现值	10.5×0.826＝8.673	15×0.826＝12.39
两年应纳税额合计		13.5＋10.5＝24	9＋15＝24
两年应纳税额现值合计		12.271 5＋8.673＝20.944 5	8.181＋12.39＝20.571

如果单纯从账面价值看，甲、乙两个方案两年缴纳的企业所得税总额是一样的，都是24万元。但考虑折现因素后，乙方案第一年成本费用比甲方案数额大，应纳税所得额较少，缴纳所得税额较少；第二年成本费用比甲方案数额小，应纳税所得额较多，缴纳所得税额较大。实际上是一部分税款递延了缴纳时间，所以降低了所缴纳税款的折现值。

（二）间接投资方式

间接投资主要是指投资者购买金融资产的投资行为。依据具体投资对象的不同，间接投资又可分为股票投资、债券投资及其他金融资产投资，并可依据所投资证券的具体种类做进一步划分。例如，债券投资又可细分为国库券投资、金融债券投资、公司债券投资等。间接投资的特点是投资者在资本市场上可以灵活地购入各种有价证券和期货、期权等，并能随时进行调整和转移，有利于避免各类风险，但投资者一般不能直接干预和有效控制其投资资金的使用状况。

1. 债券投资的税收筹划

《企业所得税法》规定，企业取得的国债利息收入免征企业所得税，而购买其他债券所取得的利息收入需要缴纳企业所得税。所以，企业在进行间接投资时，除要考虑投资风险和投资收益等因素外，还必须考虑相关税收规定的差别，以便全面权衡和合理决策。

国库券投资收益少，但无风险，个人所获取的国库券利息收入免征个人所得税。对个人而言，在没有时间和精力进行股票投资的情况下，购买国库券可以获得稳定的投资收益。

例 5-4

有两种长期债券：一种是企业债券，年利率为 5%；另一种为国债，年利率为 4.2%。请分析：企业应该投资哪一种债券？

解析：

表面上看企业债券的利率要高于国债利率，但是由于前者要被征收 25%的企业所得税，而后者不用缴纳企业所得税，实际的税后收益应该通过计算来评价和比较。

$$5\% \times (1-25\%) = 3.75\% < 4.2\%$$

也就是说，企业债券的税后收益要低于国债的税后收益，所以进行国债投资更为合算。事实上，只有当其他债券利率大于5.6%（4.2%/(1-25%)）时，其税后收益才大于利率为 4.2%的国债收益。

例 5-5

某企业有 1 000 万元的闲置资金，打算进行投资。其面临两种选择：一是投资国债，已知国债年利率为 4%；二是投资金融债券，已知金融债券年利率为 5%，企业所得税税率为 25%。请问：从税务角度分析哪种选择更合适？

解析：

方案一：若企业投资国债，则

投资收益＝1 000×4%＝40(万元)

根据税法规定，国债的利息收入免缴所得税，则税后收益为 40 万元。

方案二：若企业投资金融债券，则

投资收益＝1 000×5%＝50(万元)

税后收益＝50×(1－25%)＝37.5(万元)

所以从税务角度分析，选择国债投资对企业更有利。

2. 股票投资的税收筹划

对企业所得税纳税人投资股票取得的投资收益应区别不同情况处理。首先，对于企业在股票市场上低价买入、高价卖出股票获得的价差收益要并入企业收入总额计算缴纳企业所得税。其次，对于企业购买并持有上市公司股票获得的股息、红利需根据情况确定：（1）居民企业或非居民企业连续持有居民企业公开发行并上市流通的股票超过 12 个月取得的投资收益免征企业所得税；（2）居民企业或非居民企业连续持有居民企业公开发行并上市流通的股票不超过 12 个月取得的投资收益，应并入企业所得税应税收入，即应当依法征收企业所得税；（3）居民企业或非居民企业持有非居民企业公开发行并上市流通的股票取得的投资收益，一律并入企业所得税应税收入计算缴纳企业所得税。

另外，《企业所得税法》规定，在中国境内设有机构、场所的非居民企业应就其来源于中国境内的所得，包括股息、红利所得等，按照 10％的税率缴纳企业所得税。

企业在进行股票投资时可通过适当延长股票的持有时间，或选择居民企业公开发行的股票等方式，获得股息、红利等免税利益。

各国对买卖股票一般征收交易税（印花税）、资本利得税，股票投资收益征收所得税。多数国家对企业的股息收益在征收企业所得税时都有税前扣除等避免经济性双重征税的规定。如美国对企业的股息所得，通常在税前扣除其所得的 70％；在应税公司股份比例达到 20％～80％的，税前扣除股息所得的 80％；超过 80％股份的，税前扣除股息的 100％。多数国家或地区对个人投资所得实行不同形式的避免经济性双重征税的政策。

股票投资风险大，但收益高。一般情况下，企业通过股票投资，可以利用较少的投资实现较大规模的扩张经营，但税负一般不会有明显变化；对于个人而言，在有时间和精力进行股票投资的情况下，可选择股票投资，获得较多的税后利润。

3. 基金投资的税收筹划

《财政部 国家税务总局关于企业所得税若干优惠政策的通知》（财税〔2008〕1 号）规定，对投资者从证券投资基金分配中取得的收入，暂不征收企业所得税。因此，企业在证券基金现金分红中获得的收益是免税的。但应当注意的是，有些证券投资基金会采用拆分基金份额的方式向投资者分红。在这种分红方式下，投资者获得了更多基金份额，降低了单位基金成本，待赎回时获得的价差收益是需要缴纳企业所得税的。

显然，证券投资基金采用不同的分红方式，投资者的税后收益是不同的。当然，采用何种方式分红是由基金公司决定的，投资企业并没有决策权，但企业可以选择有较大税收分红收益的基金进行投资。

例 5－6

2019 年 1 月，A 企业以 500 万元投资购买单位净值为 1 元的证券投资基金份额 500 万份。2019 年末，基金净值升为 1.6 元。基金公司决定将升值部分全部向投资者分配。A 企业在 2020 年 5 月基金净值又升为 1.3 元时将基金赎回。

解析：

如果基金公司采用现金分红，则 A 企业全部税后收益为：

$$(1.6-1)\times 500+(1.3-1)\times 500\times(1-25\%)=412.5(\text{万元})$$

如果基金公司采用拆分方式，则原来的 500 万份拆分后变为 800 万份，单位净值降为 0.625 元。赎回时，价差收益应缴纳所得税：

$$(1.3-0.625)\times 800\times 25\%=135(\text{万元})$$

A 企业的税收净收益为：

$$[(1.3-0.625)\times 800]-135=405(\text{万元})$$

可以看出，现金分红方式下 A 企业节税 7.5 万元，增加了基金投资的收益。企业在进行基金投资决策时，如预计分红水平相同，应倾向于选择投资现金分红基金。

另外，由于现金分红与基金赎回收益税收待遇上的差异，投资企业在确定基金赎回时间时也应将税收因素考虑进来。

例 5－7

2019 年 2 月，B 企业投资 800 万元申购面值 1 元的 Y 基金 800 万份。到 2020 年 2 月，Y 基金净值为 1.5 元，Y 基金公司决定采取大比例分红方案，每基金份额现金分红 0.45 元。B 企业对这笔基金投资赎回的时间有两种选择：一是在 Y 基金分红之前赎回；二是在 Y 基金实施分红方案（除权日）后再赎回。

解析：

计算两种方案下 B 企业的投资收益。

方案一：B 企业的投资收益为：

$$(1.5-1)\times 800\times(1-25\%)=300(\text{万元})$$

方案二：B 企业的投资收益为：

$$0.45\times 800+(1.5-1.45)\times 800\times(1-25\%)=390(\text{万元})$$

显然，在方案二中，投资者在基金分红时先获得分红现金收益，享受了免税待遇；分红后，基金净值大幅下降，赎回时，赎回收益很少，应缴税款明显减少，投资收益也相应增加。

当然，企业投资者还需考虑基金投资中的税收风险问题。根据《企业所得税法》第四十七条规定，企业实施不具有合理商业目的的安排而减少其应纳税收入或所得额的，税务机关有权按合理方法调整。当企业购买基金数额较大，超过合理投资比例时，有可能被税务机关认定为以减少、免除或推迟税款缴纳为目的的不合理安排，从而对其进行调整。

四、投资方法选择的税收筹划

固定资产投资具有耗资多、时间长、风险大等特点，其税收筹划主要考虑以下方法：企业购置机器设备进行固定资产投资，既可以完全自行出资，直接购置所需设备，也可以借助他人资金，采用分期付款赊购或者融资租赁方式。显然，前者需考虑完全由自己支付资金所形成的机会成本的增加；后者则需考虑借用他人资金所需承担的融资成本。无论哪一种方式，在预测中都需考虑税收因素。

例 5-8

某企业欲扩大生产规模，需购置一台大型设备，设备使用年限为5年。有两个投资方案可供选择。

方案一：企业直接出资购入设备。设备购置款为2 000万元。

方案二：采用融资租赁方式从某租赁公司租入设备。首期付款400万元，每年年末支付租金350万元，租期为5年。双方约定租期结束，设备所有权转让给承租方。预计租期结束设备尚有估值40万元。

设备采用直线法计提折旧，折旧抵税视同现金流入。折现率为10%。（1年期、2年期、3年期、4年期、5年期利率为10%的复利现值系数分别为0.909，0.826，0.751，0.683和0.621。）

解析：

方案一：

购置设备现金流出：2 000万元

折旧抵税（视同现金流入）：

第一年：(400×25%)×0.909=90.9（万元）

第二年：(400×25%)×0.826=82.6（万元）

第三年：(400×25%)×0.751=75.1（万元）

第四年：(400×25%)×0.683=68.3（万元）

第五年：(400×25%)×0.621=62.1（万元）

折旧抵税折现值=90.9+82.6+75.1+68.3+62.1=379(万元)

现金净流出=2 000-379=1 621(万元)

方案二：

交付首期款现金流出：400万元

每年支付租金现金流出：

第一年：350×0.909=318.15（万元）

第二年：350×0.826=289.1（万元）

第三年：350×0.751=262.85（万元）

第四年：350×0.683=239.05（万元）
第五年：350×0.621=217.35（万元）

现金流出=400+318.15+289.1+262.85+239.05+217.35=1 726.5(万元)

折旧抵税：

年折旧额=(400+350×5)÷5=430(万元)

第一年：(430×25%)×0.909=97.72（万元）
第二年：(430×25%)×0.826=88.80（万元）
第三年：(430×25%)×0.751=80.73（万元）
第四年：(430×25%)×0.683=73.42（万元）
第五年：(430×25%)×0.621=66.76（万元）

折旧抵税折现值=97.72+88.80+80.73+73.42+66.76=407.43(万元)
现金净流出=1 726.5−407.43−40×0.621=1 294.23(万元)

采用融资租赁方式进行设备投资，表面上看比直接购置设备多支付设备款 150 万元((400+350×5)−2 000)，但从长期投资的折现角度看，融资租赁方式的投资不仅使设备购置方减轻了初期支付大额现金的压力，而且获得了低成本融资的额外利益。最后，从折旧抵税的角度看，增加的设备使用成本也扩大了抵减企业所得税的效应。

哪一种投资方式能为投资者带来更大的税后收益并没有绝对的标准。影响投资税后收益的因素是多种多样的，每一项因素的变化都可能使不同投资方案的比较结果发生变化。分析例 5-8 可知，当预计融资租赁所支付的首期款和年租金水平比较低时，方案二优于方案一。如果预计融资租赁所支付的首期款和年租金水平比较高，尽管较高的设备使用成本可以增加折旧抵税效应，但也可能由于现金流出量的加大，使方案二的现金净流出量大于方案一，从而失去比较优势。

第二节　融资决策的税收筹划

一、资本结构理论与税收筹划

（一）MM 资本结构理论

1. 无税模型

1958 年，美国著名学者莫迪格利尼与米勒在《资本成本、企业理财和投资理论》一文中提出的资本结构理论的无税模型，是 MM 理论的雏形。无税模型包括三个定理。

定理一：任何企业的市场价值与其资本结构无关，而是取决于按照与其风险程度相适应的预期收益率进行资本化的预期收益水平。

定理二：股票每股收益率应等于与处于同一风险程度的纯粹权益流量相适应的资本化率，再加上与其风险相联系的溢价。其中，风险以负债权益比率与纯粹权益流量资本化率和利率之间差价的乘积来衡量。

定理三：任何情况下，企业投资决策的选择点只能是纯粹权益流量资本化率，它完全不受为投资提供融资的证券类型的影响。

无税模型的最大贡献在于首次清晰地揭示了资本结构、资本成本以及企业价值各概念之间的联系，但该模型没有考虑税收因素。无税模型认为，在资本市场充分有效，不考虑市场交易费用，也不存在企业所得税和个人所得税的情况下，企业价值取决于投资组合[①]和资产的获利能力，而与资本结构和股息政策无关。企业的平均资本成本并不取决于资本结构，也与公司价值毫不相关，但资本会随收益率的不同而发生转移。所以，融资结构的变化不会导致资本成本的变化，也不会引起企业价值的变化。这一基本结论是一种抽象出来的理想状态，在现实经济社会中是不存在的。

2. 公司税模型

1963年，无税模型得到修正，将公司所得税（即企业所得税）的影响因素引入模型，从而得出了公司所得税下的MM理论，也称为修正的MM理论或公司税模型。修正的MM理论认为：由于公司所得税的存在，负债会因利息抵税效应而使企业价值随着负债融资程度的提高而增加。公司税模型包括三个命题。

命题一：无负债企业的价值等于公司所得税后利润除以权益资本成本，而负债企业的价值则等于同类风险的无负债企业的价值加上负债节税利益。负债节税利益等于公司所得税乘以负债总额。故而，企业价值会因负债比率的上升而增大。

命题二：负债企业的权益资本成本等于相同风险等级的无负债企业的权益资本成本加上风险溢价，风险溢价取决于公司的资本结构和所得税税率。

命题三：在公司所得税存在的情况下，企业的加权平均资本成本与负债比率负相关，即企业资本总成本随负债比率的提高而降低。

由于受到公司所得税的影响，权益资本成本随负债比率的提高而上升，但上升速度慢于负债比率的提高，因此在所得税法允许债务利息税前扣除时，负债越多，即资本结构中负债比率越高，企业加权平均资本成本就越低，企业的收益乃至企业价值就越高。这其中起作用的是负债利息抵税效应。[②] 沿着这一思路分析，公司最佳资本结构应该是100%负债，因为此时负债利息抵税效应的作用发挥到了极致。

修正的MM理论模型把税收因素与资本结构以及企业价值有机地结合起来，由此可以得到以下启示：

第一，税收制度对纳税主体的经济行为有影响。税收制度与征税标准的变化会

① 投资组合隐含给定投资的概念，即投资收益率取决于投资组合，而与资本来源无关。

② 由于所得税法对待利息与股利存在扣除差异，债务融资可以获得税收利益（tax subsidy），这就是所谓的利息抵税效应。

对一个纳税主体的经济行为产生影响，其中包括融资行为，因而会产生资本结构改造效应。税收筹划活动应该关注资本结构与税收负担之间的关系，税收筹划与融资契约之间的联系不应被割裂和忽略。

第二，修正的MM理论从反面证明资本结构与交易成本有关。修正的MM理论与科斯定理有相似之处。科斯定理认为，如果交易费用为零，资源的配置与产权无关，企业就不会存在。与此相似，修正的MM理论认为，如果没有交易费用，则资本结构与企业价值无关。而现实经济中，交易费用为正，所以资本结构与企业价值有关。

第三，政府通过税收政策的变化可以决定整个社会的均衡负债比率。对一国（或地区）整个社会经济而言，理论上一定存在一个均衡的负债率水平，其均衡点是由企业所得税、债权收益和股权收益的个人所得税以及投资者的课税等级决定的，它随公司所得税税率的提高而增加，随个人所得税税率的降低而减少。当边际节税利益等于个人边际所得税时，负债处于均衡状态，所以负债比率不可能达到100%。从上述分析也可以得到一个结论，即整个社会负债率的水平取决于税收政策。

（二）最佳资本结构与米勒模型

最佳资本结构是每个企业的追求，但最佳资本结构不能根据单个企业来确定。原因在于，和企业相关的投资者因课税等级不同而产生的股权收益税率与债权收益税率不同，这是企业无法控制和调节的。高负债率的企业可以吸引那些个人课税等级较低的投资者，而低负债率的企业可以吸引那些个人课税等级较高的投资者。实际上，在信息透明的有效资本市场中，任何企业以改变融资结构来实现企业市场价值最大化的决策产生的效应，都会被股权投资者和债权投资者为追求自身利益最大化所采取的对策抵消。

关于这一问题，米勒于1977年引入个人所得税因素，解释了企业负债节税效应与个人所得税多征之间的矛盾，从而得出资本结构（债务比率）的均衡状态是由公司所得税税率、利息个人所得税税率、股利个人所得税税率以及投资者的课税等级决定的。引入个人所得税因素的米勒模型为：

$$V_g = V_u + [1-(1-T_c)\times(1-T_e)/(1-T_d)]\times D$$

式中，V_g 为有负债公司的市价；V_u 为无负债公司的市价；T_c 为公司所得税税率；T_e 为股东股利个人所得税税率；T_d 为债权人利息个人所得税税率；D 为负债的市价。

对引入个人所得税因素的米勒模型分析如下：

（1）当 $T_e = T_d$ 时，上式可简化为 $V_g = V_u + T_c D$。即当股利个人所得税税率与利息个人所得税税率相等时，个人所得税的征收不会对公司的资本结构产生影响。此时，个人所得税对股东和债权人是中性的。

（2）当 $T_e < T_d$ 时，债务融资在公司所得税层面所带来的节税利益被个人所得税层面的债权人税收歧视部分抵消，因此，债务融资所带来的税收利益减小。极端情况下，如果$(1-T_c)\times(1-T_e)=(1-T_d)$，则财务杠杆不会带来任何税收上的利

益，此时，资本结构与公司价值无关。

(3) 当 $T_e>T_d$ 时，债务融资在公司所得税层面所带来的税收利益在个人所得税层面被进一步放大，因此，债务融资所带来的税收利益比单纯征收公司所得税时更大。

米勒模型还可以推广到一般情形，假设企业的税后利润当期全部以现金股利或通过股票回购以资本利得的形式支付给股东，b（$0\leqslant b\leqslant 1$）为股利支付率，$(1-b)$ 为资本利得支付率，股东资本利得税率为 T_f。① 在这些前提假设下，当同时考虑公司所得税、股利个人所得税、利息个人所得税和资本利得税时，米勒模型的更一般表达式为：

$$V_g=V_u+\{1-(1-T_c)\times[b(1-T_e)+(1-b)(1-T_f)]/(1-T_d)\}\times D$$

知识链接

米勒模型的证明

米勒模型的表达式如下：

当同时考虑公司所得税和个人所得税时，有财务杠杆的公司的价值为：

$$V_g=V_u+[1-(1-T_c)\times(1-T_e)/(1-T_d)]\times D$$

证明：当同时征收公司所得税和个人所得税时，股东每年获得的现金流为：$(EBIT-rD)(1-T_c)(1-T_e)$，债权人获得的现金流为：$rD(1-T_d)$，其中 r 为负债的必要报酬率，则公司每年产生的总现金流为：

$$\begin{aligned}\text{总现金流}&=(EBIT-rD)(1-T_c)(1-T_e)+rD(1-T_d)\\&=EBIT(1-T_c)(1-T_e)+rD(1-T_d)[1-(1-T_c)(1-T_e)/(1-T_d)]\end{aligned}$$

式中，第一项 $EBIT(1-T_c)(1-T_e)$ 是无财务杠杆的公司所得税和个人所得税后的现金流，该现金流的折现值就是无财务杠杆的公司的价值 V_u。债权人购买债券在支付个人所得税后获得的现金流为 $rD(1-T_d)$，因此，第二项的折现值等于 $D[1-(1-T_c)(1-T_e)/(1-T_d)]$。所以有

$$V_g=V_u+[1-(1-T_c)\times(1-T_e)/(1-T_d)]\times D$$

米勒模型一般表达式的证明

米勒模型的一般表达式如下：

$$V_g=V_u+\{1-(1-T_c)\times[b(1-T_e)+(1-b)(1-T_f)]/(1-T_d)\}\times D$$

证明：当同时征收公司所得税、个人所得税及资本利得税时，股东每年获得的现金流为：$(EBIT-rD)(1-T_c)[b(1-T_e)+(1-b)(1-T_f)]$，债权人获得的现金流为：$rD(1-T_d)$，则公司每年产生的总现金流为：

① 中国目前对个人的资本利得不征税，即资本利得税税率为零。

$$
\begin{aligned}
\text{总现金流} &= (EBIT-rD)(1-T_c)[b(1-T_e)+(1-b)(1-T_f)]+rD(1-T_d) \\
&= EBIT(1-T_c)[b(1-T_e)+(1-b)(1-T_f)]+rD(1-T_d) \\
&\quad \{1-(1-T_c)[b(1-T_e)+(1-b)(1-T_f)]/(1-T_d)\}
\end{aligned}
$$

式中，第一项是无财务杠杆的公司所得税和个人所得税后的现金流，该现金流的折现值就是无财务杠杆的公司的价值 V_u。债权人购买债券在支付个人所得税后获得的现金流为 $rD(1-T_d)$，因此第二项的折现值等于 $D\{1-(1-T_c)[b(1-T_e)+(1-b)(1-T_f)]/(1-T_d)\}$。所以，有财务杠杆公司的总价值为：

$$V_g=V_u+\{1-(1-T_c)\times[b(1-T_e)+(1-b)(1-T_f)]/(1-T_d)\}\times D$$

（三）权衡理论

在实践中，各种负债成本是随负债比率的增大而上升的，当负债比率达到某一程度时，息税前收益率会下降，同时企业负担破产成本的概率会增加。同时，融资的来源和结构存在一种市场均衡问题，债务关系存在代理成本和披露责任问题。因此，即使修正的 MM 理论模型也并不完全符合现实情况，因为修正的 MM 理论忽略了财务杠杆、财务风险、资本成本三者之间的密切相关性。

20 世纪 70 年代形成了权衡理论，作为对修正的 MM 理论的补充和发展，其主要观点是：企业最优资本结构就是在负债的税收利益与破产成本现值之间进行权衡。早期的权衡理论完全是建立在纯粹的负债的税收利益与破产成本相互权衡的基础上的（见图 5-1）。

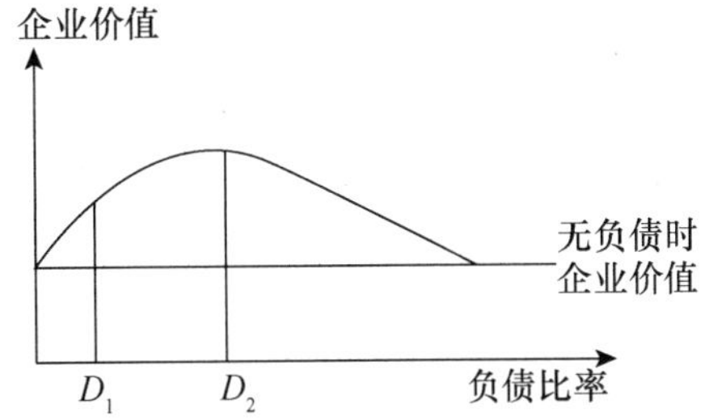

图 5-1　企业价值与资本结构图

由图 5-1 可以看出，当负债比率未超过 D_1 点时，破产成本不明显；当负债比率达到 D_1 点时，破产成本开始变得重要，负债利息抵税利益开始被破产成本抵消；当负债比率达到 D_2 点时，边际利息抵税利益恰好与边际破产成本相等，企业价值最大，达到最佳资本结构；当负债比率超过 D_2 点后，破产成本大于负债利息抵税利益，导致企业价值下降。因此，理论上，一个独立的企业存在着使企业价值最大的最优资本结构，该资本结构存在于负债的节税利益与破产成本相互平衡的点上。

后期的权衡理论将负债的成本从破产成本扩展到代理成本、财务困境成本和其他利益损失等方面，同时，又把税收利益从原来单纯讨论的负债税收利益引申到非负债税收利益①方面，实际上是扩大了成本和收益所包含的内容，把企业的最优资本结构看成在税收利益与负债相关的各类成本之间的权衡。

权衡理论的倡导者罗比切克和梅耶斯在1966年所写的《最优资本结构理论问题》一文中指出，由于税收原因，利息可以在企业收益中扣减，因此财务杠杆有助于给现有投资者增加企业的价值。盖地指出，破产和重组是有成本的，带给现有投资者的企业价值会变少……债务结构的最优水平就处在同财务杠杆边际递增相关的税收利益现值和同财务杠杆相关的边际成本现值相等的点上。②

从契约角度分析，在复杂的资本融资关系中，除了负债的过度增长带来的破产成本外，企业股东、债权人和经营者之间会因为资本结构问题而产生利益冲突，产生各种各样的代理成本，在现实中是难以穷举和精确量化的。尽管理论上确信在特定的经济环境下，企业一定存在实现企业价值最大化的最佳资本结构，但是由于融资活动本身、个人所得税的课征和企业外部环境的复杂性，目前仍难以准确地确定资本成本、每股收益、资本结构及企业价值之间的关系，实现企业价值最大化的最佳资本结构还要靠有关人员的经验分析和主观判断。

（四）资本结构决策与税收筹划

税收之所以对企业资本结构决策产生影响，关键在于税收制度对于股利支付和利息支付的区别对待，股利必须在公司所得税后支付，而利息却允许税前支付。在考虑个人所得税因素后，税收对企业资本结构决策的影响波及个人所得税方面，因为政府对债权人的利息收益和股东的股利所得征收了不同的税。总之，资本结构的税收效应源于政府对不同收入项目征收不同的税。如果税收是中性的，那么，政府征税不会对资本结构产生影响，即不会对融资行为及市场配置资源产生扭曲效应。

融资对企业绩效的影响主要是通过资本结构质量的变化发挥作用的，这应从两个方面进行分析：资本结构的变化究竟是怎样对企业绩效与税收产生影响的；企业应当如何寻找最佳资本结构以降低税负。

1. 资本结构对企业绩效及税收的影响

资本结构，特别是负债比率合理与否，不仅制约着企业风险、成本的大小，而且在相当大的程度上影响着企业税收负担以及企业权益资本税后收益实现的水平。

负债融资的财务杠杆效应主要体现在节税及提高权益资本收益率（包括税前和税后）等方面。其中节税功能反映为负债利息计入财务费用抵减应纳税所得额，从而相应减少应纳所得税额。在息税前收益率不低于负债成本率的前提下，负债比率越高，额度越大，其节税效果就越显著。当然，负债最重要的杠杆作用在于提高权益资本的收益水平及普通股的每股收益（税后），这可以从以下公式得到充分的反映：

---

① 非负债税收利益主要指资产折旧和投资减免等税收方面的抵税利益。

② 盖地．企业税务筹划理论与实务．大连：东北财经大学出版社，2005.

$$\text{权益资本收益率(税前)}=\text{息税前投资收益率}+\frac{\text{负债}}{\text{权益资本}}\times\left(\text{息税前投资收益率}-\text{负债成本率}\right)$$

从上式可以看出，只要企业息税前投资收益率高于负债成本率，增加负债额度，提高负债比率，就必然会带来权益资本收益率的提高。但应当明确的是，这种分析是基于纯粹的理论，而未考虑其他约束条件，尤其是舍弃了风险因素及风险成本的增加等，修正的 MM 理论及后来的权衡理论正说明了这一点。因为随着负债比率的提高，企业的财务风险及融资风险必然增加，以致负债的成本水平超过了息税前投资收益率，从而使负债融资呈现出负的杠杆效应，即权益资本收益率随着负债额度、比例的提高而下降，这也体现了实现负债利息抵税效应必须满足“息税前投资收益率不低于负债成本率”这一前提条件。

2. 最佳税收筹划绩效的资本结构规划

评价税收筹划绩效优劣的标准在于是否有利于企业所有者权益的增长。由此依据企业权益资本收益率或普通股每股税后盈余预期目标，构建适度的资本结构，成为融资管理的核心任务。其中的关键无疑在于确立适度的负债比率，并以此为基础，进一步界定负债融资的有效限度。

目标负债规模与负债比率的确定：

$$EPS=[(k\times R-B\times I)(1-t)-u]/n$$

式中，EPS 为期望普通股每股盈余；R 为息税前投资收益率；B 为负债总额；I 为负债成本率；n 为已发行普通股股数；u 为优先股股利支付额；t 为企业所得税税率；k 为投资总额。

此外，还可以根据获利能力预期，通过比较负债与资本节税功能的差异，利用上述公式进行追增资本或扩大负债的优选决策。

如果企业拟扩大规模 ΔK，追加负债 ΔK，则追增负债后，有

$$\text{权益资本收益率 } Q=(EBIT-BI-\Delta KJ)/S \qquad ①$$

如果企业拟扩大规模 ΔK，追加资本 ΔK，则追增资本后，有

$$\text{权益资本收益率 } Q=(EBIT-BI)/(S+\Delta K) \qquad ②$$

令①=②，整理得

$$EBIT=BI+SJ+\Delta KJ$$

即　　举债盈亏均衡点的息税前利润 $EBIT=BI+SJ+\Delta KJ$

进一步整理，则可得到

$$\Delta KJ=EBIT-BI-SJ$$

这样，在企业所得税税率以及其他因素既定的条件下，企业欲维持原有的权益资本收益率，就必须要求 $EBIT-BI-SJ\geqslant\Delta KJ$ 成立，方可追加负债规模，追加负债的最高限额为：

$$\Delta K \leqslant (EBIT-BI)/J-S$$

式中，I 为既有负债成本率；J 为追加负债成本率；S 为权益资本额；B 为既有负债额；ΔK 为追增负债额。

3. 财务视角的税收成本及其对资本收益率的影响

税收成本与企业净收益率之间存在着一定的联系。从理财角度分析，最能有效地量化所有者权益最大化的指标是自有资本净收益率（即净资产收益率），其公式如下：

$$Q=[R+(R-I)\times B/S]\times(1-T)$$

式中，Q 为自有资本净收益率；R 为息税前总资本收益率；I 为借入资本利息率；B 为借入资本总额；S 为自有资本总额；T 为企业所得税税率。

上式中，税收成本相对数由 $[R+(R-I)\times B/S]\times T$ 表示。只要将上述公式稍做变形就可表述为：

$$Q=[R+(R-I)\times B/S]-[R+(R-I)\times B/S]\times T$$

即　　自有资本净收益率＝自有资本总收益率－税收成本

在决定税收成本的变量中，企业所得税税率由于税法规定而具有固定性，可视为常量；息税前总资本收益率虽与资本运作有关，但主要还是由行业平均利润率决定，因此也可视为常量；借入资本利息率在一定时期内是一个常量。因此，在决定税收成本的变量中，关键变量是负债权益比率，即通常所指的资本结构。

税收成本就是通过资本结构这一渠道对企业净收益产生作用的。如果企业弱化自有资本，利润可通过债务利息的支付减少，由此所获利益通常称为负债利益，由上述公式中的 $(R-I)\times B/S$ 表示，从而取得巨大的节税收益，导致税收成本的降低。有趣的是，即使在负债利益为零的情况下，弱化自身资本也能导致税收成本的降低。

二、融资渠道选择的税收筹划

（一）多种融资渠道的比较

一般来说，企业的融资渠道有：（1）财政性资金；（2）金融机构贷款；（3）企业间资金拆借；（4）企业自我积累；（5）企业内部集资；（6）债券融资；（7）股票融资；（8）商业信用融资。这些融资渠道不外乎内部渠道和外部渠道两种。从内部来说，包括企业的自我积累和内部集资；从外部来说，包括股票融资、债券融资、财政性资金、金融机构贷款、企业间资金拆借等。

（二）债权融资与股权融资的比较

债权融资是指企业通过借贷的方式筹集资金用于企业运营，到期需要还本付息的融资方式。企业选择债权融资的具体方式时，应将各种方式的税收效应与其筹资成本、财务风险结合考虑，做出恰当的选择。债权融资按融资渠道划分，又可以分为银行贷款、企业间资金拆借、商业信用、融资租赁、发行债券等具体融资方式，每种融资方式都有其优缺点。

股权融资是指企业的股东愿意出让部分企业所有权，通过企业增资的方式引进新的股东的融资方式。股权融资所获得的资金，企业无需还本付息，但新股东将与老股东同样分享企业的盈利和增长。股权融资主要分为风险投资、私募股权融资、上市发行股票融资等具体融资方式。

（三）债权融资的基本类型

1. 银行贷款

银行贷款是我国最主要的债权融资方式，银行贷款规模大，贷款利率规范公允，是企业理想的债权融资方式。在税收效应上，企业所得税方面，企业从银行获得贷款支付的利息可以在税前扣除；增值税方面，贷款利息的增值税无法进行抵扣。

但银行对贷款对象的要求高，很多企业无法从银行获得足额贷款。国有商业银行是我国商业银行的主体，无论是在贷款规模还是在市场占有率方面都占据绝对的优势。但由于国有商业银行的国有性质，其经营易受到行政的干扰，贷款对象多为国有企业。民营企业尤其是中小企业因为其自身的局限性，很难从商业银行获得贷款。具体来讲，一方面，中小企业在企业制度上存在缺陷，经营管理不够规范，人事和财务安排随意性较大，缺乏良好的运行机制；另一方面，中小企业资本积累有限，缺乏长期规划，发展的可持续性较差。这些局限使得中小企业的信用等级较差，无法获得商业银行的贷款。

2. 企业间资金拆借

对于无法从商业银行取得足额贷款的企业来说，企业间资金拆借是一个很好的解决短期资金短缺的融资渠道。相比银行贷款而言，企业间资金拆借的灵活性较大，在还款期限和借款利率上均存在较大弹性。在税收效应上，企业从非金融机构贷款，允许在企业所得税前扣除不超过按银行同期贷款利率计算的利息；增值税方面，贷款利息的增值税不得抵扣。

为规范企业间资金拆借，国家对企业拆出资金的来源和拆入资金的用途都有严格的法律规定：企业拆出的资金必须是暂时闲置的资金，银行贷款不得拆出，以防出现企业从银行低利率贷进款项再高利率拆出款项的牟利现象；拆入的资金只能用于短期资金周转，不能用于投资长期固定资产，更不能转贷牟利。

3. 商业信用

商业信用是指企业在交易过程中由于预收货款或延期支付货款所产生的借贷关系。商业信用最初形成是因为在产品的流通过程中，各上下游企业获得资金的时间不同，为了实现销售，企业间相互提供商业信用，促进交易的顺利完成。但随着正常银行融资难度加大和融资成本提高，企业除了利用商业信用扩大销售外，还将商业信用作为一种融资手段使用。对于贷款难的中小企业来说，商业信用在企业融资中的地位更加重要。

商业信用作为融资手段最大的优点就在于方便和容易取得。商业信用不需办理正式的手续，只要交易双方达成一致，就可形成商业信用，而且商业信用的取得没有成本。商业信用的实质是交易双方基于互相的信任而形成的借贷关系，这也就意味着商业信用不是永恒的，若企业的经营状况不佳或是存在频繁的失信行为，其获取商业信用的可能性就会降低。因为商业信用是在企业交易中形成的，商业信用在规模、期限、对象上都存在局限性：商业信用的规模受企业交易规模的限制，商业信用的期限受商品生产流通周期的限制，商业信用的对象受交易对象的限制。

4. 融资租赁

融资租赁是一种长期形式的租赁，承租企业由于资金不足，委托出租人代为购买所需的资产，承租人承担全部购买成本及应付的融资费用，出租人以定期收取租金的方式将投资额收回，融资租赁的资产专门性强。在税收效应上，企业定期支付的租金可全额在企业所得税前扣除；租金的增值税可进行进项税额抵扣。

融资租赁开辟了新的融资渠道，企业通过定期支付少量资金就能获得生产经营所用的资产，增强了企业资金的流动性和营运能力。对于设备更新换代较快的企业而言，采用融资租赁的方式获取资产，还有助于加快设备的更新，避免购买设备的成本与所获取收益不匹配的设备投资风险。此外，融资租赁的灵活性强，限制性条款少，企业可根据自身经营情况对租赁协议进行约定，有利于企业经营管理战略的实施。

知识链接

融资租赁与经营租赁的比较

1. 租赁的分类与税务处理

按照与租赁资产所有权相关的风险和报酬是否转移，租赁分为融资租赁与经营租赁两种形式。

融资租赁是指本质上转移了与资产所有权有关的全部风险和报酬的租赁。所有权最终可能转移，也可能不转移。

融资租赁的税务处理如下：(1) 融资租赁发生的租赁费不得直接扣除，承租人支付的手续费及安装交付使用后支付的利息等可在支付时直接扣除；(2) 融资租赁设备可以计提折旧并在税前扣除，而租赁费高于折旧的差额也可以税前扣除；(3) 租赁费通过举债支付，其利息可以在税前列支；(4) 融资租入设备的改良支出可以作为递延资产，在不短于5年的时间内摊销，而企业自有固定资产的改良支出则作为资产，折旧年限一般长于5年。

如果一项租赁实质上并没有转移与资产有关的全部风险和报酬，那么该项租赁应归类为经营租赁。所以，一项租赁归类为融资租赁还是经营租赁，依赖于租赁的实质，而不是合同的形式。

经营租赁的税务优势如下：(1) 可以避免因长期拥有设备而承担的负担和风险；(2) 支付的租金冲减企业的利润，减少应纳税所得额；(3) 当出租人和承租人同属一个大的利益集团时，租赁形式最终将会使该利益集团实现利润合理转移，这是典型的租赁节税效应。

2. 租赁形式的选择

对于融资租赁，由于会计处理要求确认租赁资产和租赁负债，作为一种表内筹资方式，会给承租人带来不利影响。由于企业债务金额增加，已获利息倍数、净利润率、资产收益率、股本收益率等指标就会下降，资产负债率就会上升。承租人一般不希望租赁合同被划分为融资租赁，那么如何才能规避呢？

《企业会计准则第21号——租赁》规定，对租赁的分类，应当全面考虑租赁期届满时租赁资产所有权是否转移、承租人是否有购买租赁资产的选择权、租赁期占租赁资产尚可使用年限的比例等因素；同时依据实质重于形式原则，考察与租赁资产所有权有关的风险和报酬是否转移，来具体区分融资租赁与经营租赁。一般在租赁合同中不要涉及资产所有权的转移和廉价购买权问题，或将租赁期设定得比租赁资产有效经济年限的75%稍短一些，这样可以避免被认定为融资租赁。

5. 发行债券

发行债券是大公司融资的重要途径之一，债券利息可在税前扣除，同时企业也可以获得财务杠杆利益。溢价发行、折价发行和平价发行是公司发行债券的三种方式。溢价发行与折价发行产生的摊销费用可计入财务费用，以冲减或者增加利息费用，摊销额必须在发行期间进行摊销。债券有直线摊销法和实际利率摊销法两种摊销方法。直线摊销法是将债券的折价额或溢价额平均分摊到各年冲减利息费用；实际利率摊销法则以应付债券的现值乘以实际利率计算出的利息和名义利息比较，将其差额作为折价或溢价摊销额。两种方法的差异在于，直线摊销法下各年利息费用均保持不变，债券的账面价值在溢价摊销时逐年增加，在折价摊销时逐期减少；实际利率摊销法下各年利息费用与债券的账面价值都在变化，这种差异为延期纳税提供了可能。

例5-9

A股份公司2019年1月1日发行债券2 000万元，期限为3年，票面利率为5%，每年付息一次，公司按折价1 940万元发行，市场利率为6%。

解析：

该公司债券折价直线摊销法如表5-5所示。

表5-5　公司债券折价直线摊销法　　单位：万元

付息日期	实付利息	利息费用	折价摊销	未摊销折价	账面价值
2019/01/01	—	—	—	60	1 940
2019/12/31	100	120	20	40	1 960
2020/12/31	100	120	20	20	1 980
2021/12/31	100	120	20	0	2 000
合计	300	360	60	—	—

该公司债券折价实际利率摊销法如表5-6所示。

表5-6 公司债券折价实际利率摊销法

单位：万元

付息日期	实付利息	利息费用	折价摊销	未摊销折价	账面价值
2019/01/01	—	—	—	60	1 940
2019/12/31	100	116.4	16.4	43.6	1 956.4
2020/12/31	100	117.39	17.39	26.21	1 973.79
2021/12/31	100	126.21	26.21	0	2 000
合计	300	360	60	—	—

通过以上计算可知，折价发行时，采用不同的摊销方法，利息费用的总额并没有变，但是各年的利息摊销费用不同。在直线摊销法下，各年的利息费用和摊销额保持不变；采用实际利率摊销法时，各年的利息费用和摊销额一直都在变化，但前几年的摊销额比直线摊销法的少，利息费用也没有直线摊销法多。所以在实际利率摊销法下，公司前期缴纳的税额比后期的多。由于货币存在时间价值，公司在折价发行时采用直线摊销法能获得延期纳税的收益。

例5-10

A股份公司2019年1月1日发行债券2 000万元，期限为3年，票面利率为5%，每年付息一次，公司按溢价2 060万元发行，市场利率为4%。

解析：

该公司债券溢价直线摊销法如表5-7所示。

表5-7 公司债券溢价直线摊销法

单位：万元

付息日期	实付利息	利息费用	溢价摊销	未摊销溢价	账面价值
2019/01/01	—	—	—	60	2 060
2019/12/31	100	80	20	40	2 040
2020/12/31	100	80	20	20	2 020
2021/12/31	100	80	20	0	2 000
合计	300	240	60	—	—

该公司债券溢价实际利率摊销法如表5-8所示。

表5-8 公司债券溢价实际利率摊销法

单位：万元

付息日期	实付利息	利息费用	溢价摊销	未摊销溢价	账面价值
2019/01/01	—	—	—	60	2 060
2019/12/31	100	82.4	17.6	42.4	2 042.4
2020/12/31	100	81.7	18.3	24.1	2 024.1
2021/12/31	100	75.9	24.1	0	2 000
合计	300	240	60	—	—

通过以上计算可知，公司在溢价发行时采用实际利率摊销法能获得延期纳税的收益。

（四）不同融资方式选择的税收筹划

1. 不同融资方式下的税收筹划分析

融资决策需要考虑众多因素，税收因素是其中之一。不同融资方式选择的税收筹划，其实就是分析融资活动对税收的影响，精心设计融资方式，以实现企业税后利润或者股东财富最大化，这是不同融资方式选择的税收筹划的基本目标。

融资作为一种相对独立的资金筹措方式，主要借助于因资本结构变动产生的财务杠杆作用对经营收益产生影响。资本结构是企业长期债务资本与权益资本之间的构成关系。企业在融资中应当考虑以下关键问题：一是融资活动对企业资本结构的影响；二是资本结构的变动对税收成本和企业利润的影响；三是融资方式选择在优化资本结构和减轻税负方面对税后净利润的贡献。不同融资方式的税收待遇及其所造成的税收负担的不同为税收筹划提供了空间。

税法规定，纳税人在经营期间向金融机构借款的利息支出，按照实际发生数扣除；向非金融机构借款的利息支出，不高于按照金融机构同类同期贷款利率计算的数额以内的部分，准予扣除。但是，企业通过增加资本金的方式进行融资所支付的股息或红利，是不能在税前扣除的，这属于股权性质的融资，不允许税前列支资金成本。由于发行债券融资的利息支出可以作为财务费用税前列支，使企业所得税的税基缩小，企业实际税负得以减轻；而发行股票融资则不能实现股利的税前扣除，因此，企业应优先选择债券融资方式，后选择股票融资方式，从而充分发挥“利息税盾”效应。

融资活动不可避免地涉及还本付息的问题。利用利息摊入成本的不同方法和资金往来双方的关系及所处经济活动地位的不同往往是实现合理节税的关键所在。金融机构贷款，其核算利息的方法和利率比较稳定，幅度变化较小，节税空间不大。而企业之间的资金拆借在利息计算和资金回收期限方面均有较大弹性和回旋余地，从而为节税提供了有利条件。尤其是企业内部基于委托贷款方式进行的资金划拨，在实际操作过程中还是可以由企业自行决定其利息支付额度与支付时间的。通过设定不同的利率可以实现利润的转移，比如在一个集团内部，由高税率区的企业向低税率区的企业借入款项，使利息支出发生在高税率区，利息收入发生在低税率区，这样集团整体的税负就能够实现最小化。

2. 融资方式选择的税收筹划案例分析

例 5-11

假设A企业为增值税一般纳税人，为满足生产经营需要，计划购买一套市场价为5 000万元的设备。A企业有两种选择：一是从银行贷款5 000万元，再自行购买设备，贷款为5年期，贷款利率为8%，每年年末等额还款；二是进行融资租赁，委托租赁公司进行采购，每年年末等额支付租金1 252.28万元。（为更清晰地比较两种方案的税负差异，给定的数据假设两者的融资成本相同。）

（1）银行贷款方案。根据贷款利率和贷款期限，可以计算出每年企业需还款1 252.28

万元，如表5-9所示。其中共包含1 261.4万元利息，企业缴纳所得税时可税前扣除1 261.4万元；5 000万元的设备每年折旧金额也允许在税前扣除；企业购买设备可抵扣的增值税进项税额为：5 000×13%=650（万元）。

表5-9　银行贷款方案计算表

单位：万元

期数	还款额	本金	利息	未还本金
0				5 000.0
1	1 252.28	852.3	400.0	4 147.7
2	1 252.28	920.5	331.8	3 227.3
3	1 252.28	994.1	258.2	2 233.2
4	1 252.28	1 073.6	178.7	1 159.5
5	1 252.28	1 159.5	92.8	0
合计	6 261.40	5 000.0	1 261.4	

（2）融资租赁方案。企业每年等额支付租金1 252.28万元，5年间企业在缴纳企业所得税时共可在税前扣除6 261.4万元（见表5-10）。支付的租金可抵扣的增值税进项税额为：6 261.4×13%=814（万元）。

表5-10　融资租赁方案计算表

单位：万元

期数	还款额	本金	利息	未还本金	利息可抵扣增值税税款
0				5 000.0	
1	1 252.28	852.3	400.0	4 147.7	52.0
2	1 252.28	920.5	331.8	3 227.3	43.1
3	1 252.28	994.1	258.2	2 233.2	33.6
4	1 252.28	1 073.63	178.7	1 159.5	23.2
5	1 252.28	1 159.52	92.8	0	12.1
合计	6 261.40	5 000.0	1 261.4		164.0

解析：

从上述方案可知，在企业所得税方面，银行贷款购买设备和融资租赁的区别在于购买设备的本金的税前扣除时间。在银行贷款方案下，购买设备的支出需要随着设备的折旧逐渐扣除，而我国税法规定机器设备的折旧年限最低为10年；在融资租赁方案下，设备的本金随着租金的支付在税前进行了抵扣，一般而言，融资租赁年限会低于资产可使用年限，这也就意味着采取融资租赁方案能够提前扣除设备的购买成本，从而达到获得资金时间价值的效果。

在增值税方面，银行贷款购买设备和融资租赁的区别在于利息的增值税能否得到抵扣。我国税法规定贷款利息的增值税不得进行抵扣，融资租赁方案中支付的租金所包含的增值税可全部得到抵扣，而租金中包含融资费用，也就是说融资租赁方式下企业支付的利息的增值税可以抵扣。分析可知，两种方案可抵扣的增值税差额就是支付利息部分对应的增值税。

例 5-12

某上市公司由于业务发展计划筹资 10 000 万元。财务人员根据目前情况及新年度发展计划提出了三种筹资方案，供公司领导决策。具体筹资方案如下：

(1) 银行贷款。这种观点认为，企业发展生产，急需资金，可同银行协商解决。上年年底，银行贷款年利率为 9%，筹资费用率估计为 1%，以后贷款利率可能会提高，企业所得税税率为 25%。

(2) 股票集资。这种观点认为，公司发展前景被投资者普遍看好，发行股票有良好的基础。因此，在新的一年里可申请增发股票筹集所需要的全部资金，筹资费用率为 5%。公司目前普通股市价为 30 元，每股股利为 2 元，预计股利年增长率为 10%。

(3) 联合经营集资。这种观点认为，公司可以与下游厂家联合经营，由公司提供原材料，下游厂家加工成产品配件，再卖给公司，由公司组装成最终产品，并负责对外销售。这样，公司试制成功的新产品可利用下游厂家的场地、劳动力、设备和资源等进行批量生产，从而形成专业化生产能力，保证产量、产值和税后利润的稳步增长。

试分析：该上市公司应该采取哪种筹资方案?

解析：

下面采取比较资本成本的方法选择最优筹资方案。

方案一：银行贷款。

$$
\begin{aligned}
\text{贷款资本成本} &= \text{贷款年利息}\times(1-\text{所得税税率})\div[\text{贷款本金}\times(1-\text{筹资费用率})]\\
&= 10\,000\times9\%\times(1-25\%)\div[10\,000\times(1-1\%)]=6.82\%
\end{aligned}
$$

方案二：股票集资。

$$
\begin{aligned}
\begin{matrix}\text{普通股}\\ \text{资本成本}\end{matrix} &= \text{预期年股利额}\div[\text{普通股市价}\times(1-\text{普通股筹资费用率})]+\begin{matrix}\text{股利}\\ \text{年增长率}\end{matrix}\\
&= 2\times(1+10\%)\div[30\times(1-5\%)]+10\%=17.72\%
\end{aligned}
$$

方案三：联合经营集资。

资本成本分为以下两种情况：

(1) 当成立一个联营实体时，资本成本就是联营企业分得利润占联营企业出资总额的比例。比例越高，联营企业获得的利润越多，资本成本越高。用公式表示为：

$$
\text{资本成本}=\text{联营企业获得利润}/\text{联营企业出资总额}\times100\%
$$

(2) 当仅为一个项目合资生产时，资本成本就是联营企业获得利润占整个实现利润总额的百分比。所以，企业筹资必须考虑对资本结构造成的影响。

案例分析

春秋航空的融资租赁策略

春秋航空股份有限公司（以下简称春秋航空）是中国首个民营资本独资经营的低成本

航空公司。春秋航空的机队主要以租赁飞机为主，机队拥有的近百架空客飞机和波音飞机，其中半数以上是通过融资租赁方式取得的。春秋航空在重庆设立了2家SPV公司负责利用保税港融资租赁飞机。

春秋航空为民营航空公司，属于资金密集型产业，需要大量资金推动其业务发展。民营航空公司同时面临着巨大的经营风险、汇率风险和技术变更风险等，融资租赁模式能够大幅降低一次性巨额购机成本，释放出来的流动性可用于航空运输等主营业务；融资租赁合约到期后承租方可以选择续约或放弃，有较为灵活的经营调整空间。所以，融资租赁方式契合了春秋航空的发展战略。

春秋航空利用融资租赁策略，在以下领域进行税收筹划操作。

1. 利用不同支付方式节税

目前市场上融资租赁支付方式主要有等额本金、等额本息这两种。等额本息的特点是：每月的还款额相同，前面的还款金额中利息多、本金少，后面的还款金额中本金多、利息少。等额本金，顾名思义就是将本金按还款的总期数均分，再加上上期剩余本金的月利息，形成一个月的还款额，所以每期的还款额不一样，第一个月的还款额最多，以后逐月减少。该还款方式在前期还款额较高，适合前期还款能力强的贷款人，但总的利息要比等额本息法少很多。

承租人选择不同的租赁支付方式，会对其融资费用、利润总额产生不同影响。其中等额本金的融资费用最低，且租金便宜，但是前期付款金额大，对于资金充足的企业来说不失为一种好的租金支付方式。但是，目前市场上选择等额本息的最多，优点是每期支付的租金数量相同，对承租人来说比较方便，且对支付能力要求不高。所以，在签订租赁合同时，合理调整每期支付的租金额，可以影响未确认融资费用，也会影响承租人的税前融资成本。未确认融资费用对应着利息，导致每期列支的利息费用不同，进而影响各期应纳税所得额和企业所得税负担，使企业实现税收筹划的节税目的。

2. 利用保税区的融资租赁政策节税

春秋航空通过“保税＋融资租赁”模式（见图5-2），实现分期支付关税和增值税，有效降低了运营成本，减少了资金压力。

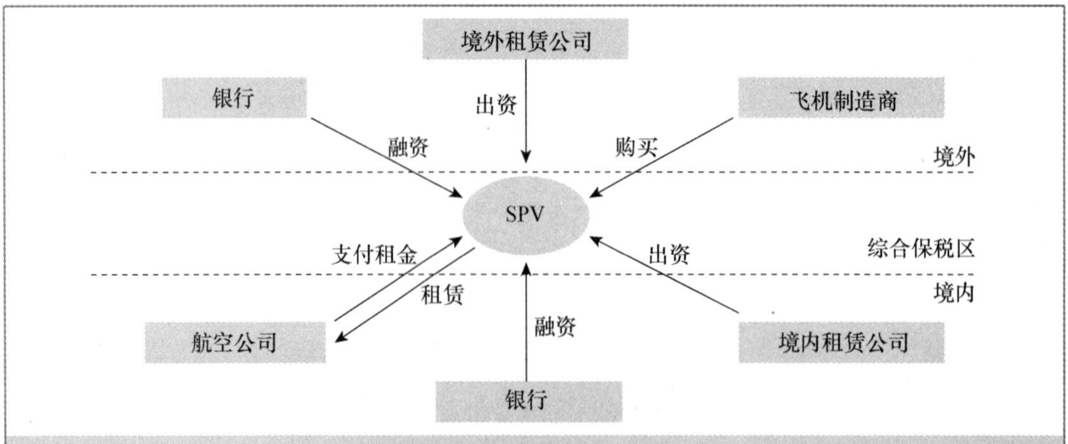

图5-2 保税区融资租赁业务模式

我国天津、上海、广东前海湾、重庆等四大自贸区有针对飞机融资租赁的税收优惠政策，可在保税区设立SPV公司开展租赁业务。

(1) 天津：免征购销合同印花税；

(2) 上海：对开展融资租赁业务（含融资性售后回租）签订的融资租赁合同，按照其所载明的租金总额，比照“借款合同”税目计税贴花。

(3) 广东：允许前海湾保税港区融资租赁或租赁项目子公司，进口空载总量25吨以上的客货运飞机，并在租给境内航空公司时，参照《海关总署关于加强国内航空公司进口飞机减免税管理的通知》(署税发〔2011〕88号) 规定，选择由融资租赁公司与境内航空公司共同向海关出具承诺保证书的方式提供担保。其承租人可采取航空公司报关、租赁公司报备的方式享受国家相关规定的优惠税率。

(4) 重庆：对开展融资租赁业务签订的融资租赁合同（含融资性售后回租），统一根据其载明的租金总额依照“借款合同”税目计税贴花。在融资性售后回租业务中，对承租人、出租人因出售租赁资产及购回租赁资产所签订的合同，不征收印花税。

3. 利用国际融资租赁业务性质认定差异节税

各国对融资租赁业务的权限与性质认定有所不同，如表5-11所示。

表5-11　融资租赁业务的权限与性质认定

权限	侧重点	业务类型	代表国家
法律所有权	侧重法律形式上拥有对所属财产占有、使用、收益和处分的权利	传统租赁业务 购买设备视为投资行为，出租人享有与所有权相关的税收优惠	法国、英国、瑞典
经济所有权	相对于法律所有权而言，更加注重经济实质，侧重在整个经济使用寿命期内实质拥有所有权	销售业务 经济所有权转移至承租人，承租行为视为购买资产，享有与所有权相关的税收优惠	德国、荷兰、澳大利亚

我国税法规定，承租人可以提取折旧，且享受加速折旧和投资抵免税制度，这有利于春秋航空作为承租人，合法利用税收优惠政策降低其税负水平。春秋航空一般选择位于英、法等国的欧洲融资租赁公司，原因是这些欧洲国家把融资租赁视为一般租赁业务，同时允许加速折旧和享受投资减免税。

春秋航空利用融资租赁方式进行融资，在合法降低整体税负的同时，还在谈判中争取积极主动的地位，提高融资租赁方式的整体收益。

复习思考题

1. 如何利用投资地点的差异进行税收筹划？
2. 请分析农、林、牧、渔类企业有哪些税收优惠政策。

3. 请论述直接投资时不同投资形式存在的税收差异。

4. 直接投资与间接投资有何税收方面的差异？请从税收及投资报酬视角分析这两种投资方式的优劣势。

5. 如何利用不同的融资方式进行税收筹划？

6. 融资租赁能在哪些方面为承租人带来税收利益？

7. 列举几种常见的融资渠道，并分析其资金成本。

8. 简述资本结构理论，并分析其对税收筹划的影响。

案例分析题

案例一　投资方式选择的税收筹划

湖北省某市属橡胶集团拥有固定资产 7 亿元、员工 4 000 人，主要生产橡胶轮胎，也生产各种橡胶管和橡胶汽配件。该集团位于某市 A 村，在生产橡胶制品的过程中，每天产生近 30 吨废煤渣。为了妥善处理废煤渣，不造成污染，该集团尝试过多种办法，如与村民协商用于乡村公路的铺设、维护和保养，与有关学校、企业联系用于简易球场、操场的修建等，但效果并不理想。废煤渣的排放未能达标，使周边乡村的水质受到不同程度的污染，该集团也因污染问题受到环保部门的多次警告和罚款，最高一次罚款达 10 万元。该集团要想维持正常的生产经营，就必须治污。根据建议，该集团拟定了以下两种方案。

方案一：把废煤渣的排放处理全权委托给 A 村村委会，每年支付给该村村委会 40 万元的运输费用，以保证该集团生产经营的正常进行。此举可缓解该集团同当地村民的紧张关系，但每年 40 万元的费用是一笔不小的支出。

方案二：将准备支付给 A 村村委会的 40 万元煤渣运输费用改为投资兴建墙体材料厂，利用该集团每天排放的废煤渣生产免烧空心砖，这种砖有较好的销路。

思考：从税收角度分析，该集团应选择哪种方案？

案例二　出售与租赁的税负比较

兴华集团有两家子公司：振兴公司与振华公司。振兴公司拟将一闲置生产线转让给振华公司，该生产线的年经营利润为 100 万元（扣除折扣）。现有两种方案可供选择：一是以售价 500 万元出售；二是以年租金 50 万元的租赁形式出租。假设两子公司的所得税税率均为 25%。

思考：试比较两种方案对兴华集团税负的影响。

案例三　融资时间的选择

某企业预计 2020 年度应纳税所得额为 35 万元，2021 年度由于进行重大投资，将亏损 10 万元，2022 年度预计应纳税所得额为 0，2023 年度将实现盈利 10 万元，2024 年将实现盈利 20 万元。该企业原计划在 2021 年度开始从银行贷款，贷款期限为 3 年，每年支付贷款利息约 5 万元。该企业从业人数为 80 人，资产总额为 6 000 万元。

思考：该企业应当如何进行税收筹划？

案例四 融资方式的选择

甲公司对乙公司权益性投资总额为 1 000 万元，乙公司计划从甲公司融资 3 000 万元，融资利率为 7%。已知金融机构同期同类贷款的利率也为 7%，甲公司适用 15%的税率，乙公司适用 25%的税率。

思考：乙公司应当如何进行税收筹划？

案例五 直接投资与间接控股的税收筹划

李先生拥有甲公司 40%的股份，每年可以从该公司获得 500 万元的股息，根据我国现行个人所得税制度，李先生每年需要缴纳 100 万元的个人所得税。李先生所获得的股息全部用于股票投资或直接投资于其他企业。

思考：李先生应当如何进行纳税筹划？

案例六 不同融资方案的比较

烟台大华公司计划筹资 6 000 万元用于一种新产品的生产，为此制定了五个方案，企业所得税税率为 25%，其他资料如表 5－12 所示。

表 5－12 不同融资方案的比较

项目	方案 A	方案 B	方案 C	方案 D	方案 E
负债额（万元）	0	3 000	4 000	4 500	4 800
权益资本额（万元）	6 000	3 000	2 000	1 500	1 200
负债比率（万元）	0：6	1：1	2：1	3：1	4：1
负债成本率（%）		6	7	9	10.5
息税前投资收益率（%）	10	10	10	10	10
普通股股数（万股）	60	30	20	15	12
息税前利润（万元）	600	600	600	600	600
利息成本（万元）	0	180	280	405	504
税前利润（万元）	600	420	320	195	96
应纳所得税（万元）	150	105	80	48.75	24
税后利润（万元）	450	315	240	146.25	72
税前权益资本收益率（%）	10	14	16	13	8
税后权益资本收益率（%）	7.5	10.5	12	9.75	6

思考：从节税及财务风险的角度，试分析各方案的优劣。

综合阅读题

融资方式的选择

MK公司现需购买一大型设备，拟以银行贷款方式筹集资金10 000万元，银行4年期贷款的利率为6%。预计该设备投入使用后，第一年会给该企业带来2 000万元的收益，以后每年增加600万元。该设备正常折旧年限为8年，企业所得税税率为25%，暂不考虑其他税费因素。以下是MK公司面临的4种不同的还本付息方式。

方案A：复利计息，到期一次还本付息。

方案B：复利年金法，即每年等额偿还本金和利息，金额为2 886万元（10 000÷3.465，(*P*/*A*，6%，4)=3.465）。

方案C：每年等额偿还本金，即每年偿还本金2 500万元，每年支付剩余借款的利息。

方案D：每年付息，到期还本。

MK公司购入的设备每年会产生1 250万元（10 000÷8）的折旧，折旧可以在税前扣除，每年产生的借款利息也同样可以在税前扣除。对MK公司在这4种方案下税后利润的现值进行计算，如表5-13至表5-16所示。

表5-13 方案A 税后利润现值情况表

单位：万元

年数	年初未还金额	当年利息额	当年偿还金额	当年收益	当年税前扣除	当年税前利润	当年应纳税所得额	当年税后利润	当年税后利润现值
1	10 000	600	0	2 000	1 850	150	37.5	112.5	106.1
2	10 600	636	0	2 600	1 886	714	178.5	535.5	476.6
3	11 236	674.2	0	3 200	1 924.2	1 275.8	319	956.8	803.3
4	11 910.2	714.6	12 624.8	3 800	1 964.6	1 835.4	458.9	1376.5	1 155.7
5	0	0	0	4 400	1 250	3 150	787.5	2 362.5	1 765.5
6	0	0	0	5 000	1 250	3 750	937.5	2 812.5	1 982.8
7	0	0	0	5 600	1 250	4 350	1 087.5	3 262.5	2 169.9
8	0	0	0	6 200	1 250	4 950	1 237.5	3 712.5	2 329.2
合计		2 624.8				20 175.2	5 043.8	15 131.4	10 789.1

表 5-14　方案 B　税后利润现值情况表

单位：万元

年数	年初未还金额	当年利息额	当年偿还金额	当年收益	当年税前扣除	当年税前利润	当年应纳税所得额	当年税后利润	当年税后利润现值
1	10 000	600	2 886	2 000	1 850	150	37.5	112.5	106.1
2	7 714	462.8	2 886	2 600	1 712.8	887.2	221.8	665.4	592.2
3	5 290.8	317.4	2 886	3 200	1 567.4	1 632.6	408.2	1 224.4	1 028
4	2 722.2	163.8	2 886	3 800	1 413.8	2 386.2	596.6	1 789.6	1 417.5
5	0	0	0	4 400	1 250	3 150	787.5	2 362.5	1 765.5
6	0	0	0	5 000	1 250	3 750	937.5	2 812.5	1 982.8
7	0	0	0	5 600	1 250	4 350	1 087.5	3 262.5	2 169.9
8	0	0	0	6 200	1 250	4 950	1 237.5	3 712.5	2 329.2
合计		1 544				21 256	5 314	15 942	11 391.2

表 5-15　方案 C　税后利润现值情况表

单位：万元

年数	年初未还金额	当年利息额	当年偿还金额	当年收益	当年税前扣除	当年税前利润	当年应纳税所得额	当年税后利润	当年税后利润现值
1	10 000	600	3 100	2 000	1 850	150	37.5	112.5	106.1
2	7 500	450	2 950	2 600	1 700	900	225	675	600.8
3	5 000	300	2 800	3 200	1 550	1 650	412.5	1 237.5	1 039
4	2 500	150	2 650	3 800	1 400	2 400	600	1 800	1 425.8
5	0	0	0	4 400	1 250	3 150	787.5	2 362.5	1 765.5
6	0	0	0	5 000	1 250	3 750	937.5	2 812.5	1 982.8
7	0	0	0	5 600	1 250	4 350	1 087.5	3 262.5	2 169.9
8	0	0	0	6 200	1 250	4 950	1 237.5	3 712.5	2 329.2
合计		1 500				21 300	5 325	15 975	11 419.1

表 5-16　方案 D　税后利润现值情况表

单位：万元

年数	年初未还金额	当年利息额	当年偿还金额	当年收益	当年税前扣除	当年税前利润	当年应纳税所得额	当年税后利润	当年税后利润现值
1	10 000	600	600	2 000	1 850	150	37.5	112.5	106.1
2	10 000	600	600	2 600	1 850	750	187.5	562.5	500.6
3	10 000	600	600	3 200	1 850	1 350	337.5	1 012.5	850.1
4	10 000	600	10 600	3 800	1 850	1 950	487.5	1 462.5	1 158.4

续表

年数	年初未还金额	当年利息额	当年偿还金额	当年收益	当年税前扣除	当年税前利润	当年应纳税所得额	当年税后利润	当年税后利润现值
5	0	0	0	4 400	1 250	3 150	787.5	2 362.5	1 765.5
6	0	0	0	5 000	1 250	3 750	937.5	2 812.5	1 982.8
7	0	0	0	5 600	1 250	4 350	1 087.5	3 262.5	2 169.9
8	0	0	0	6 200	1 250	4 950	1 237.5	3 712.5	2 329.2
合计		2 400				20 400	5 100	15 300	10 862.6

由以上计算可知，各方案税后利润的折现值分别为 10 789.1 万元、11 391.2 万元、11 419.1 万元和 10 862.6 万元。显而易见，尽管采用方案 C 的还本付息方式应缴纳的企业所得税比较多，但其税后利润的折现值是最大的，故从财务管理的角度看，MK 公司若采用银行贷款方式筹集资金，则应按方案 C 的还本付息方式与银行签订贷款合同。

问题思考：

你认为企业应如何选择融资方式？在企业融资决策中，需要重点考虑哪些影响因素？

第六章 物资采购的税收筹划

税收代表一种经营成本，而且要像产品成本、雇员工资、财务成本等一样进行管理。将税收作为一种战略规划变量，特别强调其在经营决策中的角色。

——美国税务学会主席萨利·琼斯

第一节 采购发票及税款抵扣的税收筹划

一、索取采购发票

许多企业采购时为了获得一些价格让利，往往同意供货方不开发票。我们不禁会产生疑问：采用不开发票的办法真能节省采购成本吗？先撇开这种行为的违法性不谈，供货方的这种行为真的能为采购方节省采购成本吗？其实，从财务角度分析可知，采购方没有发票就意味着采购成本不能入账，不能实现税前扣除，因此，采购方要为没有取得发票而多承担企业所得税；若采购方未取得发票或者取得的发票不是增值税专用发票，则采购方不能抵扣增值税进项税额。因此，企业在采购过程中一定要索取合法的发票。财务会计制度对不同情况下取得的采购发票做出了如下规定：

（1）在购买商品、接受服务支付款项时，应当向收款方索取符合规定的发票。不符合规定的发票不得作为财务凭证入账。

（2）特殊情况下由付款方向收款方开具发票时，必须按号码顺序填开，填写项目齐全，内容真实，字迹清楚，全部联次一次复写、打印，内容完全一致，并在有关联次加盖财务印章或者发票专用章；采购物资时必须严格遵守发票管理办法及税法关于增值税专用发票管理的有关规定。

知识链接

增值税专用发票开具范围与要求

1. 需要开具增值税专用发票的情形

(1) 一般纳税人增值税专用发票的开具。一般纳税人销售货物或应税劳务、应税服务，必须向购买方或接受方开具增值税专用发票，并且在增值税专用发票上分别注明销售额和销项税额。

(2) 小规模纳税人自行开具增值税专用发票试点。自2016年8月1日起，国家税务总局开展了小规模纳税人自行开具增值税专用发票试点工作。先后将住宿业、鉴证咨询业、建筑业、工业、信息传输、软件和信息技术服务业等行业纳入试点范围。试点纳税人销售其取得的不动产，需要开具增值税专用发票的，应当按照有关规定向税务机关申请代开。为了进一步激发市场主体创业创新活力，促进民营经济和小微企业发展，根据《关于扩大小规模纳税人自行开具增值税专用发票试点范围等事项的公告》（国家税务总局公告2019年第8号）的相关规定，自2019年3月1日起，将租赁和商务服务业，科学研究和技术服务业，居民服务、修理和其他服务业等几个行业纳入试点范围。试点纳税人可以选择使用增值税发票管理系统自行开具增值税专用发票，或者向税务机关申请代开。选择自行开具增值税专用发票的小规模纳税人，税务机关不再为其代开。

根据《关于增值税发票管理等有关事项的公告》（国家税务总局公告2019年第33号）的相关规定，自2020年2月1日起，增值税小规模纳税人（其他个人除外）发生增值税应税行为，需要开具增值税专用发票的，可以自愿使用增值税发票管理系统自行开具。选择自行开具增值税专用发票的小规模纳税人，税务机关不再为其代开。

需要注意的是，小规模纳税人自行开具增值税专用发票仍然使用征收率。

2. 不得领购增值税专用发票的规定

一般纳税人有以下情形的，不得领购增值税专用发票，如已领购使用，税务机关应收缴其结存的增值税余额：

(1) 会计核算不健全，不能向税务机关准确提供增值税销项税额、进项税额、应纳税额数据及其他有关增值税税务资料的。

(2) 有《税收征收管理法》规定的税收违法行为，拒不接受税务机关处理的。

(3) 有下列行为，经税务机关责令限期改正而未改正的：

1) 虚开增值税专用发票；

2) 私自印制增值税专用发票；

3) 向税务机关以外的单位和个人购买增值税专用发票；

4) 借用他人增值税专用发票；

5) 未按规定开具增值税专用发票；

6) 未按规定保管增值税专用发票和专用设备；

7) 未按规定申请办理防伪税控系统变更发行；

8) 未按规定接受税务机关检查。

3. 增值税专用发票的开具要求

(1) 项目齐全，与实际交易相符。

(2) 字迹清楚，不得压线、错格。

(3) 发票联和抵扣联加盖发票专用章。

(4) 按照增值税纳税义务的发生时间开具。

对销售方开具的不符合上述要求的增值税专用发票，购买方有权拒收。

二、规避采购合同的税收陷阱

采购合同至关重要，在采购活动中一定要注意采购合同的税收陷阱。对于采购方来说，在采购合同中要避免出现如下条款：采购方全部款项付完后，由供货方开具发票。这一条款意味着采购方只有全额付款后才能取得发票。在实际工作中，由于产品质量、货物标准、供货时间等方面的原因，采购方往往不会支付全款，而根据这一合同条款采购方可能无法取得发票。因此，采购合同条款应改为“根据采购方实际支付金额，由供货方开具发票”，这样就不会出现不能取得发票的问题了。

此外，购销双方在签订合同时，应该在合同条款中明确结算价格、税款等关键条件。譬如，采购方作为一般纳税人，从小规模纳税人处购进货物可能无法取得增值税专用发票，或获取的专用发票的抵扣率很低，就会造成增值税进项税额抵扣方面的损失。在这种情况下，采购方可以通过谈判压低从小规模纳税人处购进货物的价格，弥补相关税收损失。

三、增值税进项税额的筹划

在日常的财务工作中，除了要特别在增值税专用发票的识别上多加留意外，更重要的是要了解进项税额抵扣究竟有哪些规定，抵扣时容易出现哪些问题，以便按照税法的规定做好采购交易及增值税发票索取。

(一) 增值税进项税额的抵扣

1. 准予从销项税额中抵扣的进项税额

根据税法规定，下列进项税额准予从销项税额中抵扣。

(1) 从销售方取得的增值税专用发票（含机动车销售统一发票）上注明的增值税额。

(2) 从海关取得的海关进口增值税专用缴款书上注明的增值税额。

(3) 购进农产品，除取得增值税专用发票或者海关进口增值税专用缴款书外，按照农产品收购发票或者销售发票上注明的农产品买价和相应的扣除率计算进项税额。其计算公式为：

进项税额＝买价×扣除率

式中，买价是指纳税人购进农产品在农产品收购发票或者增值税普通发票上注明的价款和按规定缴纳的烟叶税。

（4）从境外单位或者个人购进服务、无形资产或者不动产，自税务机关或者扣缴义务人取得的解缴税款的完税凭证上注明的增值税额。

（5）已抵扣进项税额的购进服务发生规定情形（简易计税方法计税项目、免征增值税项目除外）的，应当将该进项税额从当期进项税额中扣减；无法确定该进项税额的，按照当期实际成本计算应扣减的进项税额。

（6）自2019年4月1日起，增值税一般纳税人购进不动产或者不动产在建工程的当期一次性抵扣进项税额。

（7）按照《营业税改征增值税试点实施办法》第二十七条第（一）项规定不得抵扣且未抵扣进项税额的固定资产、无形资产、不动产，发生用途改变，用于允许抵扣进项税额的应税项目，可在用途改变的次月按照下列公式计算可以抵扣的进项税额。

$$可以抵扣的进项税额=\frac{固定资产、无形资产、不动产净值}{1+适用税率}\times 适用税率$$

上述可以抵扣的进项税额应取得合法有效的增值税扣税凭证。

（8）原增值税一般纳税人购进服务、无形资产或者不动产，取得的增值税专用发票上注明的增值税额为进项税额，准予从销项税额中抵扣。

（9）增值税一般纳税人购进货物或者接受加工修理修配劳务，用于《销售服务、无形资产或者不动产注释》所列项目，其进项税额准予从销项税额中抵扣。

（10）增值税一般纳税人购进国内旅客运输服务的进项税额，允许从销项税额中抵扣。具体规定如下：第一，取得增值税电子普通发票的，为发票上注明的税额；第二，取得注明旅客身份信息的航空运输电子客票行程单的，为按照下列公式计算的进项税额：航空旅客运输进项税额=(票价+燃油附加费)/(1+9%)×9%；第三，取得注明旅客身份信息的公路、水路等其他客票的，为按照下列公式计算的进项税额：公路、水路等其他旅客运输进项税额=票面金额/(1+3%)×3%。

上述进项税额扣除的具体处理如表6-1所示。

表6-1　进项税额扣除的具体处理

涉及事项	扣税凭证	取得处	进项税额
购进货物、接受应税劳务或应税服务	增值税专用发票	一般纳税人	凭证注明的金额
接受货物运输服务	增值税专用发票	一般纳税人	
进口货物	海关进口增值税专用缴款书	海关	
购进农产品	农产品销售发票	销售自产农产品的农业生产者	买价×扣除率（9%）
	农产品收购发票	零散经营的农户	

续表

涉及事项	扣税凭证	取得处	进项税额
接受交通运输劳务	增值税专用发票	一般纳税人	凭证注明金额（适用9%税率）
取得购进国内旅客运输服务	航空公司电子客票行程单、铁路车票	运输服务公司	计算进项税额
购进不动产	增值税专用发票	一般纳税人或简易计税	凭证注明金额（9%税率或5%税率）

例6-1①

长江肠衣制品公司（以下简称肠衣公司）是一家规模较大的生物制品专业生产企业，经济效益较好。肠衣公司的业务流程是：从全国的生物收购站采购新鲜的猪肠，收购额为27 100万元，集中到生产基地进行加工制作成肠衣制品。其产品主要销售给国内各大医药公司，然后由医药公司再销售给医院。某年年初，财务部负责人给公司高层送来一份财务报告，上一年度实现销售额36 000万元，但是经营成果为微利，主要原因是增值税税收负担较重。

解析：

肠衣公司从国内生物收购站采购的猪肠无法取得增值税专用发票，原材料无法获得增值税进项税额抵扣，企业可以抵扣的只有水电费等少量项目，可以取得的增值税进项税额有1 512万元。因为医药公司一般都是增值税一般纳税人，要求肠衣公司销售产品开具13%的增值税专用发票。肠衣公司为了生产经营的需要，只能按照医药公司的要求开具增值税专用发票。经测算，该公司增值税情况如下：

应缴纳的增值税＝36 000×13%－1 512＝3 168(万元)

增值税税负率＝3 168÷36 000＝8.8%

经过税务专家的建议后，公司决定对经营模式进行改变。在各地设立猪肠收购站，规范其收购行为，在当地税务机关申请领取农副产品收购凭证收购农副产品。收购站再将收购的猪肠销售给肠衣公司。这样，整个肠衣公司的收购站部分可以取得9%的进项税额，因此大大降低了税负。改变后的增值税情况如下：

增值税进项税额＝27 100×9%＝2 439(万元)

应缴纳的增值税＝36 000×13%－2 439－1 512＝729(万元)

该方案比原来的操作方案节省税收：

3 168－729＝2 439(万元)

同样，我们也应该看到，这个方案的操作难点在于要在各地设立符合税务机关要求的

① 庄粉荣. 纳税筹划实战精选百例. 4版. 北京：机械工业出版社，2012.

收购站，并且对各个收购站进行规范化建设。对此，肠衣公司要花费一定的时间和精力，同时也会发生费用，并且这种费用的数额比较大。但是，若经营得当，可以节省税收费用，拓展企业的业务范围，扩大企业规模，促进企业长远发展。

2. 不得从销项税额中抵扣的进项税额

（1）用于简易计税方法的计税项目、免征增值税项目、集体福利或者个人消费的购进货物、加工修理修配劳务、服务、无形资产和不动产。其中涉及的固定资产、无形资产、不动产，仅指专用于上述项目的固定资产、无形资产（不包括其他权益性无形资产）、不动产。纳税人的交际应酬消费属于个人消费。

（2）非正常损失的购进货物，以及相关的加工修理修配劳务和交通运输服务。

（3）非正常损失的在产品、产成品所耗用的购进货物（不包括固定资产）、加工修理修配劳务和交通运输服务。

（4）非正常损失的不动产，以及该不动产所耗用的购进货物、设计服务和建筑服务。

（5）非正常损失的不动产在建工程所耗用的购进货物、设计服务和建筑服务。纳税人新建、改建、扩建、修缮、装饰不动产，均属于不动产在建工程。

（6）购进的贷款服务、餐饮服务、居民日常服务和娱乐服务。①

（7）纳税人接受贷款服务向贷款方支付的与该笔贷款直接相关的投融资顾问费、手续费、咨询费等费用。

（8）财政部和国家税务总局规定的其他情形。

知识链接

（1）不动产，是指不能移动或者移动后会引起性质、形状改变的财产，包括建筑物、构筑物和其他土地附着物。

纳税人新建、改建、扩建、修缮、装饰不动产，均属于不动产在建工程。

（2）个人消费，包括纳税人的交际应酬消费。

（3）固定资产，是指使用期限超过12个月的机器、机械、运输工具以及其他与生产经营有关的设备、工具、器具等。

（4）非正常损失，是指因管理不善造成被盗、丢失、霉烂变质的损失，以及被执法部门依法没收或者强令自行销毁的货物。

另外，有下列情形之一者，应当按照销售额和增值税税率计算应纳税额，不得抵扣进项税额，也不得使用增值税专用发票：（1）一般纳税人会计核算不健全，或者不能够提供准确税务资料的；（2）应当申请办理一般纳税人资格认定而未申请的。

① 根据《财政部 税务总局 海关总署关于深化增值税改革有关政策的公告》规定，纳税人购进国内旅客运输服务，其进项税额允许从销项税额中抵扣。

纳税人取得的增值税扣税凭证不符合法律、行政法规或者国家税务总局有关规定的，其进项税额不得从销项税额中抵扣。其中，增值税扣税凭证是指增值税专用发票、海关进口增值税专用缴款书、农产品收购发票、农产品销售发票和通用缴款书。纳税人凭通用缴款书抵扣进项税额的，应当具备书面合同、付款证明和境外单位的对账单或者发票。资料不全的，其进项税额不得从销项税额中抵扣。

3. 进项税额扣除的特殊规定

（1）适用一般计税方法的纳税人，兼营简易计税方法计税项目、免征增值税项目而无法划分不得抵扣的进项税额，按照下列公式计算不得抵扣的进项税额：

$$\begin{array}{c}\text{不得抵扣的}\\\text{进项税额}\end{array}=\begin{array}{c}\text{当期无法划分的}\\\text{全部进项税额}\end{array}\times\left(\begin{array}{c}\text{当期简易计税方法}\\\text{计税项目销售额}\end{array}+\begin{array}{c}\text{免征增值税}\\\text{项目销售额}\end{array}\right)\div\text{当期全部销售额}$$

主管税务机关可以按照上述公式依据年度数据对不得抵扣的进项税额进行清算。

（2）已抵扣进项税额的购进货物、接受加工修理修配劳务或者应税服务，发生不得抵扣进项税额情形（简易计税方法计税项目、免征增值税项目除外）的，应当将该进项税额从当期进项税额中扣减；无法确定该进项税额的，按照当期实际成本计算应扣减的进项税额。

例 6-2

上海市某运输企业于2×19年1月份购入一辆汽车作为企业运输业务使用的运输工具，车辆购入时不含税价格为40万元，取得的增值税专用发票上注明增值税税款为5.2万元，当月该企业就对增值税专用发票进行了认证抵扣。2×20年1月，为了增加员工福利，将该车辆转作接送员工上下班的工具。车辆折旧期为4年，采用直线法计提折旧。请问该运输企业应如何扣减已抵扣的进项税额？

解析：

（1）由于需扣减的进项税额无法确定，应按照当期实际成本计算应扣减的进项税额，即

应扣减的进项税额＝5.2÷4×3＝3.9(万元)

（2）该进项税额应从当期的进项税额中扣减。假设该运输企业2×20年1月可抵扣的进项税额为100万元，则

实际可抵扣的进项税额＝100－3.9＝96.1(万元)

（二）特殊情况下增值税进项税额的抵扣

1. 增值税专用发票的作废处理

增值税专用发票的作废处理有即时作废和符合条件作废两种。即时作废，是指

开具时发现有误的；符合条件作废，是指一般纳税人在开具增值税专用发票当月，发生销货退回、开票有误等情形，收到退回的发票联、抵扣联符合作废条件的。符合作废条件需要同时具有下列情形：

（1）收到退回的发票联、抵扣联时间未超过销售方开票当月。

（2）销售方未抄税并且未记账。

（3）购买方未认证或者认证结果为“纳税人识别号认证不符”“专用发票代码、号码认证不符”。

作废增值税专用发票须在防伪税控系统中将相应的数据电文按作废处理，在纸质增值税专用发票（含未打印的增值税专用发票）各联次上注明“作废”字样，全联次留存。

2. 红字增值税专用发票的开具

增值税一般纳税人开具增值税专用发票后，发生销货退回、开票有误等情形但不符合作废条件，或者销货部分退回及发生销售折让时，应按规定开具红字增值税专用发票。纳税人销售货物并向购买方开具增值税专用发票后，由于购货方在一定时期内累计购买货物达到一定数量，或者由于市场价格下降等原因，销货方给予购货方相应的价格优惠或补偿等折扣、折让行为，销货方也可按规定开具红字增值税专用发票。

3. 增值税专用发票丢失的处理

根据《国家税务总局关于增值税发票综合服务平台等事项的公告》（国家税务总局公告 2020 年第 1 号）规定，纳税人同时丢失已开具增值税专用发票或机动车销售统一发票的发票联和抵扣联，可凭加盖销售方发票专用章的相应发票记账联复印件，作为增值税进项税额的抵扣凭证、退税凭证或记账凭证。

纳税人丢失已开具增值税专用发票或机动车销售统一发票的抵扣联，可凭相应发票的发票联复印件，作为增值税进项税额的抵扣凭证或退税凭证；纳税人丢失已开具增值税专用发票或机动车销售统一发票的发票联，可凭相应发票的抵扣联复印件，作为记账凭证。

4. 企业停产、倒闭、破产留抵的进项税额的处理

《国家税务总局关于企业破产、倒闭、解散、停业后增值税留抵税额处理问题的批复》（国税函〔1998〕429 号）规定，对因破产、倒闭、解散、停业而注销税务登记的企业，其原有的留抵税额处理问题，《国家税务总局关于印发〈增值税问题解答（之一）的通知〉》（国税函〔1995〕288 号）已明确规定，纳税人破产、倒闭、解散、停业后，其期初存货中尚未抵扣的已征税款，以及征税后出现的进项税额大于销项税额后不足抵扣部分（即留抵税额），税务机关不再退税。

5. 处理积压物资进项税额转出的处理

《中华人民共和国增值税暂行条例实施细则》第二十四条规定：“条例第十条第（二）项所称非正常损失，是指因管理不善造成被盗、丢失、霉烂变质的损失。”《关于企业改制中资产评估减值发生的流动资产损失进项税额抵扣问题的批复》（国

税函〔2002〕1103号）规定，对于企业由于资产评估减值而发生流动资产损失，如果流动资产未丢失或损坏，只是由于市场发生变化，价格降低，价值量减少，则不属于《中华人民共和国增值税暂行条例实施细则》中规定的非正常损失，不作进项税额转出处理。

第二节　采购控制的税收筹划

一、采购时间选择的税收筹划

1. 利用商品供求关系进行税收筹划

采购方在不影响正常生产经营的情况下应在商品供大于求时进行采购。因为在所需采购商品供大于求时，采购方往往可以压低购买价格，从而实现税负转嫁。

2. 利用税制变化进行税收筹划

税制的稳定性决定了税制改革往往采取过渡的方式，过渡措施的存在为企业利用税制变化进行税收筹划提供了空间。对负有纳税义务的企业来讲，及时掌握各类商品税收政策的变化，包括征税范围、税率等的变化，就可以在购货时间上做相应的筹划安排，从而使税负减轻。

3. 安排购进材料的涉税处理

增值税一般纳税人购进材料主要用于增值税应税项目，但是也有一部分用于集体福利或者个人消费。用于免税项目的购进货物或者应税劳务、用于集体福利或者个人消费的购进货物或者应税劳务的进项税额不得从销项税额中抵扣。于是，不少企业在财务核算时为避免在进项税额上出现差错，便将用于上述项目的外购材料单独设立“工程物资”“其他材料”等科目入账，同时将取得的进项税额直接计入材料成本。

其实上述进项税额不得从销项税额中抵扣，仅指“用于”，也就是在领用的时候要转出进项税额，不“用于”时就无需转出。一般情况下，材料在购进和领用环节会存在一个时间差，企业往往最容易忽视这段时间差的重要性。如果能充分利用材料购进和领用的时间差，也可以减轻企业税收负担，获得货币时间价值。

例6-3

一家大型煤炭生产企业，下属有医院、食堂、宾馆、浴池、学校、幼儿园、托儿所、工会、物业管理等常设非独立核算的单位和部门，另外还有一些在建工程项目和日常维修项目。这些单位、部门及项目耗用的外购材料金额相当巨大，为了保证正常的生产经营，必须不间断地购进材料以补充领用的部分，保持一个相对平衡的余额。

解析：

假设企业购买的这部分材料平均金额为1 130万元，如果单独设立“原材料”科目记账，将取得的进项税额直接计入材料成本，那么就不存在进项税额的问题，从而简化了财务核算。但是，如果所有购进材料都不单独记账，而是准备作为用于增值税应税项目，在取得进项税额时就可以申报从销项税额中抵扣，领用时作进项税额转出，虽然核算复杂了一些，但是企业在生产经营期间可以少缴税款。

这里不妨算一笔账，该企业将上述单位、部门及项目的材料不间断地购进、领用，再购进、再领用，并形成一个滚动链，始终保持1 130万元的余额。如此，企业就可以申报抵扣进项税额130万元，少缴增值税130万元、城市维护建设税9.10万元、教育费附加3.90万元。如果没有这部分税金及附加可占用，在流动资金不足的情况下，需向金融机构贷款。假设以贷款年利率6%计算，则

节约的财务费用＝(130＋9.10＋3.90)×6%＝8.58(万元)

企业多获得的利润＝8.58－8.58×25%＝6.435(万元)

由此可见，企业对材料采购进行税收筹划，不仅节省税款，而且节约利息支出，一举两得。

二、供应商选择的税收筹划

作为一般纳税人，考虑到所采购货物的税款抵扣问题，应该从一般纳税人采购，因为只有这样，才能取得增值税专用发票，才能最大限度地抵扣税款。但是，在现实生活中，事情并不都是那么凑巧，有的货物能够在一般纳税人与小规模纳税人之间选择，有的可能因为质量、采购量、距离远近等因素的制约，只能向小规模纳税人采购。因此，企业采购货物时应从进项税额能否抵扣、价格、质量、付款方式（考虑资金时间价值）等多方面综合考虑。

例6－4

华丰商贸城为一般纳税人，当月拟购进某种商品，每件进价为20 000元（不含税），销售价为22 000元（不含税）。

在选择进货渠道时，可做出三种选择：增值税一般纳税人；能开具增值税专用发票的小规模纳税人；开具普通发票的小规模纳税人。那么以这三种纳税人为供货对象，税收负担有什么不同呢？

解析：

方案一：以一般纳税人为供应商，经计算可知：增值税应纳税额为260元（22 000×13%－20 000×13%）。

方案二：以可以开具增值税专用发票的小规模纳税人为供应商，经计算可知：增值税应纳税额为2 260元（22 000×13%－20 000×3%）。

方案三：以只能开具普通发票的小规模纳税人为供应商，经计算可知：增值税应纳税

额为 2 860 元（22 000×13%）。

所以，选择一般纳税人为供应商时，税负最轻，能开增值税专用发票的小规模纳税人次之，只能开普通发票的小规模纳税人税负最重。

三、结算方式选择的税收筹划

结算方式选择的税收筹划，最为关键的一点就是尽量推迟付款时间，为企业赢得一笔无息贷款。具体操作方法如下：付款之前，先取得对方开具的增值税专用发票；采取托收承付或委托收款结算方式，尽量让销售方先垫付税款；采取赊销或分期付款方式，让销售方先垫付税款，而自身获得足够的资金调度时间。

例 6－5

北方商业城于 3 月 26 日从山东某酒厂购进一批粮食白酒，取得由防伪税控系统开具的增值税专用发票一份。北方商业城于当年 4 月将该份专用发票向当地税务机关申请并通过了认证，并于当月申报抵扣了专用发票上列明的进项税额 6.8 万元。

当年 5 月 16 日，当地税务机关在对北方商业城（增值税一般纳税人）进行增值税日常稽核时，以北方商业城未支付货款为由，责令其转出已抵扣的进项税额 6.8 万元。原因是北方商业城与销货方采取的是占压对方 50 万元货物的结算方式，且无法确定该批货物货款的准确支付时间。那么，税务机关的处理意见是否正确呢？

解析：

并未有规定购货方必须付款后才可以申报抵扣进项税额，故而税务机关的处理意见不正确。

四、委托代购方式的税收筹划

制造企业在生产经营中需要大量购进各种原辅材料。由于购销渠道的限制，制造企业常常需要委托商业机构代购各种材料，委托代购业务自然就产生了。委托代购中一般受托方只向委托方收取手续费。采取委托代购方式必须符合以下条件：

（1）受托方不垫付资金。

（2）销售方将发票开具给委托方，并由受托方将该发票转交给委托方。

（3）受托方按销售实际收取的销售额和增值税额与委托方结算货款，另外收取手续费。这种情况下，受托方按收取的手续费缴纳增值税。

一般纳税人通常都不愿意跟小规模纳税人打交道，原因是后者不能按要求开具增值税专用发票，即使到主管税务机关代开增值税专用发票，也只能按小规模纳税人的 3%的征收率抵扣。同样的原因，众多小规模纳税人因销货时不能提供增值税专用发票而失去了许多一般纳税人客户。

如果小规模纳税人能够巧妙运用税法关于委托代购的规定，将经销转为委托代购，就可以防止一般纳税人客户的流失。

例6-6

某烟草站是专门从事批发、零售卷烟的小规模纳税人，在烟草站附近的供销社是一般纳税人。供销社的营业窗口点多面广，拥有固定的消费群体，其年卷烟销售额可达到500万元。这样大的卷烟零售量，在烟草站眼里无疑是一个十分诱人的市场。然而，近在咫尺却无法建立业务关系。原因很简单，供销社采购卷烟必须索要增值税专用发票，才能申报抵扣进项税额。供销社也只能舍近求远去百里外的县烟草公司去采购，运费成本居高不下。

解析：

税务师事务所了解到它们的苦衷，提供了如下税收筹划方案：

（1）烟草站与供销社之间签订一份委托代购协议书。协议书约定：供销社委托烟草站代购（烟草站的供货来源也是县烟草公司）某某品牌的卷烟多少箱，供销社应支付烟草站代购业务手续费多少元等。

（2）供销社按县烟草公司的供应价（含增值税）计算，将购货款预付给烟草站，使烟草站不垫付购货资金。

（3）县烟草公司凭烟草站与供销社之间签订的委托代购协议书，根据《关于代购货物免征增值税规定》的条例，可将增值税专用发票直接开具给供销社。

（4）烟草站另开发票向供销社收取代购手续费。

五、固定资产采购的税收筹划

1. 采购固定资产应尽量获取增值税专用发票

增值税转型对企业投资产生正效应，使企业存在扩大设备投资的政策激励，从而对企业收益产生影响。但需要注意的是，对房屋、建筑物、土地以固定资产、用于自制（含改扩建、安装）固定资产的购进货物或劳务必须取得增值税专用发票，才能抵扣增值税进项税额。

纳税人租入固定资产、不动产，既用于一般计税方法计税项目，又用于简易计税方法计税项目、免征增值税项目、集体福利或者个人消费的，其进项税额准予从销项税额中全额抵扣。

知识链接

已抵扣进项税额的调整

已抵扣进项税额的固定资产、无形资产或者不动产，发生不得抵扣进项税额的情形时，按照下列公式计算不得抵扣的进项税额：

不得抵扣的进项税额＝固定资产、无形资产或不动产净值×适用税率

2. 采购固定资产必须选择供货商的纳税人身份

一般纳税人在采购固定资产时，必须在不同纳税人身份的供货商之间做出抉择。供货商有两种纳税人身份——一般纳税人和小规模纳税人。假定购进固定资产的含税价款为 S，若供货商为一般纳税人，其适用的增值税税率为 T_1；若供货商为小规模纳税人，其增值税征收率为 T_2。则从一般纳税人供货商或小规模纳税人供货商处购进固定资产时，可抵扣的增值税进项税额分别为：$ST_1(1+T_1)$ 与 $ST_2(1+T_2)$。

（1）若一般纳税人增值税税率 T_1 取值 13%，小规模纳税人增值税税率 T_2 取值 3%，则有 13%/(1+13%)>3%/(1+3%)，因此一般纳税人企业从一般纳税人供货商处采购能获得更多的可抵扣的进项税额。

（2）若一般纳税人增值税税率 T_1 取值 9%，T_2 取值 3%，则有 9%/(1+9%)>3%/(1+3%)，则一般纳税人企业从一般纳税人供货商处采购固定资产能获得更多的可抵扣的进项税额。

3. 采购固定资产抵扣增值税时机的选择

当企业购买固定资产时，必须考虑固定资产的购进时机。一般来说，企业在出现大量增值税销项税额时购入固定资产最为适宜，这样在固定资产购进过程中就可以实现进项税额的全额抵扣。否则，若购进固定资产的进项税额大于该时期的销项税额，则购进固定资产时就会出现一部分进项税额不能实现抵扣，从而减小增值税抵扣的力度。因此，增值税转型后，企业必须对固定资产投资做出财务预算，合理规划投资活动的现金流量，分期分批进行固定资产更新，以实现固定资产投资规模、速度与企业财税目标的相互配合。

例 6-7

A 公司为一般纳税人，准备购入一批固定资产扩大生产规模，价格为 565 万元（含税），有三个供应商可以选择：

甲为一般纳税人，适用税率 13%，可以提供增值税专用发票；

乙为小规模纳税人，可以到税务机关代开增值税专用发票，或者自行开具增值税专用发票；

丙为小规模纳税人，不能取得专用发票。

A 公司当期有 30 万元销项税额，则应该选择哪个供应商才能最大限度地获得增值税抵扣力度呢？

解析：

选择甲，则

可抵扣进项税额=565÷(1+13%)×13%=65(万元)

选择乙，则

可抵扣进项税额=565÷(1+3%)×3%=16.46(万元)

选择丙，不能取得专用发票，不能抵扣进项税额。

由计算结果可知，供应商丙劣于供应商甲和乙，甲可抵扣进项税额大于乙。在不考虑增值税销项税额的情况下，可以直接选择甲；因A公司当期只有30万元销项税额，会造成大量的进项税额留抵；如果考虑到抵扣增值税时机，充分发挥增值税进项税额的抵扣力度，则应该选择乙，等有更多销项税额时，再分期分批购入固定资产。

知识链接

企业销售已使用过的固定资产如何纳税和开票？

情形一：一般纳税人出售2009年1月1日前购入的固定资产，出售时按3%减按2%征收，开具增值税普通发票。

但是，纳税人销售自己使用过的固定资产，适用简易计税方法依照3%征收率减按2%征收增值税政策的，可以放弃减税，按照简易计税方法依照3%征收率缴纳增值税，并可以开具税率为3%的增值税专用发票。

情形二：一般纳税人出售2009年1月1日后购入的固定资产（不含应征消费税的摩托车、汽车、游艇），比如货车，该固定资产购入时已经抵扣过（包括可以抵扣但由于自身原因未抵扣的），出售时按13%的税率缴税，可以开具税率为13%的增值税普通发票或增值税专用发票（2018年5月1日前按照17%的税率，2018年5月1日后2019年4月1日前按照16%的税率，2019年4月1日后按照13%的税率）。

情形三：一般纳税人出售2013年8月1日前购进的应征消费税的摩托车、汽车、游艇，出售时按3%减按2%征收，开具增值税普通发票。

但是，纳税人销售自己使用过的应征消费税的摩托车、汽车、游艇，适用简易计税方法依照3%征收率减按2%征收增值税政策的，可以放弃减税，按照简易计税方法依照3%征收率缴纳增值税，并可以开具税率为3%的增值税专用发票。

情形四：一般纳税人出售2013年8月1日后购进自用的应征消费税的摩托车、汽车、游艇，该固定资产购入时已经抵扣过（包括可以抵扣但由于自身原因未抵扣的），出售时按13%的税率缴税，可以开具税率为13%的增值税普通发票或增值税专用发票（2018年5月1日前按照17%的税率，2018年5月1日后2019年4月1日前按照16%的税率，2019年4月1日后按照13%的税率）。

政策依据：(1)《财政部 国家税务总局关于将铁路运输和邮政业纳入营业税改征增值税试点的通知》（财税〔2013〕106号）；(2)《国家税务总局关于营业税改征增值税试点期间有关增值税问题的公告》（国家税务总局公告2015年第90号）；(3)《财政部 国家税务总局关于调整增值税税率的通知》（财税〔2018〕32号）；《财政部 税务总局 海关总署关于深化增值税改革有关政策的公告》（财政部 税务总局 海关总署公告2019年第39号）。

复习思考题

1. 请分析采购合同中可能出现的税收陷阱有哪些。

2. 从税收筹划角度分析企业采购时应选择什么样的供应商。
3. 物资采购中，哪些进项税额不能抵扣?
4. 企业采购时应从哪些方面进行税收筹划?
5. 企业购置固定资产时，应该考虑哪些涉税问题?

案例分析题

案例一　运输业务的税收筹划

利华轧钢厂是生产钢材的增值税一般纳税人，拥有自己的运输车辆。预计销售钢材时可同时取得运费收入100万元（不含税），车辆运输费用为30万元（不含税），其中油料等可抵扣增值税进项税额为2.5万元，可抵扣增值税的项目均取得增值税专用发票。有两种方案可供利华轧钢厂选择：一是自营运输；二是将运输部门设立为独立的运输公司。

思考：从税收角度考虑，利华轧钢厂应如何选择?

案例二　兼营行为的税收筹划

中超运输公司是营改增试点纳税人，兼营运输及仓储服务业务，6月取得运费收入1 000万元（不含税），取得仓储收入300万元（不含税），交通运输业增值税税率为9%，仓储业增值税税率为6%，城市维护建设税税率为7%，教育费附加为3%。假设不考虑其他税种。

思考：从税收角度考虑，中超运输公司的运费收入及仓储收入应如何进行税收筹划?

综合阅读题

三流一致能否作为判断真实交易的标准?

所谓三流一致，是指发票流、资金流、货物流应当统一，具体是指一张发票上的收款方、发货方、销售方（是指发票抬头上的销售方）应该是同一个主体，且付款方、收货方、购买方（是指发票抬头上的购买方）也应该是同一个主体。其理论根基是：既然发票抬头上的销售方和购买方之间是真实交易，那么销售方应该会直接把货物发送给购买方，货款应当由购买方直接支付给销售方。如果三流不一致，则很可能面临虚开的判定而遭受不利的法律后果。

一、三流一致的来龙去脉

（一）资金流一致的渊源

1995年10月18日，国家税务总局出台的国税发〔1995〕192号文规定，纳税人购进货物或应税劳务，支付运输费用，所支付款项的单位，必须与开具抵扣凭证的销货单位、提供劳务的单位一致，才能够申报抵扣进项税额，否则不予抵扣。

该文表达的意思是：所支付款项的单位，必须与开具抵扣凭证的销货单位、提供劳务的单位一致。因此，这里强调的是收款方与销售方一致，即收取货款的应该是销售方而不是其他人，其取得的抵扣凭证才能抵扣进项税额。

（二）货物流一致的来源

国税发〔1995〕192号文规定，准予计算进项税额扣除的货运发票，其发货人、收货人、起运地、到达地、运输方式、货物名称、货物数量、运输单价、运费金额等项目的填写必须齐全，与购货发票上所列的有关项目必须相符，否则不予抵扣（该条款已经作废）。有些人认为，该条款是货物流一致的根源，经过反复审查，发现该项仅仅是用来规范运输费发票的，实际上该条款也很不现实。

（三）发票流一致

发票一致是理所应当的，但问题是：发票流应当与什么保持一致？是与货物流一致，还是与资金流一致？这里很难给出明确答案。

二、三流一致的具体表现

以A公司、B公司为例。A公司开具发票给B公司，发票抬头为：销售方A公司，购买方B公司。

满足货物流一致的要求需要做到以下几点：

(1) A公司必须足额发送货物到B公司，少发或没有发送货物则货物流不一致；

(2) 直接发货人只能是A公司而不能是其他公司（不能是他人代发），直接收货人只能是B公司（不能是他人代收或指定他人接收货物）；

(3) A公司与B公司之间不能插入其他单位转手（物流公司不排斥）；

(4) A公司必须对货物享有所有权；

(5) B公司收到的货物必须是A公司交付的货物，中间不许有人调换货物。

满足资金流一致的要求需要做到以下几点：

(1) 货款必须足额支付，少支付或未支付也属于资金流不一致；

(2) 直接支付货款的必须是B公司（不能代为支付），直接接受货款的必须是A公司（不能其他人接受该款项）；

(3) 货款在B公司到A公司之间不能插入其他环节。

资料来源：http://blog.sina.com.cn/s/blog_4ca266b60102xwli.html.

问题思考：

1. 三流一致能证明交易真实吗？

2. 如果三流不一致，就一定是虚开增值税发票吗？

第七章 生产研发的税收筹划

虽然各国税制的具体细节各不相同，但所有的所得税体系都面临同样的基本问题，如对国际所得课征多少税收，以及应在何时对所得课税等。另外，所有国家的税收筹划者都必须确定税收战略与公司的财务和经营战略之间的相互影响。

——诺贝尔经济学奖获得者迈伦·斯科尔斯

第一节 存货计价与资产折旧的税收筹划

一、存货发出计价方法

纳税人采取的存货计价方式不同，对产品成本、企业利润和企业所得税都有较大影响。对于性质和用途相似的存货，应当采取相同的成本计算方法确定发出存货的成本。对于不能替代使用的存货、为特定项目专门购入的存货以及提供劳务的成本，通常采用个别计价法确定发出存货的成本。

这里的存货是指企业在生产经营过程中为销售或者耗用而储存的各种资产，如商品、产成品、半成品、在产品以及各类材料、燃料、包装物、低值易耗品等。存货是资产负债表中的重要项目，也是利润表中用来确定主营业务成本的一项重要内容。

存货成本＝期初存货＋本期存货－期末存货

由上述公式可知，期末存货的大小恰好与销货成本高低呈反向变化。换言之，本期期末存货的多计，必然会降低本期销货成本，增加本期收益。此外，本期期末存货的多计，又会增加下期期初存货成本，从而使下期的销货成本提高，降低下期的收益。因此，能否正确地确定存货的价值与能否正确地反映企业的经营成果和财务状况有着密切的关系。由于存货计价对企业的收益和应税所得额均有直接影响，《企业会计准则》规定的存货计价方法又有多种，不同的计价方法对企业利润和纳税额的影响是不一样的，因而企业在选择存货计价方法时，可选择使其税负较轻的方法。

对企业来说，可选用的存货计价方法主要有：先进先出法、个别计价法、月末一次加权平均法、移动加权平均法等。在价格水平波动不大时，存货计价方法对成本的影响不显著；当价格水平不断波动时，存货计价方法对成本的影响就较为显著。

不同的存货计价方法对企业纳税的影响是不同的，这既是财务管理的重要步骤，也是税收筹划的重要内容。一般采取何种方法为佳，应根据具体情况进行分析。

（1）当物价有上涨趋势时，采用月末一次加权平均法计算出的期末存货价值最低，销售成本最高，可将利润递延至次年，以延缓纳税时间；当物价呈下降趋势时，则采用先进先出法计算出的存货价值最低，同样可达到延缓纳税的目的。

（2）同样，在物价有上升趋势的前提下，当企业处于所得税的免税期时，企业获得的利润越多，其免税额就越高，此时，企业可以选择先进先出法计算期末存货价值，以减少当期成本、费用的摊入，增加当期利润；相反，当企业处于征税期或高税负期时，企业可以选择月末一次加权平均法，将当期的摊入成本尽量扩大，以减少当期利润，降低应纳所得税额。反之，在物价有下降趋势时，企业就可以选择相反的做法。

（3）存货计价方法作为企业内部核算的具体方法，可以利用市场价格水平变动来达到降低税负的目的。由于商品的市场价格总是处于变动之中，政府对商品市场价格的控制也有一定的限度，这就为企业利用价格变动获得最大利益创造了条件。

在实行累进税率的条件下，企业也可以利用存货计价方法开展税收筹划活动。累进税率主要是针对个体工商户而言的。《个人所得税法》规定，个体工商户的生产、经营所得，对企事业单位的承包经营、承租经营所得，适用5%～35%的五级超额累进税率。在实行超额累进税率的条件下，选择一次加权平均法或者移动加权平均法对企业存货进行计价核算，可以使企业税收负担较轻。这是因为在加权平均法下，企业各期的利润比较平均，不至于因为利润忽高忽低而使利润过高的会计期间适用过高的税率。

例7-1

某个体工商户在2×16年购进甲货物两批，数量均为2 000件。第一批价格为4元/件，第二批价格为6元/件。2×17年销售2 000件，2×18年也销售2 000件，销售价格均为7元/件。下面分别采用一次加权平均法、先进先出法的存货计价方法，计算该个体工商户2×17年度和2×18年度的应纳所得税情况。

解析：

（1）采用一次加权平均法。

购进甲货物的平均价格＝(2 000×4＋2 000×6)/(2 000＋2 000)＝5(元)

2×17 年度税前利润＝2 000×7－2 000×5＝4 000(元)

2×17 年度应缴所得税＝4 000×5%＝200(元)

同样可以计算得到 2×18 年度应缴所得税为 200 元，那么该个体工商户 2×17—2×18 年的应纳所得税合计 400 元。

(2) 采用先进先出法。

2×17 年度税前利润＝2 000×7－2 000×4＝6 000(元)

2×17 年度应缴所得税＝6 000×10%－250＝350(元)

2×18 年度税前利润＝2 000×7－2 000×6＝2 000(元)

2×18 年度应缴所得税＝2 000×5%＝100(元)

那么，该个体工商户两年的应纳所得税合计 450 元。

通过上面的计算可以看出，采用一次加权平均法进行存货计价时，该个体工商户 2×17—2×18 年应纳所得税额比采用先进先出法的存货计价方法减少 50 元。也就是说，在实行累进税率的条件下，选择一次加权平均法对企业的存货进行计价核算，可以使企业获得较轻的税负。

二、固定资产折旧的税收筹划

折旧作为成本的重要组成部分，有着“税收挡板”的作用。《企业会计准则》规定，企业常用的折旧方法有年限平均法、工作量法、年数总和法和双倍余额递减法。运用不同的折旧方法计算出的折旧额是不相等的，因而分摊到各期生产成本中的固定资产折旧额也不同，这会影响到企业的利润和应缴纳的企业所得税。

企业计提固定资产折旧时，一般只能选用年限平均法或工作量法。对于加速折旧法的采用，税法有非常严格的规定。

《企业所得税法实施条例》第九十八条规定，企业可以采取缩短折旧年限或者采取加速折旧的方法的固定资产包括：(1) 由于技术进步，产品更新换代较快的固定资产；(2) 常年处于强震动、高腐蚀状态的固定资产。

根据《财政部 国家税务总局关于完善固定资产加速折旧企业所得税政策的通知》(财税〔2014〕75 号) 规定：

(1) 对生物药品制造业，专用设备制造业，铁路、船舶、航空航天和其他运输设备制造业，计算机、通信和其他电子设备制造业，仪器仪表制造业，信息传输、软件和信息技术服务业等 6 个行业的企业 2014 年 1 月 1 日后新购进的固定资产，可缩短折旧年限或采取加速折旧的方法。

对上述 6 个行业的小型微利企业 2014 年 1 月 1 日后新购进的研发和生产经营共用的仪器、设备，单位价值不超过 100 万元的，允许一次性计入当期成本费用在计算应纳税所得额时扣除，不再分年度计算折旧；单位价值超过 100 万元的，可缩短折旧年限或采取加速折旧的方法。

（2）对所有行业企业2014年1月1日后新购进的专门用于研发的仪器、设备，单位价值不超过100万元的，允许一次性计入当期成本费用在计算应纳税所得额时扣除，不再分年度计算折旧；单位价值超过100万元的，可缩短折旧年限或采取加速折旧的方法。

（3）对所有行业企业持有的单位价值不超过5 000元的固定资产，允许一次性计入当期成本费用在计算应纳税所得额时扣除，不再分年度计算折旧。

此外，根据《财政部 国家税务总局关于进一步完善固定资产加速折旧企业所得税政策的通知》（财税〔2015〕106号）规定，对轻工、纺织、机械、汽车等四个领域重点行业的企业2015年1月1日后新购进的固定资产，可由企业选择缩短折旧年限或采取加速折旧的方法。对上述行业的小型微利企业2015年1月1日后新购进的研发和生产经营共用的仪器、设备，单位价值不超过100万元的，允许一次性计入当期成本费用在计算应纳税所得额时扣除，不再分年度计算折旧；单位价值超过100万元的，可由企业选择缩短折旧年限或采取加速折旧的方法。

根据《财政部 税务总局关于设备、器具扣除有关企业所得税政策的通知》（财税〔2018〕54号）、《国家税务总局关于设备、器具扣除有关企业所得税政策执行问题的公告》（国家税务总局公告2018年第46号）的规定，企业在2018年1月1日至2020年12月31日期间新购进的设备、器具（除房屋、建筑物以外的固定资产），单位价值不超过500万元的，允许一次性计入当期成本费用在计算应纳税所得额时扣除，不再分年度计算折旧。

《财务部 税务总局关于扩大固定资产加速折旧优惠政策适用范围的公告》（财政部 税务总局公告2019年第66号）将原适用于六大行业和四个领域重点行业的企业的固定资产加速折旧优惠政策的适用范围扩大至全部制造业，但具体固定资产加速折旧优惠政策内容没有调整，仍与原有政策保持一致，具体为：一是制造业企业新购进的固定资产，可缩短折旧年限或采取加速折旧的方法。二是制造业小型微利企业新购进的研发和生产经营共用的仪器、设备，单位价值不超过100万元的，可一次性税前扣除。

需要强调的是，2018年1月1日至2020年12月31日，企业新购进单位价值不超过500万元的设备、器具可一次性在税前扣除，该政策适用于所有行业企业，已经涵盖了制造业小型微利企业的一次性税前扣除政策。在此期间，所有制造业企业均可适用设备、器具一次性税前扣除政策，不再局限于小型微利企业新购进的单位价值不超过100万元的研发和生产经营共用的仪器、设备。

采取缩短折旧年限方法的，最低折旧年限不得低于税法规定折旧年限的60%；采取加速折旧方法的，可以采取双倍余额递减法或年数总和法。

一般情况下，在企业创办初期且享有减免税优惠待遇时，企业可以通过延长固定资产折旧年限，将计提的折旧递延到减免税期满后计入成本，从而获得节税的好处。而对处于正常生产经营期且未享有税收优惠待遇的企业来说，缩短固定资产折旧年限，往往可以加速固定资产成本的回收，使企业后期成本费用前移，前期利润后移，从而获得延期纳税的好处。

在物价持续上涨时期，企业如果采用加速折旧方法，既可以缩短回收期，又可以加快折旧速度，有利于使前期的折旧成本取得更多的抵税额，从而获得延缓纳税的好处。

企业采用加速折旧法计提折旧，只是相对改变了折旧计提的时间。在实施该方法的前几年，企业所得税的数额相对减少，可以达到节税的目的，但后期的企业所得税会逐渐增加。总体而言，总税负是不变的。但采用加速折旧法，可以使企业加速设备更新，促进技术进步，从而增强企业发展的后劲。

例 7-2

某企业拥有一条生产线，账面价值为 500 万元，残值率为 8%，预计可使用年限为 5 年，企业所得税税率为 25%。试分析比较在年限平均法、双倍余额递减法以及年数总和法这三种折旧计提方法下，该企业的企业所得税抵免额的不同。

解析：

该企业在不同折旧方法下企业所得税抵免额对比如表 7-1 所示。

表 7-1　不同折旧方法下企业所得税抵免额对比表　　单位：万元

折旧时间	年限平均法	双倍余额递减法	年数总和法
第 1 年	23.0	50.0	38.3
第 2 年	23.0	30.0	30.7
第 3 年	23.0	18.0	23.0
第 4 年	23.0	8.5	15.3
第 5 年	23.0	8.5	7.7
合计	115.0	115.0	115.0

从表 7-1 可以看出，尽管三种不同的折旧方法下，企业所得税抵免额合计数没有差别，均为 115 万元，但考虑到货币时间价值后，企业在不同年份所缴纳的企业所得税的现值是不一样的。

假设固定资产没有发生减值，资金成本率为 10%。第 1～5 年的复利现值系数分别为 0.909，0.826，0.751，0.683，0.621，则在年限平均法、双倍余额递减法以及年数总和法这三种折旧计提方法下，该企业的企业所得税抵免额现值如表 7-2 所示。

表 7-2　不同折旧方法下企业所得税抵免额现值对比表　　单位：万元

折旧时间	年限平均法	双倍余额递减法	年数总和法
第 1 年	20.9	45.5	34.8
第 2 年	19.0	24.8	25.4
第 3 年	17.3	13.1	17.3
第 4 年	15.7	5.8	10.4
第 5 年	14.2	5.3	4.8
合计	87.1	94.5	92.7

从表7-2可以看出，不同折旧方法下的应纳企业所得税抵免额现值是不一样的。毫无疑问，选择双倍余额递减法更有利于企业的纳税筹划。

第二节　生产设备租赁的税收筹划

企业在生产管理中，经常会遇到设备租赁业务。按税法规定，公司不论从事经营租赁业务还是融资租赁业务，所获取的租赁收入均应缴纳增值税。

例7-3

融源股份公司为商品流通企业，兼营融资租赁业务，按黄河公司的要求购入一条生产线，价格为1 624万元（含增值税224万元），支付境内运输费和安装调试费40万元、国内借款利息30万元。有两种方案可供选择。

方案一：双方签订融资租赁合同，明确融资租赁价款为2 400万元，租赁期为8年，黄河公司每年年初支付租金300万元，合同期满付清租金后，该生产线自动转让给黄河公司，转让价款为20万元（残值）。

方案二：双方签订经营租赁合同，约定租期为8年，租金总额2 040万元，黄河公司每年年初支付租金255万元，租赁期满，融源股份公司收回设备。收回设备的可变现净值为400万元。

解析：

融源股份公司与黄河公司之间的租赁业务，可以选择不同的租赁形式，对两个方案的纳税情况分析如下。

方案一：租赁期满后，设备的所有权转让，应缴纳增值税。如果融源股份公司为增值税一般纳税人，该设备的进项税额可以抵扣。

$$\text{应纳增值税}=(2\,400+20)\div(1+13\%)\times13\%-224=54.41(\text{万元})$$

$$\text{应纳城市维护建设税及教育费附加}=54.41\times(7\%+3\%)=5.44(\text{万元})$$

方案二：融源股份公司应缴纳增值税。

$$\text{应纳增值税}=2\,040\div(1+13\%)\times13\%-224=10.69(\text{万元})$$

$$\text{应纳城市维护建设税及教育费附加}=10.69\times(7\%+3\%)=1.07(\text{万元})$$

第三节　委托加工与自行加工的税收筹划

应税消费品的加工方式有两种：委托加工与自行加工。委托加工的应税消费品与自行加工的应税消费品的计税依据不同。委托加工时，受托方（个体工商户除外）代收代缴税款，计税依据为同类产品销售价格或组成计税价格；自行加工时，计税依据为产品销售价格。通常情况下，委托方收回委托加工的应税消费品后，要以高于成本的价格售出，要求获取盈利。不论委托加工费高于还是低于自行加工成本，只要收回的应税消费品的计税价格低于收回后的直接出售价格，委托加工应税消费品的税负就会低于自行加工的税负。

企业在计算应纳税所得额时，消费税允许税前扣除。因此，消费税税负会进一步影响企业所得税税负，进而影响企业的税后利润额。而作为价外税的增值税，则不允许税前扣除。

纳税人选择不同的加工方式，会产生不同的税负。因此，纳税人需要合理选择加工方式进行税收筹划。

例 7－4

A 卷烟厂适用的企业所得税税率为 25%，其委托加工的消费品面临两种税收筹划方案的选择：委托加工的消费品收回后加工成另一种应税消费品；委托加工的消费品收回后直接对外销售。请问：A 卷烟厂该如何选择？

解析：

方案一：委托加工的消费品收回后，继续加工成另一种应税消费品。

A 卷烟厂委托 B 厂将一批价值 100 万元的烟叶加工成烟丝，协议约定加工费为 75 万元。加工的烟丝运回 A 厂后继续加工成甲类卷烟，加工成本、分摊费用共计 20 万元。该批卷烟售出价格为 700 万元（不含税），出售卷烟数量为 20 000 万支。烟丝消费税税率为 30%，甲类卷烟的消费税税率为 56%，每支征收 0.003 元的从量定额消费税（增值税不计）。

A 卷烟厂支付加工费的同时，向受托方支付其代收代缴消费税为：

$$(100+75)\div(1-30\%)\times30\%=75(\text{万元})$$

代收代缴城市维护建设税及教育费附加为：

$$75\times(7\%+3\%)=7.5(\text{万元})$$

A 卷烟厂销售卷烟后，应缴纳消费税为：

$$700\times56\%+0.003\times20\,000-75=377(\text{万元})$$

应缴纳城市维护建设税及教育费附加为：

$$377\times(7\%+3\%)=37.7(\text{万元})$$

由此可知，A 卷烟厂税后利润为：

$$(700-100-75-75-20-377-37.7-7.5)\times(1-25\%)=5.85(\text{万元})$$

方案二：委托加工的消费品收回后，委托方不再继续加工，而是直接对外销售。

A卷烟厂委托B厂将烟叶加工成甲类卷烟，烟叶成本不变，支付加工费为120万元；A卷烟厂收回后直接对外销售，售价仍为700万元。

A卷烟厂支付受托方代收代缴消费税为：

$$(100+120)\div(1-56\%)\times56\%+0.003\times20\,000\approx280(\text{万元})$$

由于100+120+280=500（万元）<700万元，因此，A卷烟厂直接对外销售时仍需再缴纳消费税，受托方代收代缴的280万元消费税可以申请退回。

A卷烟厂应缴纳消费税为：

$$700\times56\%+0.003\times20\,000-75=377(\text{万元})$$

应缴纳城市维护建设税及教育费附加为：

$$377\times(7\%+3\%)=37.7(\text{万元})$$

由此可知，A卷烟厂税后利润为：

$$(700-100-120-377-37.7)\times(1-25\%)=48.98(\text{万元})$$

在加工材料成本相同、最终售价相同的情况下，方案二显然比方案一对企业更有利，税后利润多43.13万元（48.98−5.85）。

第四节 技术改造及设备大修的税收筹划

一、技术改造与设备大修的税收政策

技术改造是指企业为了提高经济效益和产品质量、增加花色品种、促进产品升级换代、扩大出口、降低成本、节约能耗、加强资源综合利用和“三废”治理、保障劳动安全等，利用先进的新技术、新工艺、新装备等对生产条件进行改造。

为达到节约税款的目的，技术改造存在着选择的时机，而非任意时间段。另外，还涉及技术引进的方式以及技术转让购进渠道的选择。设备大修是使设备恢复原来的状况和功能，包括更换零部件。设备大修在税法上称为固定资产改良支出，是指同时符合下列条件的支出：（1）修理金额占原固定资产设备价值的50%以上；（2）修理后固定资产的经济寿命延长两年以上。当企业的固定资产修理费用达到或者超过固定资产原值50%时，可以考虑采用多次修理的方式来达到税收筹划的目的。

技术改造投资大，时间长，但能极大提高生产效益。设备大修相对于技术改造来说简单一些，只是功能的恢复，但能节约资金。因此，对技术改造和设备大修不能简单地比较孰优孰劣，企业在选择时需要根据实际情况比较分析，进行税收筹划。

二、设备大修的税收筹划

(一) 设备大修支出的税务处理

税法规定，企业的设备大修支出根据固定资产已计提折旧的情况归入固定资产或长期待摊费用。

1. 设备大修费用计入固定资产原值

当该项固定资产尚有折旧未计提完时，设备大修费用应计入固定资产原值。假设原固定资产价值为 H，设备大修费用为 K，那么设备大修费用 K 应在 $50\%H$ 以上，设备大修增加固定资产原值则为 $50\%H$ 以上。

假设 $K=50\%H$，按 10 年计提折旧，每年折旧额为 $5\%H$。当修理费越高时，其利润越少。由于设备大修只是恢复原有功能，生产效益不能提高，相反，还增加折旧，减少了利润。设原来的年利润为 M，经过设备大修后，企业的年利润为 $M-5\%H$。

2. 设备大修费用计入长期待摊费用

假设设备大修费用仍为 K，按税法政策规定，设备大修费用计入长期待摊费用，应在 5 年时间内摊销，每年摊销额为 $10\%H$，此时，年利润为 $M-10\%H$。

(二) 设备大修与技术改造的结合

企业可以将设备大修和技术改造巧妙结合、统筹安排：(1) 在时间安排上，可将设备大修安排在技术改造前一年，使当年利润减少，第二年年初购入技术改造设备，使设备提取较多的折旧额抵减利润。(2) 对于一些设备的小修，可以考虑与技术改造相结合，变成设备大修，提高税前扣除额。

第五节　技术研发的税收筹划

一、技术开发、技术服务、技术培训与技术转让

(一) 技术开发、技术转让与技术咨询

科研单位的技术开发与技术转让业务极易混淆，下面主要分析对比技术开发与技术转让的税收政策。

技术开发是指开发者接受他人委托，就新技术、新产品、新工艺或者新材料及其系统进行研究开发的行为。技术转让是指有偿转让专利和非专利技术的所有权或使用权的行为。这里需要特别提醒，技术转让既包括转让技术的所有权，也包括转让技术的使用权。

与技术转让、技术开发相关的技术咨询、技术服务，是指转让方（或者受托方）根据技术转让或者技术开发合同的规定，为帮助受让方（或者委托方）掌握所

转让（或者委托开发）的技术，而提供的技术咨询、技术服务业务，且这部分技术咨询、技术服务的价款与技术转让或者技术开发的价款应当在同一张发票上开具。其中，技术咨询具体指就特定技术项目提供可行性论证、技术预测、专题技术调查、分析评价报告等业务活动。

按照税务机关的权威解读，技术开发服务属于研发服务范围，技术转让服务属于销售无形资产范围，技术咨询服务属于鉴证咨询服务范围，同时将研发和技术服务——技术转让服务和文化创意服务——商标和著作权转让服务纳入销售无形资产范围。

《财政部 国家税务总局关于全面推开营业税改征增值税试点的通知》（财税〔2016〕36号）规定，纳税人提供技术转让、技术开发和与之相关的技术咨询、技术服务免征增值税。纳税人申请免征增值税时，须持技术转让、技术开发的书面合同，到纳税人所在地省级科技主管部门进行认定，并持有关的书面合同和科技主管部门审核意见证明文件报主管税务机关备查。还要特别提醒，这里所说的技术开发与技术转让是指自然科学领域的技术开发和技术转让，不包括社会科学领域的技术及其研究成果。《企业所得税法实施条例》第九十条规定，居民企业在一个纳税年度内，技术转让所得不超过500万元的部分，免征企业所得税；超过500万元的部分，减半征收企业所得税。需要注意的是，下列情况不得享受技术转让减免企业所得税优惠政策：（1）居民企业从直接或间接持有股权之和达到100%的关联方取得技术转让所得的；（2）居民企业取得禁止出口和限制出口技术转让所得的。

目前技术市场常见的合同有两种：一种是技术转让合同，包括非专利技术转让合同、专利技术转让合同、专利申请权转让合同等。另一种是技术服务合同，它是对于专项技术的技术咨询、技术培训、技术指导业务所签订的合同。

境内的技术转让须经省级以上（含省级）科技部门认定登记，跨境的技术转让需经省级以上（含省级）商务部门认定登记，涉及财政经费支持产生技术的转让，需省级以上（含省级）科技部门审批。技术转让的范围包括专利（含国防专利）①、计算机软件著作权、集成电路布图设计专有权、植物新品种权、生物医药新品种，以及财政部和国家税务总局确定的其他技术。同样是技术类合同，一类是技术转让合同，所涉及的技术转让收入可享受免征增值税和减免所得税优惠；另一类是技术开发合同，所涉及的技术开发研究以及与之相关的技术咨询、技术服务等免征增值税，但不能享受减免所得税优惠政策。因此，企业和科研机构必须严格区分技术转让合同与技术开发合同，并清楚划分技术转让收入与技术咨询收入、技术服务收入及技术培训收入。

在契税方面，专利申请权转让、非专利技术转让所书立的合同，适用“技术合同”税目；专利权转让、专利实施许可所书立的合同、书据，适用“产权转移书据”税目。

① 专利是指法律授予独占权的发明、实用新型以及非简单改变产品图案和形状的外观设计。

例 7-5

甲、乙两公司于 2019 年 11 月签订一项新型生物技术和与之相关的新型制药技术的转让合同，合同规定转让价格为 2 000 万元，甲公司此项技术的转让成本和相关税费为 1 020 万元。有以下两种方案选择。

方案一：在甲公司履行技术转让合同后 10 日内乙公司一次性付给甲公司技术转让费 2 000 万元。

方案二：甲公司将该新型生物技术和与之相关的新型制药技术的转让合同分为两项合同，分别在 2019 年 11 月和 2020 年 1 月签订，两项合同的转让价格均为 1 000 万元，转让成本和相关税费在两项合同中平均分摊。

解析：

方案一：甲公司技术转让所得为：

$$2\,000-1\,020=980(\text{万元})$$

甲公司应纳企业所得税金额为：

$$(980-500)\times 25\%\times 50\%=60(\text{万元})$$

方案二：甲公司 2019 年技术转让所得为：

$$1\,000-1\,020\div 2=490(\text{万元})$$

甲公司 2020 年技术转让所得为：

$$1\,000-1\,020\div 2=490(\text{万元})$$

由于在一个纳税年度内，居民企业技术转让所得不超过 500 万元的部分免征企业所得税，因此，方案二比方案一节约税款 60 万元。

（二）技术服务、技术培训与技术中介

技术服务与技术培训是极为类似的两种行为。技术服务属于现代服务业①，增值税税率为 6%；技术培训是指当事人一方委托另一方对指定的专业技术人员进行特定项目的技术指导和专业训练，也属于现代服务业，增值税税率为 6%；技术中介是指科技领域的中介服务活动，属于现代服务业，增值税税率为 6%。根据《国家税务局关于对技术合同征收印花税问题的通知》（国税地字〔1989〕34 号）第三条的规定，技术服务合同的征税范围包括技术服务合同、技术培训合同和技术中介合同。上述三类合同均需要缴纳印花税。

① 现代服务业是指围绕制造业、文化产业、现代物流产业等提供技术性、知识性服务的业务活动，包括研发和技术服务、信息技术服务、文化创意服务、物流辅助服务、有形动产租赁服务、鉴证咨询服务、广播影视服务。

二、研究开发费用的税收筹划

（一）研究开发费用的税收政策

为了促进企业技术进步，国家出台了一系列税收优惠政策。企业在进行技术研发时，有必要根据企业实际情况事先进行筹划，合理地利用税收优惠政策，以节约技术研发费。

《企业所得税法》第三十条规定，企业开发新技术、新产品、新工艺发生的研究开发费用，可以在计算应纳税所得额时加计扣除。《企业所得税法实施条例》第九十五条规定，研究开发费用的加计扣除，是指企业为开发新技术、新产品、新工艺发生的研究开发费用，未形成无形资产计入当期损益的，在按照规定据实扣除的基础上，按照研究开发费用的50%加计扣除；形成无形资产的，按照无形资产成本的150%摊销。根据《财政部 税务总局 科技部关于提高研究开发费用税前加计扣除比例的通知》（财税〔2018〕99号）规定，企业开展研发活动中实际发生的研发费用，未形成无形资产计入当期损益的，在按规定据实扣除的基础上，在2018年1月1日至2020年12月31日期间，再按照实际发生额的75%在税前加计扣除；形成无形资产的，在上述期间按照无形资产成本的175%在税前摊销。

企业在进行技术转让时有意识地改变自身性质，也会对税收产生很大影响。例如，企业若以研究机构的身份或者分立形成高新技术企业、软件公司再进行技术转让，可以享受有关税收优惠。当然，企业是否必须成立独立的研发公司，需要综合考量新设公司的运营费用、母公司的盈利情况以及转让所得的情况，具体情况具体分析。

根据上述规定对财务核算制度健全、实行查账征收的内外资企业、科研机构、大专院校等在一个纳税年度实际发生的下列技术开发费项目，包括新产品设计费，工艺规程制定费，设备调整费，原材料和半成品的试制费，技术图书资料费，未纳入国家计划的中间实验费，研究机构人员的工资，用于研究开发的仪器、设备的折旧，委托其他单位和个人进行科研试制的费用，与新产品的试制和技术研究直接相关的其他费用，在按规定实行100%扣除基础上，在2018年1月1日至2020年12月31日期间，允许再按当年实际发生额的75%在企业所得税税前加计扣除。

为了更好地鼓励企业开展研究开发活动和规范企业研究开发费用加计扣除优惠政策执行，财政部、国家税务总局、科技部于2015年11月2日联合发布的《关于完善研究开发费用税前加计扣除政策的通知》（财税〔2015〕119号）明确规定：

（1）研发活动。研发活动是指企业为获得科学与技术新知识，创造性运用科学技术新知识，或实质性改进技术、产品（服务）、工艺而持续进行的具有明确目标的系统性活动。

（2）特别事项处理。

1）企业委托外部机构或个人进行研发活动所发生的费用，按照费用实际发生额的80%计入委托方研发费用并计算加计扣除，受托方不得再进行加计扣除。委托外部研究开发费用实际发生额应按照独立交易原则确定。

委托方与受托方存在关联关系的，受托方应向委托方提供研发项目费用支出明细情况。

根据《关于企业委托境外研究开发费用税前加计扣除有关政策问题的通知》（财税〔2018〕64号）的规定，自2018年1月1日起，委托境外进行研发活动所发生的费用，按照费用实际发生额的80%计入委托方的委托境外研发费用。委托境外研发费用不超过境内符合条件的研发费用2/3的部分，可以按规定在企业所得税前加计扣除。

2）企业共同合作开发的项目，由合作各方就自身实际承担的研发费用分别计算加计扣除。

3）企业集团根据生产经营和科技开发的实际情况，对技术要求高、投资数额大、需要集中研发的项目，其实际发生的研发费用，可以按照权利和义务相一致、费用支出和收益分享相配比的原则，合理确定研发费用的分摊方法，在受益成员企业间进行分摊，由相关成员企业分别计算加计扣除。

4）企业为获得创新性、创意性、突破性的产品进行创意设计活动而发生的相关费用，可按照政策规定进行税前加计扣除。

创意设计活动是指多媒体软件、动漫游戏软件开发，数字动漫、游戏设计制作；房屋建筑工程设计（绿色建筑评价标准为三星）、风景园林工程专项设计；工业设计、多媒体设计、动漫及衍生产品设计、模型设计等。

（3）管理要求。

1）会计核算。研究开发费用税前加计扣除有关政策适用于会计核算健全、实行查账征收并能够准确归集研究开发费用的居民企业。

企业应按照国家财务会计制度要求，对研发支出进行会计处理；同时，对享受加计扣除的研究开发费用按研究开发项目设置辅助账，准确归集核算当年可加计扣除的各项研究开发费用实际发生额。企业在一个纳税年度内进行多项研发活动的，应按照不同研究开发项目分别归集可加计扣除的研究开发费用。

按照《企业会计准则》的要求，企业可以设置"研发支出"科目核算企业研究与开发无形资产过程中发生的各项支出。企业自行开发无形资产发生的研发支出，不满足资本化条件的，记入"研发支出"科目（费用化支出）；满足资本化条件的，记入"研发支出"科目（资本化支出）。研究开发项目达到预定用途形成无形资产的，应按"研发支出"科目（资本化支出）的余额，结转"无形资产"。期（月）末将"研发支出"科目归集的费用化支出金额转入"管理费用"科目；期末借方余额反映企业正在进行的无形资产研究开发项目满足资本化条件的支出。

企业应对研究开发费用和生产经营费用分别核算，准确、合理归集各项费用支出，对划分不清的，不得实行加计扣除。

2）税务管理。企业研究开发费用各项目的实际发生额归集不准确、汇总额计算不准确的，税务机关有权对其税前扣除额或加计扣除额进行合理调整。

税务机关对企业享受加计扣除优惠的研究开发项目有异议的，可以转请地市级（含）以上科技行政主管部门出具鉴定意见，科技部门应及时回复意见。企业承担省部级（含）以上科研项目的，以及以前年度已鉴定的跨年度研发项目，不再需要鉴定。

税务部门应加强研究开发费用加计扣除优惠政策的后续管理，定期开展核查，年度核查面不得低于20%。

国家税务总局对企业研究开发费用做了以下规定：

（1）研究开发人员范围。直接从事研发活动人员包括研究人员、技术人员、辅助人员。研究人员是指主要从事研究开发项目的专业人员；技术人员是指具有工程技术、自然科学和生命科学中一个或一个以上领域的技术知识和经验，在研究人员指导下参与研发工作的人员；辅助人员是指参与研究开发活动的技工。外聘研发人员是指与本企业或劳务派遣企业签订劳务用工协议（合同）和临时聘用的研究人员、技术人员、辅助人员。

（2）研发费用归集。

1）加速折旧费用的归集。企业用于研究开发活动的仪器、设备，符合税法规定且选择加速折旧优惠政策的，在享受研发费用税前加计扣除时，就税前扣除的折旧部分计算加计扣除。

2）多用途对象费用的归集。企业从事研发活动的人员和用于研发活动的仪器、设备、无形资产，同时从事或用于非研发活动的，应对其人员活动及仪器设备、无形资产使用情况做必要记录，并将其实际发生的相关费用按实际工时占比等合理方法在研发费用和生产经营费用间分配，未分配的不得加计扣除。

3）其他相关费用的归集与限额计算。企业在一个纳税年度内进行多项研发活动的，应按照不同研发项目分别归集可加计扣除的研发费用。在计算每个项目其他相关费用的限额时应当按照以下公式计算：

$$\text{其他相关费用限额}=\frac{\text{财税〔2015〕119号允许加计扣除研发费用中第1～5项费用之和}\times 10\%}{1-10\%}$$

当其他相关费用实际发生数小于限额时，按实际发生数计算税前加计扣除数额；当其他相关费用实际发生数大于限额时，按限额计算税前加计扣除数额。

知识链接

研发费用的七项费用明细项目

1. 人员人工费用

直接从事研发活动人员的工资薪金、基本养老保险费、基本医疗保险费、失业保险费、工伤保险费、生育保险费和住房公积金，以及外聘研发人员的劳务费用。

2. 直接投入费用

（1）研发活动直接消耗的材料、燃料和动力费用。

(2) 用于中间试验和产品试制的模具、工艺装备开发及制造费，不构成固定资产的样品、样机及一般测试手段购置费，试制产品的检验费。

(3) 用于研发活动的仪器、设备的运行维护、调整、检验、维修等费用，以及通过经营租赁方式租入的用于研发活动的仪器、设备租赁费。

3. 折旧费用

用于研发活动的仪器、设备的折旧费。

4. 无形资产摊销

用于研发活动的软件、专利权、非专利技术（包括许可证、专有技术、设计和计算方法等）的摊销费用。

5. 新产品设计费、新工艺规程制定费、新药研制的临床试验费、勘探开发技术的现场试验费

6. 其他相关费用

与研发活动直接相关的其他费用，如技术图书资料费、资料翻译费、专家咨询费、高新科技研发保险费，研发成果的检索、分析、评议、论证、鉴定、评审、评估、验收费用，知识产权的申请费、注册费、代理费，差旅费、会议费等。此项费用总额不得超过可加计扣除研发费用总额的10%。

7. 财政部和国家税务总局规定的其他费用

4）财政性资金的处理。企业取得作为不征税收入处理的财政性资金用于研发活动所形成的费用或无形资产，不得计算加计扣除或摊销。

5）不允许加计扣除的费用。法律、行政法规和国务院财税主管部门规定不允许企业所得税前扣除的费用和支出项目不得计算加计扣除。

已计入无形资产但不属于允许加计扣除研发费用范围的，企业摊销时不得计算加计扣除。

(3) 委托研发。企业委托外部机构或个人进行研发活动所发生的费用，按照费用实际发生额的80%计入委托方研发费用并计算加计扣除，受托方不得再进行加计扣除。委托外部研究开发费用实际发生额应按照独立交易原则确定。

企业委托境外研发所发生的费用不得加计扣除，其中受托研发的境外机构是指依照外国和地区（含港澳台）法律成立的企业和其他取得收入的组织。受托研发的境外个人是指外籍（含港澳台）个人。

委托方与受托方存在关联关系的，受托方应向委托方提供研发项目费用支出明细情况。

根据《财政部 税务总局 科技部关于企业委托境外研究开发费用税前加计扣除有关政策问题的通知》（财税〔2018〕64号）的规定，自2018年1月1日起，委托境外进行研发活动所发生的费用，按照费用实际发生额的80%计入委托方的委托境外研发费用。委托境外研发费用不超过境内符合条件的研发费用2/3的部分，可以按规定在企业所得税前加计扣除。

例7-6

乙公司内部成立技术研发部，2020年该部门全年研究开发费用为1 000万元，技术转让收入为2 500万元，乙公司当年纳税调整前的会计利润为2 500万元，研究开发费用已全部计入当期损益，没有其他纳税调整。2020年乙公司应缴企业所得税为：

(2 500－1 000×75%①) ×25%＝437.5（万元）

如果乙公司将研发部门独立出来成立一家全资的高新技术企业或软件企业B公司，不考虑成立新公司增加的管理费用，则B公司技术转让收入为2 500万元，成本为1 000万元，税前利润为1 500万元。

(1) 若B公司在免税期，无需缴纳企业所得税。将研发部门独立出来后，乙公司的税前利润应先调增研究开发费用1 000万元，再调减技术转让收入2 500万元，即

2 500＋1 000－2 500＝1 000(万元)

乙公司应缴企业所得税为：

1 000×25%＝250(万元)

则两家公司合计应缴企业所得税为250万元。

因此，乙公司将研发部门独立出来更节税，少缴税额为：

437.5－250＝187.5(万元)

(2) 若B公司符合居民企业技术转让所得优惠：一个纳税年度内居民企业技术转让所得不超过500万元的部分免征企业所得税，超过500万元的部分减半征收企业所得税。

B公司技术转让所得为：

2 500－1 000＝1 500(万元)

应缴企业所得税为：

(1 500－500)×12.5%＝125(万元)

同样，乙公司应缴企业所得税250万元，两家公司合计应缴企业所得税为：

125＋250＝375(万元)

则乙公司将研发部门独立出来可少缴税额：

437.5－375＝62.5(万元)

(3) 若B公司可按优惠所得税税率15%计算，应缴企业所得税为：

---

① 按照《财政部 税务总局 科技部关于提高研究开发费用税前加计扣除比例的通知》(财税〔2018〕99号) 规定：企业开展研发活动中实际发生的研发费用，未形成无形资产计入当期损益的，在按规定据实扣除的基础上，在2018年1月1日至2020年12月31日期间，再按照实际发生额的75%在税前加计扣除；形成无形资产的，在上述期间按照无形资产成本的175%在税前摊销。

$$(2\,500-1\,000\times75\%)\times15\%=262.5(\text{万元})$$

同样，乙公司应缴企业所得税为250万元。

则两家公司合计应缴企业所得税为：

$$262.5+250=512.5(\text{万元})$$

乙公司将研发部门独立出来会多缴税额：

$$512.5-437.5=75(\text{万元})$$

（二）技术研发部独立的税收筹划

承例7-6，假如乙公司研究开发费用为A，技术转让收入为S。乙公司适用《企业所得税法》中关于研究开发费用加计扣除75%的相关规定。

方案一为在企业内部设立研发部；方案二为将研究开发业务独立出来成立研发公司。

（1）如果一个纳税年度内，技术转让所得不超过500万元，则方案一应缴税为$(S-1.75A)\times25\%$，方案二免征企业所得税。两种方案等额缴税时技术开发收入与研究开发费用的关系为：

$$(S-1.75A)\times25\%=0$$

此时，如果$S>1.75A$，将研究开发业务独立出来成立研发公司合适；反之，在企业内部设立研发部门合适。

（2）如果一个纳税年度内，技术转让所得超过500万元。按税法规定，一个纳税年度内，居民企业技术转让所得不超过500万元的部分，免征企业所得税；超过500万元的部分，减半征收企业所得税。则方案一应缴税为$(S-1.75A)\times25\%$，方案二应缴税为$(S-1.75A-500)\times25\%\div2$。两种方案等额缴税时技术开发收入与研究开发费用的关系为：

$$(S-1.75A)\times25\%=(S-1.75A-500)\times25\%\div2$$

即　　$S=1.75A-500$

此时，如果$S>1.75A-500$，将研究开发业务独立出来成立研发公司合适；反之，在企业内部设立研发部门合适。

（3）若研究开发业务分离后的企业所得税税率为优惠税率15%，分离前公司基本税率为25%，则方案一应缴税为$(S-1.75A)\times25\%$，方案二应缴税为$(S-1.75A)\times15\%$。两种方案等额缴税时技术开发收入与研究开发费用的关系为：

$$(S-1.75A)\times25\%\geqslant(S-1.75A)\times15\%$$

此时，将研究开发业务独立出来成立研发公司可以实现节税。

（三）设立软件企业和高新技术企业的税收筹划

1. 将研究开发业务分离出来，单独成立软件企业

如果企业的研发部门能够分离出来认证为软件企业，则可以享受货物劳务税和所得税的优惠政策。

根据《财政部 国家税务总局关于软件产品增值税政策的通知》（财税〔2011〕100号）规定，软件生产企业实行增值税即征即退政策，增值税一般纳税人销售其自行开发生产的软件产品，征收增值税后，对其增值税实际税负超过3%的部分实行即征即退政策。所退还的税款，由企业用于研究开发软件产品和扩大再生产，不作为企业所得税应税收入，不予征收企业所得税；我国境内新办的软件生产企业经认定后，自获利年度起，第1年和第2年免征企业所得税，第3～5年减半征收企业所得税；国家规划布局内的重点软件生产企业，如当年未享受免税优惠的，减按10%的税率征收企业所得税；软件生产企业的职工培训费用，可按实际发生额在计算应纳税所得额时扣除；企事业单位购进软件，凡符合固定资产或无形资产确认条件的，可以按照固定资产或无形资产进行核算，经主管税务机关核准，其折旧或摊销年限可以适当缩短，最短可为2年。

2. 将研究开发业务分离出来，单独成立专门从事技术开发服务的高新技术企业

如果企业的研发部门能够分离出来认定为国家需要重点扶持的高新技术企业，则可以享受高新技术企业的税收优惠政策，即企业所得税税率减按15%执行。高新技术企业的研究开发费用依然享受加计扣除税收优惠政策。

新设高新技术企业需经营一年以上，新设立有软件类经营项目的企业可以考虑先通过申请认定“双软”企业资格，获取“二免三减半”的税收优惠政策，五年经营期满后，再申请高新技术企业优惠政策，能获取更大的税收利益；无法挂靠“双软”企业获得优惠政策的企业，可以通过收购并变更设立一年以上的公司获取高新技术企业的税收优惠政策。

（四）企业研究开发方式的税收筹划

企业研究开发方式及税前扣除政策如表7-3所示。

表7-3 企业研究开发方式及税前扣除政策

研究开发方式	税前扣除政策
委托开发	委托方按照规定享受加计扣除优惠政策，受托方不得再进行加计扣除，可享受技术转让所得免税或者其他技术类优惠。
合作开发	关联企业实施联合研发，共同享受该项技术的预期效益。各方就自身承担的研究开发费用分别按照规定计算加计扣除。
集团研发	集团公司集中开发的研究开发项目，实际研究开发费用允许按照合理的分摊方法在受益集团成员公司之间进行分摊。
补贴研发	研究开发补助可划归为财政拨款，作为不征税收入，但形成的相关费用支出不可税前扣除。

企业研究开发费用的操作要求如下：

（1）对企业委托给外单位进行开发的研究开发费用，凡符合税法规定条件的，由委托方按照规定计算加计扣除，但受托方不得再进行加计扣除。需要特别注意的是，对委托开发的项目，受托方应向委托方提供该研发项目的费用支出明细情况，否则，该委托开发项目的费用支出不得实行加计扣除。故企业在签署的研究开发合同中必须明确，受托方在日常核算中按委托方的要求进行。

（2）合作开发是指企业之间进行某项技术的联合研发，进而共同享受该项技术带来的预期效益。对企业共同合作开发的项目，凡符合税法规定条件的，由合作各方就自身承担的研究开发费用分别按照规定计算加计扣除；合作各方的会计处理应保持统一和配比。《企业所得税法》第四十一条第二款、《企业所得税法实施条例》第一百一十二条规定，对企业与其关联方共同开发、受让无形资产，或者共同提供、接受劳务发生的成本，在计算应纳税所得额时应当按照独立交易原则（成本与预期收益相配比的原则）进行分摊。

（3）企业集团根据生产经营和科技开发的实际情况，对技术要求高、投资数额大、需要由集团所属多家公司进行集中开发的研究开发项目，其实际发生的研究开发费用，可以按照合理的分摊方法在受益集团成员公司间进行分摊。

分摊研究开发费用时，企业集团应提供集中研究开发项目的协议或合同，该协议或合同应明确规定参与各方在该研究开发项目中的权利和义务、费用分摊方法等内容。如未提供协议或合同，研究开发费用不得加计扣除。

企业集团采取合理分摊研究开发费用的，集中研究开发项目实际发生的研究开发费用，应当按照权利和义务、费用支出和收益分享一致的原则，合理确定研究开发费用的分摊方法，企业集团母公司负责编制集中研究开发项目的立项书、研究开发费用预算表、决算表和决算分摊表。具体操作建议遵照《关于母子公司间提供服务支付费用有关企业所得税处理问题的通知》（国税发〔2008〕86号）的相关规定执行并开具符合规定的发票。

（4）为鼓励企业创新和产业调整，往往相当一部分企业会获得主管部门或各级政府的研发补助，依据《〈中华人民共和国企业所得税法实施条例〉释义》中对不征税收入的解释，企业实际收到的财政补贴和税收返还等，按照现行会计准则的规定，属于政府补助的范畴，被排除在税法所谓的“财政拨款”之外，会计核算中记入企业的“营业外收入”或“递延收益”科目，除企业取得的出口退税（增值税进项）外，一般作为应税收入征收企业所得税。

《企业所得税法实施条例》二十六条规定，国务院规定的其他不征税收入，是指企业取得的，由国务院财政、税务主管部门规定专项用途并经国务院批准的财政性资金。财政性资金，是指企业取得的来源于政府及其有关部门的财政补助、补贴、贷款贴息，以及其他各类财政专项资金，包括直接减免的增值税和即征即退、先征后退、先征后返的各种税收，但不包括企业按规定取得的出口退税款。

关于如何从应税收入争取认定为不征税收入，《财政部 国家税务总局关于专项用途财政性资金企业所得税处理问题的通知》（财税〔2011〕70号）明确规定，企业从县级以上各级人民政府财政部门及其他部门取得的应计入收入总额的财政性资金，凡同时符合以下条件的，可以作为不征税收入，在计算应纳税所得额时从收入总额中减除：(1) 企业能够提供规定资金专项用途的资金拨付文件；(2) 财政部门或其他拨付资金的政府部门对该资金有专门的资金管理办法或具体管理要求；(3) 企业对该资金以及以该资金发生的支出单独进行核算。需要说明的是，将企业获得的研发补助作为不征税收入固然可以减少税负，但亦导致相关费用不允许在税前扣除。《财政部 国家税务总局关于专项用途财政性资金企业所得税处理问题的通知》(财税〔2011〕70号) 第二条规定："根据《中华人民共和国企业所得税法实施条例》第二十八条的规定，上述不征税收入用于支出所形成的费用，不得在计算应纳税所得额时扣除；用于支出所形成的资产，其计算的折旧、摊销不得在计算应纳税所得额时扣除。"因此，企业应该衡量补贴收入作为不征税收入和作为征税收入的税负后果。

例7-7

某企业2020年获得100万元符合条件的研究开发补助，假定该企业适用的企业所得税税率为25%。请分析：将研究开发补助作为不征税收入和作为征税收入有什么不同的税负后果？

解析：

方案一：税务机关确认该笔研究开发补助为不征税收入，企业税负减少25万元，但由此100万元形成的研究开发支出不允许税前扣除，企业税负增加25万元，企业总税负未发生变化。

方案二：企业放弃100万元作为不征税收入，假定100万元均用于不可加计扣除的研究开发费用，企业税负上升25万元，但同时由于税前扣除项目增加100万元，企业税负下降25万元，企业总税负未发生变化。

方案三：企业放弃100万元作为不征税收入，企业税负上升25万元，假定100万元均用于可加计扣除的研究开发费用，企业税负降低43.75万元，企业净收益增加18.75万元。

三、转让商誉的税收筹划

(一) 商誉的概念

商誉是企业一项特殊的无形资产。商誉通常是指企业由于所处的地理位置优越，或由于市场信誉好而获得了客户信任，或由于组织得当、生产经营效益好，或由于技术先进、掌握了生产诀窍等而形成的无形价值，这种无形价值具体体现在企业的获利能力超过一般企业的获利能力。商誉是企业获得超额利润的综合能力，商誉的价值一般只有在企业产权转让时才予以确认。

商誉按构成要素及性质可分为广义的商誉和狭义的商誉。广义的商誉包括良好的地理位置、独特的生产技术和专营专卖特权等。狭义的商誉包括杰出的管理人员、科学的管理制度、融洽的公共关系、优秀的资信级别、良好的社会形象等。商誉具有以下特征：

（1）商誉不能离开企业单独存在，不能与企业可辨认的各种资产分开出售。

（2）商誉是多种因素形成的结果，但形成商誉的个别因素不能以任何方法单独计价。

（3）商誉本身不是一项单独的、能产生收益的无形资产，而只是超过企业可确定的各单项资产价值之和的价值。

（4）商誉是企业长期积累起来的一项价值。商誉可以是自创的，也可以是外购的。外购商誉是指在并购过程中，购买成本与被购买企业净资产公允价值的差额，若为正，就是通常所说的商誉；若为负，就是负商誉。

（二）商誉的会计处理与税务处理

1. 确认商誉

由于商誉无法辨认，不可确指，不可单独取得、转让和销售，无法准确分配到企业各单项资产，其价值只有在企业整体转让时才得以体现。会计上将商誉作为独立于无形资产之外的单独一类资产进行确认、计量和报告，税法则将其作为无形资产加以规定。商誉根据其来源不同，可分为自创商誉和外购商誉。

《企业会计准则》规定，自创商誉不予确认，原因是自创商誉的代价在发生时已经作为成本、费用或资产在会计核算中予以反映，只不过形成商誉所累计投入的价值没有商誉的公允价值大，或者至少二者不相等，也可能出现投入了一些价值但没有形成任何商誉价值的现象。

相对于自创商誉而言，外购商誉易于确认，也应该确认。通常在非同一控制下的企业合并中才确认商誉，即企业合并成本大于合并中取得的被购买方可辨认净资产公允价值份额的差额，应确认为商誉。税法将控股合并视为一项资产收购业务（股权收购），被收购方为被收购企业的股东，被收购企业虽然控制权发生了变化但包括商誉在内的资产并未转移给收购方，只是企业可以根据不同情况，选择适用取得股权（投资资产）计税基础（合并成本）的税务处理方法。因此，在股权收购（控股合并）中，企业取得股权的计税基础（合并成本）大于收购（合并）中取得的被收购企业（被购买方）可辨认净资产公允价值份额的差额不应确认为收购企业的商誉。

外购商誉是一种特殊类型的无形资产，同其他无形资产一样准予在会计上摊销。但是，根据《企业所得税法》第十二条、《企业所得税法实施条例》第六十七条规定，企业自创商誉不得摊销，外购商誉在持有期间不得摊销。所以，无论外购商誉还是自创商誉，即使在会计处理上予以摊销，计税时也要进行企业所得税的纳税调整，即不得进行价值摊销。

2. 转让商誉

营改增后，转让商誉按照“销售无形资产”税目缴纳6%的增值税，但由于商誉一般不能单独销售，现实中对商誉转让缴纳增值税的情形也不常见。有专家认为，吸收合并购入企业或作为一项业务购入被合并方多项资产，支付对价超过各项资产公允价值之和的部分，在个别报表中确认商誉，则增值税上作为无形资产纳税的商誉应该特指这一部分。

在所得税处理上，企业外购商誉的支出在企业整体转让或者清算时准予扣除。

例 7-8

中华科技公司有一笔营业外收入，其来源为该公司总部将其全球的彩印机研发部转让给另一家企业所得。调查发现，中华科技公司总部因转让研发部而取得的总收入为 2 000 万元，而总成本仅占总收入的 40%。对于这笔转让研发部所取得的收入，中华科技公司需要按照企业所得税政策计算缴纳企业所得税，这无可非议，但这笔收入是否应该缴纳增值税，却引起了争议。

解析：

无形资产，是指不具实物形态，但能带来经济利益的资产，包括技术、商标、著作权、商誉、自然资源使用权和其他权益性无形资产。按照税法规定，商誉属于无形资产，销售无形资产需要缴纳增值税。财税〔2016〕36 号文明确规定，销售无形资产（包括商誉）的单位和个人负有缴纳增值税的义务。

对于转让商誉应缴的企业所得税，下面分两种情况进行讨论：

第一，自创商誉。《企业会计准则》规定，自创商誉不能确认为无形资产，不入账，也不核算。原因是商誉不能单独辨认，且自创商誉的相关代价已经计入企业相关费用，如由于广告投入而形成的自创商誉，广告费已在支付时计入销售费用。当转让自创商誉且获取实际收入时，应按转让所得缴纳企业所得税。

第二，外购商誉。外购商誉一般在整体收购一家企业或企业整体资产时形成，在会计核算时通常以实际支付的价款计入长期股权投资。如果将外购商誉再转让并取得实际收入的，应当按转让所得缴纳企业所得税。企业外购商誉的支出在企业整体转让或者清算时准予扣除。

本例中，中华科技公司总部将其全球的彩印机研发部以 2 000 万元转让，对这一交易行为进行税收筹划，有两种操作思路：一是把彩印机研发部包装成一个新企业，通过股权转让形式转让新企业的全部股权，可以规避增值税；二是把彩印机研发部的科技人员进行分流（以后再吸收为另一企业员工），把资产分解为固定资产和技术两部分，分开进行转让。由于固定资产属于营改增之前购入的“已使用过的固定资产”，转让时可以享受低税率优惠（增值税按照 3%的税率减按 2%的税率征收），而技术转让免征增值税，且技术转让所得不超过 500 万元的部分免征企业所得税，超过 500 万元的部分减半征收企业所得税，这样可以在一定程度上规避增值税和企业所得税。

（三）商誉的税收筹划

1. 确认、计量商誉的政策空间

《企业会计准则第 20 号——企业合并》（财会〔2006〕3 号）规定，非同一控制下的企业合并，企业合并成本大于合并中取得的被购买方可辨认净资产公允价值份额的差额，应确认为商誉。这一规定并未涵盖税法规定的情况，也与税法规定不一致，只有在吸收合并成本与企业整体价值相当的情况下才具有参考意义。在一般性税务处理的情况下，企业可能通过评估取得商誉的公允价值。在特殊性税务处理的情况下，被合并企业存在外购商誉的，合并企业应当以被合并企业外购商誉原有的计税基础为基础，确定这部分商誉的价值；同时，可以通过评估取得被合并企业自创商誉价值，作为确定该部分商誉计税基础的依据。

商誉的评估方法包括割差法和超额收益法。割差法是根据企业整体资产评估价值与可确指的各单项资产评估价值之和进行比较确定商誉评估值的方法，基本公式是：

商誉的评估值＝企业整体资产评估值－企业可确指的各单项资产评估值之和

超额收益法是把企业超额收益作为评估对象进行商誉评估的方法。商誉评估值指的是企业超额收益的本金化价格。超额收益法视被评估企业的不同，又可分为超额收益本金化价格法和超额收益折现法两种具体方法。其中，超额收益折现法是把企业可预测的若干年预期超额收益进行折现，将其折现值确定为企业商誉价值的一种方法。

2. 商誉处理的税收筹划方法

从上述商誉确认、计量政策可知，在非同一控制下的企业并购业务中，并购企业的并购出资额超过被并购企业净资产公允价值的差额，可视为并购企业要开办一家与被并购企业同样规模的企业所要支付的开办费，这种方法体现了对新建企业和被并购企业之间的公平性，可以优化配置社会资源，应该是一种值得鼓励的做法，在会计处理和税法允许的情况下是一种比较好的税收筹划方法。

企业在整体转让或清算时处置商誉，外购商誉支出在处置时准予扣除，并确认转让所得或损失。对于企业并购中作为开办费处理的商誉，如果被并购企业再次整体转让或清算，则未摊销完的开办费也应一并转销。

复习思考题

1. 企业如何利用存货计价方法的调整降低税收负担？

2. 企业租赁固定资产比购买固定资产有哪些税收好处？

3. 设备大修和技术改造的税收政策有何差异？如何进行设备大修及技术改造的税收筹划？

4. 技术服务、技术培训、技术转让的税收政策有何差别？如何利用政策差异进行税收筹划？

5. 技术研发部是否应该独立分设？应如何筹划？

6. 商誉转让的税收筹划方法有哪些？

7. 实现研究开发费用加计扣除的操作要点有哪些？

案例分析题

案例一 委托加工与自行加工的方案比较

裕民酒厂8月承接一笔粮食白酒订单，合同约定购销白酒数量为100万千克，不含增值税售价为840万元，要求装瓶，每瓶500克装。该厂为生产该批白酒购进粮食等原材料210万元（不含增值税价格）。就如何组织该批白酒的生产，该厂制定了三套加工方案。

方案一：将价值210万元的原料交付乙公司加工成散装白酒100万千克，支付加工费56万元，加工完成后，由本厂装瓶，需支付人工费及其他费用44.8万元。

方案二：将价值210万元的原料交付兴盛酿酒厂，由兴盛酿酒厂直接加工成100万千克的瓶装白酒，收回后直接销售，需支付加工费100.8万元。

方案三：将210万元的原料交付生产车间自行加工生产，发生的加工费及辅料成本为100.8万元。

思考：

1. 分析比较三套方案下的消费税、增值税、城市维护建设税、教育费附加及税后利润（城市维护建设税税率为7%，教育费附加征收率为3%，企业所得税税率为25%）。

2. 请为裕民酒厂选择最优方案。

案例二 研发费用加计扣除的税收筹划

甲企业按规定可享受技术研发费用加计扣除的优惠政策。2020年，甲企业根据产品的市场需求，拟开发出一系列新产品，技术项目开发计划两年，科研部门提出技术研发费用预算需660万元；其中，第一年预算为300万元，第二年预算为360万元。据预测，在不考虑技术研发费用的前提下，企业第一年可实现利润300万元，第二年可实现利润900万元。假定企业所得税税率为25%，且无其他纳税调整事项。

思考：甲企业应如何设计税收筹划方案，以充分利用研发费用加计扣除政策？

案例三 研发部门独立出来是否合适？

甲公司内部成立技术研发部，该部门全年研发费用1 000万元，技术转让收入500万元，甲公司当年税前利润2 500万元，研发费用已全部计入当期损益，没有其他纳税调整。

按税法规定，技术转让收入免征增值税；所得税税前除可扣除实际发生的技术研发费用1 000万元外，还加计扣除500万元。所以，甲公司应缴企业所得税为：（2 500－500）×25%＝500（万元）。

思考：如果甲公司将研发部门独立出来成立一家独立的高新技术企业或软件企业A公司，请问企业的税收负担有何变化？

案例四　转让定价的税收筹划

某集团公司由甲、乙两个企业组成，甲企业产品为乙企业的原材料。若甲企业产品适用的消费税税率为30%，乙企业产品适用的消费税税率为20%。假设甲企业以130万元（不含税）的价格销售一批商品给乙企业，乙企业加工以后以200万元（不含税）的价格对外销售该产品。

思考：请计算该集团公司应当缴纳的消费税，并提出纳税筹划方案。

案例五　选择委托研发单位的税收筹划

若甲公司需要委托外部单位研发无形资产，现有三家公司可以承接并实施研发计划：A公司为境内关联方，费用支出明细为400万元；B公司为境内非关联方；C公司为境外关联方，费用支出明细为400万元。甲公司需支付给三家企业的研发费用均为600万元。B公司年度研发费用为900万元，净利润为800万元。

思考：应该委托哪家单位开展研发活动?

综合阅读题

上市公司玩转商誉“戏法”

上市公司中玩转商誉“戏法”的有三家代表性公司，分别是美的集团、纳思达和华谊兄弟。

一、大手笔跨国并购库卡公司——美的集团的商誉

美的集团账面大约有285亿元的商誉，金额仅次于中石油，占资产总额的11.54%，其中有220亿元左右来自2016年并购库卡公司后带来的商誉价值。

作为民族产业的典范，美的集团早在2011年就实现了营收破千亿元，在收购库卡公司之前的2015年，美的集团的营收已达到1 384亿元。

家电行业的竞争向来惨烈，美的集团采用群狼战术占领了空调、冰箱、小家电细分领域的第二、第三的位置，无数个第二名和第三名汇总成了总量的第一名。但是由于没有拳头产品和高端品牌，产品毛利很难上一个台阶。

近年来美的集团开始了轰轰烈烈的转型，先是13.6亿元溢价收购了小天鹅，又于2016年收购了库卡公司和东芝白电业务。库卡公司作为全球机器人领域的顶级企业，也让美的集团付出了高达290亿元的巨额溢价。收购库卡公司后，企业的发展战略更改为：成为全球领先的消费电器、暖通空调、机器人及工业自动化科技集团。可见收购生产机器人的库卡公司对于美的集团的重要性。

整合库卡公司后，2017年美的集团的机器人业务营收超过270亿元，占总营收的比例超过11%。同时由于机器人生产线的应用，员工总数从高峰期的19.6万人减少到2016年底的10.18万人。

对于美的集团来说，收购库卡公司的战略意义非常重大。在可以预见的未来，只要美的集团不发生大的方向性错误，除了汇率的影响会对商誉造成小幅变化，库卡公司的商誉都不会发生较大减值，这笔交易并不亏。

所以我们可以得出一个结论，美的集团获得的巨额商誉价值，风险是极低的。

二、商誉减值不减利润——纳思达的商誉

2016 年，纳思达收购了美国著名的打印机生产企业——利盟公司，代价是超过 187.6 亿元的商誉。在纳思达 2016 年的年报里，商誉高达 188 亿元，其中以收购利盟公司带来的 187.6 亿元的商誉为主。但是，到了 2017 年，商誉的金额少了 48 亿元，难道是发生减值了？

没错，纳思达 2017 年的年报显示，纳思达确实计提了 48 亿元的商誉减值准备。按理说，计提减值准备应该影响当期净利润 48 亿元，但纳思达却在 2017 年实现了 150 倍的利润增幅，简直是个奇迹！

利润表里为何没有这 48 亿元的减值准备？原来在合并报告前纳思达先处理了这 48 亿元减值准备！为了提前处理这 48 亿元减值准备，纳思达先把利盟公司拆分成两个公司，然后由利盟公司合并报告并体现减值准备，这样，等到纳思达合并报告的时候就是处理完减值准备的利盟公司了，还收获了投资收益。真是高超的财技。当然，你要以为 48 亿元就是全部，那就太小瞧纳思达的会计了。

2018 年 2 月 23 日，纳思达发布了对深交所询问函的回复，回答了关于递延所得税负债和商誉的调整问题：根据下推会计法，美国利盟公司在 2017 年 11 月对合并购买日的递延所得税负债和商誉进行了调减，两项均减少约 2.97 亿美元（折合人民币约 18 亿元），该项调整不影响 2017 年当期损益。

为什么商誉可以直接调减？《企业会计准则》在 2006 年就封堵了这个口子！但是，有个特例：下推会计法。

下推会计是指在企业合并时，一个会计主体在其个别财务报表中，根据购买该主体有投票表决权的股份的交易，重新确立会计和报告基础的行为。也就是将原来由收购公司在合并时对所获得净资产的公允价值，调整下推到被收购子公司的财务报表中。换言之，利盟公司是美国企业，可以采用美国会计准则进行调整。因此，折合人民币约 18 亿元的商誉调整不影响利润。

三、帮助规避巨额个人所得税——华谊兄弟的商誉

华谊兄弟的商誉高达 30.58 亿元，占资产总额的 15%，大多是由巨额溢价收购各种影视工作室带来的，其中闻名遐迩的是冯小刚的东阳拉美工作室。

这个工作室在被收购的时候账面净值只有 1.36 万元，而收购价高达 10.5 亿元。影视公司热衷收购的原因是什么？其实很大程度上，是为了协助演艺人士避税。

按理说，商誉和个人所得税是风马牛不相及的，然而，恰恰就是看起来和个人所得税完全无关的商誉，被影视公司利用得炉火纯青。

我国的个人所得税实行累进税率，大部分工薪阶层的税率在 5%，10%，20%左右。根据现行税法，月收入超过 8 万元的部分，需要缴纳个人所得税的比例为 45%，所以如果照章纳税的话，影视圈从业人士税负较高。冯小刚一部戏的片酬动辄上亿元，如果按照税法规定缴纳个人所得税，到手的片酬就会少将近一半。怎么办呢？办法就是通过收购影视工作室来实现“合理避税”。

有些城市，比如新疆霍尔果斯、浙江东阳、海南三亚等地，给予影视工作室优惠税收政策——只需要缴定额税。严格意义上讲，通过这些税收优惠城市来避税的方式并不是真正的合理避税，因为这些工作室并没有在所在地开展经营活动，把全国各地赚来的钱归集到税收优惠的城市来缴税，是一种“打擦边球”的行为。如今，国家税务总局对这种行为进行了整治。

影视明星们通过把影视工作室卖给影视公司的方式，将片酬作为出售公司所得，根据税法的规定，出售公司的税率上限只有20%。比如上面提到的10.5亿元的酬金，如果按照片酬付给冯小刚，冯小刚要缴纳的是个人所得税，税率是45%，而转让工作室就成了20%的税率。

这部分高额的溢价就成了影视公司账面上的商誉。根据Wind数据，A股上市的31家影视娱乐公司中，有23家有账面商誉，合计高达357.34亿元，占资产总额的23.38%，成为资产的重要组成部分。比如万达电影，商誉高达96亿元，占资产总额的43%；文投控股，商誉高达37亿元，占资产总额的37%；长城影视的商誉为13.49亿元，占资产总额的35%。

我们由以上这个案例可以得出结论，商誉是基于被收购公司的强大实力，所以通过超过其账面资产价值的溢价来购买。但在上市公司实务操作中，财务人员在《企业会计准则》许可的范围之内将商誉“玩弄”于股掌之间，商誉被用来调节利润、避税、规避减值准备带来的利润损失，甚至事务所助纣为虐，沆瀣一气，用粉饰后的财务报表愚弄投资者。证监会的监管风险提示和国家税务总局的严格征管，一定程度上在改善着上市公司的商誉危机。

资料来源：https://www.zhihu.com/question/310674513/answer/585402195.

问题思考：

商誉的本质是什么？为何会出现商誉方面的财税危机？

第八章

市场销售的税收筹划

尽管你费尽心机去征想征的税，但商人们最终还是把他们自己承担的税收转嫁出去。

——英国著名民主宪政哲学家约翰·洛克

第一节　混合销售与兼营行为的税收筹划

一、混合销售

一项销售行为如果既涉及服务又涉及货物，则为混合销售，即销售货物与提供服务是由同一纳税人实现，价款是同时向一个交易者收取的，该项服务是直接为销售货物而发生的，具有较强的从属关系。

混合销售的税务处理原则是按企业主营项目的性质划分增值税税目。从事货物的生产、批发或零售的单位或个体工商户的混合销售行为，按照销售货物缴纳增值税。其他单位和个体工商户按照销售服务缴纳增值税。

混合销售有两项特别规定：

（1）纳税人销售活动板房、机器设备、钢结构件等自产货物的同时提供建筑安装服务的，不属于混合销售，应分别核算货物和建筑服务的销售额，分别适用不同的税率或征收率。

（2）一般纳税人销售电梯的同时提供安装服务的，其安装服务可以参照甲供工程，选择使用简易计税方法计税。纳税人对安装运行后的电梯提供的维护保养服务，按照其他现代服务缴纳增值税。

例 8-1

某商场开展空调促销活动，推出为客户免费安装空调服务。那么该商场在发票开具上应如何进行税收筹划?

解析:

比如售出一台空调，售价为 4 520 元，商场为消费者开具 4 520 元的发票，同时聘请专业安装公司为客户安装空调（安装费 520 元由商场承担）。这样，商场应纳增值税销项税额为:

$$4\,520\div(1+13\%)\times13\%=520(\text{元})$$

安装公司应纳增值税为:

$$520\div(1+9\%)\times9\%=42.94(\text{元})$$

该商场实际上多缴了税，因为空调售价虽然为 4 520 元，但是又支付给安装公司 520 元，实际自己所得是 4 000 元，理应按 4 000 元纳税。

如果把这个营销过程改成商场开具 4 000 元的发票、安装公司开具 520 元的发票给消费者，那么商场应缴纳的增值税销项税额为:

$$4\,000\div(1+13\%)\times13\%=460.18(\text{元})$$

安装公司应纳增值税为:

$$520\div(1+9\%)\times9\%=42.94(\text{元})$$

与原来相比，商场销售每台空调少纳 59.82 元（520－460.18）增值税。安装公司所承担的增值税负担不变。

如果在原来的模式下，安装公司给商场开具增值税专用发票，商场作为一般纳税人可以抵扣增值税，即便如此，商场也会多负担增值税，原因在于商场适用的 13%的增值税税率高于安装公司适用的 9%的增值税税率。

二、兼营行为

纳税人的经营范围涉及销售货物、劳务、服务、无形资产或者不动产，适用不同税率或征收率的经营活动，为兼营行为。纳税人从事不同业务取得的收入之间没有从属关系，属于兼营行为。混合销售的本质是一项纳税行为，而兼营行为的本质是多项应税行为。

兼营行为应当分别核算适用不同税率或者征收率的销售额；未分别核算的，从高适用税率。

例 8-2

顺达公司为增值税一般纳税人，该企业为客户提供货物运输服务和仓储搬运服务。2020 年 2 月，该公司取得货物运输服务收入 600 万元、仓储搬运服务收入 200 万元。假设以上收入均为不含税价，城市维护建设税税率为 7%，教育费附加征收率为 3%，本月可抵扣的进项税额为 30 万元，无上期留抵税额。

解析：

方案一：若该公司未分别核算两项业务收入，则应缴纳的增值税额为：

(600＋200)×9％－30＝42(万元)

方案二：若该公司分别核算两项业务收入，则应缴纳的增值税额为：

600×9％＋200×6％－30＝36(万元)

两种方案城市维护建设税和教育费附加相差：

(42－36)×(7％＋3％)＝0.6(万元)

则该公司分别核算两项业务收入后少缴增值税及城市维护建设税和教育费附加为：

42－36＋0.6＝6.6(万元)

纳税人应分别核算不同税率的经济业务，减少核算造成的税收成本。营改增后，企业可以选择性地将非主要业务进行外包，一方面能增加可抵扣进项税额，减少需缴纳的增值税；另一方面在享受专业服务的同时，还可因为抵扣链条延长而享受到税收优惠。

例8-3

亚盛公司是一家工业生产企业，拥有运输车队。10月份销售给大华公司产品1万件，产品不含税售价为200元/件，产品运费（不含税）为10元/件（即承运产品的最终不含税售价为210元/件）。其中因加工产品购进原材料可抵扣的进项税额为20万元，运输中物料油耗等可抵扣的进项税额为6 000元。从纳税筹划的角度分析亚盛公司将自己的车辆独立出去成立运输公司的决策是否可行。假设该公司是增值税一般纳税人。

解析：

对销售货物并承担运输服务的公司来说，可以有两种组织形式，即自营运输和成立独立运输公司。

(1) 自营方式下由非独立的车队运输。

亚盛公司应缴纳的增值税额＝(200＋10)×1×13％－20－0.6＝6.7(万元)

(2) 成立独立的运输公司并购买该运输公司运输劳务，为客户提供所售货物的运输，将货物运抵客户指定的地点，并向该运输公司支付运费。

1) 当运输公司为一般纳税人时，运输公司应缴纳的增值税额为：

1×10×9％－0.6＝0.3(万元)

亚盛公司可以抵扣的运费进项税额为：

1×10×9％＝0.9(万元)

则

亚盛公司应缴纳的增值税额＝(200＋10)×1×13％－20－1×10×9％＝6.4(万元)

应缴纳的增值税总额＝0.3＋6.4＝6.7(万元)

2）当运输公司为小规模纳税人时，运输公司应缴纳的增值税额为：

1×10×3%＝0.3(万元)

假定亚盛公司无法抵扣运费进项税额，则

亚盛公司应缴纳的增值税额＝(200＋10)×1×13%－20＝7.3(万元)

应缴纳的增值税总额＝7.3＋0.3＝7.6(万元)

（3）成立独立的运输公司，以客户代理身份采用委托运输的方式，这与以上企业自身委托运输企业完成货物运输相比，主要区别在于：一方面，企业向运输企业支付的运费属于代垫性质，之后有权向客户索还；另一方面，运输企业开具的发票，抬头为客户，且要送达客户手中。根据增值税相关规定，此笔运费不列入销售额，不征收增值税，则亚盛公司产品不含税售价为200元/件，产品运费（不含税）为10元/件。

1）当运输公司为一般纳税人时，运输公司应缴纳的增值税额为：

1×10×9%－0.6＝0.3(万元)

此发票开给大华公司，亚盛公司不能抵扣运费进项税额，则

亚盛公司应缴纳的增值税额＝1×200×13%－20＝6(万元)

应缴纳的增值税总额＝6＋0.3＝6.3(万元)

2）当运输公司为小规模纳税人时：

运输公司应缴纳的增值税额＝1×10×3%＝0.3(万元)

亚盛公司应缴纳的增值税额＝1×200×13%－20＝6(万元)

应缴纳的增值税总额＝6＋0.3＝6.3(万元)

就此案例而言，在仅考虑增值税的情况下，将车辆独立出去成立小规模纳税人身份的运输公司，亚盛公司以客户代理身份采用委托运输的方式，应缴纳的增值税额最低。但在实际操作过程中，究竟采用何种形式运输，不能只考虑增值税的税负问题，还应综合考虑各种因素，如购进固定资产、燃油、修理费等增值税专用发票取得的可能性；企业的分拆费用；新增企业的经营成本等。

第二节　促销行为的税收筹划

一、商业折扣

商业折扣也称折扣销售，是指企业为促进商品销售而在定价上给予的价格扣除，实质上就是销售行为发生之前，销售方给予的价格优惠。为了抓住客户的消费心理，折扣大小取决于购买的商品数量，一般购买数量越多，价格折扣越大。商业

折扣一般是在商品交易前即承诺给予的价格折扣。对于折扣销售，如果销售额和折扣额在同一张发票上注明，则允许销售方以其销售额扣除折扣额后的余额作为计税额；如果销售额和折扣额不在同一张发票上注明，则不允许将折扣额从销售额中扣除后计算计税额。

商业折扣在现实中不仅包括折扣销售这一情形，还有很多其他变化的情形。比如，购物返券就是一种典型的商业折扣形式，如购买1 000元商品，返还200元代金券，可以现送现用，有时商家承诺以后才能使用。这种购物返券的促销行为的实质也是折扣销售，这与商品打折没有本质的区别。国家税务总局没有统一的政策规定，《四川省国家税务局关于买赠行为增值税处理问题补充意见的公告》（四川省国家税务局公告2011年第7号）对此问题做出规定：销货方开具发票（含增值税专用发票、增值税普通发票、通用机打普通发票和通用手工版普通发票）时，对在同一张发票上注明“返券购买”的货物金额，应作为折扣额在总销售额中扣减。

实践中，折扣销售开票时其实可以直接简单地以折扣后的金额来开具发票，相当于最终实现的销售价格就是折扣后的价格。但是如果需要完整地展示购买价格、折扣金额，开票时就有要求了。根据《国家税务总局关于折扣额抵减增值税应税销售额问题通知》（国税函〔2010〕56号）规定，纳税人采取折扣方式销售货物，销售额和折扣额在同一张发票上的“金额”栏分别注明的，可按折扣后的销售额征收增值税；未在同一张发票“金额”栏注明折扣额，而仅在发票的“备注”栏注明折扣额的，折扣额不得从销售额中减除。如果价格折让能一一对应到销售时的商品明细，就直接以商品名称开具红字；如果是总价折让，无法分摊，就可以采取开具总折让金额的形式，大类编码保持和销售商品类别一致即可。这时价格折让和商品税目确认方面具有同质性，选用同一个商品编码开票即可。

例8-4

华美盛服装有限公司是内衣生产企业，产品主要销往日本、韩国以及东南亚国家。考虑到外销的产品利润较低，近年来公司大力开拓国内市场，主要利用各地的代理商扩大市场。为了激励代理商，公司根据代理商的销售业绩给予商业折扣。公司规定：在月度结算的条件下，月销售内衣10 000件以下的，月度折扣为2元/件；月销售内衣10 000～20 000件的，月度折扣为3元/件。年销售内衣150 000件以下的，年终折扣为2.5元/件；年销售内衣150 000～250 000件的，年终折扣为3元/件。

该方法在经营实践中收到了较好的效果，很快打开了国内市场，当年内销实现销售收入4亿元。到年底与代理商进行结算时，支付商业折扣2 000万元（以产品或货币的形式），但税负很高，因为价款与商业折扣不能在同一张发票上体现，增值税、企业所得税等税收负担大大增加。

解析：

华美盛公司邀请税务顾问为其设计税收筹划方案，税务专家设计了如下三种方案。

方案一：预估折扣率。

根据代理商以前月份或者以往年度的销售情况平均计算确定一个适当的折扣率。当该代理商于本期来公司提货时，会计人员在开具发票过程中就可以按平均数10 000件的折扣率计算折扣，在一定的期间内再进行结算。

这种方法的优点是：能够反映代理商的折扣情况，及时结算商业折扣。缺点是：对业务不稳定、销售波动比较大的客户的折扣情况难以把握。

方案二：递延处理折扣。

将月度折扣推迟至下个月来反映，年度折扣推迟到下个年度来兑现。假如某代理商1月份销售衣服12 000件，其享受的折扣额为3元/件，那么该客户1月份应享受的月度折扣为36 000元，待该客户2月份来开发票时，便将其上月应享受的月度折扣36 000元在票面上予以反映，客户按减除折扣后的净额付款。如果客户上月应结折扣大于当月开票金额，则可分几次在票面上予以体现。年度折扣主要目的是加强对市场网络的管理，如无特殊情况，一般推迟到次年的3月份进行结算，其处理方法与月度折扣一样，在次年3月份开票时在票面上反映出来即可。

这种方法的优点是：操作非常简便。但如果月份间和年度间销量的折扣标准差异较大，就不能真实地反映当月和本年度实际的经营成果，而且12月的年终折扣在进行所得税汇算清缴时可能会遇到一些障碍。这种方法适用于市场比较成熟、稳定，月份和年度间销量的折扣标准变化不大的企业。

方案三：当期结算和递延结算相结合。

当期结算和递延结算相结合的办法，即在日常开票时企业可设定一个当期结算折扣的最低标准，比如2元/件，所有的客户都按照这一标准来结算，并在发票上予以体现。客户按减除折扣后的净额付款，月末计算出当月应结给客户的折扣总额，减去在票面上已经反映的折扣额即为应结付的折扣额，将该差额在下个月的票面上予以反映，年度折扣仍然放到下个年度。

这种方法的优点是：缓解了客户的资金压力，操作也较为简便。缺点是：因部分月度折扣放在下个月，年度折扣放在下个年度，如果销量起伏太大，便不能真实地反映月度和年度的经营成果。这种方法适用于客户资金有一定压力或有特殊要求的企业。

案例分析

皇冠地板公司在周边地区分别建立了经销商销售渠道，与经销商平时按协商价格结算货款，并在购销合同中规定，经销商月累计进货量达到50 000平方米时，给予经销商50 000平方米地板累计总进价5%的优惠奖励；经销商年累计进货量达到200 000平方米时，则给予经销商年累计总进价8%的优惠奖励。在内部核算处理上，皇冠地板公司在经销商每次进货时分别按售价预提了5%或8%的提留，冲减当期的销售收入，以便日后支付给经销商该笔优惠奖励。

一年后，税务部门进行税务检查时发现了这一问题。在核查该公司的相关购销合同和商事凭证以及财务核算过程之后，对照现行税收政策规定，确定这些支付给经销商的优惠奖励属于返利性质，不能在税前列支。因此，税务机关做出了对皇冠地板公司追补增值税、企业所得税税款及滞纳金，并加收罚款的税务处罚。

从上述促销行为的客观情况分析，该地板公司的本意确实符合常理，主要是为了鼓励经销商扩大销售，并以合同的形式规定了达到标的后将给予的价格折扣优惠。但其从销售合同直至财务核算方面又没有按照相关的税收政策规定正确处理，致使企业蒙受经济损失，还给企业的声誉造成一定的负面影响。

按照现行的税收相关政策规定，如果按照购销合同属于销售折扣类型的情况，企业应该在开具同一份销售发票时，同时列明货物销售折扣金额，并在销售收入中进行核算；如果按照购销合同属于销售费用类型的情况，则应该由受益者开具合法的商事凭证，财务应该在销售费用中进行核算；如果按照购销合同属于销售奖励类型的情况，则不能在费用中列支或作为销售折扣予以扣除。

如果皇冠地板公司在与经销商签订的销售合同中约定：经销商月累计进货量达到50 000平方米时，皇冠地板公司给予经销商50 000平方米地板累计总进价5%的销售折扣优惠；经销商年累计进货量达到200 000平方米时，皇冠地板公司则按经销商年累计总进价给予8%的销售折扣优惠。在实际购销操作中，经销商前一个月进货达到50 000平方米时，则在次月供货时按约定给予5%的销售折扣，以此原理逐期顺延；在第11个月，确定经销商该年度能够达到年进货量200 000平方米时，则按累计进货额的销售折扣约定给予8%的销售折扣，在第12个月补足销售折扣额。皇冠地板公司在财务处理时，要按照税法规定，在发票上同时列明销售额和销售折扣金额，这样就可以按照扣除折扣额后的余额计算缴纳增值税。

从表面上看，这样的处理和先期的促销效果并没有本质变化，但其结果却大相径庭。由于后者是按照现行税收政策要求进行的操作，经销商得到了价格折扣优惠，供货商的实际销售收入的核算也符合税法规定的要求，合法降低了税收负担，这是税收筹划的魅力所在。

二、现金折扣

现金折扣也称销售折扣，即为鼓励客户早付款而给予的价款结算金额的优惠。现金折扣是一种鼓励购买方快速支付账单的价格削减方式，其期限在净期限内变更。例如，2/10，n/30（2/10，net 30），含义是：如果在10天内付款，购买者能够从销售价款（发票面额）中得到2%的折扣；否则，在30天内支付销售价款（发票面额）的全部金额。而且，常常会注明或理解为30天的信用期限后将加收利息费用。

商品卖出后，想让客户早付款，少收款项相当于应收账款贴现的代价，记作财务费用，确认销售收入与开票金额均按折扣前的商品总价格确定。购货方取得的现金折扣不属于增值税应税收入，当然也无需开具发票。

企业所得税方面，根据《国家税务总局关于确认企业所得税收入若干问题的通知》（国税函〔2008〕875号）规定，债权人为鼓励债务人在规定的期限内付款而向债务人提供的债务扣除属于现金折扣，销售商品涉及现金折扣的，应当按扣除现金折扣前的金额确定销售商品收入金额，现金折扣在实际发生时作为财务费用扣除。

关于税前扣除凭证，国家税务总局2018年28号文规定，企业在境内发生的支出项目不属于增值税应税项目的，对方为单位的，以对方开具的发票以外的其他外部凭证作为税前扣除凭证。所以在实践中，凭双方盖章确认的有效合同、根据实际情况计算的折扣金额明细、银行付款凭据、收款收据等证明该业务真实发生的合法凭据据实列支。

例8-5

甲公司是一家玩具生产企业，系增值税一般纳税人。甲公司销售一批玩具给乙公司，销售价款为113 000元（含税价格），由于乙公司提前10天付款，甲公司给予乙公司2%的现金折扣（现金折扣按含税销售价格计算）。

解析：

甲公司的会计处理如下：

发货时：

借：应收账款——乙公司　　113 000

　　贷：主营业务收入　　100 000

　　　　应交税费——应交增值税（销项税额）　　13 000

收款时：

借：银行存款　　110 740

　　财务费用　　2 260

　　贷：应收账款——乙公司　　113 000

如果甲公司给予乙公司2%的商业折扣，并将折扣额开在同一张发票上，这种情形下的折扣其实就不再是现金折扣了，而是转化为了折扣销售，应按照扣除价格折扣额后的余额计算缴纳增值税。

甲公司相应的会计处理为：

借：银行存款　　110 740

　　贷：主营业务收入　　98 000

　　　　应交税费——应交增值税（销项税额）　　12 740

两种促销方式下甲公司同样获得110 740元现金流入额，但缴纳的增值税额却相差260元（13 000－12 740）。因此，同样是促销手段，商业折扣和现金折扣会产生不同的税收结果。

例8-6

某南方玩具公司的产品价目表列明：甲产品的销售价格（不含增值税）为每件200元，购买200件以上，可获得5%的商业折扣；购买400件以上，可获得10%的商业折扣。该玩具公司对外销售甲产品350件，规定对方付款条件为2/10，1/20，n/30，购货方已于9天内付款，适用的增值税税率为13%。

解析：

该玩具公司的会计处理如下（假定计算现金折扣时不考虑增值税）：

销售实现时：

借：应收账款	77 805	
贷：主营业务收入		66 500
应交税费——应交增值税（销项税额）		11 305

收到货款时（销货后第9天）：

借：银行存款	76 475	
财务费用（66 500×2%）	1 330	
贷：应收账款		77 805

三、销售折让

销售折让是指企业由于售出商品质量不符合要求等原因而在售价上给予的减让。企业将商品销售给买方后，如买方发现商品在质量、规格等方面不符合要求，可能要求卖方在价格上给予一定的减让。比如，销售方售出商品，购买方在使用过程中发现瑕疵，双方约定给予10%的价格折让，就属于销售折让情形。其实，销售返利行为也可以看作一种特殊形式的销售折让，但销售返利行为一般发生在销售活动结束后，是销售方因购买方采购商品数量比较多而给予的一种类似价格奖励或吸引购买方未来再交易的价格返还。

在增值税处理方面，税法规定，企业由于售出商品的质量不合格等原因而在售价上给予的减让属于销售折让；企业已经确认销售收入的售出商品发生销售折让，应当在发生当期冲减当期销售商品收入，即销售方可以按照折让后的销售额作为计税依据计算缴纳增值税。按照《国家税务总局关于纳税人折扣折让行为开具红字增值税专用发票问题的通知》（国税函〔2006〕1279号）规定，纳税人销售货物并向购买方开具增值税专用发票后，由于购货方在一定时期内累计购买货物达到一定数量，或者由于市场价格下降等原因，销货方给予购货方相应的价格优惠或补偿等折扣、折让行为，销货方可按现行《增值税专用发票使用规定》的有关规定开具红字增值税专用发票。

因此，在其他条件都相同的情况下，销售方选择商业折扣或者销售折让的促销方式时税负最低，因为商业折扣或销售折让均允许折扣额或折让额作为税基的减除项。

例8-7

某大型商场是增值税一般纳税人，购货均能取得增值税专用发票，商品促销活动拟采用以下三种方案：一是商品七折销售；二是购物满 200 元赠送价值 60 元的商品（成本为 36 元，均为含税价），赠送的商品属于买一赠一；三是购物满 200 元返还 60 元现金。假定该商场所销售商品的平均毛利率为 40%，销售额为 200 元的商品，其成本为 120 元。

请问：当消费者同样购买 200 元的商品时，该商场选择哪种促销方式最合适？

解析：

方案一：商品七折销售，价值 200 元的商品销售价格为 140 元。

应纳增值税＝140÷(1＋13%)×13%－120÷(1＋13%)×13%＝2.30(元)

税后现金净流量＝140－120－2.30＝17.70(元)

方案二：购物满 200 元赠送价值 60 元的商品，其中赠送的价值 60 元商品属于促销中的买一赠一行为，所赠送商品不视同销售，且可抵扣所赠送商品的购进的进项税额。

200 元商品及赠送的商品应纳增值税＝200÷(1＋13%)×13%－120÷(1＋13%)×13%－36÷(1＋13%)×13%＝5.06(元)

税后现金净流量＝200－120－36－5.06＝38.94(元)

方案三：购物满 200 元，返还 60 元的现金。

应纳增值税＝200÷(1＋13%)×13%－120÷(1＋13%)×13%＝9.20(元)

税后现金净流量＝200－120－60－9.20＝10.80(元)

从税负角度分析，方案一最优，企业缴纳的增值税金额最小。从税后现金净流量的比较来看，方案二最优。那么到底哪个是最优方案呢？

方案二非常类似于捆绑销售，相对于方案一而言，多销售了商品，也多获得了现金净流量，因此，简单来看，方案二是最优方案。进一步分析，如果方案二中赠送商品的成本很高，那么会削减其现金净流量的贡献，则方案二就不一定是最优的。读者可以进行验证，也可以进一步求出方案一和方案二的增值税负担的无差别临界点，以及现金净流量的无差别临界点，并做出最终的促销决策。

四、捆绑销售

（一）买一赠一

买一赠一这种情况在现实中很常见，经常逛商场都会有这种体验，比如买抽油烟机赠送榨汁机，其实质是折扣销售，无非就是有些折扣销售直接减现金，这种折扣直接送物品，属于销售折扣中的实物折扣情形。这种情形也可视为捆绑销售，但它不属于捐赠行为，更不是无偿赠送，而是属于建立在购物基础上的市场等价交换活动的一部分。所以，买一赠一属于捆绑销售模式，在销售活动中运用买一赠一方式替代商业捐赠行为，能够合理控制税负。

对销售方的买一赠一行为，按其实际收到的货款申报缴纳增值税，应按照《国家税务总局关于确认企业所得税收入若干问题的通知》（国税函〔2008〕875号）第三条的规定，在账务上将实际收到的销售金额，按销售货物和随同销售赠送货物的公允价值的比例来分摊确认其销售收入，同时应将销售货物和随同销售赠送的货物品名、数量以及按各项商品公允价值的比例分摊确认的价格和金额在同一张发票上注明。这些赠送的商品也允许相应结转其商品成本。

当然，也可以参考《四川省国家税务局关于买赠行为增值税处理问题的公告》（四川省国家税务局公告2011年第6号）的规定，"买物赠物"方式，是指在销售货物的同时赠送同类或其他货物，并且在同一项销售货物行为中完成，赠送货物的价格不高于销售货物收取的金额。

买一赠一方式下，因为有实物出库，发票也需要显示数量，但是赠品并没有实际销售金额。因为赠品的实质是有偿赠送，不属于视同销售范畴，无需计算缴纳增值税，所以其实质就是对赠送物品进行100%的折扣，即开票时可将赠送商品先输入原价，然后再进行100%的折扣就可以了。但这样处理可能会给人一种赠品折扣率太高的感觉，而且结转赠品成本时会形成赠品亏损的假象。所以，还是提倡采用国税函〔2008〕875号文件规定的按各项商品公允价值比例分摊销售收入的做法。

当然，对随同销售赠送的货物品种较多，不能在同一张发票上列明赠送货物的品名、数量的，也可统一开具"赠品一批"，同时开具随同销售赠送货物清单，并作为记账的原始凭证。这样形成一个买物赠物交易的完整的证据链条，也可以据此进行账务处理和纳税。

例8-8

某房地产公司推出买一赠一的促销活动，购买一栋300平方米、市场价格为120万元的别墅，赠送一个车库，市场价格为30万元。请问该房地产公司应如何确认主营业务收入？

解析：

买一赠一活动不属于商业捐赠，应将总的主营业务收入金额按别墅和车库的公允价值比例来分摊确认各自的销售收入。

别墅的销售收入＝120÷(120＋30)×120＝96(万元)

车库的销售收入＝30÷(120＋30)×120＝24(万元)

（二）加量不加价

加量不加价是一种有效的促销方式，其操作要点是：在销售商品时，增加每一包装中的商品数量，而销售总价不提高，相当于商品打折销售，但可以起到打折销售不能实现的促销效果。同时，还可以加快存货周转速度，增加税前扣除项目金额，从而降低企业所得税负担。加量不加价的促销模式实际上是一种特殊形式的捆绑销售。

例 8-9

某洗衣粉厂商在进行洗衣粉促销时，推出的促销方式是加量不加价。请问该洗衣粉厂商应如何进行税收筹划?

解析：

该洗衣粉厂商如果采取“买 5 000 克洗衣粉再免费赠送 1 000 克”的促销政策，可能就要为免费赠送的 1 000 克洗衣粉缴纳增值税并代扣代缴个人所得税。而采取加量不加价的促销模式，6 000 克洗衣粉卖 5 000 克的价钱，虽然销售数量增加了，但价格不变，相当于洗衣粉打折销售，则该洗衣粉厂商只需按照销售价格计算缴纳增值税，允许税前扣除 6 000 克洗衣粉的成本，从而降低了企业所得税负担。从税收筹划角度分析，加量不加价是一种较优的促销方式，不仅可以提高存货周转率，还可以降低销售环节的税负，提高产品的市场占有率，从而总体提升产品的市场竞争力。

五、商业捐赠

税法规定，企业商业性质的捐赠视同销售，一并计算缴纳增值税，且企业不得在税前扣除捐赠支出。

对于企业的公益性捐赠，允许企业对不超过当年会计利润 12%的部分进行税前扣除，超过部分允许结转以后 3 年内税前扣除，即允许往后递延 3 年。

商业捐赠的税收筹划思路一般是将商业捐赠转化为其他形式的促销手段，合法规避视同销售和不能税前扣除的税收约束。还有一种思路，就是避免商业捐赠行为，而转为公益性捐赠，后者是受到税法鼓励的行为，而且可以提升企业社会形象。目前已为很多企业所采纳和重视，成为税收筹划的重要手段之一。

例 8-10

汇丰商场以销售国内外名牌服装为主，“五一”期间搞促销活动，推出了优惠的销售策略：凡购买一套西服便赠送一条领带。西服和领带的市场销售价分别为 1 130 元（含税价）和 226 元（含税价）。

汇丰商场的具体操作为：对客户出具的发票只填写西服一套，价格为 1 130 元，同时赠送领带一条；客户付款 1 130 元，在账务处理上记录的主营业务收入为 1 000 元（1 130÷(1+13%)），增值税销项税额为 130 元。对于赠送的领带则按实际进货成本予以结转，记入当期“销售费用”科目核算。按照《中华人民共和国增值税暂行条例实施细则》（以下简称《增值税暂行条例实施细则》）的规定，将自产、委托加工或购买的货物无偿赠送他人，应视同销售计算缴纳增值税。所以，随同西服赠送的领带价值 226 元视同销售计算增值税销项税额 26 元。此项销售活动每人次最终涉及增值税销项税额 156 元，同时补缴相应的企业所得税和个人所得税。

解析：

对商场而言，开展赠送活动旨在吸引顾客，加快销售，提高市场占有率，其结果却加重了企业的税收负担，增加了企业的现金流出。为此，汇丰商场邀请税务专家策划促销活动，税务专家设计以下两种税收筹划方案。

方案一：实行捆绑销售。即将西服和领带价格分别下调，使两种商品的销售价格总额等于1 130元，并将西服和领带一起捆绑销售。这样，就能达到促销和节税的双重目的。

捆绑销售模式下，商场计算的增值税销项税额为：

$$增值税销项税额=1\,130\div(1+13\%)\times13\%=130(元)$$

方案二：将赠送的领带作为销售折让。将西服按正常销售来对待，同时将赠送的领带按其销售价格以销售折让的形式返还给客户。即在发票上填写西服一套价格为1 130元（含税价），同时填写领带一条，价格226元（含税价），同时以销售折让的形式将226元开具红字专用发票，直接返还给客户，发票上的销售净额为1 130元，客户实际付款1 130元。此项活动的不含税销售收入为1 000元，增值税销项税额为130元，从而减少了增值税销项税额26元，同时也规避了企业所得税和个人所得税。

例8-11

北京某企业通过民政部门向灾区学校捐赠资金150万元，企业当年利润总额为1 000万元，请问该笔捐赠能否全部税前扣除？

解析：

$$捐赠扣除限额=1\,000\times12\%=120(万元)$$

因此，该笔捐赠只能扣除120万元，超出部分30万元准予结转以后3年内在计算应纳税所得额时扣除。

第三节　销售模式及结算方式的税收筹划

一、产品成套销售

当产品成套销售时，要特别注意套装产品各组成部分所适用的税率是否一致。如果套装产品中有应税产品，也有免税产品；有税率高的产品，也有税率低的产品，最好的办法是把产品分开销售，独立核算分别计税，否则，税务机关征税时会从高适用税率。因此，套装产品的销售要规避适用高税率征税的陷阱。

例8-12

某酒厂生产粮食白酒与药酒组成的套装礼品酒进行销售。该酒厂对外销售的套装礼品酒单价为600元/套，其中粮食白酒、药酒各1瓶，均为500克装（假设该酒厂单独销售，粮食白酒400元/瓶，药酒200元/瓶，礼品套装酒的包装费忽略不计）。请问该酒厂销售礼品套装酒应如何进行税收筹划？（根据现行的税法规定，粮食白酒的比例税率为20%，定额税率为0.5元/500克；药酒的比例税率为10%。）

解析：

该酒厂经过策划，可以采取以下两种税收筹划方案。

方案一：先包装后销售。税法规定，将不同税率的应税消费品组成成套消费品销售的，应按最高税率征税。因此，如果销售套装礼品酒，药酒不仅要按20%的高税率从价计税，而且要按0.5元/500克的定额税率从量计税。这样，该酒厂应纳消费税计算如下：

$$600\times20\%+2\times0.5=121(\text{元})$$

方案二：先销售后包装。即先将粮食白酒和药酒分品种销售给零售商，分别开具发票并分别核算收入，然后再由零售商包装成套装礼品酒后对外销售。在这种情况下，药酒仅需按10%的比例税率从价计税，而且不必按0.5元/500克的定额税率从量计税。这样，该酒厂的应纳消费税为：

$$400\times20\%+200\times10\%+1\times0.5=100.5(\text{元})$$

通过比较可知，每销售套装礼品酒一份，方案二就比方案一节省消费税20.5元（121－100.5）。

二、代理销售

代理销售通常有两种方式：一是收取手续费，即受托方根据所代销的商品数量向委托方收取手续费，这对受托方来说是一种劳务收入，需要缴纳增值税。二是视同买断，即委托方不采用支付手续费的方式委托代销商品，而是通过制定较低的协议价格鼓励受托方买断商品，受托方再以较高的市场价格对外销售。如果委托方为了统一市场价格，执意要求受托方按一定的市场价格销售，那么双方可以调整协议价格以达到满意的合作结果。这种情况下受托方无需缴纳增值税，但委托方、受托方之间的流通环节应视为正常销售行为，需要缴纳增值税。两种代销方式对委托双方的税务处理及总体税负水平是不同的，合理选择代销方式可以达到合法节税的目的。

例8－13

利群商贸公司用收取手续费的方式为中华制衣公司代销品牌服装，销售单价为1 000元/件，每销售1件收取手续费200元。利群商贸公司在第一季度共销售服装100件，收取手续费20 000元。不考虑城市维护建设税和教育费附加。

解析：

双方的纳税额计算如下：

假设利群商贸公司无进项税额，则

利群商贸公司应缴纳增值税＝20 000÷(1＋6%)×6%＝1 132.08(元)

假设中华制衣公司的进项税额为7 000元，则

中华制衣公司承担的增值税＝1 000×100÷(1＋13%)×13%－7 000
＝4 504.42(元)

两个公司承担的增值税合计＝1 132.08＋4 504.42＝5 636.50(元)

如果利群商贸公司按视同买断方式为中华制衣公司代销品牌服装，中华制衣公司按800元/件销售给利群商贸公司，利群商贸公司再按1 000元/件对外销售。第一季度利群商贸公司共销售服装100件，则双方的纳税额计算如下：

假设利群商贸公司无其他进项税额，则

利群商贸公司应缴纳增值税＝100×1 000÷(1＋13%)×13%－100×800
÷(1＋13%)×13%＝2 300.88(元)

假设中华制衣公司的进项税额仍为7 000元，则

中华制衣公司承担的增值税＝100×800÷(1＋13%)×13%－7 000
＝2 203.54(元)

两个公司承担的增值税合计＝2 300.88＋2 203.54＝4 404.42(元)

比较上述两种方式，视同买断方式下，利群商贸公司多缴纳增值税1 168.80元(2 300.88－1 132.08)；中华制衣公司少缴纳增值税2 300.88元（4 504.42－2 203.54)。委托双方增值税的总体税负不同，视同买断方式比收取手续费方式少缴纳1 232.08元。

因此，在代理销售业务中，委托双方应争取采取视同买断方式。而采用这种方式代销时，受托方需多缴纳一部分增值税，委托方则可少缴纳等额的增值税，因此，受托方可以要求委托方在协议价格上做出一定的让步，以使受托方多缴纳的增值税额在制定协议价格时就得到补偿，最终使委托双方的总体税负水平趋于合理。

知识链接

进场费、广告促销费、上架费、管理费或展销费如何纳税？

营改增后，企业实务中对于各项费用的纳税方式，各地做法不一。有些地区允许将进场费、上架费视为场地租赁，对应税率为9%；而对于广告促销费、展销费按照广告业税目征收，对应税率为6%。

笔者认为，这些费用应当统一按照6%的税率征收增值税，理由如下：这些费用虽名称各异，但实质相同，不应按照其外在表现形式不同而在税率上区分对待，否则违反公平原则；进场费、上架费不能视为租赁，因为虽然厂家占用代理商的场地或柜台，但实际运营管理的权利和义务仍归代理商，并不构成租赁，而只是接受代理商提供的服务。

在实务中，如果企业需要选择以进场费、广告促销费、上架费、管理费或展销费等方式进行返利，建议与当地主管税务机关做好沟通，了解当地税收征管政策，合理设计企业合同条款，避免产生税收风险。

三、销售结算方式

与采购时的付款方式相对应，在销售时企业也可通过收款方式的选择进行税收筹划。从本质上看，委托代销、分期收款销售与直接收款销售结算方式并无太大区别，它们最终都表现为货物所有权的转移和货款的收取，只是结算的方式不同而已。但从税收角度来看，不同的结算方式将导致应税收入的确认时间不同，纳税人缴纳税款的时间也不同。由于税金缴纳均为现金形式，企业如果能够在取得现金后进行税金支出显然是最好的选择，也可以减少财务风险。

例 8-14

某外贸公司与当地交通部门签订了一份合同，由该外贸公司为交通部门从国外进口一批通信设备，销售额达 3 亿元。该外贸公司看到市场竞争激烈，担心失去交通部门这一重要客户，因此急于成交，合同签订草率。合同中规定交通部门货到验收后付款，交通部门出于自身财务预决算的考虑，请求外贸公司在 12 月底以前开具正式销售发票，该外贸公司认为进口商品会很快运抵，便同意了交通部门的请求，并马上开具了销售额为 3 亿元的增值税专用发票。由于进口谈判和季节周期等原因，该批通信设备截至次年 2 月还未运抵，结果导致该外贸公司在开票后确认销售收入的实现，先垫付了 3 900 万元的增值税，还提前确认销售收入，提前缴纳了企业所得税。

解析：

对于上述外贸公司，在交易没有完成之前，轻率地开出销售发票，很容易出现垫付增值税的现象。这是交易的不确定性造成的，防止垫税的最佳方法是利用合同转嫁税负，在充分考虑结算方式和销售方式的前提下，以合同条款的形式将交易活动控制在自己手中。实际上该外贸公司完全可以通过分期销售方式来规避垫税风险。

每种销售结算方式都有其收入确认的标准条件，企业通过对收入确认条件的控制，可以控制收入确认的时间。因此，在进行税收筹划时，企业可以采用合法的方式推迟销售收入的确认时间，推迟纳税。

如对发货后一时难以回笼的货款，可以作为委托代销商品处理，待收到货款时再开具发票纳税；尽量避免采用托收承付和委托收款的结算方式销售货物以防止垫付税款；在不能及时收到货款的情况下，采用赊销或分期收款的结算方式以避免预付税款等。

例 8-15

美华公司以生产化妆品为主，以一个月为一个纳税期限。预计 5 月 28 日销售化妆品 10 000 盒给永安商场，不含税单价为每盒 100 元，单位销售成本为 40 元。预计销售费用为 50 000 元。增值税税率为 13%，消费税税率为 15%，企业所得税税率为 25%，城市维护建设税税率为 7%，教育费附加征收率为 3%。假设美华公司与永安商场均为增值税一般纳税人，所有购销业务均开具增值税专用发票。请比较美华公司在不同销售结算方式下的税务方案的差异性。

解析：

在选择销售结算方式时，美华公司有以下几种方案。

方案一：直接收款销售结算。

《增值税暂行条例实施细则》规定，采取直接收款方式销售货物，不论货物是否发出，其纳税义务发生时间均为收到销售款项或取得索取销售款项凭据的当天。

5月28日，无论是否收到货款，美华公司都应该确认收入，计算缴纳增值税、消费税和企业所得税。此方案优点是可以在销售货物的同时及时收到货款，保证企业在取得现金后再支出税金。

方案二：分期收款销售结算。

若预计5月28日无法及时取得货款，可以采取分期收款销售结算方式。假设将上述货款平均分成4个月收取，每个月收取250 000元，合同约定分别在6月、7月、8月、9月各月的10日收取货款。销售费用50 000元在6月份发生。

《增值税暂行条例实施细则》规定，采取赊销和分期收款方式销售货物，在书面合同约定的收款日期的当天确认收入，无书面合同或者书面合同没有约定收款日期的，在货物发出的当天确认收入。

如购销双方签订书面合同约定收款日期为6月10日，则5月28日发出货物时无需确认收入，到6月10日再确认收入，缴纳税款。

此方案虽然不能减少纳税总额，也未增加税后净收益总额，但可以延迟纳税义务发生时间，减轻企业资金支付压力。

方案三：委托代销结算。

若美华公司于5月28日将化妆品委托给永安商场代销，合同约定永安商场以单价100元销售，每销售一盒化妆品可提取4元作为手续费（商场在交付销售清单时开具普通发票给美华公司）。美华公司5月份的销售费用则减少为10 000元。美华公司于7月20日收到永安商场的代销清单，上列已销售数量为8 000盒，不含税价款为800 000元。永安商场扣除手续费后，将余款通过银行支付给美华公司。

《增值税暂行条例实施细则》规定，委托其他纳税人代销货物，在收到代销单位的代销清单或者收到全部或部分货款的当天确认收入；未收到代销清单及货款的，在发出代销货物满180天的当天确认收入。

5月28日，由于尚未收到销售清单，因此无需确认该笔业务收入，也不需要计算缴纳相关税金，但5月份发生的销售费用10 000元，可以在计算5月份的应纳税所得额时扣除。

7月20日，美华公司收到永安商场的代销清单时，确认收入，计算缴纳税金。

根据例8-15，可以得出以下结论：

（1）若预期在商品发出时可以直接收到货款，则选择直接收款方式较好；若商品紧俏，则选择预收货款销售方式更好，可以提前获得一笔流动资金又无需提前纳税。

(2) 若预期在发出商品时无法及时收到货款，如果采取直接收款方式，则会出现现金净流出，表现为企业账面利润不断增加的同时，流动资金却严重不足。企业为了维持生产可以向银行贷款解决资金问题，但又需要承担银行利息，加上尚未收到的货款还存在坏账风险，所以，财务风险大大增加。此时宜选择分期收款或赊销结算方式，一方面可以减少销售方的财务风险，另一方面也可以减轻购买方的付款压力。

(3) 与自营销售相比，委托代销可以减少销售费用总额，还可以推迟收入实现时间，但同时可能使纳税人对受托方产生依赖性，一旦受托方出现问题，可能给纳税人的生产经营活动带来很大危害。

第四节　销售返利及佣金的税收筹划

一、销售返利的税收筹划

企业为了促销，往往对销售其产品的代理商给予货币或实物形式的销售返利，这种销售返利已经成为一种日趋成熟的商业模式。

(一) 平销返利及其税收政策

1. 平销返利的概念

平销返利是指生产企业以商业企业经销价或高于商业企业经销价的价格将货物销售给商业企业，商业企业再以进货成本或低于进货成本的价格进行销售的业务，生产企业则以返还利润等方式弥补商业企业的进销差价损失。

生产企业弥补商业企业进销差价损失的返利方式主要有以下两种：(1) 生产企业通过返还资金方式弥补商业企业的损失，如对商业企业返还利润，向商业企业投资等；(2) 生产企业通过赠送实物或以实物投资方式弥补商业企业的损失。

2. 平销返利业务的税收政策

(1) 自 1997 年 1 月 1 日起，凡增值税一般纳税人，无论是否有平销行为，因购买货物而从销售方取得的各种形式的返还资金，均应依所购货物的增值税税率计算应冲减的进项税额，并从其取得返还资金当期的进项税额中予以冲减。应冲减的进项税额计算公式如下：

$$\text{当期应冲减进项税额}=\text{当期取得的返还资金}\div\left(1+\text{所购货物适用增值税税率}\right)\times\text{所购货物适用增值税税率}$$

(2) 对于采取赠送实物或以实物投资方式进行平销经营活动的，需要通过两个步骤来进行处理，即实物的视同销售以及完成利润返还的处理。

3. 平销返利业务的发票开具

商业企业向供货方收取的各种收入，一律不得开具增值税专用发票。

供货方向商业企业进行利润返还，可以开具红字增值税专用发票；实物返利的情况下，利润返还部分的核算可以开具红字增值税专用发票，视同销售部分的核算可以向商业企业开具蓝字增值税专用发票。

4．平销返利中的特殊政策规定

平销返利主要涉及《国家税务总局关于平销行为征收增值税问题的通知》（国税发〔1997〕167 号）、《国家税务总局关于增值税一般纳税人平销行为征收增值税问题的批复》（国税函〔2001〕247 号）、《国家税务总局关于商业企业向货物供应方收取的部分费用征收流转税问题的通知》（国税发〔2004〕136 号）等文件，相关政策规定如下：

（1）与总机构实行统一核算的分支机构从总机构取得的日常工资、电话费、租金等资金，不应视为因购买货物而取得的返利收入，不应做冲减进项税额处理。

（2）对商业企业向供货方收取的与商品销售量、销售额无必然联系，且商业企业向供货方提供一定劳务的收入，例如进场费、广告促销费、上架费、展示费、管理费等，不属于平销返利，不冲减当期增值税进项税额，应按现代服务业-商务辅助服务-企业管理服务（增值税税率为 6%）计算销项税额。

例 8－16

A 公司为某商场的商品供应商，每期期末按商场销售本公司商品金额的 5%进行平销返利。2020 年 6 月，商场共销售 A 公司商品金额 1 130 000 元，按约定收到返利 56 500 元。

解析：

商场收取的返还收入应按规定冲减当期增值税进项税额；商场向供应商收取的各种收入一律不得开具增值税专用发票；同时，对于商场向供应商收取的返还资金应当由供应商出具红字增值税专用发票。

不得开具增值税专用发票的原因在于，在平销返利活动中，商场从供应商收取的返还资金并不属于销售收入，而是对进销差价损失的补偿，也可以理解为对购进成本价的让步，自然不允许开具增值税专用发票。

情形一：商场直接收到现金返利。

（1）商场的会计处理如下：

借：银行存款	56 500	
贷：主营业务成本		500 000
应交税费——应交增值税（进项税额转出）		6 500

（2）供应商的会计处理如下：

借：主营业务收入	50 000	
应交税费——应交增值税（销项税额）	6 500	
贷：银行存款		56 500

情形二：收到供应商的实物返利。

供应商进行实物返利需要通过两个步骤来完成：一是实物的视同销售；二是完成利润

返还。完成利润返还的部分与现金返还的处理一致，但是实物返利的，视同销售要计征增值税销项税额，即供应商在实物返利时，要同时确认价格折让引起的前期已确认收入、销项税额的减少，以及赠送实物视同销售引起的本期收入、销项税额的增加。在发票的开具方面，也会涉及两份发票：一是折让的红字发票；二是视同销售的蓝字发票。

（1）商场的会计处理如下：

借：库存商品——平销返利　　50 000
　　应交税费——应交增值税（进项税额）　　6 500（增值税蓝字发票）
　贷：主营业务成本　　50 000
　　　应交税费——应交增值税（进项税额转出）　　6 500（红字专用发票）

（2）供应商的会计处理如下：

借：主营业务收入　　50 000
　　应交税费——应交增值税（销项税额）　　6 500（红字专用发票）
　贷：库存商品　　50 000
　　　应交税费——应交增值税（销项税额）　　6 500（增值税蓝字发票）

（二）销售返利的税收筹划

销售返利的税收筹划思路主要有以下两种。

思路一：销售返利递延滚动到下一期间。把本期该返利的部分递延到下一期间，以销售折扣或销售折让的形式体现出来，这样可以合理抵减主营业务收入。这一方法适用于业务量大且交易稳定的代理商。

思路二：销售返利以加量不加价的方式体现在产品包装中。销售返利无法返还或无法直接返还时，可采用不同的产品包装，以加量不加价的方法解决。这也适用于交易稳定的代理商。

当然，一些企业通过固定资产、存货、福利品等实物形式实现销售返利，还有一些企业通过代为支付费用等形式返利，这些做法在一定程度上都是不合法的，应引起注意。

例 8－17

某摩托车厂家拥有多家代理商，销售返利政策如下：代理商每次购买 1 000 辆摩托车，当累计达到 3 000 辆时，该摩托车厂家给予代理商 3%的销售返利，并当期支付给代理商。税务机关对此销售返利的看法是：由于是在代理商最后达到 3 000 辆时才给予销售返利，因此与税法规定不符。而且不能够在发票上体现折扣额，即不属于折扣销售。所以，必须按照销售收入全额确认收入纳税。对此情况，该摩托车厂家应该如何筹划销售返利呢？

解析：

该摩托车厂家邀请税务顾问为其进行税收筹划，税务顾问设计了以下三种筹划方案。

方案一：当代理商的销售量达到 3 000 辆时，对最后的 1 000 辆给予 9%的折扣，并且在发票上注明折扣额。

方案二：当代理商的销售量达到3 000辆时，需要给予的销售返利不在当期返还，而是作为下一期间的折扣额，在下一期间的销售发票上体现，即采取销售返利递延的方法处理。

方案三：当代理商为大型商场或超市时，给予代理商的销售返利一般转化为进场费、管理费或展销费。即大型商场或超市以收费形式替代销售返利，并为摩托车厂家开具增值税专用发票。

二、佣金及手续费的税收政策与税收筹划

（一）佣金及手续费的税收政策分析

佣金是指代理人或经纪人为委托人介绍生意或代买代卖而收取的报酬。

手续费是指企业或个人作为代理者为委托人或客户办理各种事务或专门业务而收取的酬劳或报酬费。一般较常见于银行、信用社、保险机构等办理结算业务、代理融通、委托贷款、代理类债券、股票、代办保险、代办中间业务等业务获得的手续费收入。

佣金及手续费的主要税收政策如下。

1. 增值税

（1）税目。根据《营业税改征增值税试点实施办法》（财税〔2016〕36号文件附件1）、《销售服务、无形资产、不动产注释》规定，经纪代理服务是指各类经纪、中介、代理服务，包括金融代理、知识产权代理、货物运输代理、代理报关、法律代理、房地产中介、职业中介、婚姻中介、代理记账、拍卖等，因此佣金的增值税税目是经纪代理服务。

（2）发票开具。开具发票的基本分类是：经纪代理服务-佣金。

如果是保险行业，根据《国家税务总局关于个人保险代理人税收征管有关问题的公告》（国家税务总局公告2016年第45号）第三条规定，接受税务机关委托代征税款的保险企业，向个人保险代理人支付佣金费用后，可代个人保险代理人统一向主管税务机关申请汇总代开增值税普通发票或增值税专用发票。

个人保险代理人代开发票时应注意以下几点：1）保险企业代个人保险代理人申请汇总代开增值税发票时，应向主管税务机关出具个人保险代理人的姓名、身份证号码、联系方式、付款时间、付款金额、代征税款的详细清单。2）保险企业应将个人保险代理人的详细信息，作为代开增值税发票的清单，随发票入账。3）主管税务机关为个人保险代理人汇总代开增值税发票时，应在备注栏内注明“个人保险代理人汇总代开”字样。4）这里所称个人保险代理人，是指根据保险企业的委托，在保险企业授权范围内代为办理保险业务的自然人，不包括个体工商户。小规模纳税人增值税月销售额免税标准提高到10万元这项政策，同样适用于个人保险代理人为保险企业提供保险代理服务。同时，保险企业仍可按照相关规定，向主管税务机关申请汇总代开增值税发票，并可按规定适用免税政策。

证券经纪人、信用卡和旅游等行业的个人代理人比照上述规定办理。

2. 企业所得税

(1) 限额扣除。

第一，保险企业。根据《关于保险企业手续费及佣金支出税前扣除政策的公告》(税务总局公告 2019 年第 72 号) 规定，保险企业发生与其经营活动有关的手续费及佣金支出，不超过当年全部保费收入扣除退保金等后余额的 18%（含本数）的部分，在计算应纳税所得额时准予扣除；超过部分，允许结转以后年度扣除。

第二，电信企业。根据《国家税务总局关于企业所得税应纳税所得额若干税务处理问题的公告》(国家税务总局公告 2012 年第 15 号) 第四条规定，电信企业在发展客户、拓展业务等过程中（如委托销售电话入网卡、电话充值卡等），需向经纪人、代办商支付手续费及佣金的，其实际发生的相关手续费及佣金支出，不超过企业当年收入总额 5%的部分，准予在企业所得税前据实扣除。

第三，房地产企业。根据《房地产开发经营业务企业所得税处理办法》(国税发〔2009〕31 号) 规定，企业委托境外机构销售开发产品的，其支付境外机构的销售费用（含佣金或手续费）不超过委托销售收入 10%的部分，准予据实扣除。

第四，其他企业。根据《财政部 国家税务总局关于企业手续费及佣金支出税前扣除政策的通知》(财税〔2009〕29 号) 规定，其他企业发生与其经营活动有关的手续费及佣金支出按与具有合法经营资格中介服务机构或个人（不含交易双方及其雇员、代理人和代表人等）所签订服务协议或合同确认的收入金额的 5%计算限额。

(2) 据实扣除。根据国家税务总局公告 2012 年第 15 号公告的第三条规定，从事代理服务、主营业务收入为手续费、佣金的企业（如证券、期货、保险代理等企业），其为取得该类收入而实际发生的营业成本（包括手续费及佣金支出），准予在企业所得税前据实扣除。

(3) 特别事项及要求。

第一，企业应与具有合法经营资格的中介服务企业或个人签订代办协议或合同，并按国家有关规定支付手续费及佣金。除委托个人代理外，企业以现金等非转账方式支付的手续费及佣金不得在税前扣除。企业为发行权益性证券支付给有关证券承销机构的手续费及佣金不得在税前扣除。

第二，企业不得将手续费及佣金支出计入回扣、业务提成、返利、进场费等费用。

第三，企业已计入固定资产、无形资产等相关资产的手续费及佣金支出，应当通过折旧、摊销等方式分期扣除，不得在发生当期直接扣除。

第四，企业支付的手续费及佣金不得直接冲减服务协议或合同金额，并如实入账。

第五，保险企业应建立健全手续费及佣金的相关管理制度，并加强手续费及佣金结转扣除的台账管理。

3. 个人所得税

（1）一般佣金。

第一，预扣预缴。扣缴义务人向居民个人支付佣金等劳务报酬所得，按以下方法按次或者按月预扣预缴个人所得税：劳务报酬所得以每次收入减除费用后的余额为收入额，预扣预缴税款时，劳务报酬所得的每次收入不超过4 000元的，减除费用按800元计算；超过4 000元的，减除费用按收入的20%计算。

第二，汇算清缴。居民个人办理年度综合所得汇算清缴时（取得所得的次年3月1日至6月30日），应当依法计算劳务报酬所得的收入额，并入年度综合所得计算应纳税款，税款多退少补。劳务报酬所得以收入减除20%的费用后的余额为收入额。

例8-18

李先生介绍客户购房，2020年3月取得佣金收入3 000元；2020年6月取得劳务报酬30 000元。

解析：

（1）预扣预缴计算。

3月劳务报酬所得预扣预缴应纳税所得额＝每次收入－800＝3 000－800＝2 200(元)

劳务报酬所得预扣预缴税额＝预扣预缴应纳税所得额×预扣率－速算扣除数
＝2 200×20%－0＝440(元)

6月劳务报酬所得预扣预缴应纳税所得额＝每次收入×(1－20%)
＝30 000×(1－20%)＝24 000(元)

劳务报酬所得预扣预缴税额＝预扣预缴应纳税所得额×预扣率－速算扣除数
＝24 000×30%－2 000＝5 200(元)

（2）年终汇算清缴申报操作及要求参见本书第十章的讲解。

知识链接

回扣与商业贿赂

回扣（rebate）是指企业或经营者依据销量的一定比例返还给销售商或客户的资金。按照是否采取账外暗中的方式，回扣可以分为“账内明示”回扣、“账外暗中”回扣。根据行业和地区的不同，不同情况下的回扣可能违法，也可能不违法。回扣在现实中往往体现为酬劳费、好处费、手续费、交际费、奖励费、馈赠、提成、红包、酬金、佣金等，以规避回扣之嫌。在经济活动中其表现形式有赠送礼品、有奖订货、有奖销售、奖励报销旅游、参观宴请等，种类繁多。回扣的这些表现形式是由回扣行为所固有的本质特征决定的：一是隐蔽性，回扣一般以口头约定的形式确定，仅经办人或业务主管人知情；二是诱惑性，回扣直接体现为某种利益的获取，具有较强的吸引力；三是即兑性，一般都能在买卖双方成交后及时兑现，形式简单便捷。因此，激发了社会上重利轻义者的贪欲。在经济往来中，暗中收受回扣、中饱私囊，可能会引发消极的甚至违法犯罪的社会效应。

商业贿赂（commercial bribe）是指经营者以排斥竞争对手为目的，为争取交易机会，暗中给予交易对方有关人员和能够影响交易的其他相关人员以财物或其他好处的不正当竞争行为，是贿赂的一种形式。针对商业贿赂，《中华人民共和国反不正当竞争法》第七条规定，经营者不得采用财物或者其他手段进行贿赂以谋取交易机会或竞争优势。在账外暗中给予对方单位或者个人回扣的，以行贿论处；对方单位或者个人在账外暗中收受回扣的，以受贿论处。

总之，佣金、折扣、回扣和商业贿赂之间没有不可逾越的鸿沟。经营者销售或者购买商品，以明示方式给对方折扣，给中间人提取佣金，都是合法行为；而经营者暗中返利或进行商业贿赂活动，都可能是一种违法犯罪行为。

（二）佣金及手续费的税收筹划

佣金、手续费的业务简单且内容单一，可以筹划的内容不多。根据企业经营现实情况和税收政策，一般从两个方面考虑佣金、手续费的筹划：一是尽量延后支付佣金及手续费，因为一旦支付，收取方就构成应税收入，但代理事项及商务活动能否达到预定目的，还不能最终确定，因此存在佣金及手续费提前确认收入纳税问题。二是收取佣金及手续费的主体需要筹划，比如个人取得佣金收入需要缴纳个人所得税，按照劳务报酬所得计税，在现行税制下不仅取得时需要预扣预缴个人所得税，年终还需要汇算清缴；汇算清缴极易面对较高的边际税率，因此把个人的佣金收入通过设立个人独资企业，转化为个人独资企业的经营收入，适用 5%～35%的五级超额累进税率，可能会降低相关税负。

例 8-19

王先生帮助某企业开展产品销售推广，因成功联络跨国贸易集团而获得佣金收入 9 万元。预计王先生当年度还能获得佣金收入 20 万元。请为王先生设计税收筹划方案。

解析：

王先生获得佣金收入 9 万元，如果作为个人的劳务报酬所得，获得佣金时需要预缴的个人所得税为：

$$90\,000\times(1-20\%)\times40\%-7\,000=21\,800(\text{元})$$

如果王先生设立一家个人独资企业，则王先生的佣金收入转变为个人独资企业的经营所得，假定个人独资的扣除额为 6 万元，则应纳个人所得税为：

$$(90\,000-60\,000)\times5\%=1\,500(\text{元})$$

对于一些地区，允许对个人独资企业核定应税所得率，现代服务业核定的应税所得率范围为 10%～30%，最低为 10%，按照这一政策，个人独资企业应纳的个人所得税为：

$$90\,000\times10\%\times5\%=450(\text{万元})$$

从上述分析可知，通过设立个人独资企业，佣金收入的个人所得税负担大大减轻。

三、礼品、宣传品赠送的税收筹划

在客户营销、业务推广及实际交易应酬活动中，企业难免涉及对外赠送礼品、宣传品的行为，以积累客户资源、开拓业务。由于赠送背景、环节和方式不同，适用的税收也不相同，税收负担及涉税风险差别极大。企业需要结合实际情况，合理选择赠送方式，有效提高捐赠行为的投入产出并严格控制税务风险。

（一）礼品、宣传品赠送的税收政策

1. 增值税

企业发生的馈赠礼品事项按照税法规定应缴纳税款，履行纳税义务。根据《增值税暂行条例实施细则》第四条规定，将自产、委托加工或者购进的货物无偿赠送其他单位和个人，视同销售，需确认应税收入并缴纳增值税。企业在宣传活动或业务招待活动中，附赠的礼品通常被视为无偿赠送，需要缴纳增值税，一般纳税人适用的税率为13%。

根据《财政部 国家税务总局关于全面推开营业税改征增值税试点的通知》（财税〔2016〕36号）附件1中的第二十七条规定，用于集体福利或个人消费的购进货物的进项税额不得从销项税额中抵扣，纳税人的交易应酬消费属于个人消费。即无论是否取得增值税专用发票，企业列支于业务招待费的进项税额均不可抵扣。但是，企业赠送的礼品不属于个人消费，而属于企业的商业捐赠行为，因此，企业赠送的礼品的进项税额允许抵扣。推而广之，可以得出如下增值税相关的结论：对于改变用途的自产或委托加工的货物，无论是用于内部还是外部，都应视同销售处理；而对于改变用途的外购货物或应税劳务，若是用于外部的，即用于投资、分配或无偿赠送的，应视同销售处理，其进项税额允许抵扣；若是用于内部的，即用于免税项目、非应税项目、集体福利或个人消费的，不应视同销售处理，其进项税额不得从销项税额中抵扣，对已经抵扣的进项税额应作进项税额转出。

企业在提供服务（电信公司售卡、保险公司销售保单、服务公司推广服务）的同时发生赠送行为，各地税收政策存在差异。如河北税务局发布的《河北省国家税务局关于全面推开营改增有关政策问题的解答（之五）》规定，保险公司销售保险时，附带赠送客户的促销品，如刀具、加油卡等货物，不按视同销售处理。该解释认为企业在提供服务的同时赠送商品，实质上是一种利益让渡，并非无偿赠送，其对价已包含在服务对价中。

但重庆市国家税务局在《营改增政策指引（一）》中规定，公司在开展业务时，赠送客户的礼品如果单独作价核算，则按销售处理，不属于视同销售；如果纳税人是无偿赠送，属于视同销售。纳税人购进礼品取得的进项税额符合政策规定可抵扣的，允许从应纳税额中抵扣。

2. 所得税

企业赠送物品，还涉及个人所得税和企业所得税。

（1）个人所得税。按照《财政部 国家税务总局关于企业促销展业赠送礼品有

关个人所得税问题的通知》（财税〔2011〕50号）规定，企业在营销活动中以折扣折让、赠品、抽奖等方式，向个人赠送现金、消费券、物品、服务等（以下简称礼品）有关个人所得税问题按照如下方式处理。

1）企业向个人赠送礼品，属于下列情形之一的，取得该项所得的个人应依法缴纳个人所得税，税款由赠送礼品的企业代扣代缴。

①企业在业务宣传、广告等活动中，随机向本单位以外的个人赠送礼品，对个人取得的礼品所得，按照“其他所得”项目，全额适用20%的税率缴纳个人所得税。

②企业在年会、座谈会、庆典以及其他活动中向本单位以外的个人赠送礼品，对个人取得的礼品所得，按照“其他所得”项目，全额适用20%的税率缴纳个人所得税。

③企业对累积消费达到一定额度的顾客给予额外抽奖机会，个人的获奖所得，按照“偶然所得”项目，全额适用20%的税率缴纳个人所得税。

2）企业赠送的礼品是自产产品（服务）的，按该产品（服务）的市场销售价格确定个人的应税所得；是外购商品（服务）的，按该商品（服务）的实际购置价格确定个人的应税所得。

按照《财政部 税务总局关于个人取得有关收入适用个人所得税应税所得项目的公告》（财政部 税务总局公告2019年第74号）规定，企业在业务宣传、广告等活动中，随机向本单位以外的个人赠送礼品（包括网络红包），以及企业在年会、座谈会、庆典以及其他活动中向本单位以外的个人赠送礼品，个人取得的礼品收入，按照“偶然所得”项目计算缴纳个人所得税，但企业赠送的具有价格折扣或折让性质的消费券、代金券、抵用券、优惠券等礼品除外。

这里所称的礼品收入，其应纳税所得额按照《财政部 国家税务总局关于企业促销展业赠送礼品有关个人所得税问题的通知》（财税〔2011〕50号）第三条规定计算。

（2）企业所得税。对企业将货物、财产、无形资产、服务用于捐赠、偿债、赞助、集资、广告、样品、职工福利或者利润分配等用途的，应当视同销售。根据《国家税务总局关于企业处置资产所得税处理问题的通知》（国税函〔2008〕828号）规定，企业将资产移送他人按视同销售确认收入，主要包括：用于市场推广或销售；用于交易应酬；用于职工奖励或福利；用于利润分配；用于对外捐赠；其他改变资产所有权属的用途等。企业赠送礼品时，如果不属于公益性捐赠（可能免税），则要视同销售，按照公允价值计算销售收入，计入应纳税所得额计算缴纳企业所得税。如果企业在业务宣传、广告等活动中向客户赠送礼品，则按照广告费、业务宣传费的规定扣除；如果企业在年会、座谈会、庆典以及其他活动中向客户赠送礼品，则按照交际应酬费规定扣除；如果赠送礼品与本企业业务无关的，则按照非广告性赞助支出处理，不得税前扣除。

例8-20

盛华公司在新品发布会上，向参加活动的经销商A公司、B公司赠送宣传品113 000

元，为宣传活动附赠。同时向参加新品发布会的个人嘉宾赠送纪念品22 600元。

解析：

盛华公司把宣传品赠送给经销商，应作为业务宣传费处理，同时视同销售缴纳增值税，涉及的应纳增值税为：

113 000÷(1＋13％)×13％＝13 000(元)

盛华公司计入业务宣传费的金额允许在业务宣传费限额内税前列支。计入业务宣传费的金额为：

113 000÷(1＋13％)＝10 000(元)

盛华公司赠送给个人嘉宾的纪念品属于业务招待费性质，不能抵扣进项税额，所以应纳增值税为：

22 600÷(1＋13％)×13％＝2 600(元)

盛华公司计入业务招待费的金额允许在业务招待费限额内税前列支。计为业务招待费的金额为：

22 600÷(1＋13％)＝20 000(元)

个人嘉宾获得纪念品，需要扣缴的个人所得税为：

22 600×20％＝4 520(元)

但是，因个人嘉宾太多，企业扣缴个人所得税的操作难度较大（一般需要嘉宾个人提供身份证信息，嘉宾可能不便于提供或不愿提供），为发挥礼品馈赠的营销推广作用，通常税负由企业负担，则嘉宾所得转化为税后所得，此种情况下，盛华公司负担的税款为：

22 600÷(1－20％)×20％＝5 650(元)

需要注意的是，如果是后一种情况，盛华公司代个人承担的个人所得税款，不属于企业经营活动的合理开支，一般不允许税前扣除，必须做永久性差异纳税调整，按25％的税率缴纳企业所得税，故而需要补缴企业所得税：

5 650×20％＝1 130(元)

（二）礼品、宣传品赠送的税收筹划

1. 增值税税收筹划

企业应尽量减少或不采用无偿赠送的方式，执行“在向个人销售商品（产品）和提供服务的同时提供物品”的方式，准备具有说服力的证据和材料，阐释与赠送物品对价的服务过程，有效地减轻企业税负并严格执行税收政策。

赠送物品时，尽量采取引入中介机构的操作模式，避免物品赠送行为的直接发生。比如，可以在庆典活动中引入会议公司，委托其主导和操控相关的庆典议程，最终支付会议公司活动经费，并由会议公司开具合规的增值税专用发票，作为会议费列支。

2. 个人所得税税收筹划

企业涉及礼品、纪念品赠送给个人的，尽量由个人承担个人所得税。

企业随机赠送印有企业标识的小金额物品，如玻璃杯、雨伞等，单位价值比较低，且在购入时直接计入管理费用或营销费用的，不需要赠送时扣缴个人所得税。

（三）不属于征税范围的礼品赠送行为

对于企业发生的礼品赠送行为，哪些情况下可以不缴纳增值税或个人所得税呢？

1. 实行折扣销售

企业在销售商品（产品）和提供服务过程中，通过价格折扣、折让方式向个人销售商品（产品）和提供服务，不征收个人所得税。即把赠品或对外捐赠之物作为价格折扣或折让向购买方提供，这种情况属于促销活动中的商业折扣范畴，不构成商业捐赠，也不缴纳增值税。

2. 交易活动中给予物品

企业在向个人销售商品（产品）和提供服务的同时给予赠品，如通信企业对个人购买手机赠话费、入网费，或者购话费赠手机等。

3. 交易活动中赠送服务项目

企业在向个人销售商品（产品）的同时赠送服务项目，属于捆绑销售模式，一般不缴纳个人所得税。譬如，房地产公司在销售房产时向客户赠送物业服务（即免收房屋业主若干年物业费）。

4. 累积消费送礼品

企业对累积消费达到一定额度的个人按消费积分反馈礼品。譬如，超市连锁企业对外销售办理消费积分卡，按照消费金额累积积分，并按积分赠送礼品，这种情况不需缴纳个人所得税。

5. 作为宣传费用的礼品赠送

企业所赠送的礼品在采购时作为宣传费用处理，此种情形不需要缴纳个人所得税。但所购礼品必须符合宣传费的标准，且金额不宜过大，即开支属于宣传费的正常范围。

第五节　销售活动的其他税收筹划方法

一、设立销售公司筹划

对于生产企业，设立销售公司不仅可以通过关联定价规避税收，还可以实现销售费用、管理费用、财务费用等的转移支付，加大税前费用扣除力度。

例 8-21

黄河酒厂主要生产粮食白酒，是一家大型骨干企业。以前该企业的产品销售是按照计划经济的模式来进行的，产品按照既定的渠道销售给全国各地的批发商。随着市场日益活跃，商品销售出现了多元化的格局，部分消费者开始直接向生产企业购买一定数量的白酒。按照以往的经验，本市的一些零售商店、酒店、消费者每年从工厂直接购买的白酒大约为5 000箱（每箱10千克）。

解析：

为了提高企业的盈利水平，黄河酒厂在本市设立了一家独立核算的白酒销售公司。该酒厂按照给其他批发商的产品价格与销售公司核算，每箱400元，销售公司再以每箱480元的价格对外销售。粮食白酒适用消费税税率20%。黄河酒厂每年的业务招待费超支20 000元。

黄河酒厂应纳消费税分析如下：

设立销售公司前应纳消费税＝5 000×480×20%＋20×5 000×0.5＝530 000(元)

设立销售公司后应纳消费税＝5 000×400×20%＋20×5 000×0.5＝450 000(元)

消费税节税额＝530 000－450 000＝80 000(元)

销售公司业务招待费可以列支金额＝5 000×480×5‰＝12 000(元)

由于设立销售公司，分流一部分业务，黄河酒厂可以将业务招待费转移到销售公司，税前多扣除业务招待费12 000元，从而抵减所得税3 000元。

通过设立销售公司筹划，黄河酒厂可实现节税额：

80 000＋3 000＝83 000(元)

二、价格拆分

企业销售货物、不动产、无形资产以及提供服务的业务活动，可以考虑进行价格拆分，从而降低销售交易中的税收负担。

例8-22

以销售一套150平方米、单价为40 000元的房屋为例，若契税税率为3%，则销售房屋应缴纳的契税为18万元。如果将房屋价格拆分为35 000元/平方米单价和5 000元/平方米的装修费，则销售房屋应缴纳的契税为15.75万元，节省契税2.25万元。这里提醒大家注意，如果分拆房屋的价格，需要防止出现装修价格虚高、房屋价格偏低的现象。

需要注意的是，本例不仅节省了契税，还可以节省企业增值税、土地增值税，请读者自行分析

三、转让定价筹划

转让定价也称关联定价，是利用税率的差异或减免税的低税负政策，通过价格因素在企业之间转移利润的行为。实行转让定价筹划的双方具有一定的隶属关系和互惠关系，属于关联方。转让定价会造成关联体内部利益的再分配，但能够从关联

体整体角度降低税负。

例 8-23

振邦集团总部的企业所得税税率为25%，其一子公司振龙公司雇用残疾人比例达到75%，被认定为福利企业，暂免征收企业所得税。振邦集团总部把成本80万元、原应按120万元作价的一批货物，以转让定价100万元销售给振龙公司，振龙公司最后以140万元的价格销售到集团之外。

解析：

下面比较转让定价对振邦集团总体税负水平的影响：

振邦集团按正常定价应负担的税收=(120−80)×25%=10(万元)

采用转让定价后：

振邦集团实际负担的税收=(100−80)×25%=5(万元)

则

振邦集团可以实现的节税额=10−5=5(万元)

转让定价之所以得到广泛运用，是因为任何一个商品生产者和经营者均有权根据自身的需要确定所生产和经营的产品的价格标准。只要交易价格是合理的，交易双方是自愿的，他人就无权干涉，这是一种合理合法的行为。但关联企业之间有失公允的转让定价会被税务机关调节或处罚，所以转让定价筹划有一定的风险。

下面通过转让定价模型来分析转让定价在税收筹划中的运用技巧（见图8-1）。

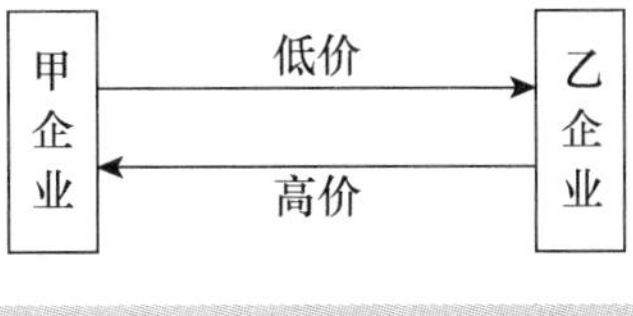

图8-1 转让定价简单模型

图8-1中，甲企业和乙企业为异地关联企业，当两企业适用的企业所得税税率不同时，将利润从税率高的企业向税率低的企业转移有利于关联企业整体税负的减轻。(1) 当甲企业适用的企业所得税税率较高时，采取低价出货给乙企业，从乙企业高价进货的方法，将利润转移给乙企业，从而减少甲、乙双方整体应纳税额。(2) 当乙企业适用的企业所得税税率较高时，甲企业采取从乙企业低价进货、高价出货的方式，将利润转移到甲企业，从而减少甲、乙双方整体应纳税额。

假如甲、乙企业为异地非关联企业，甲企业适用的企业所得税税率高于乙企业，如果再采取如图8-1所示的甲企业抬高进价、压低售价的方法，反倒会使非关联企业获益，自己吃亏，因而要引入丙企业。假定丙企业与甲企业是关联企业，且丙企业与乙企业同处一地，适用的企业所得税税率与乙企业相同。其筹划思路如图 8-2 所示。甲企业先与丙企业按内部价格核算，再由丙企业与乙企业按市场价格进行正常交易。

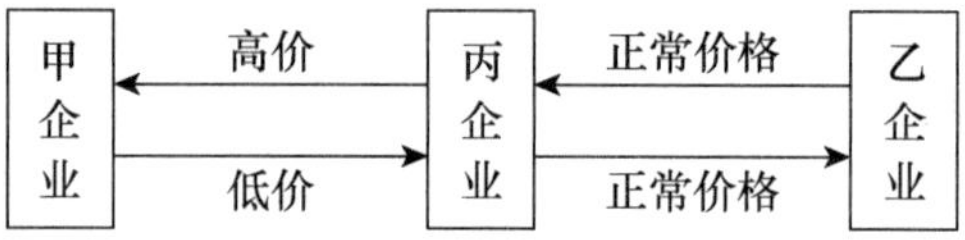

图 8-2　转让定价扩大模型

由于现实经济活动的复杂性，甲、乙企业可能为同地企业，也可能是异地企业，但如果适用的企业所得税税率相同，有时并不涉及交易活动，可能只涉及集团内部的税费分摊。这时上面的模型便不能说明问题，需借助复杂的转让定价模型，即通过设在低税区或避税地的中转公司进行转让定价操作，将利润转入低税区或避税地以实现节税目的。还有更复杂的，利用关联交易非关联化处理，即引入非关联的第三方甚至更多方，通过多边关系、多重交易过程实现转让定价筹划的节税目标。

另外，关联企业之间的劳务转让定价、资金借贷转让定价、资产租赁转让定价、无形资产转让定价、管理费用分摊转让定价等使利润从集团内高税率公司向低税率公司转移的操作原理与货物交易是相同的。

复习思考题

1. 商业折扣有哪些形式？应该如何进行税务处理？
2. 买一赠一为何不视同商业捐赠？加量不加价能起到节税的效果吗？为什么？
3. 企业采用促销方式销售货物时，税收筹划应考虑哪些要点？
4. 请辨析佣金、返利、回扣、商业贿赂这四个概念。你认为在商业实践中应如何有效规避风险？
5. 销售返利的税收筹划方法有哪些？
6. 佣金如何进行税收筹划？

案例分析题

案例一　分开核算筹划方案

杜美思（深圳）装饰材料有限公司是增值税一般纳税人，主要从事装饰装修材料的销售业务，同时又承揽一些装饰装修业务。杜美思（深圳）装饰材料有限公司对外销售装饰装修材料获得销售收入339万元（含增值税），另外又承接装饰装修业务获得装饰装修服务收入234万元（含增值税）。

思考：杜美思（深圳）装饰材料有限公司应如何进行税收筹划？

案例二　促销模式的税收筹划

华润商业（集团）公司以世界名牌服装的零售为主，商品销售的平均利润率为30%。公司准备于春节期间在北京开展一次促销活动，以扩大企业在当地的影响。经测算，如果将商品打八折让利销售，企业可以维持在计划利润的水平上。在促销活动的酝酿阶段，企业的管理层对销售活动的涉税问题了解不深，于是向普利税务师事务所的注册税务师提出咨询。

为了帮助企业做好销售环节的税收筹划，普利税务师事务所的专家提出了三个方案。

方案一：让利（折扣）20%销售，即企业将10 000元的货物以8 000元的价格销售；

方案二：赠送20%的购物券，即企业在销售10 000元货物的同时，赠送2 000元的购物券，持券人仍可以凭购物券购买商品；

方案三：返还20%的现金，即企业销售10 000元货物的同时，向购货人赠送2 000元现金。

思考：请从税收筹划角度分析比较以上三个促销方案。

案例三　利用临界点进行筹划

某啤酒厂生产、销售某知名品牌啤酒，每吨出厂价格为2 990元（不含增值税）。该厂对该品牌啤酒的生产工艺进行了改进，使该啤酒的质量得到了较大提高。该厂准备将价格提高到3 010元（不含增值税）。

提示：出厂价不低于3 000元/升的啤酒为甲类啤酒，每吨征收250元的消费税；出厂价格低于3 000元/升的啤酒为乙类啤酒，每吨征收220元的消费税。

思考：根据上述信息，该啤酒厂是否应该提高价格？

案例四　复杂促销方式的税收筹划

甲企业是增值税一般纳税人，2018年1月拟采用以下5种方式促销：(1) 商品八折销售；(2) 按原价销售，但购物满800元，当天赠送价值200元的商品（购进价格为140元，均为含税价，下同）；(3) 采取捆绑销售，即加量不加价方式，将200元商品与800元商品实行捆绑销售；(4) 购物满800元，赠送价值200元的购物券，且规定购物后的下一个月内有效，估计有效时间内有90%的购物券被使用，剩下的10%作废；(5) 按原价销售，但购物满1 000元，返还200元的现金。另外，甲企业每销售原价1 000元商品，便发生可以在企业所得税前扣除的工资和其他费用60元。

思考：对顾客和企业来说，同样是用800元现金与原价1 000元的商品交换，但对甲企业来说，选择哪种方式最有利呢？（计算时暂不考虑城市维护建设税和教育费附加。）

综合阅读题

“两票制”下的医药企业税收筹划

一、案例背景

医药行业是我国国民经济的重要组成部分，对于增进民生福祉、提升生活质量有重大作用。随着人口老龄化趋势的发展，医药市场未来的整体需求将会不断增加。对于百姓而言，就医的最大难题是药价高、看病贵。一方面是因为制药原材料成本高，研发投入资金多；另一方面是因为药品销售环节的高回扣潜规则抬高了药价。

为了严厉打击药品销售的高回扣行为，解决药价虚高问题，国家卫生健康委员会于2017年初出台了在公立医疗领域内的“两票制”政策，并规定了相关实施细节。简言之，除特殊原因外，在药品从药厂到医院的环节，最多只能合法地开具两次发票。改革前后的资金流、货物流和发票流如图8－3、图8－4所示。

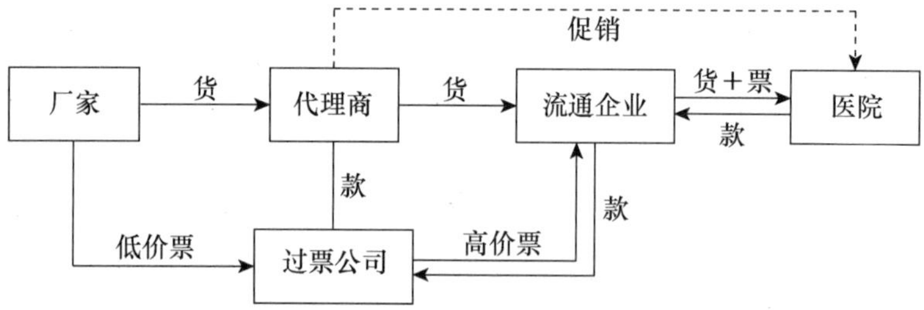

图8－3　实施“两票制”之前的药品流通过程

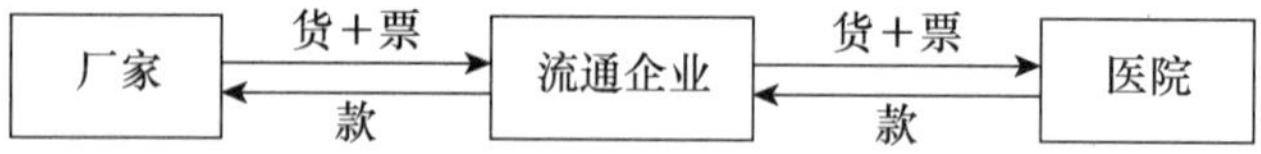

图8－4　实施“两票制”之后的药品流通过程

二、医药企业的税收筹划

（一）采购环节的税收筹划

实行“两票制”之后，药品在流通环节所开具的增值税专用发票被严格监控，而医院固有的招标模式和议价过程使药品的终端销售价格无法改变。为了消化流通环节的费用或折扣，只能倒逼制药企业提高出厂价，具体分析如图8－5所示。于是，制药企业安排税收筹划的压力就落在了药品出厂前的采购环节。

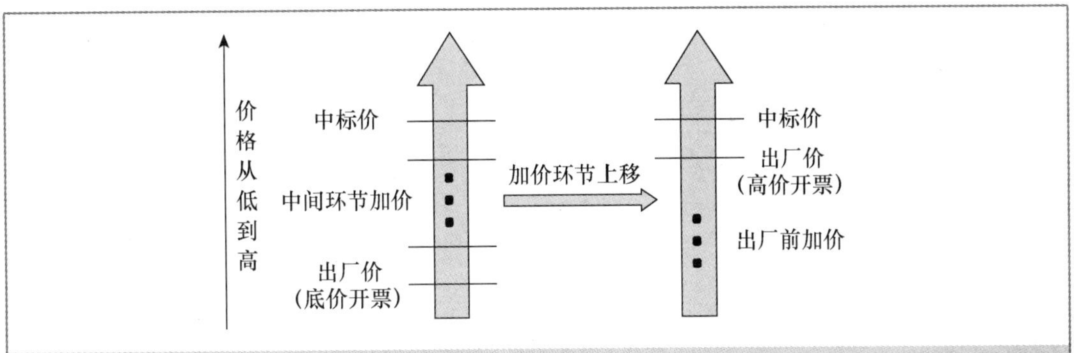

图8-5　药品加价环节上移到出厂价示意图

制药企业在税收筹划时面临的首要问题就是选择供应商。供应商分为一般纳税人和小规模纳税人两种，前者适用标准税率，而后者只能申请开具3%征收率的增值税发票。小规模税人性质的供货商为了弥补购货方进项税额不能充足抵扣的损失，通常会压低产品价格来留住客户。因此，制药企业要么从一般纳税人处进货，要么压低小规模纳税人的销售价格。

税法规定，生产销售免税药品而购进的原材料的进项税额不能抵扣，但是原材料采购与实际领用后再转出存在一定的时间差，制药企业应该采取在统一购进材料时不区分用途，先行抵扣进项税额，等到实际领用时再转出进项税额的做法，以起到递延纳税的作用。

制药企业在货款结算时尽量推迟付款时间，可以采用赊销和分期付款的方式，让供货商先垫付一段时间税款。同时，制药企业在不影响正常生产经营的前提下，尽可能地把原材料采购集中在供给大于需求的时间段，以提升自己的议价能力。

（二）广告费用的税收筹划

广告宣传对于制药企业提高其在市场上的竞争力十分重要。税法规定，制药企业关于广告费用和业务宣传费支出的税前扣除限额是销售收入的30%，远高于其他行业。因此，制药企业进行广告宣传应该通过正规广告商制作，之后在各类媒体上传播并取得合规的发票，从而合法地列支成本费用。

从思维拓展角度分析，制药企业可以选择成立一家独立核算的药材种植、生产加工公司，将其业务向前拓展至药材种植、生产加工环节，通过上下游公司之间的交易往来分担广告费和业务招待费带来的税收压力。如果能将药材种植、生产加工公司设立在税收洼地，则还能通过关联定价合法降低税收负担。

（三）研发费用的加计扣除

制药企业应加大对研究开发活动的投入以求在竞争中胜出。国家为鼓励企业的创新和研发投入，执行研究开发费用的加计扣除税收优惠政策，加计扣除比例为75%。当然，制药企业不能盲目追加研发投入，要合理安排研发费用发生的时间，避免其发生在免税期或者亏损年度。

问题思考：

1．“两票制”为何能够堵塞药品销售环节的高回扣问题？

2．“两票制”下，制药企业还有哪些税收筹划策略可以应对税收环境的变化？

第九章 利润分配的税收筹划

未来的资本利得像树上的鸟一样不一定能抓到，而眼前的股利则犹如手中的鸟一样飞不走，即“一鸟在手胜过二鸟在林”。

——著名财务金融专家戈登·林特纳

第一节　企业利润形成的税收筹划

从经济学角度观察，企业是一个以营利为目的的经济组织。企业组织采购、研发、生产、销售等经营流程，其最终目的是获得利润。按照现行税法规定，企业获得利润后，也要像之前的经营流程那样需要缴纳相应的税收——企业所得税。

《企业所得税法》规定，居民企业应当就其来源于中国境内外的所得缴纳企业所得税。这里的所得就是通常所说的企业利润（税务利润），在税务上一般称为应纳税所得额，其计算公式如下：

应纳税所得额＝收入总额－不征税收入－免税收入－各项扣除项目
－允许弥补的以前年度亏损

上述公式由三个要素构成：收入、各项扣除项目和允许弥补的以前年度亏损。显然，企业利润形成过程的基本税收筹划应围绕这三个要素展开。在税率既定的条件下，该过程的筹划思路是：尽量缩小企业所得税的税基，从而达到减少企业所得税或递延所得税的目的。缩小企业所得税的税基，就是减少企业当期的应纳税所得额，可从两个方面进行筹划：一是减少当期的收入金额；二是增加当期的扣除项目金额。

一、收入总额的税收筹划

《企业所得税法》第六条规定，企业的收入总额包括以货币形式和非货币形式从各种来源取得的收入，具体包括销售货物收入，提供劳务收入，转让财产收入，股息、红利等权益性投资收益，利息收入，租金收入，特许权使用费收入，接受捐赠收入和其他收入。

由于《企业所得税法》对收入构成、收入确认条件、收入计量等内容，规定得都十分明确和具体，特别是《关于确认企业所得税收入若干问题的通知》（国税函〔2008〕875 号）对商品销售收入、提供劳务收入等的确认条件和时间都进行了具体的规范，因而在收入总额筹划方面，现行税收法律政策提供给纳税人的筹划空间相对较小，纳税人主要考虑的是通过适当的筹划使收入合法地实现递延，从而获得货币时间价值。因此，企业可根据实际情况，选用不同销售方式和确认时点进行推迟收入确认时间的税收筹划。

例 9－1

东方经贸公司将其闲置的房产出租，与承租方签订的房屋出租合同约定：租赁期为 2019 年 9 月至 2020 年 9 月；租金为 200 万元，承租方应于 2019 年 12 月 20 日和 2020 年 6 月 20 日各支付租金 100 万元。

解析：

按照合同，东方经贸公司应于 2019 年 12 月 20 日将 100 万元的租金确认为收入，并计入 2019 年度的应纳税所得额；2020 年 6 月 20 日也应将 100 万元的租金确认为收入，并在 2020 年 7 月 15 日前计算预缴企业所得税。东方经贸公司在订立合同时可做如下改变：第一，将支付时间分别改为 2020 年 1 月以及 2020 年 7 月，那么就可以轻松地将与租金相关的两笔所得税的纳税义务延迟至下一年和下一个季度；第二，不修改房租的支付时间，但将“支付”房租改为“预付”，同时约定承租期末进行结算，相关的收入可以得到更长的延长时间。

二、不征税收入的税收筹划

不征税收入，是指能够流入企业，但按照《企业所得税法》的规定企业不需要承担企业所得税纳税义务、不纳入企业所得税课税范围的经济利益，具体有：（1）财政拨款；（2）依法收取并纳入财政管理的行政事业性收费、政府性基金；（3）国务院规定的其他不征税收入。按照《企业所得税法实施条例》第二十六条的解释，属于不征税收入范围的财政拨款是指各级人民政府对纳入预算管理的事业单位、社会团体等组织拨付的财政资金；纳入不征税收入范围的行政事业性收费，是指依照法律法规等有关规定，按照国务院规定程序批准，在实施社会公共管理，以及在向公民、法人或者其他组织提供特定公共服务过程中，向特定对象收取并纳入财政管理的费用；属于不征税收入范围的政府性基金，是指企业依照法律、行政法规等有关规定，代政府收取的具有专项用途的财政资金；国务院规定的其他不征税收入，是指企业取得的由国务院财政、税务主管部门报国务院批准的有专门用途的财政性资金。

此外，符合条件的软件企业按照《财政部 国家税务总局关于软件产品增值税政策的通知》（财税〔2011〕100号）规定取得的即征即退增值税款，由企业专项用于软件产品研发和扩大再生产并单独进行核算，可以作不征税收入，在计算应纳税所得额时从收入总额中减除。

分析现行政策不难发现，税法对上述不征税收入都有明确的界定，纳税人也就必须按照税法的规定，对相关收入是否属于不征税收入予以明确，既不能将应税收入误作不征税收入而发生不缴税与少缴税问题，也不能将不征税收入误作应税收入多缴所得税。对不征税收入的筹划，纳税人主要做两件事：第一，企业应当尽量取得并保存好相关的政府文件资料；第二，对相关收入单独核算，若未按《财政部 国家税务总局关于专项用途财政性资金企业所得税处理问题的通知》（财税〔2011〕70号）规定单独核算，则应作为应税收入计入应纳税所得额计算缴纳企业所得税。

三、免税收入的税收筹划

《企业所得税法》第二十六条规定，国债利息收入，符合条件的居民企业之间的股息、红利等权益性投资收益，在中国境内设立机构、场所的非居民企业从居民企业取得与该机构、场所有实际联系的股息、红利等权益性投资收益，符合条件的非营利组织的收入为免税收入。其中，国债利息收入，是指企业持有国务院财政部门发行的国债取得的利息收入；符合条件的居民企业之间的股息、红利等权益性投资收益，是指居民企业直接投资于其他居民企业取得的投资收益，但不包括连续持有居民企业公开发行并上市流通的股票不足12个月取得的投资收益。

免税收入的税收筹划就是充分利用税法中这些免税收入的规定，在经营活动的一开始就进行相应的筹划。当企业有暂时闲置资产而进行对外投资时，可考虑选择国债或居民企业的股票、股权进行直接投资，尤其是投资于享受优惠税率的企业，节税效果更佳。

例 9-2

甲、乙两公司同为某集团公司的子公司，甲公司按25%的税率缴纳企业所得税，而乙公司被认定为高新技术企业，享受15%的优惠企业所得税税率。通过母公司的安排，甲公司将部分产能以股权投资的形式投资于乙公司，假设该部分产能可形成100万元的净利润，则该部分产能在甲公司时应缴纳的企业所得税为100×25%=25（万元），在乙公司时应缴纳的企业所得税为100×15%=15（万元）。按现行《企业所得税法》，甲公司从乙公司获得的分红为免税收入，则实际节税25－15＝10（万元）。

提示：上述筹划不能改变乙公司符合高新技术企业的认定条件，如高新收入占比、技术人员占比、研发费用占比等。

四、各项扣除项目的税收筹划

各项扣除项目，是指税法规定的实际发生的与取得收入有关的、合理的支出，包括成本、费用、税金、损失和其他支出。成本是指企业在生产经营活动中发生的销售成本、业务支出及其他耗费；费用是指企业发生的，除已计入成本的有关费用之外的管理费用、销售费用和财务费用；税金是指纳税人按规定缴纳的、除企业所得税之外的各项税金；损失是指企业经营活动中实际发生的各项财产的损失；其他支出是指除成本、费用、税金、损失外，企业经营活动中发生的有关的、合理的支出，以及符合财政部、国家税务总局规定的其他支出。

税法规定的不得税前扣除的项目有：资本性支出，无形资产受让、开发支出，违法经营的罚款和被没收财物的损失，因违反法律、行政法规而缴付的罚款、罚金、滞纳金，自然灾害或者意外事故损失有赔偿的部分，超过国家规定允许扣除标准的捐赠，各种赞助支出，与取得收入无关的其他各项支出，为其他企业提供与本身应税收入无关的担保而承担的本息支出，职工宿舍修理费，当年应计未计扣除项目，国家税收法规规定可提取的准备金之外的任何形式的准备金，期货交易所和期货经纪机构提取的准备金，粮食类白酒广告宣传费，未经批准的价内外基金及收费，建立住房基金和住房周转金制度的企业出售给职工住房的损失，已出售或出租住房的折旧费用和维修费，住房公积金超过规定标准的部分，给购货方的回扣、贿赂等非法支出，超过或高于法定范围和标准部分的费用，金融企业返还的手续费，企业承租者上交的租赁费，劳务服务企业缴纳的就业保障金及滞纳金等。

在企业的业务状况既定也就是收入和开支项目既定的情况下，增加准予税前扣除的项目必然会减少当期的应纳税所得额，进而减少当期的应纳所得税额。所以，各项扣除项目筹划的基本思路是：尽量增加当期允许扣除的各项支出；对于不允许扣除或限制扣除的项目，则尽量避免发生支出，或在一定条件下将其转换为可扣除的项目。

（一）费用、损失确认与分摊的筹划

权责发生制下，费用的确认一般有三种方法：一是直接作为当期费用确认；二是按其与营业收入的关系加以确认，凡是与本期收入有直接联系的耗费，就是该期的费用；三是按一定的方法计算摊销额予以确认。

费用确认的筹划首先要求对已经发生的费用、损失及时入账。已发生的各项费用及时核销入账；已发生的坏账、存货和其他资产的盘亏与毁损及时查明原因，并及时向主管税务机关报备相关手续，然后做出相应的账务处理。当然，企业的成本也应及时归纳、结转，税金也应及时计算、缴纳和抵扣。

《企业所得税法》确认了收入和费用的权责发生制原则，为一些费用的计提与摊销提供了税收筹划的空间，如固定资产的折旧费、设备大修费，无形资产的摊销，低值易耗品、包装物的摊销等。这类费用摊销的税收筹划通常遵循当期分摊最大化的原则，争取获得递延纳税的税收利益。当然，若企业在享受所得税减免期间，费用分摊的原则通常应该为当期最小化，争取将费用扣减时间递延到不能享受税收优惠的纳税期间。

例9-3

夏季台风给福建中部沿海地区带来强风和暴雨，导致泉州某瓷砖生产厂家一仓库坍塌，造成仓库中大部分瓷砖及包装纸箱损毁，企业清点总损失为160万元，并报保险公司。事后，保险公司赔偿30万元，企业财务部门将该净损失130万元计入营业外支出。年度企业所得税汇算清缴时，依据《企业资产损失所得税税前扣除管理办法》（国家税务总局公告2011年第25号）和《关于企业所得税资产损失留存备查有关事项的公告》（国家税务总局公告2018年第15号）的规定，该企业向税务机关申报资产损失扣除，仅需填报企业所得税年度纳税申报表，不再报送资产损失相关资料，相关资料由企业留存备查。

知识链接

额外税负

就纳税人某一纳税行为而言，税法规定的应纳税额是确定的。但在实际工作中，纳税人实际缴纳税款有时会超出按照税法规定所计算的应纳税额，这二者之间的差额称为额外税负。造成纳税人额外税负的原因主要有：纳税人账务处理错误或不及时、税法使用不当、税务申报不规范和税务机关处理错误等。企业进行税收筹划，最基本的目标应该是规避额外税负，或者说纳税人在税收筹划活动中，首先要做到不多缴税，其次才是合法筹划如何享受税收优惠。为避免额外税负，企业通常只需要规范自身财会核算、熟悉相关税法业务和规范纳税申报。企业常见的不当表现有：无账经营、账目混乱或凭证残缺，不同应税项目收入未单独核算，对相关税法陌生、不知有税收优惠，未按税法规定报备、纳税申报增值税未及时抵扣等。企业的这些不当表现都将直接导致企业承担额外税负，其实只要加以注意，这种额外税负是每个企业都可以避免的。

资料来源：王韬，刘芳．企业税收筹划．2版．北京：科学出版社，2009.

（二）工资性支出项目的筹划

工资性支出项目包括工资、薪金支出及根据工资总额一定比例计提的职工福利费、职工教育经费和工会经费等工资性费用。现行税法规定，企业发生的合理的工资、薪金支出，准予据实扣除；企业发生的职工福利费、职工教育经费、拨缴的工会经费，分别在不超过工资、薪金总额14%，8%，2%的部分准予在计算企业所得税应纳税额时扣除，超过部分，职工教育经费准予在以后纳税年度结转扣除，但职工福利费和工会经费不得结转。

1. 一般工资性支出项目

进行一般工资性支出项目的筹划，可采取以下措施：第一，福利较多的企业，超支福利以工资形式发放；第二，加大教育投入，增加职工教育、培训的机会，努力提高职工素质；第三，费用或支出转化成工资形式发放，如兼任企业董事或监事职务的内部职工，可将其报酬计入工资、薪金，或持有本企业股票的内部职工，可将其应获股利改为以绩效工资或年终奖金形式予以发放。

例 9-4

某民营企业由7位亲朋好友共同出资注册成立，公司生产经营扩大后，为鼓励和留住优秀员工，管理层开始实行全员持股计划。该计划实施后，公司的主要管理人员、技术人员和部分生产一线骨干均有条件地获得了数量不等的公司股份，享受公司的年终分红。事后财务经理提出，经过测算，除持股比例较大的股东外，其余员工的年终分红大部分可改为增加每月的绩效工资发放，这样，在员工个人所得税税负总体未提高的情况下，企业每年还可增加工资性支出扣除300万元以上。经过公司股东会讨论，公司采纳了财务经理的建议。为此，企业每年可少缴300×25%=75（万元）以上的企业所得税。

2. 国家鼓励安置的就业人员工资性支出项目

现行税法还对企业支付给残疾人工资做了加计100%扣除的规定。但《残疾人就业条例》规定，用人单位应当按照一定比例安排残疾人就业，就业的比例不得低于本单位在职职工总数的1.5%，用人单位安排残疾人就业达不到其所在地省、自治区、直辖市人民政府规定比例的，应当缴纳残疾人就业保障金。

例 9-5

福建泉州某企业2019年利润总额为500万元，职工总数为100人，月平均安置残疾人25人，残疾人平均月工资为2 500元，不考虑其他因素，分析如下：

加计扣除额=2 500×12×25=750 000(元)

加计扣除而节省的企业所得税=750 000×25%=187 500(元)

提示：企业要享受残疾人工资加计扣除和减免残疾人保障金的政策优惠，并不是聘用残疾人员工就可以了，还要满足相关法律、政府文件规定的条件并完成相关程序。

(三) 业务招待费的筹划

在税务执法实践中，税务机关对业务招待费的支付范围的规定如下：

第一，因企业生产经营需要而宴请或工作餐的开支；

第二，因企业生产经营需要而赠送纪念品的开支；

第三，因企业生产经营需要而发生的旅游景点参观费和交通费及其他费用的开支；

第四，因企业生产经营需要而发生的业务关系人员的差旅费开支。

按现行税法，企业发生的与取得收入有关的、合理的直接费用，通常都能在计算企业所得税时据实全额扣除，但对业务招待费规定了扣除的双重标准，即可扣除的业务招待费不得超过实际发生额的60%，同时不得超过当年销售（营业）收入的

5‰，这就意味着企业实际发生的业务招待费至少有40%得不到扣除。所以，企业业务招待费的税收筹划除了应按规定的营业收入比例严格控制业务招待费开支外，还可在以下方面做出筹划。

1. 区分业务性质，避免费用被业务招待费化

餐费和交通住宿等差旅费是业务招待费中最常见的项目，但在实际工作中，企业非招待性的业务中也常常发生这两项费用。因此，企业的财务部门需要认真区分这些费用的性质，将业务招待费与差旅费、会议费和职工福利费严格区分，不得将业务招待费计入这些费用。同时，把不属于业务招待费的餐费、差旅费、会议费等区分出来，分别核算，避免将这些费用列入业务招待费。而且，最好不要单独开具餐费、礼品的发票，而应根据实际用途按大类开具发票。

例9-6

长江公司本年度发生会议费、差旅费共计18万元，业务招待费6万元，其中，部分会议费的会议邀请函以及相关凭证等保存不全，导致5万元的会议费无法扣除。该企业本年度的销售收入为400万元。

解析：

根据税法规定，如凭证票据齐全则18万元的会议费、差旅费可以全部扣除，但其中凭证不全的5万元会议费只能算作业务招待费，而该企业本年度可扣除的业务招待费限额为2万元（400×5‰）。超过的9万元（6+5−2）不得扣除，也不能转到以后年度扣除。仅就此项超支费用企业需缴纳企业所得税2.25万元（9×25%）。

就该项业务筹划，企业应加强财务管理，各种会议费、差旅费都按税法规定保留完整合法的凭证，则至少可少缴纳企业所得税2.25万元；同时，还可进行事先筹划，将业务招待费尽量控制在2万元以内。

2. 相近业务费用的适当转换

实际工作中，企业的业务招待费经常与业务宣传费、会议费等存在着相互交叉、可以相互替代的项目内容，如企业参加产品交易会、展览会等发生的餐饮、住宿等费用，如果参会凭证齐全就可以作为会议费列支，如果参会凭证不齐全则列为业务招待费支出；外购礼品用于赠送的，应作为业务招待费，但如果礼品是纳税人自行生产或经过委托加工，对企业的形象、产品有标记及宣传作用的，也可作为业务宣传费。这就为业务招待费的转化提供了筹划空间。虽然业务宣传费和广告费有不超过营业收入15%的限额限制，但其开支范围远大于业务招待费，且超限额部分可无限期向以后年度结转，会议费则完全没有金额限制。

例9-7

安徽某企业每年举行一次产品宣传会。往年的产品宣传会，公司都外购10万元左右

的“文房四宝”作为礼物赠送给重要客户，该笔支出按规定计入业务招待费。本年由于公司业务招待费超过税法规定的限额，为控制业务招待费的支出金额，财务经理建议将外购的“文房四宝”改为委托外单位加工，且外包装印上本公司的标识，经此操作，可将该项支出列入业务宣传费，从而使业务招待费控制在税法规定的限额之内，则可节税 10×25%=2.5（万元）。

提示：税法规定，纳税人申报扣除的业务招待费，主管税务机关要求提供证明材料的，应提供能证明真实性的、足够的有效凭证或材料。会议费证明材料包括会议时间、地点、出席人员、内容、目的、费用标准、支付凭证等。

（四）广告费和业务宣传费的筹划

《企业所得税法实施条例》第四十四条规定，企业发生的符合条件的广告费和业务宣传费支出，除国务院财政、税务主管部门另有规定外，不超过当年销售（营业）收入 15%的部分，准予扣除；超过部分，准予在以后纳税年度结转扣除。

根据《财政部 税务总局关于广告费和业务宣传费支出税前扣除政策的通知》（财税〔2017〕41 号）规定：

（1）对化妆品制造或销售、医药制造和饮料制造（不含酒类制造）企业发生的广告费和业务宣传费支出，不超过当年销售（营业）收入 30%的部分，准予扣除；超过部分，准予在以后纳税年度结转扣除。

（2）对签订广告费和业务宣传费分摊协议（以下简称分摊协议）的关联企业，其中一方发生的不超过当年销售（营业）收入税前扣除限额比例内的广告费和业务宣传费支出可以在本企业扣除，也可以将其中的部分或全部按照分摊协议归集至另一方扣除。另一方在计算本企业广告费和业务宣传费支出企业所得税税前扣除限额时，可将按照上述办法归集至本企业的广告费和业务宣传费不计算在内。

尽管广告宣传费超出比例部分可无限期向以后纳税年度结转，但是过度的广告费支出不仅会抵减年度利润，而且会因超出比例而进行纳税调整，加重当期税收负担。因此，企业除应正确选择广告形式，优化广告费、业务宣传费支出外，税收筹划的重点是扩大广告费的扣除限额，其通常的做法是成立单独核算的销售子公司，这样就增加了一笔营业收入，在整个集团利润总额未改变的情况下，费用限额扣除的标准可获得提高。

例 9-8

甲企业为新建企业，生产儿童食品，适用广告费扣除率 15%，企业所得税税率 25%。企业年初推出一种新产品，预计年销售收入为 8 000 万元（假设本地销售 1 000 万元，南方地区销售 7 000 万元），需要广告费支出 1 500 万元。

方案一：产品销售统一在本企业核算，需要在当地电视台、南方地区电视台分别投入广告费 500 万元、1 000 万元。

方案二：鉴于产品主要市场在南方，可在南方设立独立核算的销售公司，销售公司设立以后，与甲企业联合做广告宣传。成立销售公司预计需要支付场地、人员工资等相关费用30万元，向当地电视台、南方地区电视台分别支付广告费500万元、1 000万元。南方销售公司销售额仍然为7 000万元，甲企业向南方销售公司按照出厂价6 000万元进行销售，甲企业当地销售额为1 000万元。

解析：

方案一：广告费超出扣除限额300万元（1 500－8 000×15%），尽管300万元广告费可以无限期得到扣除，但毕竟提前缴纳了所得税75万元（300×25%）。

方案二：若南方销售公司销售收入仍为7 000万元，甲企业向南方销售公司移送产品可按照出厂价6 000万元进行销售，甲企业准予扣除的广告费限额为（1 000＋6 000）×15%＝1 050（万元），南方销售公司准予扣除的广告费限额为7 000×15%＝1 050（万元），这样准予税前扣除的广告费限额为2 100万元，实际支出1 500万元的广告费可由两公司分担，分别在甲企业和销售公司的销售限额内列支，且均不做纳税调整。同时，由于销售公司对外销售的价格不变，整体增值额不变，也不会加重总体的增值税负担。对两公司来说，方案二比方案一当年增加净利润45万元（75－30）。

提示：上述独立销售公司的设立，不仅使整个集团的广告费和业务宣传费扣除限额得到提高，业务招待费的扣除限额也同样得以提高。

（五）“五险一金”及其他社会保险费的筹划

1. 五险一金

企业依据国务院有关主管部门或者省级人民政府规定的范围和标准为职工缴纳的“五险一金”，即基本养老保险费、基本医疗保险费、失业保险费、工伤保险费、生育保险费等基本社会保险费和住房公积金，准予税前扣除。

企业参加财产保险，按照规定缴纳的保险费，准予税前扣除。

2. 企业责任保险

根据《国家税务总局关于责任保险费企业所得税税前扣除有关问题的公告》（国家税务总局公告2018年第52号）的规定，自2018年度及以后年度企业所得税汇算清缴，企业参加雇主责任险、公众责任险等责任保险，按照规定缴纳的保险费，准予在企业所得税税前扣除。

（六）公益性捐赠支出的筹划

1. 基本税收政策规定

《企业所得税法》第九条规定，企业发生的公益性捐赠支出，在年度会计利润总额12%以内的部分，准予在计算应纳税所得额时扣除。

《财政部 国家税务总局关于公益性捐赠支出企业所得税税前结转扣除有关政策的通知》（财税〔2018〕15号）明确企业通过公益性社会组织或者县级（含县级）以上人民政府及其组成部门和直属机构，用于慈善活动、公益事业的捐赠支出，在年度利润总额12%以内的部分，准予在计算应纳税所得额时扣除；超过年度利润总额12%的部分，准予结转以后3年内在计算应纳税所得额时扣除。

《财政部 税务总局 国务院扶贫办关于扶贫货物捐赠免征增值税政策的公告》(财政部 税务总局 国务院扶贫办公告2019年第55号）规定，自2019年1月1日至2022年12月31日，对单位或者个体工商户将自产、委托加工或购买的货物通过公益性社会组织、县级及以上人民政府及其组成部门和直属机构，或直接无偿捐赠给目标脱贫地区的单位和个人，免征增值税。在政策执行期限内，目标脱贫地区实现脱贫的，可继续适用上述政策。《财政部 税务总局 国务院扶贫办关于企业扶贫捐赠所得税税前扣除政策的公告》(财政部 税务总局 国务院扶贫办公告2019年第49号）规定，自2019年1月1日至2022年12月31日，企业通过公益性社会组织或者县级（含县级）以上人民政府及其组成部门和直属机构，用于目标脱贫地区的扶贫捐赠支出，准予在计算企业所得税应纳税所得额时据实扣除。在政策执行期限内，目标脱贫地区实现脱贫的，可继续适用上述政策。企业同时发生扶贫捐赠支出和其他公益性捐赠支出，在计算公益性捐赠支出年度扣除限额时，符合上述条件的扶贫捐赠支出不计算在内。

2. 公益性捐赠的六大模式

目前，国内企业公益性捐赠模式可以分为六类：一是企业纯现金捐赠模式；二是企业现金捐赠＋个人捐赠模式；三是企业现金捐赠＋实物捐赠模式；四是企业纯实物捐赠模式；五是企业实物捐赠＋个人捐赠模式；六是公益基金捐赠模式。

从税收角度来看，企业现金捐赠模式没有额外成本，但有12%的扣除比例上限；个人捐赠模式不增加企业纳税负担，但对本人也有个人所得税应纳税额30%的扣除比例上限；实物捐赠模式因视同销售或转让财产，需缴纳增值税等流转税及企业所得税；公益基金捐赠模式没有限额，也完全免税，但企业要自己设立并运作公益性基金会，相关要求很高，其运作成本也不低。

3. 企业公益性捐赠税收筹划的操作点

(1) 分清捐赠对象与捐赠中介。企业的捐赠应通过税法规定的公益性社会团体和政府机关，而不是直接向受赠人捐赠。

(2) 把握捐赠的时机。企业的捐赠应兼顾企业的盈利情况，盈利多的年度多捐赠，盈利少的年度少捐赠，不盈利的年度则考虑暂停捐赠。

(3) 捐赠手续与程序的完备。企业进行捐赠税前扣除申报，不仅应附送由具有捐赠税前扣除资格的非营利的公益性社会团体、基金会和县及县以上人民政府及其组成部门出具的公益救济性捐赠票据，同时还应当附送接受捐赠或办理转赠的公益性社会团体、基金会的捐赠税前扣除资格证明材料等。

4. 企业公益性捐赠的税收筹划操作

视企业情况和捐赠项目情况不同，有以下几种筹划思路。

(1) 小型微利企业的年应纳税所得额或资产总额在临界点附近时，可通过适当的捐赠降低利润总额或资产总额，以达到税法规定的小型微利企业要求。

例9-9

某企业资产总额在3 000万元以下，在职员工60人，预计当年会计利润为308万元，且没有纳税调整项目。按现行《企业所得税法》规定，该企业当年应按25%的税率缴纳企业所得税，但若企业增加一笔10万元的公益性捐赠支出，则企业可认定为小型微利企业，企业所得税税率降为20%。

解析：

捐赠前后的净利润计算如下。

捐赠前：

应纳所得税额＝308×25%＝77(万元)

企业净利润＝308－77＝231(万元)

捐赠后：

应纳所得税额＝(308－10)×20%＝59.6(万元)

企业净利润＝308－10－59.6＝238.4(万元)

可见，捐赠10万元后，企业的净利润反而比不捐赠多了7.4万元（238.4－231)。

（2）企业的捐赠超过当年扣除上限时，可由企业的大股东或高管个人捐赠一部分，其捐赠的效果没有本质区别。

（3）集团企业捐赠可在母子公司之间、子公司之间分配捐赠额，以控制捐赠额不突破12%的扣除上限。

（4）具备条件的大企业可设立并通过公益性基金会进行捐赠。

例9-10

某大型集团公司自行设立了一家公益性基金会，计划通过该公益性基金会捐赠1 000万元，但这1 000万元可先由母公司借给基金会，年底会计利润出来后再灵活处理。

解析：

若当年的会计利润为1亿元，由于捐赠额在扣除上限以内，捐赠的1 000万元可在税前扣除，则可将借款全部转为捐赠；若该年度的会计利润为7 000万元，由于税前扣除上限为840万元，则可将借款中的840万元转为捐赠，剩余的160万元继续作为借款，留待下一年度处理。

知识链接

我国于2003年发生SARS事件，2009年遭受禽流感，2020年爆发新冠肺炎疫情。全国有志之士、世界各地友人及企业界纷纷伸出援助之手，以公益性捐赠表达自己的爱国之情。这里就公益性捐赠的相关税收政策进行总结分析，以应对突发性的重大公共卫生事件。

一、企业捐赠的税收政策分析

《企业所得税法》及其实施条例有以下政策规定：一是非公益性捐赠不得从应纳税所得额中扣除；二是纳税人未通过公益性社会团体或者县级以上人民政府及其部门，直接向受捐人进行的捐赠，不允许从应纳税所得额中扣除；三是超过国家规定允许扣除比例的公益性捐赠，不得从应纳税所得额中扣除；四是除国家另有规定外，如果企业的年度会计利润总额为零或者出现亏损，其符合规定的捐赠也不得在税前扣除。

（一）基本政策

《企业所得税法》第九条规定，企业发生的公益性捐赠支出，在年度利润总额12%以内的部分，准予在计算应纳税所得额时扣除。《关于公益性捐赠支出企业所得税税前结转扣除有关政策的通知》（财税〔2018〕15号）进一步明确，企业通过公益性社会组织或者县级（含县级）以上人民政府及其组成部门和直属机构，用于慈善活动、公益事业的捐赠支出，在年度利润总额12%以内的部分，准予在计算应纳税所得额时扣除；超过年度利润总额12%的部分，准予结转以后3年内在计算应纳税所得额时扣除。其中，年度利润总额是指企业依照国家统一会计制度的规定计算的大于零的数额。企业在对公益性捐赠支出计算扣除时，应先扣除以前年度结转的捐赠支出，再扣除当年发生的捐赠支出。

（二）适用条件

根据《企业所得税法实施条例》第五十一条，公益性捐赠是指企业通过公益性社会团体或者县级以上人民政府及其部门，用于符合法律规定的慈善活动、公益事业的捐赠。由此，纳税人直接向受赠人的捐赠不允许扣除，受赠单位是乡级人民政府或街道办事处，也不能税前扣除。

根据《中华人民共和国公益事业捐赠法》第三条，公益事业是指非营利的下列事项：(1) 救助灾害、救济贫困、扶助残疾人等困难的社会群体和个人的活动；(2) 教育、科学、文化、卫生、体育事业；(3) 环境保护、社会公共设施建设；(4) 促进社会发展和进步的其他社会公共和福利事业。

根据《企业所得税法实施条例》第五十二条，公益性社会团体是指同时符合下列条件的基金会、慈善组织以及其他社会组织：(1) 依法登记，具有法人资格；(2) 以发展公益事业为宗旨，且不以营利为目的；(3) 全部资产及其增值为该法人所有；(4) 收益和营运结余主要用于符合该法人设立目的的事业；(5) 终止后的剩余财产不归属任何个人或者营利组织；(6) 不经营与其设立目的无关的业务；(7) 有健全的财务会计制度；(8) 捐赠者不以任何形式参与该法人财产的分配；(9) 国务院财政、税务主管部门会同国务院民政部门等登记管理部门规定的其他条件。

此外，根据《财务部 国家税务总局关于通过公益性群众团体的公益性捐赠税前扣除有关问题的通知》（财税〔2009〕124号）第四条规定，除了应当符合《企业所得税法实施条例》第五十二条第（一）项到第（八）项规定的条件外，公益性社会团体还应当符合以下条件：(1) 县级以上各级机构编制部门直接管理其机构编制；(2) 对接受捐赠的收入以及用捐赠收入进行的支出单独进行核算，且申请前连续3年接受捐赠的总收入中用于公益事业的支出比例不低于70%。

根据《财政部 税务总局 民政部关于公益性捐赠税前扣除有关事项的公告》（财政部 税务总局 民政部公告2020年第27号），财政部、税务总局和民政部对照该公告相关规定联合确定具有公益性捐赠税前扣除资格的社会组织名单，并发布公告。

（三）捐赠票据相关规定

根据财政部 税务总局 民政部公告2020年第27号文件第十一条，公益性社会组织和县级以上人民政府及其部门等国家机关在接受捐赠时，应按照行政管理级次分别使用由财政部或省、自治区、直辖市财政部门监（印）制的公益事业捐赠票据，并加盖本单位的印章。企业或个人将符合条件的公益性捐赠支出进行税前扣除，应当留存相关票据备查。

《关于通过公益性群众团体的公益性捐赠税前扣除有关问题的通知》（财税〔2009〕124号）第七条进一步明确，公益性群众团体在接受捐赠时，应按照行政管理级次分别使用由财政部或省、自治区、直辖市财政部门印制的公益性捐赠票据或者《非税收入一般缴款书》收据联，并加盖本单位的印章；对个人索取捐赠票据的，应予以开具。

（四）捐赠资产价值的确认

根据《关于公益性捐赠税前扣除有关事项的公告》（财政部 税务总局 民政部公告2020年第27号）第十三条和《关于通过公益性群众团体的公益性捐赠税前扣除有关问题的通知》（财税〔2009〕124号）第八条规定，公益性群众团体接受捐赠的资产价值，按以下原则确认：(1) 接受捐赠的货币性资产，应当按照实际收到的金额计算；(2) 接受捐赠的非货币性资产，应当以其公允价值计算。捐赠方在向公益性群众团体和县级以上人民政府及其组成部门和直属机构捐赠时，应当提供注明捐赠非货币性资产公允价值的证明，如果不能提供上述证明，公益性群众团体不得向其开具公益性捐赠票据或者《非税收入一般缴款书》收据联。

（五）公益股权捐赠

根据《财政部 国家税务总局关于公益股权捐赠企业所得税政策问题的通知》（财税〔2016〕45号）规定，企业向公益性社会团体实施的股权捐赠，应按规定视同转让股权，股权转让收入额以企业所捐赠股权取得时的历史成本确定。上述所称股权，是指企业持有的其他企业的股权、上市公司股票等。

企业实施股权捐赠后，以其股权历史成本为依据确定捐赠额，并依此按照企业所得税法有关规定在所得税前予以扣除。公益性社会团体接受股权捐赠后，应按照捐赠企业提供的股权历史成本开具捐赠票据。

二、个人捐赠的税收政策分析

根据《个人所得税法》第六条规定，个人将其所得对教育、扶贫、济困等公益慈善事业进行捐赠，捐赠额未超过纳税人申报的应纳税所得额30%的部分，可以从其应纳税所得额中扣除；国务院规定对公益慈善事业捐赠实行全额税前扣除的，从其规定。

《中华人民共和国个人所得税法实施条例》第十九条进一步明确，个人将其所得对教育、扶贫、济困等公益慈善事业进行捐赠，是指个人将其所得通过中国境内的公益性社会组织、国家机关向教育、扶贫、济困等公益慈善事业的捐赠；所称应纳税所得额，是指计算扣除捐赠额之前的应纳税所得额。

三、支持新冠肺炎疫情防控的税收政策

2020 年 2 月 6 日，为进一步做好新型冠状病毒感染的肺炎疫情防控工作，财政部、税务总局、发改委发布《财政部 税务总局关于支持新型冠状病毒感染的肺炎疫情防控有关税收政策的公告》（财政部 税务总局公告 2020 年第 8 号）、《财政部 税务总局关于支持新型冠状病毒感染的肺炎疫情防控有关捐赠税收政策的公告》（财政部 税务总局公告 2020 年第 9 号）、《财政部 税务总局关于支持新型冠状病毒感染的肺炎疫情防控有关个人所得税政策的公告》（财政部 税务总局公告 2020 年第 10 号）、《关于支持新型冠状病毒感染的肺炎疫情防控期间免征部分行政事业性收费和政府性基金的公告》（财政部 国家发展改革委公告 2020 年第 11 号）等多项财税支持政策。主要税收政策总结如下。

（一）企业的税收支持政策

（1）对疫情防控重点保障物资生产企业为扩大产能新购置的相关设备，允许一次性计入当期成本费用在企业所得税税前扣除；

（2）疫情防控重点保障物资生产企业可以按月向主管税务机关申请全额退还增值税增量留抵税额；

（3）对纳税人运输疫情防控重点保障物资取得的收入，免征增值税；

（4）受疫情影响较大的困难行业企业 2020 年度发生的亏损，最长结转年限由 5 年延长至 8 年；

（5）对纳税人提供公共交通运输服务、生活服务，以及为居民提供必需生活物资快递收派服务取得的收入，免征增值税。

（二）个人的税收支持政策

（1）对参加疫情防治工作的医务人员和防疫工作者按照政府规定标准取得的临时性工作补助和奖金，免征个人所得税。

（2）单位发给个人用于预防新型冠状病毒感染的肺炎的药品、医疗用品和防护用品等实物（不包括现金），不计入工资、薪金收入，免征个人所得税。

（三）企业和个人捐赠的税收支持政策

（1）企业和个人通过公益性社会组织或者县级以上人民政府及其部门等国家机关，捐赠用于应对新型冠状病毒感染的肺炎疫情的现金和物品，允许在计算应纳税所得额时全额扣除。

（2）企业和个人直接向承担疫情防治任务的医院捐赠用于应对新型冠状病毒感染的肺炎疫情的物品，允许在计算应纳税所得额时全额扣除。

（3）单位和个体工商户将自产、委托加工或购买的货物，通过公益性社会组织和县级以上人民政府及其部门等国家机关，或者直接向承担疫情防治任务的医院，无偿捐赠用于应对新型冠状病毒感染的肺炎疫情的，免征增值税、消费税、城市维护建设税、教育费附加、地方教育附加。

（四）新冠肺炎疫情防控期间，免征部分行政事业性收费和政府性基金

对进入医疗器械应急审批程序并与新型冠状病毒（2019-nCoV）相关的防控产品，免征医疗器械产品注册费；对进入药品特别审批程序、治疗和预防新冠（2019-nCoV）感染肺炎的药品，免征药品注册费。另外，免征航空公司应缴纳的民航发展基金。

五、以前年度亏损弥补的税收筹划

《企业所得税法》第十八条规定，企业纳税年度发生的亏损，准予向以后年度结转，用以后年度的所得弥补，但结转年限最长不得超过5年。这就将用以后年度利润弥补亏损分成了两种情况：5年内可在企业所得税前弥补；超过5年的，则只能用税后利润或其他途径弥补。显然，后一种情况将使企业损失一定的税收利益。因此，企业发生亏损后，基本的筹划就是尽量争取在其后的5年内用税前利润弥补完，且越早弥补对企业越有利。

若情况允许，企业可在5年的亏损弥补期内尽量提前确认收入或延后列支费用，如将可列为当期费用的项目予以资本化，或将某些可控的费用延后支付等。

例9-11

某公司财务部门测算本年度的利润总额为60万元，尚有税法允许税前利润弥补的亏损余额80万元，而本年度是可税前利润弥补的最后一年。为争取当年能在税前弥补完，财务部门梳理了本年度的业务，发现本年度尚有一笔50万元的广告费需在月内支付。经与对方协商，本月先支付30万元，下月初再支付剩余的20万元。如此，本年度的费用减少20万元，利润总额则增加20万元，使得80万元的以前年度亏损余额能在本年度全部弥补完，节税5万元（20×25%）。

当然，企业也可沿用上述思路，在税前利润弥补亏损的5年期限到期前，继续造成企业亏损，从而延长税前利润补亏这一优惠政策的期限。

提示：税法中的年度亏损，不是企业财务报表中反映的亏损额，而是主管税务机关按税法规定核实调整后的金额。

六、减计收入的税收筹划

减计收入项目在现行税法中主要有两项：一是资源综合利用项目；二是技术转让项目。

（一）资源综合利用减计收入

企业以《资源综合利用企业所得税优惠目录（2008年版）》（以下简称《目录》）规定的资源作为主要原材料，生产国家非限制和禁止并符合国家和行业相关标准的产品取得的收入，在计算应纳税所得额时减按90%计入收入总额。按《目录》的规定，共生伴生矿产资源，废水（液）、废气、废渣和再生资源共3大类别、16项资源被列为综合利用的资源，企业利用《目录》规定的产品，并符合《目录》规定的技术标准，就可享受企业所得税优惠政策。

若企业生产过程中伴生《目录》所列资源，或是周边有大量廉价该类资源，可酌情调整该类资源作为原材料的使用比例，以符合税法规定。企业不仅可以享受所得税的优惠，通常也享受增值税的退税优惠。比如国内的上市公司中，宝新能源

(000690)、恒源煤电（600971）利用煤矸石发电，企业不仅变废为宝，获得廉价原材料，还享受增值税、所得税的税收优惠，取得了较好的经济效益。

(二) 技术转让收入减免所得税

居民企业技术转让所得不超过500万元的部分，免征企业所得税；超过500万元的部分，减半征收企业所得税。非居民企业取得技术转让所得，减按10%的税率征收企业所得税。

技术转让的税收筹划应特别注意遵守规定的程序。如应签订技术转让合同，须在政府相关部门登记、审批，同时应单独计算技术转让所得，并合理分摊企业的期间费用。在筹划方法上，可参照前面的收入、费用筹划，合理地确认技术转让的收入和费用，使企业的技术转让所得尽可能在税法规定的减免税金额的范围内，还可一定程度上结合关联交易进行筹划，但应避免100%的关联方交易。

提示：技术转让税收筹划的法律依据除了《企业所得税法》，操作性的法律文件还有《国家税务总局关于技术转让所得减免企业所得税有关问题的通知》（国税函〔2009〕212号）和《财政部 国家税务总局关于居民企业技术转让有关企业所得税政策问题的通知》（财税〔2010〕111号）。

第二节　企业利润分配的税收筹划

利润分配是指企业将一定时期内实现的税后利润按照有关规定进行合理分配的过程。在企业利润分配过程中，税制对企业本身的收益并无影响，但会影响企业投资者的利益，即企业投资者分到利润时面临的所得税问题。从税收对投资者利益影响情况分析，可从法人股东（包括合伙企业和个人独资企业）和个人股东两个角度进行相关税收筹划。

一、法人股东利润分配的税收筹划

现行《企业所得税法》规定，居民企业直接投资于其他居民企业取得的股息、红利等权益性投资收益为免税收入。所以，一般情况下，企业利润的分配对企业投资者没有所得税的影响，但在特殊情况下，针对企业股东的利润分配仍可进行相关税收筹划。

(一) 利润分配的一般筹划方法

1. 经营所得尽可能向资本利得转化

企业保留税后利润不分配，相当于对其经营主体追加投资，从而提高企业的股票（股价）市值，为投资者带来更多收益。

2. 合理推迟获利年度

在同样的会计年度之内，如果企业前亏后盈，可以利用以后年度的盈利弥补亏损；如果企业前盈后亏，则不能用以前年度的盈利弥补以后年度的亏损。因此，企业可以在成立以后，尽量推迟获利年度，这样可以充分利用亏损弥补政策。

3. 充分利用以前年度亏损弥补政策

企业发生纳税年度亏损的，可以用下一纳税年度的所得弥补；下一纳税年度的所得不足弥补的，可以逐年延续弥补，但是延续弥补期限最长不得超过5年。

纳税人前5年内发生的亏损可用本年度的所得弥补。但注意，不要让亏损超过5年的弥补期限。具体筹划方法有：(1) 利用税法允许的资产计价和摊销方法的选择权，以及费用列支与摊销政策，多列税前允许扣除的项目金额，使企业形成或适度扩大前期亏损，从而充分运用税前利润弥补5年内的亏损政策。(2) 兼并账面上有亏损的企业，以盈补亏，实现降低企业所得税负担的目的。

（二）利润分配的筹划案例分析

1. 投资企业亏损时，被投资企业利润分配的筹划

例9-12

A公司于2×19年成立并开始生产经营，同时还投资B公司取得60%的控股权。A公司当年经济效益一般，盈亏基本持平。假如2×20年由于市场原因，A公司效益进一步下滑，预计亏损100万元。但B公司效益很好，2×20年可以分配给A公司税后利润50万元。A，B两公司企业所得税税率均为25%。按照税法规定，A公司从B公司分回的50万元税后利润属于免税项目，不用缴纳企业所得税。由于A公司取得B公司控股权，可以决定什么时间分配税后利润，因此，就企业所得税的弥补亏损问题可以进行税收筹划（不考虑应纳税所得额税务调整因素）。

解析：

如果2×20年B公司按时分配50万元税后利润给A公司，那么，可以结转以后年度弥补的亏损应该是冲抵免税项目所得后的余额，A公司2×20年度可以结转弥补的亏损是50万元。如果2×20年B公司保留税后利润暂不分配，那么A公司2×20年度可以结转弥补的亏损还是100万元。不分配税后利润比分配税后利润可以多弥补50万元，假如A公司以后年度有生产经营利润弥补亏损，相对而言，可以节约税收12.5万元（50×25%）。

还要注意，B公司的税后利润应该在A公司用自身的生产经营应税所得弥补完亏损后或弥补期过后分回。否则，按照税法规定，应税项目有所得但不足弥补以前年度亏损的，免税项目的所得也应用于弥补以前年度亏损。也就是说，虽然以前年度可以弥补的亏损没有减少，但是用以后年度分回的投资收益免税所得弥补后，纳税人还是没有获得实际利益。

进一步分析，如果A公司2×20年不分回50万元投资收益，可以税前弥补的亏损为100万元。如果2×20年A公司实现盈利30万元，同时分回50万元投资收益，则2×20年应该弥补以前年度亏损80万元，A公司还是用免税投资收益弥补了亏损。但如果A公司2×20年盈利在100万元以上，此时分回50万元投资收益，则A公司可以用本年度自身实现的应税所得100万元弥补全部亏损，50万元投资收益没有用于弥补亏损，A公司才真正获得实际利益。

2. 投资企业股权转让时，被投资企业利润分配的筹划

在直接投资中，投资者可以直接以实物进行投资，也能以货币进行投资。投资者是以其购买的其他企业（准备上市、未上市公司）的股票或以货币资金、无形资产和其他实物资产直接投资于其他单位，并取得股权的，称作股权投资。股权投资的最终目的是获得较大的经济利益（未来通过分得利润或股利获利）。投资者从被投资企业获得的收益主要有股利（包括股息性所得）和股权转让所得。根据目前我国《企业所得税法》相关规定，企业股权投资取得的股利与股权转让所得的税收待遇是不同的。

股利属于股息性所得，是投资方从被投资企业获得的税后利润，属于已征过税的税后利润，原则上不再重复征收企业所得税。

股权转让所得是投资企业处置股权的净收益，即企业收回、转让或清算处置股权投资所获得的收入减去股权投资成本后的余额。这种净收益应全额并入企业的应纳税所得额缴纳企业所得税。

投资方可以充分利用上述政策差异进行税收筹划。如果被投资企业是母公司下属的全资子公司，则没有进行利润分配的必要。但需要注意的是，如果投资方打算将拥有的被投资企业的全部或部分股权对外转让，则会造成股息性所得转化为股权转让所得，使得本应享受免税政策的股息性所得转化为应全额缴税的股权转让所得。因此，投资方应该要求先将被投资企业的税后利润分配完毕，之后再进行股权转让，这样就能获得税收筹划的好处。

因此，一般情况下被投资企业保留税后利润不分配，但企业股权欲转让时，在转让之前必须将未分配利润进行分配。这样做对投资方来说，可以达到不缴税的目的，有效地避免股息性所得转化为资本利得，从而消除重复纳税；对于被投资企业来说，不分配税后利润可以减少现金流出。

例 9-13

A 公司于 2×18 年 2 月 20 日以银行存款 900 万元投资于 B 公司，占 B 公司股本总额的 70%，B 公司当年获得税后利润 500 万元。A 公司 2×19 年度内部生产经营所得为 100 万元。A 公司企业所得税税率为 25%，B 公司企业所得税税率为 15%。

方案一：2×20 年 3 月，B 公司董事会决定将税后利润的 30%用于分配，A 公司分得利润 105 万元。2×20 年 9 月，A 公司将其拥有的 B 公司 70%的股权全部转让给 C 公司，转让价为 1 000 万元，转让过程中发生税费 0.5 万元。

方案二：B 公司保留盈余不分配。2×20 年 9 月，A 公司将其拥有的 B 公司 70%的股权全部转让给 C 公司，转让价为 1 105 万元，转让过程中发生税费 0.5 万元。

解析：

A 公司应纳企业所得税额计算如下。

方案一：A 公司生产经营所得 100 万元，企业所得税税率为 25%，应纳企业所得税为 100×25%=25（万元）。

A公司分得股息收益105万元，不需缴纳企业所得税，则

股权转让所得=1 000−900−0.5=99.5(万元)

应纳所得税额=99.5×25%=24.88(万元)

因此，A公司2×20年应纳企业所得税额为49.88万元（25+24.88）。

方案二：同理，A公司生产经营所得应纳税额为25万元。

由于B公司保留盈余不分配，导致股息所得和资本利得发生转化，即当被投资企业有税后盈余而发生股权转让时，被投资企业的股票就会增值，如果此时发生股权转让，这个增值实质上就是投资者在被投资企业的股息所得转化的资本利得。因为企业保留利润不分配，才会导致股权转让价格升高，这种因股权转让而获得的收益应全额并入企业的应纳税所得额，依法缴纳企业所得税。

A公司资本转让所得204.5万元（1 105−900−0.5），应纳所得税额51.13万元（204.5×25%），则A公司2×18年合计应纳企业所得税为76.13万元（25+51.13）。

方案一比方案二减轻税负76.13−49.88=26.25（万元），前者明显优于后者。其原因在于，A公司在股权转让之前获取了股息所得，有效防止了股息所得转变为股权转让所得，避免了这部分股息所得重复征税。

值得一提的是，被投资企业对投资方的分配支付额，如果超过被投资企业的累计未分配利润和累计盈余公积金而低于投资方的投资成本的，视为投资回收，应冲减投资成本；超过投资成本的部分，视为投资方企业的股权转让所得，应并入企业的应纳税所得额，依法缴纳企业所得税。因此，在A公司进行转让之前B公司分配股息时，其分配额应以不超过可供分配的被投资企业累计未分配利润和盈余公积金的部分为限。

上述筹划方案适用于类似情形，比如外商投资企业的外籍个人股东转让其股权，就应当采取先分配后转让的筹划策略，因为外国投资者从外商投资企业取得的利润（股息）和外籍个人从中外合资经营企业分得的股息、红利，免征个人所得税，而外国企业和外籍个人转让其在中国境内外商投资企业的股权取得的超出其出资额部分的转让收益，应按20%的税率缴纳预提税或个人所得税。因此，采取先分配后转让的筹划策略可以有效避免重复征税，通过利润分配减少投资方的股权转让所得，降低投资方的税收负担。

知识链接

根据《国家税务总局关于扩大境外投资者以分配利润直接投资暂不征收预提税政策适用范围有关问题的公告》（国家税务总局公告2018年第53号）的规定，自2018年1月1日起，对境外投资者从中国境内居民企业分配的利润，用于境内直接投资暂不征收预提税政策的适用范围，由外商投资企业鼓励类项目扩大至所有非禁止外商投资的项目和领域。

3. 直接投资时，投资企业与被投资企业存在税率差的筹划

根据《企业所得税法实施条例》第八十三条的规定，居民企业之间的股息、红

利等权益性投资收益免税有两个条件：一是直接投资；二是不包括连续持有居民企业公开发行并上市流通的股票不足 12 个月的情形。符合这两个条件的，不仅可以享受免税待遇，而且作为投资方的企业适用的企业所得税税率高于、等于或者低于被投资企业，都不需要考虑税率差因素，都不涉及投资利润分配的补税问题。因此，利用这一税收政策，合理控制投资条件，满足权益性投资收益免税的相关条件，投资企业对投资分配中产生的股息、红利回流不会产生额外税负。

进一步分析，若被投资企业的税率低，投资企业的税率高，这种情况下，还可以进行有效的投资收益的税收筹划。企业对外直接投资时，设立或组建适用较低企业所得税税率的被投资企业，如高新技术企业、小微企业等，或者将被投资企业直接设立在存在税收减免的税收洼地。由于被投资企业适用较低的企业所得税税率，因此可以把大量产业利润或收益转移至被投资企业实现，然后再通过对投资企业的股息、红利分配，享受投资收益免税待遇，从而有效降低投资方的企业所得税税负。

二、个人股东利润分配的税收筹划

（一）股息、红利所得转化为资本利得的税收筹划

对个人股东而言，一般情况下，资本利得免征个人所得税，如买卖股票所得等；一般非上市股份公司分配税后利润，个人股东需要被扣缴个人所得税，税率为 20%；上市公司分派股息、红利，个人股东的纳税视不同情况而定。根据《财政部 国家税务总局 证监会关于上市公司股息红利差别化个人所得税政策有关问题的通知》（财税〔2015〕101 号）的规定，个人从公开发行和转让市场取得的上市公司股票，持股期限超过 1 年的，股息红利所得暂免征收个人所得税。个人从公开发行和转让市场取得的上市公司股票，持股期限在 1 个月以内（含 1 个月）的，其股息红利所得全额计入应纳税所得额；持股期限在 1 个月以上至 1 年（含 1 年）的，暂减按 50%计入应纳税所得额；上述所得统一适用 20%的税率计征个人所得税。另外，外国人取得的股息、红利，无论被投资企业是否为上市公司，都不需要缴税。境外非居民企业股东从中国居民企业取得 2008 年及以后的股息，按 10%的税率缴纳企业所得税。

一般情况下，个人投资者获得的资本利得免征个人所得税，如买卖股票所得、股东因资本公积金转增资本所得等。个人投资者获取的利润分配（股息、红利所得）应按规定代扣代缴 20%的个人所得税。因此，股份公司获取税后利润后，可以采取不分配利润（股息、红利）而使股票增值，不仅投资者（股东）可以避免因利润分配（股息、红利所得）而产生的个人所得税负担，而且投资者（股东）的收益还可以由股票价格的上涨得到补偿，从而使投资者（股东）间接获得较多的净收益。

例 9－14

A 公司某年税后净利润为 1 500 万元，下一年的投资计划要追加投资额 2 000 万元，

该公司的目标资本结构为权益资本占60%，负债资本占40%。按照目标资本结构计算出投资方案需追加的权益资本数额为2 000×60%=1 200（万元）。此数额比当年实现的净利润1 500万元小，因此，该公司应确定留存收益1 200万元，满足投资追加权益资本的需要后，其剩余部分300万元可用于发放现金股利给股东。如果投资所需追加的权益资本大于该公司当年实现的净利润1 500万元，该公司应将当年实现的净利润1 500万元全部留存，不发放现金股利。

对个人股东来说，上市公司获取的税后利润不能转增资本，因为转增资本会涉及个人股东缴纳个人所得税问题。相比而言，更为便利的是上市公司的法人股东，上市公司把税后利润转增资本，法人股东不需要缴纳企业所得税。

总之，上市公司不同的利润分配方式对个人股东税负的影响是不同的：股息、红利需要缴纳个人所得税，股票转让则不需要缴纳个人所得税。所以，上市公司在分配股息、红利时，应注重税收对个人股东财富的影响，合理选择利润分配方式。

（二）现金股利、股票股利与剩余股利政策的税收筹划

一般而言，个人股东获取的现金股利（股息）和股票股利都需要缴纳个人所得税。但两者相比较，现金股利形式优于股票股利形式（不考虑股价变化），因为两者的税负虽然相同，但税后的现金股利归投资者，而股票股利对投资者来说仅仅是增加了股票数量而已，却因此丧失了资金的使用收益权。若能将股利转化为资本利得，对个人股东而言，则税收筹划利益更大。其通常的做法是实行剩余股利政策，即在公司有良好的投资机会或公司正处于成长阶段时，根据一定的目标资本结构（最佳资本结构）测算出投资所需追加的权益资本，先从当年的净利润中提取一定比例的留成，以满足投资追加权益资本的需要，然后将剩余的利润作为股利分配。对个人股东来说，实行剩余股利政策的好处是，少分配现金股利或不分配现金股利，可以避免缴纳较高的股利所得税，或推迟缴纳所得税（以后多发放现金股利），且股东对公司未来获利能力有较好的预期，其股票价格可能会上涨。

例9-15

某科技股份有限公司由谢某、刘某、杨某三人共同出资成立，2019年该股份公司实现利润总额240万元（企业所得税税前利润）。经该股份公司的股东大会决定，税后利润全部进行分配。为此，财务部设计了以下三种分配方案。

方案一：该股份公司采用净利润分红的形式，240万元利润总额缴纳60万元企业所得税后，180万元净利润以股息、红利的形式分配给个人股东。

方案二：该股份公司每月为三位股东发放工资20万元（三位股东从事企业管理活动，每年人均80万元工资，基本减除费用、三险一金、专项附加扣除及法定其他扣除额合计为14万元），12个月共发放240万元，以达到实现利润分配的目的。

方案三：投资者将企业注册到有税收优惠的地区，享受区域性税收优惠政策。税负率最低的是成立个人独资企业，具体税负率如下：增值税税率3%、附加税税率12%（城市

维护建设税税率7%、教育费附加征收率3%、地方教育费附加征收率2%）、个人所得税核定征收率3.5%。

请问对于个人股东而言，应该如何选择利润分配方案？

解析：

方案一：

企业应纳企业所得税＝240×25%＝60(万元)
股东应纳个人所得税＝(240－60)×20%＝36(万元)
股东税后收益＝240－60－36＝144(万元)

方案二：

全年共增加工资支出＝20×12＝240(万元)
发放工资后企业利润总额＝240－240＝0

股东每年人均80万元工资薪金所得，则

年应纳税所得额＝80－14＝66(万元)

按照个人所得税综合所得税率表，适用30%的个人所得税税率，速算扣除数为52 920元。

工资应缴纳个人所得税＝(66×30%－5.292)×3＝43.524(万元)
股东税后收益＝240－43.524＝196.476(万元)

需要注意的是，要确保以上筹划方案的有效实施，企业在实施前一定要构建一套完整的薪酬体系制度作为支撑。根据《企业所得税法实施条例》第三十四条的规定，企业发生的合理的工资薪金支出，准予扣除。

合理的工资薪金需要符合哪些标准呢？根据《国家税务总局关于企业工资薪金及职工福利费扣除问题的通知》（国税函〔2009〕3号）第一条的规定，税务机关在对工资薪金进行合理性确认时，可按以下原则掌握：(1) 企业制定了较为规范的员工工资薪金制度；(2) 企业所制定的工资薪金制度符合行业及地区水平；(3) 企业在一定时期所发放的工资薪金是相对固定的，工资薪金的调整是有序进行的；(4) 企业对实际发放的工资薪金，已依法履行了代扣代缴个人所得税义务。(5) 有关工资薪金的安排，不以减少或逃避税款为目的。

方案三：成立个人独资企业，与该股份公司发生业务关系。

应纳增值税＝240÷(1＋3%)×3%＝6.99(万元)
应纳城市维护建设税及教育费附加＝6.99×12%＝0.84(万元)

个人独资企业无需缴纳企业所得税。

应纳个人所得税＝240÷(1＋3%)×3.5%＝8.16(万元)
应纳税额合计＝6.99＋0.84＋8.16＝15.99(万元)
股东税后收益＝240－15.99＝224.01(万元)

通过对以上三个利润分配方案纳税情况的分析可知，方案二比方案一多实现收益52.476万元（196.476－144）。由于方案二中每月给三位股东发放20万元工资，致使企业原有的240万元利润最终为零，无需缴纳企业所得税，但需要缴纳43.524万元的个人所得税。方案三采用个人独资企业核定征收方式，只需缴纳税款15.99万元，最终收益额为224.01万元，是三个方案中的最佳方案。

复习思考题

1. 公益性捐赠有哪些税收政策？如何进行公益性捐赠的税收筹划？
2. 股利收入如何进行纳税？
3. 利润分配的一般税收筹划方法有哪些？请举例说明。
4. 如何避免个人股利重复征税？
5. 如何做好股权转让的税收筹划？谈谈你的观点。

案例分析题

案例一　自然人股权转让与红利分配的税收筹划

自然人甲投资A公司100万元，取得A公司100%的股权。两年后，甲将持有的A公司股份转让给自然人乙，转让价格仍为100万元。转让时，A公司的净资产为150万元。股份转让给乙后，A公司分配股利50万元给乙。

思考：甲在股权转让中应如何进行税收筹划？

案例二　利用利润转移进行税收筹划

某企业集团下属甲、乙两个企业。其中，甲企业适用25%的企业所得税税率，乙企业属于国家需要扶持的高新技术企业，适用15%的企业所得税税率。2020年度，甲企业的应纳税所得额为8 000万元，乙企业的应纳税所得额为9 000万元。

思考：计算甲、乙两个企业及该企业集团在2020年度分别应当缴纳的企业所得税，并提出有效的税收筹划方案。

综合阅读题

中国平安员工限售股减持的税收筹划

2010年，中国平安发布公告，称从当年3月1日开始，在未来5年内将减持近8.6亿股限售股。据悉，中国平安集团下属的新豪时、景傲实业、江南实业三家公司分别持有这8.6亿股中的3.9亿股、3.31亿股和1.39亿股，分别占公司总股本的5.3%，4.51%和1.89%。其中，新豪时和景傲实业为中国平安员工股持股平台，江南实业则主要为中国平安高管持股平台。

由于本次限售股是上述三家公司代1.9万名平安员工持有的，公司的减持将面临企业所得税和个人所得税的双重征收，税负将高达40%左右，因而公司的减持方案引起了持股员工的强烈不满和全社会的关注。3月15日，部分员工代表来到位于深圳的中国平安总部，挂出“我的股票我做主”等横幅，要求解除公司的托管，将其所持有的中国平安上市股票和其他相关权益一次性过户，由员工持股人自己持有。

同年9月，新豪时公司的名称由“深圳市新豪时投资发展有限公司”变更为“林芝新豪时投资发展有限公司”，注册地也由深圳变为西藏林芝地区，而中国平安另一家员工股持股平台景傲实业亦同时迁址西藏。

10月25日，中国平安员工股托管方之一的林芝新豪时投资发展有限公司首次披露减持公告，该公司在10月份以58.19～65.81元减持中国平安1 284.49万股，占中国平安总股本的0.17%。

被业内称为平安模式的员工限售股减持的序幕正式拉开……

问题思考：

1. 若将新豪时和景傲实业两家公司远迁西藏林芝看作一种税收筹划行为，该行为能获得什么好处？

2. 员工限售股减持的平安模式是否具有借鉴性？现行税收政策对此有没有特别约束？

第十章
薪酬激励的税收筹划

在组织契约问题上，外部观察者往往难以确定与利润挂钩的契约究竟是出于税收考虑，还是出于激励考虑，或两者兼而有之。这种识别问题使人们难以了解究竟是什么经济问题形成了契约的微观结构。

——诺贝尔经济学奖获得者迈伦·斯科尔斯

第一节　综合所得的计税政策与税收筹划

一、综合所得的计税政策

（一）综合所得适用税率

综合所得包括工资、薪金所得，劳务报酬所得，稿酬所得，特许权使用费所得。《个人所得税法》分别为不同个人所得项目规定了超额累进税率和比例税率两种不同形式的税率。居民个人取得的综合所得，按纳税年度合并计算个人所得税；非居民个人取得的综合所得，按月或者按次分项计算个人所得税。

综合所得适用3%～45%的七级超额累进税率（见表10-1、表10-2）。

表10-1　综合所得适用税率表（按年）

级数	全年应纳税所得额（含税级距）	全年应纳税所得额（不含税级距）	税率（%）	速算扣除数
1	不超过36 000元的	不超过34 920元的	3	0
2	超过36 000元至144 000元的部分	超过34 920元至132 120元的部分	10	2 520
3	超过144 000元至300 000元的部分	超过132 120元至283 080元的部分	20	16 920
4	超过300 000元至420 000元的部分	超过283 080元至346 920元的部分	25	31 920

续表

级数	全年应纳税所得额（含税级距）	全年应纳税所得额（不含税级距）	税率（%）	速算扣除数
5	超过 420 000 元至 660 000 元的部分	超过 346 920 元至 514 920 元的部分	30	52 920
6	超过 660 000 元至 960 000 元的部分	超过 514 920 元至 709 920 元的部分	35	85 920
7	超过 960 000 元的部分	超过 709 920 元的部分	45	181 920

注：（1）本表所称全年应纳税所得额是指依照新《个人所得税法》第六条的规定，从 2019 年 1 月 1 日开始，居民个人取得综合所得以每一纳税年度收入额减除费用 6 万元以及专项扣除、专项附加扣除和依法确定的其他扣除后的余额。

（2）非居民个人取得综合所得，依照本表按月换算后计算应纳税额。

表 10－2 综合所得适用税率表（按月）

级数	全月应纳税所得额（含税级距）	全月应纳税所得额（不含税级距）	税率（%）	速算扣除数
1	不超过 3 000 元的	不超过 2 910 元的	3	0
2	超过 3 000 元至 12 000 元的部分	超过 2 910 元至 11 010 元的部分	10	210
3	超过 12 000 元至 25 000 元的部分	超过 11 010 元至 21 410 元的部分	20	1 410
4	超过 25 000 元至 35 000 元的部分	超过 21 410 元至 28 910 元的部分	25	2 660
5	超过 35 000 元至 55 000 元的部分	超过 28 910 元至 42 910 元的部分	30	4 410
6	超过 55 000 元至 80 000 元的部分	超过 42 910 元至 59 160 元的部分	35	7 160
7	超过 80 000 元的部分	超过 59 160 元的部分	45	15 160

（二）综合所得计税方法

应纳税额的计算公式如下：

$$\text{应纳税额}=\left(\text{每年收入}-60\,000-\text{专项扣除}-\text{专项附加扣除}-\text{其他扣除}\right)\times\text{适用税率}$$

综合所得费用扣除标准如下：

（1）生计费用：个人所得税费用扣除标准为每年 60 000 元（每月 5 000 元）。

（2）专项扣除：具体包括居民个人按照国家规定的范围和标准缴纳的基本养老保险、基本医疗保险、失业保险等社会保险费和住房公积金等。

（3）专项附加扣除：包括子女教育、继续教育、大病医疗、住房贷款利息或者住房租金、赡养老人等各项开支。专项附加扣除汇总表如 10－3 所示。

个人所得税专项附加扣除在纳税人本年度综合所得应纳税所得额中扣除；本年度扣除不完的，不得结转以后年度扣除。

个人所得税专项附加扣除遵循公平合理、简便易行、切实减负、改善民生的原则，根据教育、住房、医疗等民生支出的变化情况，适时调整专项附加扣除范围和标准。

1）子女教育专项附加扣除。纳税人的子女接受全日制学历教育的相关支出，按照每个子女每月 1 000 元的标准定额扣除。

表 10-3　专项附加扣除汇总表

扣除类目	每年	每月限额（元）	备注
子女教育支出	12 000 元定额扣除	1 000	父母分别扣除 50%，或者约定一方扣除 100%
继续教育支出	4 800 元定额扣除	400	技能人员职业资格、专业技术人员资格继续教育，每年 3 600 元定额扣除
大病医疗支出	80 000 元限额扣除		个人负担超过 15 000 元的医疗费用支出部分
住房贷款利息	12 000 元定额扣除	1 000	必须是首套住房贷款
住房租金支出（1）	18 000 元定额扣除	1 500	承租房位于直辖市、省会城市、计划单列市以及国务院确定的其他城市
住房租金支出（2）	13 200 元定额扣除	1 100	承租房位于其他城市，市辖区户籍人口超过 100 万的
住房租金支出（3）	9 600 元定额扣除	800	承租房位于其他城市，市辖区户籍人口不超过 100 万（含）的
赡养老人支出	24 000 元定额扣除	2 000	非独生子女分摊扣除额度，每一纳税人分摊额度不超过总体 50%

学历教育包括义务教育（小学、初中教育）、高中阶段教育（普通高中、中等职业、技工教育）、高等教育（大学专科、大学本科、硕士研究生、博士研究生教育）。

年满 3 岁至小学入学前处于学前教育阶段的子女，也按每个子女每月 1 000 元扣除，与子女学历教育的扣除标准一致。

父母可以选择由其中一方按扣除标准的 100%扣除，也可以选择由双方分别按扣除标准的 50%扣除，具体扣除方式在一个纳税年度内不能变更。

2）继续教育专项附加扣除。纳税人在中国境内接受学历（学位）继续教育的支出，在学历（学位）教育期间按照每月 400 元定额扣除。同一学历（学位）继续教育的扣除期限不能超过 48 个月。纳税人接受技能人员职业资格继续教育、专业技术人员职业资格继续教育的支出，在取得相关证书的当年，按照 3 600 元定额扣除。

个人接受本科及以下学历（学位）继续教育，符合法律规定扣除条件的，可以选择由其父母扣除，也可以选择由本人扣除。

3）大病医疗专项附加扣除。在一个纳税年度内，纳税人发生的与基本医保相关的医药费用支出，扣除医保报销后个人负担（指医保目录范围内的自付部分）累计超过 15 000 元的部分，由纳税人在办理年度汇算清缴时，在 80 000 元限额内据实扣除。

纳税人发生的医药费用支出可以选择由本人或者其配偶扣除；未成年子女发生的医药费用支出可以选择由其父母一方扣除。

4）住房贷款利息专项附加扣除。纳税人本人或者配偶单独或者共同使用商业银行或者住房公积金个人住房贷款为本人或者其配偶购买中国境内住房，发生的首套住房贷款利息支出，在实际发生贷款利息的年度，按照每月 1 000 元的标准定额扣除，扣除期限最长不超过 240 个月。纳税人只能享受一次首套住房贷款的利息扣除。所称首套住房贷款是指购买住房享受首套住房贷款利率的住房贷款。

经夫妻双方约定，可以选择由其中一方扣除，具体扣除方式在一个纳税年度内不能变更。

夫妻双方婚前分别购买住房发生的首套住房贷款，其贷款利息支出，婚后可以选择其中一套购买的住房，由购买方按扣除标准的 100%扣除，也可以由夫妻双方对各自购买的住房分别按扣除标准的 50%扣除，具体扣除方式在一个纳税年度内不能变更。

5）住房租金专项附加扣除。纳税人在主要工作城市没有自有住房而发生的住房租金支出，可以按照以下标准定额扣除：

①直辖市、省会（首府）城市、计划单列市以及国务院确定的其他城市，扣除标准为每月 1 500 元。

②除第一项所列城市以外，市辖区户籍人口超过 100 万的城市，扣除标准为每月 1 100 元；市辖区户籍人口不超过 100 万的城市，扣除标准为每月 800 元。

夫妻双方主要工作城市相同的，只能由一方扣除住房租金支出。

纳税人的配偶在纳税人的主要工作城市有自有住房的，视同纳税人在主要工作城市有自有住房。

6）赡养老人专项附加扣除。

①纳税人为独生子女的，按照每月 2 000 元的标准定额扣除。

②纳税人为非独生子女的，由其与兄弟姐妹分摊每月 2 000 元的扣除额度，每人分摊的额度不能超过每月 1 000 元。可以由赡养人均摊或者约定分摊，也可以由被赡养人指定分摊。约定或者指定分摊的须签订书面分摊协议，指定分摊优先于约定分摊。具体分摊方式和额度在一个纳税年度内不能变更。

被赡养人是指年满 60 岁的父母，以及子女均已去世的年满 60 岁的祖父母、外祖父母。

知识链接

个人税收递延型商业养老保险

财税〔2018〕22 号规定，自 2018 年 5 月 1 日起，在上海市、福建省（含厦门市）和苏州工业园区实施个人税收递延型商业养老保险试点。试点期限暂定一年。

对试点地区个人通过个人商业养老资金账户购买符合规定的商业养老保险产品的支出，允许在一定标准内税前扣除；计入个人商业养老资金账户的投资收益，暂不征收个人所得税，个人领取商业养老金时再征收个人所得税。

国务院规定的其他扣除项目包括下述内容：个人将其所得对教育、扶贫、济困等公益慈善事业进行捐赠，捐赠额未超过纳税人申报的应纳税所得额 30%的部分，可以从其应纳税所得额中扣除；国务院规定对公益慈善事业捐赠实行全额税前扣除的，从其规定。

二、综合所得的税收筹划

（一）工资、薪金的税收筹划方法

2018 年 8 月修订的《个人所得税法》实行重大改革调整，综合所得采取取得时先预扣预缴，年终再汇总工资、薪金所得，劳务报酬所得，稿酬所得，特许权使用费所得等四项综合所得项目进行汇算清缴。工资、薪金所得税涉及面广、占个人税收收入比例大，因此，如何根据税法的要求，选择最佳的节税方案，在减税降费的大环境下，已成为广大企业和职工尤其是工薪族最关心的事情。

1. 收入福利化

企业一味地增加员工的现金收入，从税收的角度来看并不完全可取。企业可以通过提高员工的福利水平，降低其名义工资金额，减少员工的税金支出，达到增加实际收入的目的。常用的方法有以下几种：

（1）为职工提供交通设施。职工上下班一般都要花费一定的交通费，企业可以通过提供免费的接送服务，或者将单位的车租给职工使用，再相应地从员工的工资薪金中扣除部分予以调整。对企业来讲，当职工支付的税金影响其消费水平时，就要考虑采取加薪措施，加薪必然会引起税收变化，反而会导致企业支付金额的增加。因此，由企业为员工承担部分费用的做法，往往会使职工、企业双方受益。

（2）为职工提供免费工作餐。企业为职工提供免费的工作餐，必须具有不可变现性，即不可转让，不能兑换现金。

（3）为职工提供培训机会。随着知识更新速度的加快，参加各种培训已经成为个人获取知识的重要途径。如果企业每年给予职工一定费用额度的培训机会，职工在考虑个人的报酬总额时，一般也会把这些考虑进去。这样，职工也可以在一定程度上减少税收负担。

（4）为职工提供考察学习机会。随着人民生活水平的提高，考察学习的开支已经成为许多家庭必不可少的支出项目。个人支付的考察学习支出同样不能抵减个人所得税。但是企业在制定年度职工福利计划时，可以给部分职工及其家属提供一次考察学习机会，而把相应的费用从原打算支付给职工的货币工资及奖励中扣除。职工在维持同等消费水平的基础上，减轻了个人所得税负担。当然，企业支付的职工考察学习费用有开支的规定，可以考虑从工会经费等项目中开支。

2. 变换应税项目

（1）住房公积金的税收筹划。根据《财政部 国家税务总局关于基本养老保险费基本医疗保险费失业保险费住房公积金有关个人所得税政策的通知》（财税〔2006〕10 号）的规定，单位和个人分别在不超过职工本人上一年度月平均工资 12%的幅度内，其实际缴存的住房公积金允许在个人应纳税所得额中扣除。单位和职工个人缴存住房公积金的月平均工资不得超过职工工作地所在设区城市上一年度职工月平均工资的 3 倍。单位和个人超过上述规定比例和标准缴付的住房公积金，应将超过部分并入个人当期的工资、薪金收入，计征个人所得税。

例 10-1

A 公司所在城市 2×20 年度在岗职工年平均工资为 81 034 元，折算为在岗职工月平均工资为 6 753 元，即 A 公司提高张某住房公积金缴费基数至 20 259 元，则全年可以税前扣除金额为 29 173 元（20 259×12%×12）。

解析：

若 A 公司每月为张某缴存的住房公积金为 2 000 元，而住房公积金的免税限额标准为 29 173÷12=2 431（元），则张某可以追加补缴 431 元住房公积金。这 431 元是不需要缴纳个人所得税的，并且很有可能会降低张某原先薪资所得所适用的个人所得税税率，从而达到良好的节税效果。

（2）工资转化为租车收入的筹划。随着生活水平的提高，汽车基本成为每个家庭的标配，养车的费用更是必不可少。对于高收入阶层而言，将汽车租给公司使用，可以将工资收入转化为租金收入，达到降低个人所得税负担的效果。

具体操作为：职工与公司签订租车协议，将自家汽车租给公司，公司按月向职工支付租金。同时，还可以在协议中约定因公务发生的相关车辆非固定费用（如汽油费、过桥费、停车费等）由公司承担。

需要注意的是：

1）租车的租金必须按照市场价格设定；

2）职工需要携带租车协议和身份证到税务局代开租车发票，公司才能在税前列支该项费用；

3）汽车的固定费用（如保险费、车船税、折旧费等）不能由公司承担；

4）在公司报销的车辆费用必须取得发票。

（3）工资收入转化为房屋租金收入的筹划。住房是职工生存必要的场所，为住房支付的费用是必要的开支，利用税前的收入支付这部分必要的开支能够达到很好的节税效果。

具体操作为：若职工拥有自有房产，可以与公司签订房屋租赁协议，将房屋租给公司，公司按月向职工支付租赁费，同时约定每月的水电费、物业管理费等固定费用由公司承担；若职工现居住的房屋为租赁的，可以与公司签订转租协议，由公司承担房屋的租金和水电费、物业管理费等固定费用。

个人出租住宅、转租住宅只需要按照个人所得税中出租财产项目征收个人所得税，若为居民唯一自用住房，则税率更低，且采用的是比例税率，而非综合所得的累进税率。但值得注意的是，若自身没有房产，需要与公司签订转租协议，说明公司福利包括提供职工住房，用以支付员工较少的工资、薪金以适用较低税率，这样就会使纳税人失去《个人所得税法》中的住房租金的专项附加扣除，因此在实际操作中需要权衡两者之间的优劣关系。

个人出租住宅的个人所得税税率在高净值人群中远低于综合所得的累进税率，以租金收入代替工资收入节税效果明显。同时由公司承担房屋的水电费、物业管理费等固定费用，相当于利用员工的税前收入支付这部分必要费用。

（4）公益性捐赠的税收筹划。个人通过公益性捐赠，可以合法降低其应纳税所得额，从而在为社会付出爱心和捐助的同时，合法降低个人税负。

税法规定，个人将其所得对教育、扶贫、济困等公益慈善事业进行捐赠，捐赠额未超过纳税人申报的应纳税所得额30%的部分，可以从其应纳税所得额中扣除；国务院规定对公益慈善事业捐赠实行全额税前扣除的，从其规定。

（5）专项附加扣除的税收筹划。

例10-2

赵先生、赵太太夫妻两人育有两个孩子，且均已上大学，还未毕业。赵先生的妻子每月工资为5 000元，赵先生每月工资为7 000元，赵先生在个人所得税申报中选择夫妻二人平均分摊两个孩子子女教育支出的专项附加扣除。

此时赵先生的妻子因收入未超过5 000元，无需缴纳个人所得税，但赵先生扣除基本减除费用5 000元和专项附加扣除1 000元后，仍要对剩下的1 000元征收个人所得税。请问赵先生应该如何进行税收筹划？

解析：

将两个孩子的子女教育支出在申报时全部由赵先生进行申报扣除。采用此种方法，赵先生的妻子本身工资、薪金不超过5 000元，不扣除子女教育支出，无需缴纳个人所得税；而赵先生扣除子女教育支出2 000元，由此赵先生扣除基本减除费用后，再扣除2 000元子女教育支出，则赵先生的个人所得税应纳税所得额为0，赵先生也无需缴纳个人所得税。

例10-3

张先生居住在某市，已结婚生子，育有两个孩子，就读于两所全日制本科大学。张先生还有一个姐姐，姐弟两人均在工作。张先生父母均健在，两位老人均已年满70周岁，都在老家安享晚年。《个人所得税法》修订并实施后，张先生想通过学习相关税法的内容进行税收筹划来降低家庭负担。张先生现为一家公司的财务经理，年薪为25万元。家中有一辆代步车，因其业余时间爱好山水画，经常在空闲时间创作，也会出售一些定制精品画作赚取劳务报酬。张先生的妻子以前专心教育孩子，两个孩子读大学后有空闲了才开始工作，目前月薪为4 000元。

2019年张先生因为工作表现突出，公司给予年终奖4万元，当年因为定制精品山水画取得劳务报酬金额总计4.2万元，当地租车市场（以张先生的代步车为例）一年租金需要5万元，张先生一家除上述收入外无其他收入来源。请问张先生一家应该如何进行个人所得税筹划？

解析：

如果张先生不做任何税收筹划进行年终汇算清缴，则其劳务报酬所得应与工资、薪金所得汇总后按综合所得进行申报纳税；其年终奖可单独计税，也可与综合所得合并计税；

子女教育专项附加扣除和妻子平均分摊扣除，赡养老人的专项附加扣除和姐姐平均分摊扣除。

张先生年薪 25 万元，根据《个人所得税法》的规定，其扣除每年基本减除费用 6 万元、赡养老人专项附加扣除 1.2 万元和子女教育支出 1.2 万元后，加上当年的劳务报酬所得，所适用的个人所得税税率为 20%。因此，张先生将面临较高税负。

基于此，张先生进行了如下税收筹划：

首先对工资、薪金进行筹划。张先生年薪 25 万元，扣除基本费用和专项附加扣除后依旧适用 20%的税率，税负相对较高。因此，张先生可以将代步车转租给公司，然后公司分配给张先生使用，使得张先生的 5 万元工资、薪金转化为租车收入，适用比例税率。由此，张先生的工资、薪金所得降低，不过还不足以降低适用税率。

其次对年终奖进行筹划。张先生收到 4 万元年终奖，在 2019 年，可以自行选择是否将年终奖并入综合所得纳税。此案例中，显然不应该并入综合所得纳税，但是在年终奖超过 3.6 万元时税率从 3%提高到了 10%，会大幅增加张先生税负，因此张先生可以通过与公司协商，将剩下的 4 000 元延迟到明年再由公司发放。这样，张先生的年终奖只需按照 3%的税率缴纳个人所得税。

再次对专项附加扣除进行筹划。在子女教育支出的扣除上，因张先生妻子的工资、薪金并未达到 5 000 元，并不需要缴纳个人所得税，也不需要专项附加扣除，所以可以将两个孩子的子女教育专项附加扣除全部由张先生一个人进行申报，以此来降低张先生的应纳税所得额。

最后对劳务报酬进行筹划。如果将张先生的劳务报酬与工资、薪金所得合并计税，无论张先生对于工资、薪金所得如何筹划，都无法将张先生适用的 20%税率降低到 10%税率，因此对于劳务报酬的筹划至关重要。

有以下两种筹划思路：

第一，张先生妻子的月薪为 4 000 元，并未达到我国规定的基本扣除费用的上限，即全年张先生的妻子还有高达 1.2 万元的免税额度。因此，张先生可以在领取劳务报酬时，由妻子和他一起提供服务并共同领取此项劳务报酬收入，其中妻子领取 1.2 万元。在年终汇算清缴时，张先生的妻子依旧不用缴税，并且会退还之前的个人所得税预缴税额。张先生扣除 1.2 万元劳务报酬后，再加上之前的工资、薪金筹划和专项附加扣除筹划，可以将综合所得适用的 20%税率降低为 10%，从而达到降低税收负担的目的。

第二，张先生可以通过变换收入形式，将劳务报酬所得变成经营所得，避免其纳入综合所得计税。张先生可以成立一家山水画工作室，将劳务报酬所得转化为经营所得，经营所得适用 10%的税率。在此基础上，张先生还可以将劳务报酬合同变成由张先生的工作室和张先生的妻子共同签订，其中妻子的劳务报酬所得为 1.2 万元，剩下 2.8 万元为张先生工作室收入，适用 3%的税率。

（二）全年一次性奖金的税收筹划方法

1. 年终一次性奖金的税收政策

关于全年一次性奖金的征税问题，《国家税务总局关于调整个人取得全年一次性奖金等计算征收个人所得税方法问题的通知》（国税发〔2005〕9号）规定：

（1）全年一次性奖金是指行政机关、企事业单位等扣缴义务人根据其全年经济效益和对雇员全年工作业绩的综合考核情况，向雇员发放的一次性奖金，包括年终加薪、实行年薪制和绩效工资办法的单位根据考核情况兑现的年薪和绩效工资。

（2）纳税人取得全年一次性奖金，单独作为一个月工资、薪金所得计算纳税，并按以下计税办法，由扣缴义务人发放时代扣代缴，其计算步骤如下。

步骤一：先将雇员当月内取得的全年一次性奖金除以12个月，按其商数确定适用税率和速算扣除数。

步骤二：如果在发放年终一次性奖金的当月，雇员当月工资、薪金所得低于税法规定的费用扣除额，应将全年一次性奖金减去"雇员当月工资、薪金所得与费用扣除额的差额"后的余额，按步骤一确定全年一次性奖金的适用税率和速算扣除数。

步骤三：将雇员个人当月内取得的全年一次性奖金，按步骤一和步骤二确定的适用税率和速算扣除数计算征税。

1）如果雇员当月工资、薪金所得高于（或等于）税法规定的费用扣除额的，适用公式为：

$$\text{应纳税额}=\text{雇员当月取得全年一次性奖金}\times\text{适用税率}-\text{速算扣除数}$$

2）如果雇员当月工资、薪金所得低于税法规定的费用扣除额的，适用公式为：

$$\text{应纳税额}=\left(\begin{matrix}\text{雇员当月取得}\\\text{全年一次性奖金}\end{matrix}-\begin{matrix}\text{雇员当月工资、薪金所得}\\\text{与费用扣除额的差额}\end{matrix}\right)\times\begin{matrix}\text{适用}\\\text{税率}\end{matrix}-\begin{matrix}\text{速算}\\\text{扣除数}\end{matrix}$$

《国家税务总局关于雇主为雇员承担全年一次性奖金部分税款有关个人所得税计算方法问题的公告》（国家税务总局公告2011年第28号）规定：

（1）雇主为雇员负担全年一次性奖金部分个人所得税款，属于雇员又额外增加了收入，应将雇主负担的这部分税款并入雇员的全年一次性奖金，换算为应纳税所得额后，按照规定方法计征个人所得税。

（2）将不含税全年一次性奖金换算为应纳税所得额的计算方法。

1）雇主为雇员定额负担税款。其计算公式：

$$\text{应纳税所得额}=\begin{matrix}\text{雇员取得的}\\\text{全年一次性奖金}\end{matrix}+\begin{matrix}\text{雇主替雇员}\\\text{定额负担的税款}\end{matrix}-\begin{matrix}\text{当月工资、薪金低于}\\\text{费用扣除标准的差额}\end{matrix}$$

2）雇主为雇员按一定比例负担税款。

①查找不含税全年一次性奖金的适用税率和速算扣除数。用未含雇主负担税款的全年一次性奖金收入除以12，根据其商数找出不含税级距对应的适用税率和速算扣除数。

②计算含税全年一次性奖金。计算公式如下：

$$\text{应纳税所得额}=\left(\text{未含雇主负担税款的全年一次性奖金收入}-\text{当月工资、薪金低于费用扣除标准的差额}-\text{不含税级距的速算扣除数}\times\text{雇主负担比例}\right)\div\left(1-\text{不含税级距的适用税率}\times\text{雇主负担比例}\right)$$

《财政部 国家税务总局关于个人所得税法修改后有关优惠政策衔接问题的通知》（财税〔2018〕164号）规定，居民个人取得全年一次性奖金，符合《国家税务总局关于调整个人取得全年一次性奖金等计算征收个人所得税方法问题的通知》（国税发〔2005〕9号）规定的，在2021年12月31日前，不并入当年综合所得，以全年一次性奖金收入除以12个月得到的数额，按照月度税率表（按月换算后的综合所得税率表），确定适用税率和速算扣除数，单独计算纳税。计算公式为：

应纳税额＝全年一次性奖金收入×适用税率－速算扣除数

全年一次性奖金适用的月度税率表如表10－4所示。

表10－4　综合所得适用税率表（按月）

级数	全月应纳税所得额	税率（%）	速算扣除数
1	不超过3 000元的	3	0
2	超过3 000元至12 000元的部分	10	210
3	超过12 000元至25 000元的部分	20	1 410
4	超过25 000元至35 000元的部分	25	2 660
5	超过35 000元至55 000元的部分	30	4 410
6	超过55 000元至80 000元的部分	35	7 160
7	超过80 000元的部分	45	15 160

居民个人取得全年一次性奖金，可以选择并入当年综合所得计算纳税，也可以单独计税。全年一次性奖金单独计税的政策执行到2021年12月31日。

例10－4

张华在振邦公司取得的全年一次性奖金为24 000元，请计算张华应纳的个人所得税。

解析：

用全年一次性奖金24 000元除以12个月后的商数为2 000元（24 000÷12），适用税率为3%，速算扣除数为0，则

应纳税额＝24 000×3%＝720(元)

例10－5

张华在振邦公司取得的全年一次性奖金为24 000元，当月工资、薪金所得为4 600元，费用扣除额为5 000元。请计算张华应纳的个人所得税。

解析：

第一，确定全年一次性奖金的适用税率和速算扣除数。将全年一次性奖金减去个人当月工资、薪金所得与费用扣除额的差额除以 12 个月，即

[24 000－(5 000－4 600)]÷12＝1 967(元)

由此确定适用税率为 3％，速算扣除数为 0。

第二，计算应纳税额为：

[24 000－(5 000－4 600)]×3％＝708(元)

需要注意的是，在一个纳税年度内，对每一个纳税人，该计税办法只允许采用一次。雇员取得除全年一次性奖金以外的其他各种名目奖金，如半年奖、季度奖、加班奖、先进奖、考勤奖等，一律与当月工资、薪金收入合并，按税法规定缴纳个人所得税，即维持现有的征税办法。

例 10－6

小刘在振华公司取得的不含税全年一次性奖金为 36 000 元。请计算小刘应纳的个人所得税。

解析：

第一，将不含税全年一次性奖金换算成含税奖金。根据 36 000 元除以 12 个月后的商数 3 000 元，确定不含税所得的税率为 10％，速算扣除数为 210，则

换算成含税的全年一次性奖金＝[(36 000－210)÷(1－10％)]＝39 766.67(元)

第二，确定含税全年一次性奖金的适用税率和速算扣除数。根据含税的全年一次性奖金除以 12 个月后的商数 3 313.89 元（39 766.67÷12），确定适用税率为 10％，速算扣除数为 210 元。

第三，计算应纳税额为：

39 766.67×10％－210＝3 766.67(元)

例 10－7

李某 2020 年工资、薪金所得为 80 000 元，专项附加扣除合计 63 000 元。若年终奖为 40 000 元，他有两种选择。

一是年终奖单独纳税：

应纳个人所得税＝40 000×10％－210＝3 790(元)

二是年终奖并入综合所得纳税：

应纳税所得额＝40 000＋80 000－(60 000＋63 000)＝－3 000(元)

由于应纳税所得额为负数，因此李某不需要缴纳个人所得税。

假设李某的年终奖金为 100 000 元，同样有两种选择。

一是年终奖单独纳税：

应纳个人所得税＝100 000×10%－210＝9 790(元)

二是年终奖并入综合所得纳税：

应纳税所得额＝100 000＋80 000－123 000＝57 000(元)

应纳个人所得税＝57 000×10%－2 520＝3 180(元)

请问李某在年终奖为 100 000 元时，应如何进行税收筹划？

解析：

李某可以将 100 000 元年终奖进行分拆，其中 21 000 元作为年终奖单独核算：

应纳个人所得税＝21 000×3%＝630(元)

79 000 元并入综合所得计税：

应纳税所得额＝80 000＋79 000－123 000＝36 000(元)

应纳个人所得税＝36 000×3%＝1 080(元)

应纳个人所得税合计＝1 080＋630＝1 710(元)

与筹划前相比，比年终奖单独纳税节税 8 080 元（9 790－1 710），比年终奖并入综合所得纳税节税 1 470 元（3 180－1 710）。但需要注意的是，此种筹划涉及的全年一次性奖金政策只适用于 2021 年 12 月 31 日之前。

2. 全年一次性奖金的税收陷阱

全年一次性奖金计税政策采用简易计税办法，与工资、薪金所得的七级超额累进税率计税办法有很大差异。在某些奖金区间内，可能会出现税前奖金多，而纳税人实际获得的税后奖金反而少的情况。

例 10－8

中华房地产公司副总经理所获得的全年一次性奖金为 36 000 元，而总经理所获得的全年一次性奖金为 36 600 元。请分别计算副总经理和总经理全年一次性奖金应缴纳的个人所得税。

解析：

(1) 副总经理的个人所得税。

副总经理平均月收入额＝36 000÷12＝3 000(元)

其适用税率为 3%，速算扣除数为 0，则

副总经理应缴纳个人所得税＝36 000×3%＝1 080(元)

税后奖金＝36 000－1 080＝34 920(元)

（2）总经理的个人所得税。

总经理平均月收入额＝36 600÷12＝3 050(元)

其适用税率为 10％，速算扣除数为 120，则

总经理应纳个人所得税＝36 600×10％－210＝3 450(元)
税后奖金＝36 600－3 450＝33 150(元)

对比总经理与副总经理的全年一次性奖金，总经理比副总经理多 600 元（36 600－36 000)，而税后奖金总经理反而比副总经理少了 1 770 元（34 920－33 150)。这种情况是政策本身的不合理导致的，这时就出现了年终奖金政策无效区间，或称不合理区间。企业及相关单位在发放年终奖金时，应尽量避免税前年终奖金的金额落在无效区间内。

分析可知，一般情况下，全年一次性奖金的发放金额提高，纳税额也会随之提高。但是，由于全年一次性奖金的适用税率和速算扣除数是通过全年一次性奖金除以 12 个月之后的商数来确定的，且计算应纳税额时速算扣除数仅允许扣除一次，因此就会出现当全年一次性奖金超过某个临界点之后，适用的税率提高一个档次，导致奖金额增加之后税后所得反而减少的情况，这就是全年一次性奖金的无效区间或税收盲区。通过测算可知，全年一次性奖金的无效区间共有 6 段，分别对应 3％～40％的税率（见表 10－5)。

表 10－5　全年一次性奖金的无效区间（2019 年 1 月 1 日—2021 年 12 月 31 日）　单位：元

年终奖	税率	速算扣除数	应纳税额	多发奖金数	增加税额	税后数额
36 000	3％	0	1 080			34 920
36 001	10％	210	3 390.10	1	2 310.10	32 610.90
38 566.67	10％	210	3 646.67	2 566.67	2 566.67	34 920
144 000	10％	210	14 190.00			129 810.00
144 001	20％	1 410	27 390.20	1	13 200.20	116 610.80
160 500	20％	1 410	30 690	16 500	16 500	129 810.00
300 000	20％	1 410	58 590			241 410
300 001	25％	2 660	72 340.25	1	13 750.25	227 660.75
318 333.3	25％	2 660	76 923.33	18 333.33	18 333.33	241 410
420 000	25％	2 660	102 340			317 660
420 001	30％	4 410	121 590.30	1	19 250.30	298 410.70

（三）工资薪金与全年一次性奖金的权衡与合理分摊

对全年一次性奖金进行筹划，除了避免全年一次性奖金落入无效区间，还要考虑工资薪金和全年一次性奖金的权衡与合理分摊。

例 10－9

某股份公司总经理每年的年薪总额为税前收入 24 万元（不含三险一金），如何将此收

入在工资薪金和年终奖之间合理分配，使得个人所得税支出最小化？

解析：

设月工资薪金为 X，月应纳税所得额为 $X-5\,000$，确定年终奖税率需参考值为（$(240\,000-12X)/12=20\,000-X$），年终奖应纳税所得额为（$240\,000-12X$）。

情形一：$X-5\,000\leqslant 3\,000$，则 $20\,000-X\geqslant 12\,000$，工资薪金适用税率为3%，年终奖适用税率为20%（$20\,000-X=12\,000$ 时，税率为10%）。则

$$\begin{aligned}应纳税额&=(X-5\,000)\times 3\%\times 12+(240\,000-12X)\times 20\%-1\,410\\&=44\,790-2.04X\end{aligned}$$

最低税额点：当 $X=8\,000$ 时，即 $20\,000-X=12\,000$，年终奖适用税率为10%。

$$\begin{aligned}最低税额&=(8\,000-5\,000)\times 3\%\times 12+(240\,000-12\times 8\,000)\times 10\%-210\\&=15\,270(元)\end{aligned}$$

情形二：$3\,000<X-5\,000\leqslant 12\,000$，则 $5\,000\leqslant 20\,000-X<12\,000$，工资薪金适用税率为10%，年终奖适用税率为10%。则

$$\begin{aligned}应纳税额&=[(X-5\,000)\times 10\%-210]\times 12+(240\,000-12X)\times 10\%-210\\&=15\,270(元)\end{aligned}$$

此时，与月工资薪金 X 无关。

情形三：$12\,000<X-5\,000\leqslant 25\,000$（$17\,000<X-5\,000\leqslant 30\,000$），则 $0\leqslant 20\,000-X<3\,000$，工资薪金适用税率为20%，年终奖适用税率为3%。则

$$\begin{aligned}应纳税额&=[(X-5\,000)\times 20\%-1\,410]\times 12+(240\,000-12X)\times 3\%\\&=2.04X-21\,720\end{aligned}$$

月工资薪金 X 取该区间最小值17 000，此时最低税额为：

$$最低税额=2.04\times 17\,000-21\,720=12\,960(元)$$

结论：月工资薪金为17 000元，年终奖为36 000元，最低税额为12 960元。

该例除上述方法外，还有不同的解决方案。这里留给读者进一步探索。

工资薪金与全年一次性奖金合理分配的结论如表10-6所示，即在不同的全年一次性奖金和工资薪金之间有一个相对均衡的状态，从而达到综合税负最小化。

表10-6　工资薪金和全年一次性奖金的合理分配表

全年一次性奖金	税率（%）	月工资薪金	税率（%）	预计年度收入总额
0	0	(0，5 000]	0	(0，60 000]
[0，36 000]	不纳税或3	(5 000，9 000]	3	(60 000，132 000]
36 000	3	(9 000，18 000]	10	(132 000，240 000]
36 000	3	(18 000，19 935]	20	(240 000，263 100]

续表

全年一次性奖金	税率（%）	月工资薪金	税率（%）	预计年度收入总额
(36 000，144 000]	10	(9 000，18 000]	10	(263 100，348 000]
144 000	10	(18 000，31 000]	20	(348 000，504 000]
144 000	10	(31 000，41 000]	25	(504 000，624 000]
300 000	20	(31 000，41 000]	25	(624 000，780 000]
300 000	20	(41 000，610 000]	30	(780 000，1 020 000]

第二节 企业年金的税收筹划

一、年金的税收政策

2013年12月6日，财政部、人力资源和社会保障部、国家税务总局联合发布《关于企业年金 职业年金个人所得税有关问题的通知》（财税〔2013〕103号），该政策自2014年1月1日起执行。目前，企业年金涉及的个人所得税允许递延纳税，不仅让参保者延迟纳税，还促进更多的单位实行企业年金制。

1. 企业年金的概念

企业年金是指根据《企业年金试行办法》（中华人民共和国劳动和社会保障部令第20号）的规定，企业及其职工在依法参加基本养老保险的基础上，自愿建立的补充养老保险制度，主要由个人缴费、企业缴费和企业年金投资收益三部分组成。职业年金是指根据《事业单位职业年金试行办法》（国办发〔2011〕37号）的规定，事业单位及其工作人员在依法参加基本养老保险的基础上建立的补充养老保险制度。

企业年金与法定保险的区别如下：法定保险（基本养老、基本医疗、失业等）个人缴纳部分中按规定比例缴付的，允许在应纳税所得额中扣除；企业为个人缴纳部分不超过规定比例部分可以免征个人所得税，超过规定比例部分并入个人工资、薪金收入，计征个人所得税。企业年金不能税前扣除，企业年金中企业缴费计入个人账户部分需计征个人所得税，且视为一个月的工资、薪金（不与正常工资、薪金合并），不扣除任何费用，按“工资、薪金所得”项目计算税款，由企业缴费时代扣代缴。

企业年金与商业保险的区别如下：企业为个人建立商业性补充保险或年金时都应缴纳个人所得税，但计算方法明显不同。商业保险与个人当月工资、薪金所得合并适用税率，企业年金单独适用税率，视为一个月的工资、薪金（不与正常工资、薪金合并）。

2. 企业年金的计税方法

(1) 缴付企业年金时的税务处理。企业和事业单位（以下统称单位）根据国家有关政策规定的办法和标准，为在本单位任职或者受雇的全体职工缴付的企业年金或职业年金（以下统称年金）单位缴费部分，在计入个人账户时，个人暂不缴纳个人所得税。

企业年金个人缴费工资计税基数是本人上一年度月平均工资。月平均工资超过职工工作地所在设区城市上一年度职工月平均工资300%以上部分，不计入个人缴费工资计税基数；职业年金个人缴费工资计税基数是职工岗位工资和薪级工资之和。职工岗位工资和薪级工资之和超过职工工作地所在设区城市上一年度职工月平均工资300%以上部分，不计入个人缴费工资计税基数。

超过《财政部 人力资源和社会保障部 国家税务总局关于企业年金 职业年金个人所得税有关问题的通知》（财税〔2013〕103号）规定的缴付年金标准的单位缴费和个人缴费部分，应并入个人当期的工资、薪金所得，依法计征个人所得税。税款由建立年金的单位代扣代缴，并向主管税务机关申报解缴。

年金征税模式（EET）如表10－7所示。

表10－7　年金征税模式

征税模式	情形	税务处理
缴费环节	单位按有关规定缴费部分	免征个人所得税
	个人缴费不超过本人缴费工资计税基数4%标准内部分	暂从应纳税所得额中扣除
	超标年金单位缴费和个人缴费部分	征收个人所得税
投资环节	年金基金投资运营收益分配计入个人账户时	个人暂不缴纳个人所得税
领取环节	领取年金时	按照“工资、薪金所得”项目缴纳个人所得税

例10－10

小张在一家国有企业工作，2020年4月份工资总额为6 500元，含个人缴付的企业年金500元和按照规定缴付的五险一金800元。已知小张所在国有企业从2015年开始实行企业年金补充养老制度，小张所在城市上一年度职工月平均工资为3 500元，同时小张上一年度取得的月工资与本年度月工资相同。请计算小张4月份工资收入应缴纳的个人所得税。

解析：

分析可知，企业年金个人缴费工资计税基础为5 300元。

个人缴付年金应计入应纳税所得额的金额为：

$$500-6\,500\times4\%=240(\text{元})$$

4月份工资应纳税所得额为：

$$6\,500-500+240-800-5\,000=440(\text{元})$$

因此，小张4月份工资应纳个人所得税为：

$$440\times3\%=13.20(\text{元})$$

（2）企业年金基金投资运营收益的税务处理。企业年金基金投资运营收益分配计入个人账户时，个人暂不缴纳个人所得税。

（3）领取年金时的税务处理。个人达到国家规定的退休年龄，领取的企业年金、职业年金，不并入综合所得，全额单独计算应纳税款。其中按月领取的，适用月度税率表计算纳税；按季领取的，平均分摊计入各月，按每月领取额适用月度税率表计算纳税；按年领取的，适用综合所得税率表计算纳税。

个人因出境定居而一次性领取的年金个人账户资金，或个人死亡后，其指定的受益人或法定继承人一次性领取的年金个人账户余额，适用综合所得税率表计算纳税。对个人除上述特殊原因外一次性领取年金个人账户资金或余额的，适用月度税率表计算纳税。

例 10－11

某市2×20年度在岗职工年平均工资为60 000元，年金个人缴费的税前扣除限额为600元（60 000÷12×3×4%），市税务局将根据市统计公报数据每年调整扣除限额标准。

解析：

（1）A先生2×20年7月工资为10 000元，假设企业年金缴费工资计税基数为10 000元。若其按4%缴付年金400元，均可税前扣除；若按3%缴付年金300元，则只能税前扣除300元；若按5%缴付年金500元，可以税前扣除500元。

（2）B先生2×20年9月工资为24 000元。若其按4%缴付年金960元，由于允许税前扣除金额最高为600元，超出的360元须并入综合所得缴纳个人所得税。

二、企业年金的税收筹划

1. 年金缴纳与否的税收筹划

根据企业年金的税收政策，参加企业年金不仅可以使企业缴纳部分暂免企业所得税，而且能使个人缴纳部分在缴费工资计税基数的4%内暂免个人所得税。

例 10－12

某企业全年工资预算增长9%，某职工月均工资为10 000元。该企业如果把工资增长部分全部发放给职工，则职工要全额缴税；如果实行企业年金制度，企业按5%缴纳，个人按4%缴纳，则个人账户的年金不缴纳个人所得税，企业也会减少企业所得税的缴纳。设个人基本养老保险（8%）、医疗保险（2%）、失业保险（0.5%）、住房公积金（12%）缴费比例总计为22.5%；企业缴纳的年金50%计入职工企业年金个人账户，另外50%划入本人企业年金个人账户；个人缴纳的年金全部计入本人企业年金个人账户。企业实行与不实行年金制度对个人所得税和企业年金个人账户的影响如表10－8所示。

表 10-8　实行年金制度与否对个人所得税及企业年金个人账户的影响　　单位：元

年金缴纳与否	工资总额(1)	三险一金 (2)=(1)×22.5%	年金(3)	应纳税所得额 (4)=(1)-(2)-(3)-5 000	应纳个人所得税	企业年金个人账户
不缴纳	10 900	2 452.5	0	3 447.5	134.75	0
缴纳	10 400	2 340	416	2 644	79.32	416+10 400×5%×50%=676

由表 10-8 可知，实行企业年金制度的直接节税效应是该职工每月节约个人所得税 55.43 元（134.75-79.32）。除了直接节税效应，实行年金制度还能产生间接节税效应，即年金制度可提高职工退休后待遇，且本人企业年金个人账户储存额可继承，可减轻职工后顾之忧，调动其工作积极性。

2. 年金缴纳年限的税收筹划

考虑到货币时间价值，职工开始参加工作时尽量选择实行年金制度的单位，因为年金缴纳年限越长，个人所得税节税额越多，退休时领取年金就越多。

3. 领取年金年限的税收筹划

由于个人领取年金环节要按工资、薪金所得全额缴纳个人所得税，年金个人所得税优惠只是延缓纳税而并非免税。自 2018 年 2 月 1 日起施行的《企业年金办法》明确规定，职工在符合相关条件时，可以从本人企业年金个人账户中一次性、分月或分次领取企业年金。因此，计划领取年金年限越长，适用税率越低，纳税额就越少，所以缴纳年金的职工在身体条件允许的情况下应尽量延迟年金领取时间。

第三节　股权激励的税收筹划

一、股权激励的税收政策

（一）股权激励的概念

股权激励是目前企业激励人才的常用手段之一。股权激励最早起源于美国。美国迪士尼公司和华纳传媒公司是世界上最早实施股票期权计划的两家企业。

股权激励是指包括经营管理者在内的员工可以取得本公司一定量的股票，享受股东的权益，但要受到一定条件的限制。如此就把企业绩效同管理者等的利益联系在一起，共担风险，共享收益，从而长期激励员工尽职尽责为企业服务。

（二）股权激励的主要模式

股权激励模式多种多样，这里介绍最常见的四种模式。

1. 股票期权模式

股票期权是企业授予高级管理人员的一种权利，具体是指管理人员有权在未来一段时间内，按照先前和企业约定好的价格购买一定数量的公司股票，从而获得收益的一种股票期权安排。股票期权持有人（高级管理人员）在规定的时间内以股票期权的施权价购买本公司股票，这个过程称为行权；在行权之前，股票期权持有人（高级管理人员）没有任何现金收益；行权之后，个人收益为施权价与行权日股票市价之间的差额。

股票期权主要适用于市场有效性比较好的资本市场上的上市公司以及一些人力资本依附性较强且处于创业期、快速成长期的非上市公司。

2. 限制性股票模式

管理者事先按照股权激励计划约定的价格从企业购买一定数量的股票，等到企业业绩达到股权激励计划事先的要求时，管理者（持股者）才可以将其所持股票卖出，进而赚取差价，获得收益。其适用范围包括上市和非上市公司，尤其适用于留住关键人才和开展“金色降落伞”计划。

3. 股票增值权模式

股票增值权并不涉及股票所有权的转让。企业与管理者约定，管理者可以从股票价格的上涨中获得收益。该模式对企业现金流有较高要求，因此，适用于现金流较为充裕的上市和非上市企业。

4. 员工持股模式

员工持股计划是一种新型的股权激励模式，它允许员工使用自己的资金或其他法律上合法的收入购入企业的股票，并将这些股票委托第三方集中管理。员工获得这些股票的同时享有部分或全部的公司管理权。持股模式的实现有三种方式：员工个人持有、通过有限责任公司持有以及通过有限合伙企业平台持有。

（三）适用的税收政策

1. 股票期权

股票期权是上市公司按照规定的程序授予本公司及其控股企业员工的一项权利，该权利允许被授权员工在未来一段时间内以某一特定价格购买本公司一定数量的股票。股票期权一般允许被授权员工在未来才可以行使股票交易权，这体现了激励与约束的相互渗透。

授予价（施权价）是指根据股票期权计划可以购买股票的价格，一般为股票期权授予日的市场价格或该价格的折扣价格，也可以是按照事先设定的计算方法约定的价格。授予日（授权日）是指公司授予员工股票期权的日期。

行权（执行）是指员工根据股票期权计划选择购买股票的过程。员工行使上述权利的当日为行权日，也称购买日。

依据财税〔2005〕35号文件的规定，股票期权的纳税义务发生时间为行权日，授予日并不产生纳税义务。行权日的股票价格如果高于授予日的股票价格，则这部分差额与行权股票份数的乘积应该作为应纳税所得额按照工资、薪金所得计算缴纳个人所得税。

财税〔2018〕164 号文件规定，2019 年 1 月 1 日至 2021 年 12 月 31 日以前，符合法律规定的相关条件的股权激励所得不合并在综合所得中，可以单独计算，应纳税额的计算公式为：

应纳税额＝股权激励收入×适用税率－速算扣除数

在股票持有阶段，取得来自被投资企业分配的股息、红利所得，按照“股息红利所得”项目适用的 20%的税率计算个人所得税。如果被投资企业是上市公司，则计算个人所得税时可以实行差别税率：持股期限在 1 个月以内（包括 1 个月）的，应纳税所得额按照 20%的税率计算；持股期限在 1 个月以上，1 年（含 1 年）以内的，应纳税所得额可以减按 50%计算；如果持股期限在 1 年以上的，可以享受免税。如果被投资企业为非上市公司，那么上述差额征税的规则不存在，统一按照 20%的税率计算。

在股票转让环节，获得的转让收入和行权日股票公允价值之间的差额部分按照财产转让所得所适用的 20%的税率计算个人所得税。按照税法规定，个人转让上市公司在公开市场发行的有价证券获得的所得可以免税。但是转让非上市公司的股票所得仍需要纳税。

值得注意的是，财税〔2005〕35 号文件规定的股票期权所授予的主体包括上市公司和非上市公司，但股票期权所指向的标的股票必须是上市公司发行的股票。对于员工取得的拟上市企业的股票以及非上市公司的股票并不在规定以内。

2. 限制性股票

限制性股票缴纳个人所得税的情况如图 10－1 所示。

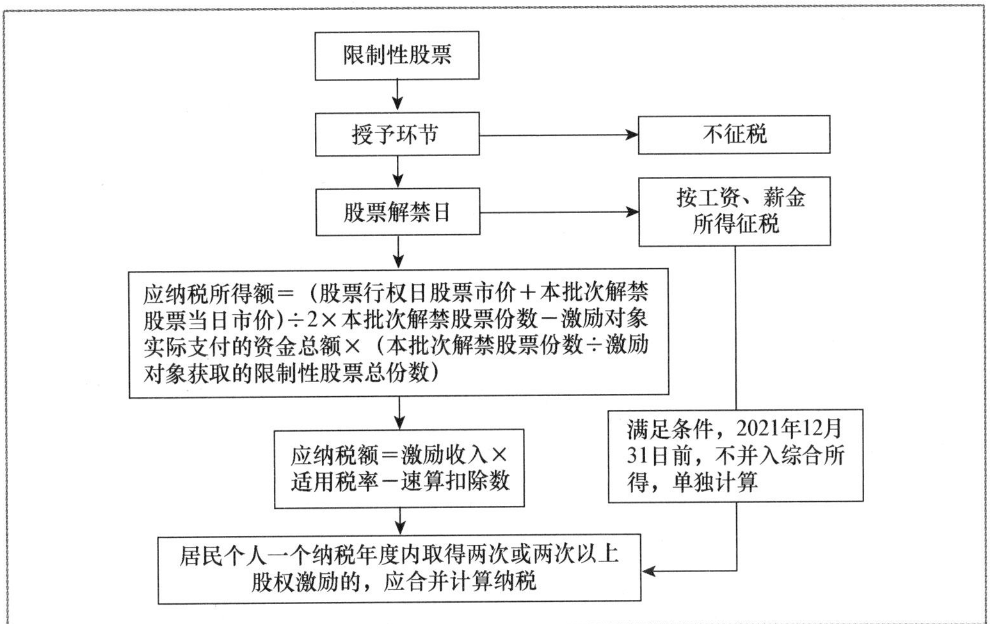

图 10－1　限制性股票缴纳个人所得税的情况

3. 股票增值权

股票增值权所有者所取得的收益等于行权日股票价格减去授予日股票价格后乘以被授予的股票股数。应缴纳的个人所得税等于该笔收益按工资、薪金项目计算的税额。股票增值权缴纳个人所得税的情况如图10-2所示。

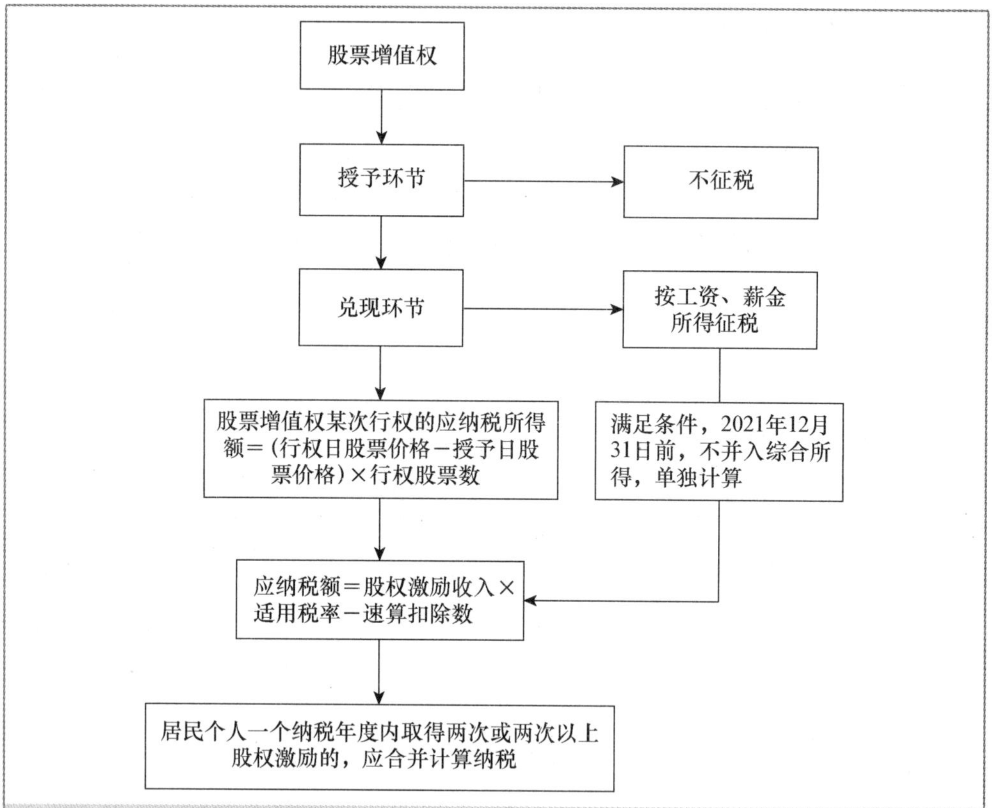

图10-2　股票增值权缴纳个人所得税的情况

4. 员工持股激励

员工持股计划涉及持股平台的选择，持股平台有员工自己持有、通过有限责任公司持有以及通过有限合伙企业平台持有三种形式。因此，在行权阶段、持有阶段、转让阶段所需缴纳的企业所得税和个人所得税存在差异。

（1）员工自己持有。员工直接获得公司股票，在持有期间，如果获得了股息、红利，则按20%缴纳个人所得税。当其退出投资时，转让股票所获得的转让收入需要按照财产转让所得缴纳20%的个人所得税。是否可以适用税收优惠政策还要具体看被投资企业的性质以及持股期限。

（2）通过有限责任公司持有。在该持有形式下，员工为股票的间接持有者。如果持股平台公司从被投资企业取得了分配的股息、红利所得，则应该按税法规定缴纳企业所得税，但如果是境内居民投资境内居民公司，该股息、红利所得可以免税。在向员工进行定向分配时（采用股息分配的方式），员工需要按照20%的税率计算缴纳个人所得税。

(3) 通过有限合伙企业平台持有。我国合伙企业实行"先分后税"制度。员工直接转让持股平台股票时，仅需在个人层面按照财产转让所得缴纳20%的个人所得税。如果是持股平台转让股票后再以股息、红利的方式向员工派发所得，则按25%的税率缴纳一次企业所得税。

例 10-13

兴华公司于2018年1月1日授予某经理人1万股股票期权，行使期限为3年，施权价为6元/股。如果到了2021年1月1日，公司上市股票价格上涨到28元/股，该经理人可以按6元/股购进，再按28元/股卖出，从而该经理人可获利22万元。当然，如果该经理人预计企业经营状况良好，股票可进一步升值，也可以等到股票升值后再行转让获利。

(四) 股权激励的计税方法

1. 股票期权的性质及计税方法

员工接受实施股票期权计划的企业授予的股票期权时，除另有规定外，一般不作为应税所得征税。

员工行权时，其从企业取得股票的实际购买价（施权价）低于购买日公平市场价（指该股票当日的收盘价，下同）的差额，是因员工在企业的表现和业绩情况而取得的与任职、受雇有关的所得，应按工资、薪金所得适用的规定计算缴纳个人所得税。

居民个人取得股票期权、股票增值权、限制性股票、股权奖励等股权激励（简称股权激励），在2021年12月31日前，不并入当年综合所得，全额单独适用综合所得税率表计算纳税。其计算公式为：

$$\text{应纳税额}=\text{股权激励收入}\times\text{适用税率}-\text{速算扣除数}$$

居民个人一个纳税年度内取得两次以上（含两次）股权激励的，应合并按规定计算纳税。2022年1月1日之后的股权激励政策另行明确。

因特殊情况，员工在行权日之前将股票期权转让的，以股票期权的转让净收入，作为工资、薪金所得征收个人所得税。员工行权日所在期间的工资、薪金所得应按下列公式计算工资、薪金应纳税所得额：

$$\begin{matrix}\text{股票期权形式的工资、}\\\text{薪金应纳税所得额}\end{matrix}=\left(\begin{matrix}\text{行权股票的}\\\text{每股市场价}\end{matrix}-\begin{matrix}\text{员工取得该股票期权}\\\text{支付的每股施权价}\end{matrix}\right)\times\text{股票数量}$$

员工将行权后的股票再转让时获得的高于购买日公平市场价的差额，是因个人在证券二级市场上转让股票等有价证券而获得的所得，应按照财产转让所得适用的征免规定计算缴纳个人所得税，即

$$\text{财产转让所得}=(\text{每股转让价格}-\text{行权股票的每股市场价})\times\text{股票数量}$$

这部分所得理应作为财产转让所得征税，但是目前对个人投资者在二级市场上买卖境内上市公司流通股的所得暂不征收个人所得税，因此如果行权所获得的股权是流通股，则其通过二级市场的转让所得暂免征收个人所得税，但如果是场外交易或者非流通股、境外上市公司股票的交易，就应当作为财产转让所得征收个人所得税。

员工因拥有股权而参与企业税后利润分配取得的所得，应按照利息、股息、红利所得适用的规定计算缴纳个人所得税。除依照有关规定可以免税或减税的外，应全额按规定税率计算纳税。

综上所述，股票期权的税收政策归纳为：股票期权在计提期间（等待期间），不得在企业所得税前扣除相关成本费用，但实际发放时（行权时）可以扣除。当个人行权时，股票期权的收益应按工资、薪金所得计算缴纳个人所得税。

例 10－14

某境内上市公司规定，公司员工只要工作满 20 个月，就可享受股票期权奖励。小王 2018 年 12 月 21 日进入该公司，2020 年 8 月 21 日满 20 个月。8 月底，公司同意他以每股 8 元的施权价购买公司股票 1 万股，当日该股票市场价是每股 14 元。

如果小王当天就把该股票转让，可获得 6 万元。由于公司发展前景看好，小王想持有该股票。2020 年 10 月 18 日他将其中的一半股票以每股 16 元的市价卖出。小王每月的工资为 5 000 元。请问小王应如何纳税?

解析：

$$\text{小王 8 月份工资应纳税额}=(5\,000-3\,500)\times 3\%=45(\text{元})$$

$$\text{8 月份行权时应纳税额}=\{[(14-8)\times 10\,000\div 12]\times 10\%-210\}\times 12=3\,480(\text{元})$$

$$\text{8 月份申报缴纳个人所得税}=45+3\,480=3\,525(\text{元})$$

10 月份出售一半股票，则

$$\text{应纳税额}=(16-14)\times 5\,000=10\,000(\text{元})$$

此时，按税法规定免征个人所得税。

2. 流通股和限售股行权后再转让的税收政策

（1）流通股和限售股行权后再转让的税收政策比较。

1）流通股行权后再转让环节个人所得税的计税规定。个人将行权后的境内上市公司股票再转让所得，暂免征收个人所得税；个人转让境外上市公司股票所得，按照财产转让所得适用 20%的税率依法缴纳个人所得税。

2）限售股行权后再转让环节个人所得税的计税规定。《财政部 国家税务总局 证监会关于个人转让上市公司限售股所得征收个人所得税有关问题的通知》（财税〔2009〕167 号）规定，自 2010 年 1 月 1 日起，对个人转让限售股取得的所得，按照财产转让所得适用 20%的比例税率征收个人所得税。

(2) 限售股行权后再转让环节存在个人所得税重复征税问题。应明确行权所得纳税义务发生时间。在行权日，获得的股票距离解禁期还有一段时间，则行权所得纳税义务发生时间为每一批次限售股解禁日期。

例 10－15

假设某公司员工 2016 年 9 月 1 日获得 2 000 股价格为 2 元/股的限售股作为股权激励，行权日为 2018 年 8 月 30 日，当日股票市价为 6 元/股。2016 年 12 月 20 日，本批次解禁股数为 200 股。2020 年 1 月 6 日，将这 200 股转让（暂不考虑其他相关税费）。不同时点的股价如表 10－9 所示。请计算在解禁日和再转让环节的应纳税所得额。

表 10－9　不同时点的股价

日期	授权日	行权日	解禁日	再转让日
股票市价（元/股）	2	6	8	9

解析：

解禁日的税务处理：

$$\begin{aligned}\begin{array}{c}\text{解禁日应纳税}\\\text{所得额}\end{array}&=\left(\begin{array}{c}\text{行权日}\\\text{股票市价}\end{array}+\begin{array}{c}\text{本批次解禁}\\\text{股票当日市价}\end{array}\right)\div 2\times\begin{array}{c}\text{本批次解禁}\\\text{股票份数}\end{array}-\begin{array}{c}\text{激励对象实际}\\\text{支付的资金总额}\end{array}\\&\quad\times\left(\begin{array}{c}\text{本批次解禁}\\\text{股票份数}\end{array}\div\begin{array}{c}\text{激励对象获取的}\\\text{限售股总份数}\end{array}\right)\\&=(6+8)\div 2\times 200-2\times 200=1\,000(\text{元})\end{aligned}$$

此时，按照工资、薪金所得纳税。

再转让环节的税务处理：

$$\text{应纳税所得额}=(9-2)\times 200=1\,400(\text{元})$$

此时，按财产转让所得适用 20%的税率缴纳个人所得税。

在限售股解禁日，已经就股票增值部分（7－2＝5（元/股））按工资、薪金所得缴纳过个人所得税；再转让环节就这部分增值额又按照财产转让所得征税，造成对同一增值额两次征税。因此，存在重复征税问题。

二、股权激励的税收筹划

（一）寻找股权激励递延纳税优惠的临界点

《财政部 国家税务总局关于完善股权激励和技术入股有关所得税政策的通知》（财税〔2016〕101 号）规定，对于上市公司的股票期权、限制性股票以及股权奖励可以适当延长纳税期限。即如果个人向主管税务机关备案，可以从其取得股票之日起或是股票解禁之日起，在不超过一年的期限内缴纳个人所得税。因此，高层管理人员在现金流不充裕的情况下可申请推迟纳税。

根据财税〔2016〕101 号文规定，非上市公司授予员工的股票期权、限制性股票以及股权期权可以在向税务机关备案后，在取得股票时不纳税，直到员工转让该股权时才纳税，并且是按照财产转让所得征收。这样一来，原先适用3%～45%的七级超额累进税率就转化为20%的比例税率，如果股权激励的股票来源于上市公司，那么还可以享受暂免缴纳个人所得税的优惠政策。持有环节的纳税情况同没有享受递延优惠的情况一样。

因为不享受递延优惠前为累进税率，享受递延优惠后只有比例税率，那么这两项政策之间就可能存在一个临界点。以非上市公司股票期权为例，考虑取得环节、转让环节（因为持有环节需要缴纳的个人所得税情况相同，在这里没有加入公式计算），计算是否享受递延纳税政策的临界点，其他情况类似推理即可。

假设该股票期权的授予日股票价格为 P_0，行权日股票的市场公允价值为 P_1，取得股票后再转让的价格为 P_2，个人所得税综合税率表税率为 t，速算扣除数为 a；不享受递延纳税情况下的应纳税额计算公式为：$T_1=[(P_1-P_0)\times t-a]+(P_2-P_1)\times 20\%$；享受递延纳税情况下应纳税额的计算公式为：$T_2=(P_2-P_0)\times 20\%$，也可写为：$T_2=(P_2-P_1)\times 20\%+(P_1-P_0)\times 20\%$。因此，仅需要比较$[(P_1-P_0)\times t-a]$（式（10-1））和 $(P_1-P_0)\times 20\%$（式（10-2））的大小即可。显然，当 $t=3\%$，10%，20%时，式（10-1）将恒小于式（10-2）。此时 $(P_1-P_0)\leqslant 300\ 000$。当 $t>20\%$时，式（10-1）等于式（10-2），$(P_1-P_0)=529\ 200$。因此，可以得到临界点为529 200元。当 $(P_1-P_0)<529\ 200$ 时，选择不享受递延纳税政策更优；当 $(P_1-P_0)>529\ 200$ 时，选择享受递延纳税政策更优。企业自然可以在充分考虑各种税收优惠政策差异的基础上，把握好临界值进行税收筹划。

（二）利用股票期权推迟纳税

《企业会计准则第11号——股份支付》规定，股份支付分为以权益结算的股份支付和以现金结算的股份支付。在等待期间，对于以权益结算的股份支付，在计提费用时计入资本公积，即

借：管理费用等

　贷：资本公积——其他资本公积（权益结算）

对于以现金结算的股份支付，在计提费用时计入应付职工薪酬，即

借：管理费用等

　贷：应付职工薪酬——股份支付（现金结算）

税法规定，企业对其职工的以现金结算的股份支付，应在实际行权时确认费用，并准予在计算应纳税所得额时扣除；而企业对其职工的以权益结算的股份支付，不得在计算应纳税所得额时确认费用扣除。

（三）控制股权激励的方式与操作时点

股票期权模式和限制性股票模式是公司实施激励计划的主要模式，不仅可以单独使用，也可以联合使用。股权激励的应纳税所得额与股票的行权价和授予价有关，因此，在行权日，应尽量控制股价以降低税收负担。股票价格随着证券市场行

情而波动，因此，恰当选择行权日期，尽可能缩小行权价与行权日当日该种股票市价之间的差距，就可以降低税收负担。

高层管理人员可以选择或决定行权日的股票价格，因为他们是企业内部股票期权政策的制定者和执行者，掌握大量的信息，对上市公司的股票价格走势较为了解，一定程度上也在影响着股票价格的走势。

企业应重点关注行权日的选择问题，比如企业经过多轮融资后股价有上涨的可能，之后实施的股权激励所承担的税收负担可能会高于多轮融资以前的税收负担，因此企业可以在融资前实施股权激励，进而降低应纳税额。

（四）控制工资、薪金，财产转让和股息、红利所得的整体税负

由于股票期权涉及工资、薪金，财产转让和股息、红利所得这三种不同类型的所得，因此如何使这三项应纳个人所得税额的总和最小化就是税收筹划应关注的关键问题。通常可以不考虑期权行使后的股息、红利所得，因为对于持股比例不高的一般股东而言，很难对企业的利润分配政策和实务产生足够大的影响，所以这方面的筹划空间很小，主要还是关注行权时工资、薪金的应纳所得税款和再转让时财产转让所得的应纳所得税款的合计数，使其实现最小化。

（五）选择税收洼地设立持股平台

税收洼地相对其他地区而言，享有更为优惠的税收政策。同时，这些地区也有更为宽松的金融约束。在诸如新疆、深圳等地区，企业可以享受所得税的免税、减税等政策。因此，企业可以考虑在这些地区设立持股平台，降低企业的企业所得税负担。

（六）股权激励需要考虑非税因素

税收筹划的目的并非简单地降低纳税人的税收负担，还应该结合非税因素考虑，进而实现纳税人的企业价值最大化。股票期权模式、限制性股票模式涉及股票所有权的转让，而股票增值权模式不涉及股权的转让，相对而言，员工对股票的占有感较低，激励效果可能较差。股票期权、限制性股票以及股票增值权的激励对象仅限于公司董事、监事和高级管理人员；持股计划的适用范围相对较广，只要是关键岗位的员工就可以获得。员工持股计划相对其他股权激励模式而言，是员工相信企业未来业绩后自愿选择的结果，在实施上更为灵活，激励效应也更强。这些都是非税因素，是企业进行股权激励税收筹划时需要考虑的。

例 10-16

王先生为某上市公司的高级职员，该公司于 2018 年 9 月 30 日授予王先生 18 000 股的股票期权，授予价为每股 6 元。股票期权协议书约定，王先生在工作满 2 年后可以购买该公司的股票。假设王先生在 2020 年 10 月 31 日行权，行权日该公司的股票市价为每股 20 元。请计算王先生应纳的个人所得税，并对其进行税收筹划。

解析：

根据《财政部 国家税务总局关于个人股票期权所得征收个人所得税问题的通知》（财

税〔2005〕35号）的规定，王先生应纳的个人所得税为：

应纳税所得额＝(20－6)×18 000＝252 000(元)

应纳税额＝(252 000÷12×20%－1 410)×12＝33 480(元)

根据《国家税务总局关于个人股票期权所得缴纳个人所得税有关问题的补充通知》（国税函〔2006〕902号）第七条规定，员工以在一个公历月份中取得的股票期权形式工资、薪金所得为一次。员工在一个纳税年度中多次取得股票期权形式工资、薪金所得的，其在该纳税年度内首次取得股票期权形式的工资、薪金所得应按财税〔2005〕35号第四条第（一）项规定的公式计算应纳税款；本年度内以后每次取得股票期权形式的工资、薪金所得，应按以下公式计算应纳税款。

$$\text{应纳税款}=\frac{\text{本纳税年度内取得的股票期权形式工资、}}{\text{薪金所得累计应纳税所得额}}\div\frac{\text{规定}}{\text{月份数}}\times\frac{\text{适用}}{\text{税率}}-\frac{\text{速算}}{\text{扣除数}}\times\frac{\text{规定}}{\text{月份数}}-\frac{\text{本纳税年度内股票期权形式的工资、}}{\text{薪金所得累计已纳税款}}$$

如果考虑行权时间的调整，王先生在2020年10月31日和2020年11月30日两次行权，两次行权的股数均为9 000股，且两次行权的股票市价不变。

第一次行权时：

应纳税所得额＝(20－6)×9 000＝126 000(元)

应纳税额＝(126 000÷12×10%－210)×12＝10 080(元)

第二次行权时：

应纳税额＝[(126 000＋126 000)÷12×20%－1 410]×12－10 080＝23 400(元)

两次行权共纳税额33 480元（10 080＋23 400）。

筹划方案：

假设2021年1月23日行权时的股票市价仍是20元，王先生将行权日筹划为跨年度的两次，即第一次是2020年10月31日，第二次是2021年1月23日。

第一次行权时：

应纳税所得额＝(20－6)×9 000＝126 000(元)

应纳税额＝(126 000÷12×10%－210)×12＝10 080(元)

第二次行权时，应纳税额与第一次相同。

两次行权共纳税额20 160元，节约税额13 320元（33 480－20 160）。

可见，安排跨年度的行权日，可以节约税款。同时，在安排跨年度行权日时，分解了两次行权的股票数量，使每次行权金额控制在低税率的临界点处，从而降低了适用税率。

第四节　个人所得税的其他筹划方法

一、劳务报酬的税收筹划方法

随着我国经济的快速发展，个人收入的来源和形式日趋多样化。一些个人在取得固定工资、薪金所得的同时，还能取得合法的劳务报酬所得。对所获取的劳务报酬所得，如果采用分次领取的办法进行筹划，就可以合法节税。

例 10－17

王先生 7—9 月份取得同一项目劳务收入 60 000 元，请比较不同的纳税方案。

解析：

（1）一次性申报纳税。王先生 9 月底将 60 000 元收入一次领取。税法规定，劳务报酬所得按收入减除 20%的费用后的余额为应纳税所得额，适用 20%的比例税率。如果一次收入超过 20 000 元，20 000～50 000 元的部分加征 50%的应纳税额。

应纳税所得额＝60 000×(1－20%)＝48 000(元)

未加成应纳税额＝48 000×20%＝9 600(元)

加成部分应纳税额＝(48 000－20 000)×20%×50%＝2 800(元)

应纳税额合计＝9 600＋2 800＝12 400(元)

净收益＝60 000－12 400＝47 600(元)

若采用速算扣除法，则

应纳个人所得税额＝48 000×30%－2 000＝12 400(元)

（2）分次申报纳税。税法规定，属于一次收入的，以取得该项收入为一次，属于同一项目连续性收入的，以一个月内取得的收入为一次。如果支付间隔超过一个月，按每次收入额扣除法定费用后计算应纳税所得额，而间隔期不超过一个月，则合并为一次扣除法定费用后计算应纳税所得额。所以纳税人在提供劳务时，合理安排纳税时间内每月收取劳务报酬的数量，可以多次抵扣法定的定额（定率）费用，减少每月的应纳税所得额，避免适用较高的税率，使自己的净收益增加。

王先生可以同支付报酬方约定，60 000 元收入分三次领取，每月领取一次，每次 20 000 元，则

应纳个人所得税＝20 000×(1－20%)×20%×3＝9 600(元)

净收益＝60 000－9 600＝50 400(元)

二、销售激励的税收筹划方法

企业一般会对销售人员的市场开拓给予奖励，其方法主要是将销售人员的销售

业务量与报酬相结合，即按销售量乘以一定百分比，作为销售人员的提成奖金。这种做法从企业管理的角度当然是适用的有效方法，但从税收的角度来看，可能导致个人所得税负担偏高。

如果能够将销售人员在实际销售过程中发生的费用做适当的分解，或者在企业享受低税率与个人所得税实际税率之间进行权衡，企业则可以在企业所得税和个人所得税中选择较低的税率来纳税，只要计算准确，操作得当，对企业和个人都有利。

例 10-18

销售员小王平时每月从企业领取3 500元，年终按销售业绩提取奖金12万元。请计算小王应纳的个人所得税，并对其进行税收筹划。

解析：

企业按规定代扣代缴小王的个人所得税为：

(3 500＋120 000－5 000)×45％－15 160＝38 165(元)

但实际上，销售员小王得到的奖金并没有这么多，企业发放的奖金总额中有相当一部分是差旅费和业务招待费，按奖金总额缴纳个人所得税不太合适。如果企业进行税收筹划方案设计，只需财务人员将会计核算方法改变一下，销售提成政策不变，但在具体处理有关差旅费和业务招待费时做适当变通，即平时将差旅费和业务招待费分离出来实报实销。这样，到年底不仅这些费用可以在所得税前列支，降低了企业所得税，而且适当降低了个人所得税。

若上述个人提取的奖金中差旅费以及通信费等占30％，业务招待费占10％，并取得合法的凭证，那么，在账务处理时确认的销售员的差旅费为36 000元，业务招待费为12 000元。账务处理如下：

借：销售费用——差旅费	36 000	
管理费用——业务招待费	12 000	
贷：库存现金		48 000

企业所适用的企业所得税税率为25％，则

全年差旅费和业务招待费减少应纳税所得额＝36 000＋12 000＝48 000(元)

减少企业所得税＝48 000×25％＝12 000(元)

如果奖金年终一次性发放，则

代扣代缴的个人所得税应纳税所得额＝(120 000－48 000)÷12＝6 000(元)

此时，适用10％的个人所得税税率，则

个人所得税＝72 000×10％－210＝6 990(元)

节税额＝38 165－6 990＝31 175(元)

复习思考题

1. 个人获取的综合所得应如何进行税收筹划？
2. 从节税角度分析工资、薪金与年终奖金应如何进行合理分配？
3. 股权激励有哪些税收筹划空间？
4. 个人收入的税收筹划方法有哪些？
5. 如何利用六项专项附加扣除项目进行税收筹划？
6. 如何对营销人员的销售提成进行税收筹划？

案例分析题

案例一　限售股转让的税收筹划

王明是吉祥股份公司的股东，在吉祥股份公司 2017 年 3 月 1 日上市之前持有该公司的股权，上市之后持有吉祥股份公司的限售股股票 100 万股，初始购入价为 1 元/股，限售期 3 年，2020 年 3 月 1 日解禁。2020 年 9 月转让 60 万股，转让价为 16 元/股。

思考：王明转让限售股应如何缴纳个人所得税？

案例二　劳务报酬的税收筹划

某设计院工程师王某利用业余时间为其他工程研究院设计一套节水设备，花费了将近一年时间，获得的报酬也非常可观，共有 200 万元。

思考：对于这笔收入，该工程师应该如何筹划以使其税后收入最大化？

案例三　境内、境外收入的税收筹划

北京大学的张教授是中国的居民纳税人，他同时在美国一所大学任客座教授。6 月，张教授从国内大学取得工资性收入 20 000 元，同时又从美国大学获得 10 000 美元收入，汇率为 6.5，折合人民币 65 000 元。假设本案例仅考虑每个月法定扣除额 5 000 元，不考虑其他扣除项目。

思考：

1. 试分析张教授能否提供美国大学工资证明文件，其应缴纳的个人所得税金额有无差异。

2. 为减轻其个人税负，张教授有合适的税收筹划方法吗？

案例四　工资、薪金的个人所得税预缴

2020 年 1 月 8 日，北京华民生物科技有限公司应向杨女士支付工资 13 500 元，杨女士在该月除由任职单位扣缴“三险一金”2 560 元外，还通过单位缴付企业年金 540 元，

自行支付“岁优商业健康”保险费200元（“三险一金”各地缴纳比例不同，本案例数据系为计算方便设置）。

杨女士已于2019年9月份支付了女儿学前教育的2019年下学期（2019年9月至2020年1月）学费7 000元，儿子正在上小学，现已与丈夫约定由杨女士按子女教育专项附加扣除标准的100%扣除；杨女士本人是在职博士研究生在读。

杨女士2019年使用商业银行个人住房贷款（或住房公积金贷款）购买了首套住房，现处于偿还贷款期间，每月需支付贷款利息1 300元，已与丈夫约定由杨女士进行住房贷款利息专项附加扣除。

因所购住房距离孩子上学的学校很远，杨女士以每月租金1 200元在（本市）孩子学校附近租住了一套房屋。

杨女士的父母均已满60岁（每月均领取养老保险金），杨女士与姐姐和弟弟签订书面分摊协议，约定由杨女士分摊赡养老人专项附加扣除800元。

思考：1月预扣预缴杨女士的个人所得税金额为多少？

案例五 工资、薪金与年终奖筹划

张华2×20年度取得工资、薪金收入12万元，其中个人负担的社会保险每月500元，专项附加扣除每月3 000元（子女教育每月1 000元，房贷利息每月1 000元，赡养老人每月1 000元），年末公司发放年终奖5万元。

思考：2×20年张华年终奖如何缴纳能够负担较少税收？

（提示：对年终奖是否并入工资、薪金总额合并计税进行比较分析。）

案例六 销售提成的税收筹划

聚成公司是一家智能玩具生产制造企业。2020年初，该公司对销售人员实行报酬与销售额挂钩的财务激励办法。该公司规定，销售人员每月从公司领取5 000元的工资，并在年终按销售额领取一定比例（10%）的销售奖。销售人员张明2020年能实现销售额360万元，按照规定应该得到36万元的销售奖金。

思考：应如何给张明进行税收筹划？

综合阅读题

明星避税案的深入思考

1. 设立个人独资工作室

因明星职业的特殊性，加之娱乐产业的畸形发展，我国目前知名明星的片酬收入动辄千万元，在劳务报酬所得中适用最高税率，即45%；而个体工商户及个人独资企业或合伙企业的经营所得的累进税率中，个人所得税最高边际税率为35%。单纯的劳务报酬所得就其收入总额扣除一定比例的费用后纳税，个人独资工作室首先在税率上已经降低了5个百分点。不仅如此，成立个人独资工作室还可以将发生的合理相关成本、费用依法在税前扣除，进一步降低个人所得税税负。

另外，某知名明星设立的无锡某某文化工作室享有影视行业特殊税收优惠政策，不仅会有一些专项资金补贴，而且对于认定成功的影视业工作室采用核定征收法，即税务局对于某知名明星的个人独资工作室不采用查账征收的方法，而是采用总收入乘以应税所得率10%，然后再适用五级超额累进税率征税的方法，最低的个人所得税税负率只有3.5%。

2. 充分利用税收洼地

此案所牵扯的税收洼地主要有两个，分别是江苏无锡和新疆霍尔果斯。这两个税收洼地主要是针对影视娱乐业的。

我国幅员辽阔，地区之间不免存在经济发展的差异，有些地区为了招商引资，常常会对一些特定行业的企业给予一些税收优惠。地方政府获得税款分成比例后，再把税款分成比例的一部分作为专项资金或者补贴返还给纳税人，从而起到吸引投资、拉动当地经济发展的作用。上面提到某知名明星在无锡所开设的个人工作室缴完税后，当地政府还以产业扶持资金名义给予财政返还，如表10-10所示。

表10-10　无锡产业园财政返还政策

年度	第1～3年	第4～5年
园区企业、工作室	返还增值税所得税市级政府留成的80%	返还增值税所得税市级政府留成的50%

除财政返还以外，还有大量园区内租金减免、重点项目补贴、知名企业及工作室认证奖励以及其他形式的补贴及奖金返还，单从某知名明星个人所得税税率从45%到设立个人工作室以核定征收3.5%的综合征收率纳税，再到前3年政府的80%返还，已经抵消掉绝大部分税负，税收优惠力度之大令人咂舌。

同时，霍尔果斯也存在着不亚于无锡的税收优惠政策，2011年国家“一带一路”倡议实施之后，霍尔果斯被列为新的经济特区，财政部与国家税务总局联合下发通知，对相关企业实行“五减五免”的税收优惠。其优惠政策如下：

(1) 新注册公司享受5年内企业所得税全免的政策；5年后地方留存的40%（企业所得税中央和地方按60%∶40%分成）将以“以奖代免”的方式返还给企业。

(2) 增值税（中央和地方共享税，最后按50%∶50%分成）及其他附加税（100%地方留存）总额地方留存部分（即50%的增值税和100%的附加税），年缴纳满100万元开始按比例奖励，一般奖励15%～50%。

企业员工缴纳的个人所得税满1 000万元，开始返还地方留存部分（个人所得税地方分40%，中央分60%）的70%；2 000万～4 000万元的，返还地方留存部分的80%；4 000万元以上的返还地方留存部分的90%。

问题思考：

1. 经营所得采用核定征收方式，会产生什么问题？你认为应如何加强核定征收的税收监督与管理？

2. 税收洼地的存在公平吗？你是如何看待这一问题的？为什么？

第十一章
资本交易的税收筹划

各特殊利益集团和政治家认为，利息支付所带来的税收扣除鼓励人们采取举债收购方式……为什么目标公司非要求助举债收购，而不能依靠自己举债或调整自身资本结构呢？原因在于，税收成本之外的非税成本使资本重组相比其他税收替代手段更有效。

——诺贝尔经济学奖获得者迈伦·斯科尔斯

第一节　企业并购的税收筹划

一、企业并购的税收筹划规律

企业并购（mergers and acquisitions，M&A）包括兼并和收购两层含义，即企业之间的兼并与收购行为，是企业进行资本运作和经营的一种主要形式。从行业角度划分，可将其分为以下三类：横向并购、纵向并购和混合并购。横向并购是指同属于一个产业或行业，或产品处于同一市场的企业之间发生的并购行为，其可以扩大同类产品的生产规模，降低生产成本，消除竞争，提高市场占有率；纵向并购是指生产过程或经营环节紧密相关的企业之间的并购行为，其可以加速生产流程，节约运输、仓储等费用；混合并购是指生产和经营彼此没有关联的产品或服务的企业之间的并购行为，其主要目的是分散经营风险，提高企业的市场适应能力。从企业并购的付款方式来讲，企业并购主要包括企业合并、资产收购、股权收购三种形式。企业并购是实现资源流动和有效配置的重要方式，在并购过程中不可避免地会涉及企业的税收负担及筹划节税问题。

企业并购指通过一个企业与另一个企业的结合或获得对另一个企业净资产和经营活动的控制权，而将各单独的企业合成一个经济实体。企业并购的税收筹划是指在税法规定的范围内，并购双方从税收角度对并购方案进行科学、合理的事先筹划和安排，尽可能减轻企业税负，从而降低合并成本，实现企业整体价值最大化。

例 11-1

乙公司因经营不善，连年亏损。2019 年 12 月 31 日，该公司资产总额为 1 200 万元（其中，房屋、建筑物 1 000 万元，存货 200 万元），负债为 1 205 万元，净资产为－5 万元。公司股东决定清算并终止经营。甲公司与乙公司经营范围相同，为了扩大公司规模，决定出资 1 200 万元购买乙公司的全部资产。乙公司将资产出售收入全部用于偿还债务和缴纳所欠税款，然后将公司解散。请计算乙公司应纳税额，并对其进行税收筹划。

解析：

乙公司在该交易中涉及不动产转让，需缴纳增值税及相关附加。

应纳增值税＝1 000÷(1＋9%)×9%＋200÷(1＋13%)×13%＝105.58(万元)

应纳城市维护建设税及教育费附加＝105.58×(7%＋3%)＝10.56(万元)

转让企业产权是整体转让企业资产、债权、债务的行为，其转让价格不只由资产价值决定。所以，转让企业产权不缴纳增值税，对股权转让也不征收增值税。

对于上述交易，如果甲公司将乙公司吸收合并，乙公司的资产和负债全部转移至甲公司账下，则甲公司无需立即支付资金即可获得乙公司的经营性资产，乙公司也无需缴纳增值税，可以实现节税。

知识链接

企业合并、分立中不动产转让土地增值税及契税政策

财税〔2018〕57 号文件规定，按照法律规定或合同约定，两个或两个以上企业合并为一个企业，且原企业投资主体存续的，对原企业将房地产转移、变更到合并后的企业，暂不征收土地增值税。

按照法律规定或合同约定，企业分设为两个或两个以上与原企业投资主体相同的企业，对原企业将房地产转移、变更到分立后的企业，暂不征收土地增值税。

财税〔2018〕17 号文件规定，公司依照法律规定、合同约定，合并为一个公司，且原投资主体存续的，对合并后公司承受原合并各方土地、房屋权属，免征契税。

公司依照法律规定或合同约定分立为两个或两个以上与原公司投资主体相同的公司，对分立后公司承受原企业土地、房屋权属，免征契税。

（一）选择并购目标的税收筹划

1. 并购类型选择的税收筹划

并购类型的选择是并购决策中的首要问题。若选择同行业同类企业作为目标企

业，则属于横向并购，可以消除竞争、扩大市场份额、形成规模效应。从税收角度看，横向并购不改变经营主业和所处的行业，所以一般不会对纳税环节和税种有过多影响。从纳税主体属性看，增值税小规模纳税人可能会因规模的扩大而转变为一般纳税人，中小企业可能会扩张为大企业。

若选择与供应商或客户的并购，则属于纵向并购，可以实现上下游一体化、协作化生产，甚至实现范围经济。对并购企业来说，与供应商及客户的交易变成了企业内部调拨行为，其流转环节减少，相应的流转税负也会降低甚至消失。纵向并购拓宽了生产经营范围，所以很可能增加纳税环节及税种。例如，钢铁企业并购汽车企业，将增加消费税税种，由于税种增加，可以说相应纳税主体属性也有了变化，企业生产经营过程中也相应增加了消费税的纳税环节。

例 11-2

某地区有两家大型酒厂A和B，它们都是独立核算的法人企业。A酒厂主要经营粮食类白酒，以当地生产的大米和玉米为原料，按照消费税法规定，适用20%的税率。B酒厂以A酒厂生产的粮食酒为原料，生产系列药酒，按照消费税法规定，适用10%的税率。A酒厂每年要向B酒厂提供价值2亿元、共5 000万千克的粮食酒。经营过程中，B酒厂由于缺乏资金和人才，无法经营下去，准备破产。此时B酒厂欠A酒厂共计5 000万元货款。经评估，B酒厂的资产恰好也为5 000万元。请分析A酒厂收购B酒厂的决策依据。

解析：

A酒厂领导经过研究，决定对B酒厂进行收购，其决策的主要依据如下：

第一，这次收购支出费用较小。由于合并前B酒厂的资产和负债均为5 000万元，净资产为零，因此，按照税法规定，该并购行为属于以承担被兼并企业全部债务方式实现的吸收合并，不视为被兼并企业按公允价值转让、处置全部资产，不计算资产转让所得，不缴纳企业所得税。此外，两家企业之间的行为属于产权交易行为，按税法规定，不缴纳增值税。

第二，合并可以递延部分税款。合并前，A酒厂向B酒厂提供的粮食酒，每年应该缴纳的税款为：

$$应纳消费税=20\,000\times20\%+5\,000\times2\times0.5=9\,000(万元)$$
$$应纳增值税=20\,000\times16\%=3\,200(万元)$$

而这笔税款中一部分在合并后可以递延到药酒销售环节缴纳（消费税从价计征部分和增值税），获得递延纳税的好处；另一部分（从量计征的消费税）则免予缴纳。

第三，B酒厂生产的药酒市场前景很好，企业合并后可以将经营转向药酒生产，转向后企业应缴的消费税款将减少。由于粮食酒的消费税税率为20%，而药酒的消费税税率为10%，如果企业转产为药酒生产企业，则税负将大幅减轻。

假定药酒的销售额为2.5亿元，销售数量为5 000万千克。

合并前后应纳消费税为：

$$A酒厂应纳消费税=20\,000\times20\%+5\,000\times2\times0.5=9\,000(万元)$$

B 酒厂应纳消费税＝25 000×10％＝2 500（万元）

合计应纳消费税＝9 000＋2 500＝11 500（万元）

合并后应纳消费税＝25 000×10％＝2 500（万元）

合并后节约消费税＝11 500－2 500＝9 000（万元）

2. 目标企业的财务状况与税收筹划

并购企业若有较高盈利水平，为改变其整体的税收负担，则可选择一家有大量净经营亏损的企业作为并购目标。实施合并后实现的盈利可以有条件地弥补原来被合并企业的亏损，降低合并企业的所得税负担。因此，目标公司尚未弥补的亏损和尚未享受完的税收优惠应当是决定是否实施企业并购的一个重要因素。

这里需要注意两点：第一，根据《财政部 国家税务总局关于企业重组业务企业所得税处理若干问题的通知》（财税〔2009〕59 号）规定，适用于一般重组的吸收合并，被合并企业的亏损不得在合并企业结转弥补；而适用于特殊性重组的吸收合并，合并企业可以以限额弥补被合并企业的亏损。因此，企业合并应符合特殊性重组的条件才能免征企业所得税，即必须满足以下四个条件：（1）具有合理的商业目的，且不以减少、免除或者推迟缴纳税款为主要目的；（2）企业重组后的连续 12 个月内不改变重组资产原来的实质性经营活动；（3）企业重组中取得股权支付的原主要股东，在重组后连续 12 个月内，不得转让所取得的股权；（4）企业股东在该企业合并发生时取得的股权支付金额不低于其交易支付总额的 85％，以及同一控制下且不需要支付对价的企业合并。第二，并购亏损企业一般采用吸收合并或控股兼并的方式，不采用新设合并方式。因为新设合并的结果是被并购企业的亏损已经核销，无法抵减合并后的企业利润。但此类并购活动必须警惕亏损企业可能给并购后的整体企业带来不良影响，特别是利润下降给整体企业市场价值带来的消极影响，甚至会落入由于向目标企业过度投资，不但没有获得税收抵免递延效应，反而将优势企业也拖入亏损的境地。

例 11－3

甲公司主要经营电机的生产、销售，下属一子公司主营电机的修理和零配件销售业务。甲公司由于改制和业务发展的需要，搬迁到了开发区，改制方案已获省政府批准，改制后将变为股份有限公司，其中工会持股 40％，职工个人持股 60％。2020 年 8 月，甲公司拟将 2019 年 5 月取得的厂房和土地出售给中华房地产开发公司，房屋和土地账面净值为 1 000 万元，房屋和土地经评估后价值为 5 000 万元（本例主要考虑增值税和企业所得税的筹划）。

甲公司转让不动产需要缴纳增值税：

5 000×9％＝450（万元）

转让不动产获取所得还需要缴纳企业所得税：

(5 000－1 000)×25%＝1 000(万元)

合计纳税额＝450＋1 000＝1 450(万元)

请对以上业务进行税收筹划。

解析：

进行税收筹划方案设计，采取先投资再合并形式，可以节约大量税金。操作步骤如下。

第一步：进行投资。由甲公司将闲置的厂房和土地作为对其下属子公司的投资，企业以不动产对外投资征收增值税。厂房、土地投资视同转让行为缴纳增值税：

5 000×9%＝450(万元)

此外，由该子公司向银行贷款，以资产担保的形式融资5 000万元支付改制相关费用及补偿金，该子公司在接受投资和融资后，资产与负债基本相等。

第二步：实施合并。中华房地产开发公司以股权支付额作为对价，合并甲公司的子公司，则满足特殊性税务处理的条件，不视为被合并企业按公允价值转让、处置全部资产，不计算资产的转让所得。合并企业接受被合并企业全部资产的成本，以被合并企业原账面净值为基础确定。

通过上述税收筹划方案，该子公司无需计算资产转让所得，中华房地产开发公司可根据该子公司的账面价值计提折旧或进行摊销。该税收筹划方案只需缴纳增值税，不需要缴纳企业所得税，当然在投资时需缴纳印花税等税费。

3. 目标企业行业选择与税收筹划

我国对一些行业给予企业所得税优惠，例如，对小型微利企业减按20%的税率征收；对国家需要重点扶持的高新技术企业减按15%的税率征收；对农、林、牧、渔业项目，国家重点扶持的公共基础设施项目，以及符合条件的环境保护、节能节水项目可予以免征、减征。并购方在选择并购对象时，可重点关注这些行业或项目，以获得税收优惠及其他政府补贴资金。

（二）选择并购出资方式的税收筹划

在税收法律的立法原则中，对企业或其股东的投资行为所得征税，通常以纳税人当期的实际收益为税基；对于没有实际收到现金红利的投资收益，不予征税。这就给并购企业提供了免税并购的可能。

并购按出资方式可分为现金购买资产式并购、现金购买股票式并购、股票换取资产式并购、股票换取股票式并购。后两种并购以股票方式出资，对目标企业股东来说，在并购过程中，不需要立即确认其因交换而获得并购企业股票所形成的资本利得，即使在以后出售这些股票需要就资本利得缴纳企业所得税，也已起到了延迟纳税的作用。

股票换取资产式并购也称股权置换式并购，这种模式在整个资本运作过程中，没有出现现金流，也没有实现资本收益，因而这一过程是免税的。企业通过股权置换式并购，可以在不纳税的情况下实现资产的流动与转移，并达到追加投资和资产多样化的理财目的。

例 11-4

A公司欲兼并B公司。已知A公司对外发行的流通股为3 000万股，股票面值为1.5元/股，市面价值为4元/股。A公司最近几年每一期间的应纳税所得额都比较稳定，估计合并后每年约为1 000万元。B公司合并前账面净资产为500万元，上年亏损额为50万元，以前年度无亏损，该企业经评估确认的净资产价值为800万元。已知合并后A公司的股票面值基本不会发生变化，增值后的资产平均折旧年限为5年。有以下两个方案可供选择，请分析哪个方案更划算。

方案一：A公司用175万股股票和100万元现金购买B公司。

方案二：A公司以160万股股票和160万元现金购买B公司。

解析：

方案一：因非股权支付额小于股权按票面计的15%，按税法规定，B公司不用就转让所得缴纳企业所得税，B公司的50万元亏损可以在A公司盈利中弥补，同时A公司接受的B公司的资产可以按其账面净值为基础确定。这时，A公司弥补B公司亏损后的盈利为950万元（1 000－50），每年的加计折旧为100万元（500÷5），税后利润为：

$$950\times(1-25\%)+100\times25\%=737.5(\text{万元})$$

方案二：由于非股权支付额大于股权按票面计的15%，按税法规定，B公司的转让收益要缴纳企业所得税，纳税额为：

$$(800-500)\times25\%=75(\text{万元})$$

A公司兼并B公司后，B公司不再存续，因此这笔税款实际由A公司缴纳，B公司的亏损额不能弥补。此时，A公司的利润为1 000万元，加计折旧额为160万元（800÷5），税后利润为：

$$1\,000\times(1-25\%)+160\times25\%=790(\text{万元})$$

则扣除企业所得税后的净利润为715万元（790－75）。

例 11-5

深圳华新股份有限公司（简称华新公司）20×9年6月以12 500万元收购广东冠华饲料事业公司（简称冠华公司）的全部股权。

冠华公司是广东省佛山市顺德区容奇镇经济开发总公司投资4 600万元创办的全资子公司，该公司20×8年12月31日的资产账面净值为6 670万元，经评估确认后的价值为9 789万元。华新公司股权支付额为12 000万元（子公司A的股权，计税基础为9 000万元），非股权现金支付为500万元。

请分析华新公司的股权收购行为应如何纳税，是否适用特殊性税务处理。

解析：

华新公司收购冠华公司100%股权，并获得其实质控制权，此项交易符合股权收购条件，构成了股权收购行为。

华新公司收购冠华公司的股权份额超过50%，且股权支付额占全部对价总额的96%（12 000÷12 500），大于85%的比例，符合特殊重组条件，适用特殊性税务处理。

广东省佛山市顺德区容奇镇经济开发总公司（母公司）从华新公司处取得的12 000万元的股权支付额不缴纳企业所得税，500万元的非股权支付需确认股权转让收益（损失）。

非股权支付额对应的股权转让所得为：

$$(12\,500-6\,670)\times 500\div 12\,500=233.2(\text{万元})$$

广东省佛山市顺德区容奇镇经济开发总公司应确认股权转让应纳税所得额233.2万元。其取得的华新公司股权的计税基础应按照下列公式确认：

$$\text{取得股权的计税基础}=\text{所转让资产原有计税基础}-\text{收到的非股权支付额}+\text{收到非股权支付额所对应的资产转让所得或损失}$$

即应确认“长期股权投资——华新公司”的计税基础为：

$$4\,600-500+233.2=4\,333.2(\text{万元})$$

华新公司收到的冠华公司股权的计税基础为所付出资产原有的计税基础加上支付的非股权支付额（补价），即

$$9\,000+500=9\,500(\text{万元})$$

例11-6

2004年12月8日，联想集团以总价12.5亿美元收购了IBM的全球PC业务，正式拉开了联想全球布局的序幕。可是，如果仔细研究，在这起中国并购市场上前所未有的大宗并购案中，共12.5亿美元的收购价格，联想集团为什么要采用“6.5亿美元现金+6亿美元联想股票”的支付方式呢？这种支付方式背后隐含着怎样的策略呢？

也许有人会说，如果全部现金收购，联想一次支付12.5亿美元的现金太多，而如果全部换股，按照6亿美元的联想股票相当于18.5%左右的股份来计算，全部换股后，IBM将持有联想集团38.5%的股份，联想控股所拥有的股份将减少为25%，由此，不是联想并购了IBM的PC业务，而是IBM吃掉了联想。

那么，请问联想为什么不采取“5.5亿美元现金+7亿美元的联想股票”或“4.5亿美元现金+8亿美元的联想股票”的方式呢？

解析：

这里面一个很重要的问题就是税收。事实上，在任何一起并购案中，并购企业在选择并购目标及其出资方式前都需要进行税收筹划。一般来说，并购企业若有较高的盈利水

平，为改变其整体的纳税状况，可选择一家具有大量净经营亏损的企业作为并购目标。通过盈利与亏损的相互抵消，减少企业所得税，这是并购税收筹划的通行规则。比照这一规则来分析联想并购 IBM 的 PC 业务时双方企业的盈利能力。

在 2004 年底并购的 4 个月前，也就是 2004 年 8 月 11 日，联想集团在中国香港宣布 2004—2005 财年第一季度（2004 年 4 月 1 日至 6 月 30 日）的业绩，整体营业额为 58.78 亿港元，较上一财年同期上升 10%，纯利大幅增加 21.1%。同时，联想宣称：1999—2003 年，其营业额从 110 亿港元增长到 231 亿港元，利润从 4.3 亿港元增长到 11 亿港元，5 年内实现了翻番。

2005 年 1 月，IBM 向美国证券交易委员会（简称美国证交会）提交的文件显示，其 2004 年 12 月卖给联想集团的 PC 业务持续亏损已达 3 年半之久，累计亏损额近 10 亿美元。

一个是年利润超过 10 亿港元、承担着巨额税负的新锐企业，一个是累计亏损近 10 亿美元且亏损可能还在持续增加但亏损递延及税收优惠仍有待继续的全球顶尖品牌，在这样一个时段、这样一种状况下，两者走到一起，恐怕不单纯是一种业务上的整合，很大程度上带有税收筹划的色彩：如果合并纳税中出现亏损，并购企业可以通过亏损的递延推迟纳税。因此，目标公司尚未弥补的亏损和尚未享受完的税收优惠应当是决定是否并购的一个重要因素。也就是说，如果两个净资产相同的目标公司，假定其他条件都相同，一个公司有允许在以后年度弥补的亏损，而另一个公司没有可以弥补的亏损，那么亏损企业应成为并购的首选目标公司。

IBM 提交美国证交会的文件披露后，曾引起联想股民的不满，联想股价一度下滑。事实上，这样的并购对联想来说是非常划算的。如果说有什么需要注意的地方，恐怕也只是警惕并购后可能带来业绩下降的消极影响及资金流不畅造成的“整体贫血”，以及防止并购企业被拖入经营困境。不过现在看来，联想有能力成为奥运会合作伙伴且能够实施后续的一系列举措，暗示了其现金流并不存在太大问题，反而是 IBM 的巨额亏损很大程度上减少了联想的税负，成了并购案例中进行税收筹划的典范。

需注意的是，在股权收购中，如果是以现金购买股票，也会使被并购企业形成大量的资本利得，进而产生资本利得税或企业所得税的问题，有时被并购企业还会把这些税负转嫁给并购企业，这时，并购企业则需要考虑采取以股票换取资产或以股票换取股票的方式。

不过，正像联想并购案中所提到的，纯粹的以股票换取资产或以股票换取股票方式有可能形成目标企业反收购并购企业的情况，所以，企业在出资方式上往往是在满足多方需求的利益平衡状况下，计算出税负成本最低、对企业最有利的一种方式。

最终采纳的方式往往是复合的，就像联想并购 IBM 的 PC 业务是“现金＋股票”的方式。假如 IBM 不是美国企业，而是中国企业且 IBM PC 业务的市值与联想集团相当，那么 6 亿美元的联想股票相当于 18.5%的联想股份时，6.5 亿美元的现金恰好相当于联想市值的 20%。根据《国家税务总局关于企业合并分立业务有关所得税问题的通知》（国税发〔2000〕119 号）的规定，合并企业支付给被合并企业或其股东的收购价款中，除合并企业股权以外的现金、有价证券和其他资产（简称非股权支付额）不高于所支付股权票面价值（或支付股本的账面价值）20%的，可以不计算所得税。[①] 美国税法中也有类似的免税重组政策。

（三）并购会计处理方法的税收筹划

并购会计处理方法有购买法和权益联合法两种。在两种会计处理方法下，对重组资产确认、市价与账面价值的差额等有着不同的规定，影响到重组后企业的整体纳税状况。

在购买法下，并购企业支付目标企业的购买价格不等于目标企业的净资产账面价值。在购买日将构成净资产价值的各个资产项目，按评估的公允市价入账，公允市价超过净资产账面价值的差额在会计上作为商誉处理。商誉和固定资产中由于增值而提高的折旧费用或摊销费用，会减少税前利润，从而产生节税效果，其数额为折旧或摊销费用的增加数中相应的所得税费用减少数。

权益联合法仅适用于发行普通股换取被并购公司的普通股。参与合并的各公司的资产、负债都以原账面价值入账，并购公司支付的并购价格等于目标公司净资产的账面价值，不存在商誉的确定、摊销和资产升值折旧问题，所以没有对并购企业未来收益减少的影响。吸收合并与新设合并以及股票交换式并购采用的就是这种会计处理方法。

购买法与权益联合法相比，资产被确认的价值较高，并且由于增加折旧和摊销商誉引起净利润减少，形成节税效果。但是购买法会增加企业的现金流出或负债，从而相对地降低了资产回报率和资本利用效果，因此税收筹划要全面衡量得失。

（四）选择并购融资方式的税收筹划

企业并购通常需要筹措大量的资金，其融资方式主要有债务融资和股权融资。债务融资利息允许在税前列支，而股权融资股息只能在税后列支。因此，企业并购采用债务融资方式会产生利息抵税效应，这主要体现在节税利益及提高权益资本收益率方面。其中节税利益反映为负债成本计入财务费用以抵减应纳税所得额，从而相应减少应纳所得税额。在息税前收益率不低于负债成本率的前提下，债务融资比例越高，额度越大，其节税效果就越显著。当然，负债最重要的杠杆作用则在于提高权益资本的收益率水平及普通股的每股收益率，这可以从下面公式得以充分反映：

$$\begin{matrix}\text{权益资本}\\\text{收益率(税前)}\end{matrix}=\begin{matrix}\text{息税前投资}\\\text{收益率}\end{matrix}+\text{负债}\div\text{权益资本}\times\left(\begin{matrix}\text{息税前投资}\\\text{收益率}\end{matrix}-\begin{matrix}\text{负债}\\\text{成本率}\end{matrix}\right)$$

① 自2009年，《财政部 国家税务总局关于企业重组业务企业所得税处理若干问题的通知》（财税〔2009〕59号）替代了《国家税务总局关于企业合并分立业务有关所得税问题的通知》（国税发〔2000〕119号）。但联想收购案发生在2005年，当时执行的是国税发〔2000〕119号文件。

例 11－7

甲公司为实施并购需融资 400 万元，假设融资后息税前利润为 80 万元。现有三种融资方案可供选择：方案一，完全以权益资本融资；方案二，债务资本与权益资本融资的比例为 10∶90；方案三，债务资本与权益资本融资的比例为 50∶50。假设债务资金成本率为 10%，企业所得税税率为 25%。在这种情况下应如何选择方案呢？

解析：

当息税前利润额为 80 万元时，税前投资回报率为 80÷400×100%＝20%＞10%（债务资金成本率），税后投资回报率会随着企业债务融资比例的上升而上升。因此，应当选择方案三，即 50%的债务资本融资和 50%的权益资本融资，这种方案下的纳税额最小，即

应纳企业所得税＝(80－400×50%×10%)×25%＝15(万元)

但并购企业同时也需考虑因大量债务融资给企业资本结构带来的影响。如果并购企业原来的负债比率较低，通过债务融资适当提高负债比率是可行的；如果并购企业原来的负债比率较高，继续采取债务融资可能造成加权平均资金成本上升、财务状况急剧恶化、破产风险增大等负面影响。此时，更好的融资方式也许是股权融资，或债务融资与股权融资并用，以保持良好的资本结构。

（五）资产收购与股权收购的转化

股权收购是一种股权交易行为，它能够改变企业的组织形式及股权关系，与资产收购完全不同。资产收购一般只涉及单项资产或一组资产的转让行为，而股权收购涉及企业部分或全部股权。股权收购是收购企业资产、债权、债务及劳动力的综合性交易行为，其收购价格不仅由被收购企业账面资产价值决定，还与被收购企业的商誉等许多账面没有记录的无形资产等有关。

资产收购与股权收购所适用的税收政策有着较大差异。一般资产收购都需要缴纳流转税和所得税，如存货等流动资产出让应作为货物交易行为缴纳增值税，货物性质的固定资产转让也应缴纳增值税。如果需要在企业之间转移资产，那么以股权转让形式规避税收不失为一种好的税收筹划模式。企业股权转让与企业销售不动产、销售货物及转让无形资产的行为完全不同，它不属于增值税征收范围，因此，转让企业股权不缴纳增值税。[①] 通过把资产收购转变为产权收购，就可以实现资

① 《国家税务总局关于纳税人资产重组有关增值税问题的公告》（国家税务总局公告 2011 年第 13 号）规定，纳税人在资产重组过程中，通过合并、分立、出售、置换等方式，将全部或者部分实物资产以及与其相关联的债权、负债和劳动力一并转让给其他单位和个人的行为，不属于增值税的征税范围，其中涉及的货物转让，不征收增值税。《财政部 国家税务总局关于全面推开营业税改征增值税试点的通知》（财税〔2016〕36 号）规定的“不征收增值税项目”有：（1）根据国家指令无偿提供的铁路运输服务、航空运输服务，属于《营业税改征增值税试点实施办法》第十四条规定的用于公益事业的服务。（2）存款利息。（3）被保险人获得的保险赔付。（4）房地产主管部门或者其指定机构、公积金管理中心、开发企业以及物业管理单位代收的住宅专项维修资金。（5）在资产重组过程中，通过合并、分立、出售、置换等方式，将全部或者部分实物资产以及与其相关联的债权、负债和劳动力一并转让给其他单位和个人，其中涉及的不动产、土地使用权转让行为。

产、负债的打包出售，从而规避资产转让环节的流转税，达到利用并购重组筹划节税的目的。

产权交易还可以改变业务模式，整合资源，调整产权结构，进而影响企业税负。

例 11－8

甲公司是一家大型纺织品生产企业，为扩展生产经营规模，决定收购同城的纺织企业乙公司。为避免整体合并后承担过高的债务风险，甲公司决定仅收购乙公司与纺织品生产直接相关的所有资产。2018 年 5 月 1 日，双方达成收购协议。2018 年 4 月 30 日，乙公司的所有资产情况如表 11－1 所示。

表 11－1　乙公司的所有资产情况

单位：万元

类别	账面价值	计税基础	公允价值	备注
设备	4 000	4 500	5 500	收购
厂房	3 000	3 400	9 000	收购
库存商品	1 000	1 100	500	收购
货币资金	150	150	150	不收购
合计	8 150	9 150	15 150	

2018 年 4 月 15 日，乙公司所有资产评估后的资产总额为 15 150 万元，甲公司以乙公司经评估后的资产总价值 15 000 万元为准。甲公司向乙公司支付的对价包括股权支付、债券和现金（见表 11－2）。

表 11－2　甲公司支付对价明细表

单位：万元

类别	账面价值	计税基础	公允价值
股权支付	6 250	6 250	14 000
债券	400	450	800
现金	200	200	200
合计	6 850	6 900	15 000

解析：

甲公司收购乙公司部分资产是为了扩大经营规模，且遵守以下承诺：收购相关资产后，除进行必要的设备更新外，在连续 12 个月内仍用该套设备从事纺织品生产。因此，该项交易具有商业实质。

甲公司收购乙公司资产的比例占乙公司全部资产的 99%（15 000÷15 150），股权支付额占总支付对价的 93%（14 000÷15 000），符合资产收购的特殊性税务处理的条件。

转让企业——乙公司：

（1）取得非股权支付额对应的资产转让所得＝1 000÷15 000×(15 000－9 000)

＝400(万元)

乙公司应缴纳企业所得税＝400×25%＝100(万元)

（2）转让企业取得受让企业支付对价的计税基础为：

9 000（被转让资产计税基础）＋400（转让产生的应纳税所得额）－200＝9 200（万元）

以公允价值为标准，股票的计税基础为：

9 200×14 000÷（14 000＋800）＝8 703（万元）

债券的计税基础为：

9 200×800÷（14 000＋800）＝497（万元）

收购方甲公司取得的经营资产的计税基础为：

6 250（股权原有的计税基础）＋800（非现金资产的公允价值）＋200（现金）
＝7 250（万元）

例 11－9

B公司拥有一块120亩的土地，购入单价为10万元/亩，土地账面价值为1 200万元。B公司负债为700万元；注册资金为1 000万元；账面累计亏损额为500万元且在税法规定的弥补期限内。该土地现行市场价值为2 000万元。A公司欲取得该土地来满足扩大生产经营的需要，现与B公司协商，有三种方案。假定契税税率为3%。

方案一：A公司直接用2 000万元资金购入B公司的土地。

方案二：A公司用1 300万元现金对B公司进行整体并购（存续合并），合并后B公司为A公司的子公司，A公司取得B公司的所有资产和负债。

方案三：A公司发行股票220万股，每股发行价格为5元，面值为1元，加上200万元现金对B公司进行吸收合并。

解析：

方案一：

1. B公司纳税情况

（1）应缴增值税＝（2 000－1 200）×9%÷（1＋9%）＝66.06（万元）

（2）应缴城市维护建设税及教育费附加＝66.06×（7%＋3%）＝6.61（万元）

（3）土地增值税：

增值额与扣除项目金额的比率＝800÷1 200＝67%

因此，适用40%的税率，则

应缴土地增值税＝（2 000－1 200）×40%－1 200×5%＝260（万元）

（4）应缴企业所得税＝（2 000－1 200－6.61－260）×25%＝133.35（万元）

（5）应纳税费总额＝66.06＋6.61＋260＋133.35＝466.02（万元）

B公司转让土地后股东权益价值＝1 000－500＋2 000－1 200－466.02
＝833.98（万元）

2. A公司纳税情况

(1) 应缴契税＝2 000×3%＝60(万元)

(2) A公司购买土地的实际支出为2 060万元。

A,B公司的实际税负总额＝466.02＋60＝526.02(万元)

方案二：

1. B公司纳税情况

(1) 增值税：不需要缴纳。根据财税〔2016〕36号文件，纳税人在资产重组过程中，通过合并、分立、出售、置换等方式，将全部或者部分实物资产以及与其相关联的债权、债务和劳动力一并转让给其他单位和个人的行为，不属于增值税征收范围。

(2) 土地增值税：不需要缴纳。

(3) B公司的净资产＝1 200－700＋1 000－500＝1 000(万元)

应缴企业所得税＝(1 300－1 000)×25%＝75(万元)

此次收购A公司是以现金支付全部对价，不满足特殊性税务处理条件。《财政部 国家税务总局关于企业重组业务企业所得税处理若干问题的通知》（财税〔2009〕59号）的第四部分第三条规定，被收购方应确认股权、资产转让所得或损失；收购方取得股权或资产的计税基础应以公允价值为基础确定；被收购企业的相关所得税事项原则上保持不变。

(4) B公司土地转让后股东权益价值＝1 300－75＝1 225(万元)

(5) B公司应纳税费总额＝75(万元)

2. A公司纳税情况

(1) 契税：不需要缴纳。两个或两个以上的企业，依据法律规定或合同约定，合并改建为一个企业，且原投资主体存续的，对其合并后的企业承受原合并各方的土地、房屋权属，免征契税。

(2) A公司实际支出为2 000万元（1 300万元现金和承担700万元负债）。

由此可知，A，B公司的税负总额为75万元。

方案三：

1. B公司纳税情况

(1) 增值税：不需要缴纳。

(2) 土地增值税：不需要缴纳。

(3) 企业所得税：

A公司的股权支付比例＝1 100÷1 300＝85%

符合特殊性税务处理的条件，则

应缴企业所得税＝(1 300－1 000)×25%×200÷1 300＝11.54(万元)

财税〔2009〕59号文件规定，资产收购，受让企业收购的资产不低于转让企业全部资产的75%（根据财税〔2014〕109号文件调整为50%），且受让企业在该资产收购发生时的股权支付金额不低于其交易支付总额的85%，可以选择按以下规定处理：转让企业取得受让企业股权的计税基础，以被转让资产的原有计税基础确定；受让企业取得转让企业资产的计税基础，以被转让资产的原有计税基础确定。

$$\text{转让方取得的非股权支付资产所对应的转让所得或损失}=\left(\text{被转让资产的公允价值}-\text{被转让资产的计税基础}\right)\times\left(\text{非股权支付金额}\div\text{被转让资产的公允价值}\right)$$

$$\text{转让方取得股权的计税基础}=\text{所转让资产原有计税基础}+\text{支付的补价(减去收到的非股权支付额)}+\text{收到非股权支付额所对应的资产转让所得或损失}$$

(4) B公司土地转让后股东权益价值=220×5+200−11.54=1 288.46(万元)

(5) B企业应纳税费总额=11.54(万元)

2. A公司纳税情况

(1) 应缴契税=2 000×3%=60(万元)

(2) A公司可以利用B公司未弥补亏损抵减以后年度应纳税额，则

抵减金额=500×25%=125(万元)

(3) A公司的税负总额=60−125=−65(万元)

(4) A公司实际支出1 935万元（1 100万元股票+200万元现金−65万元所得税抵减+700万元负债)。

(5) A，B公司的税负总额为−48.75万元。

上述分析结果整理为表11-3。

表11-3 三种方案的对比

单位：万元

项目	B公司税负总额	A公司税负总额	A，B公司税负总额合计	并购后B公司股东的所有者权益	A公司的实际支出
方案一	466.02	60	526.02	833.98	2 060
方案二	75	0	75	1 225	2 000
方案三	11.54	−65	−48.75	1 288.46	1 935

通过比较合并后A，B公司的税收负担、B公司股东的所有者权益及A公司的实际支付额可知，方案三优于方案二，方案二优于方案一。

案例分析

A汽配公司收购重组税收筹划

A汽配公司是一家主营业务为汽车车身冲压的企业，成立于2009年，注册资本为5 000万元，如今总资产2亿元。A汽配公司为中部地区相关业务企业规模较大、专业化程度较高的企业。目前A汽配公司已经成为东风乘用车公司、东风控股集团的战略合作伙伴。A汽配公司有较强的扩张意愿。

B汽配公司与A汽配公司经营范围有些重叠，是一家主营业务为汽车零部件生产和销售的企业，注册于2014年，企业注册资本为100万元。B汽配公司在业界广受好评，获得业界合作伙伴的高度认可。

为了企业的进一步发展，缓解同业竞争，获得更大的市场，A汽配公司在2017年决定收购B汽配公司100%股权，以实现公司的战略发展目标。

1. 资产收购

如果A汽配公司以非股权支付的方式收购B汽配公司，则B汽配公司将所有资产卖出后，要注销清算。如果A汽配公司以股权支付的方式收购B汽配公司，则B汽配公司不需要注销公司，而是变更经营范围。B汽配公司的资产信息如表11-4所示。

表11-4　B汽配公司资产信息表

单位：万元

资产	原价值	账面价值	评估价值	增值额
房产	225	203	451	248
生产专利	280	217	217	0
生产设备	347	232	232	0
土地使用权	148	119	268	149

需要缴纳流转税。因为B汽配公司的房产主要为自建房产，一般纳税人将其于2016年4月30日之前取得的房产转让时，可以适用5%的简易征收率，当B汽配公司将房产转让时，需要缴纳的增值税为451÷(1+5%)×5%=21.48（万元）；生产设备适用的税率为17%，需要缴纳的增值税为232×17%=39.44（万元）；生产专利的转让适用6%的税率，则生产专利的转让需要缴纳的增值税为217×6%=13.02（万元）；转让土地使用权以评估价值减去取得的全部价款和价外费用，需要缴纳的增值税为（268−148）÷(1+5%)×5%=5.71（万元）。B汽配公司需要负担的增值税总额为13.02+39.44+21.48+5.71=79.65（万元）。

为了降低企业重组的税收负担，A汽配公司可以选择将B汽配公司的资产、债务和相关劳动力全部收购，如此便不必缴纳增值税，并且B汽配公司向A汽配公司开具增值税专用发票，A汽配公司还可将此部分专用发票抵扣进项税额。

2. 股权收购

股权收购示意图如图11-1所示。

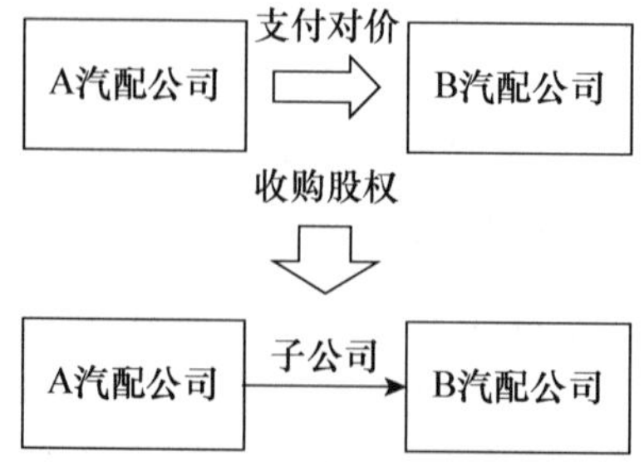

图11-1　股权收购示意图

（1）流转税。根据我国税法规定，采用股权收购的方式进行企业重组，被重组企业无需缴纳增值税、土地增值税，重组企业也无需缴纳契税，所以如果采用股权收购的方式进行企业重组，则重组的双方都无需缴纳流转税。

（2）所得税。B汽配公司的计税基础为850万元，如果A汽配公司选择一般性税务处理的方式，以920万元的公允价值收购B汽配公司，则B汽配公司需要缴纳的所得税税额为（920－850）×25％＝17.5（万元）。如果A汽配公司采取股权置换的方式，使企业重组符合特殊性税务处理的条件，企业可以暂时免于缴纳企业所得税。在股权支付比例符合特殊性税务处理最低比例的要求下，即股权支付金额为920×0.85＝782（万元）时，假设企业以782万元的股权和138万元的现金收购B汽配公司，则B汽配公司当年仅需要就60万元现金部分缴纳企业所得税（920－850）×（138÷920）×25％＝2.63（万元）。

综上所述，采用股权收购的方式，企业双方无需考虑流转税的问题，B汽配公司需要考虑所得税问题。

3. 吸收合并

吸收合并是企业进行并购重组所经常采用的另外一种方式，如果A汽配公司采用此种方式去并购B汽配公司，则B汽配公司要在重组并购过程之后进行注销清算。B汽配公司的部分财务信息如表11－5所示。

表11－5　B汽配公司部分财务信息　　单位：万元

财务指标	账面价值	评估价值	增值额
资产	800	1 120	320
企业存货	75	47	－28
负债	100	100	0
所有者权益	700	1 020	320

（1）流转税。根据我国增值税暂行条例，企业以吸收合并的方式进行企业重组，不仅其中涉及的财产转让无需缴纳增值税，还可以继续抵扣原来企业未抵扣的进项税额。我国税法规定，在企业合并中发生的土地和不动产的权属转移，免征土地增值税和契税。

（2）企业所得税。与资产出售相同，A汽配公司可以获得74.28万元的税盾收益效应，B汽配公司的资产公允价值为1 020万元，但实际上A汽配公司以920万元收购其资产，则A汽配公司可以获得100万元的收益，需要就这部分收益缴纳企业所得税100×25％＝25（万元）。B汽配公司需要注销清算，在注销时，公司需要先将存货减值损失进行报备，并将前三个年度亏损的200万元进行亏损弥补，应纳税所得额为320－200＝120（万元），应纳税额为120×25％＝30（万元）。如果企业采取符合特殊性税务处理的方式，则B汽配公司就可以直接注销企业，仅需备案即可，不再需要清算注销企业。

综上所述，采用吸收合并的方式进行企业重组，重组双方均无需考虑流转税的问题，并且收购方还可以抵扣被收购方未抵扣的进项税额。在适用特殊性税务处理的情况下，在收购当年也无需考虑所得税。

经比较，在A公司的企业重组中，资产收购是税负最重的重组方式，而吸收合并这种方式不仅可以使企业免缴流转税，还可以使收购方继续抵扣被收购方未抵扣完的进项税额。从税收筹划的角度来看，吸收合并是较优的企业重组形式，但也要考虑具体情况，股权收购同样也可以作为选择，但资产收购相对而言税负就要高一些。因此A公司的重组应该选用吸收合并的方式，同时支付方式选择股权支付，以符合特殊性税务处理，获得递延收益。

第二节　企业分立的税收筹划

一、企业分立的筹划规律

企业分立与企业并购一样，也是企业产权调整、资产重组的重要方式。企业分立可以实现财产和所得在两个或多个纳税主体之间进行分割。

（一）企业分立的类型及企业分立的筹划规律

1. 企业分立的类型

公司分立以原有公司法人资格是否消灭为标准，可分为新设分立和派生分立两种。

新设分立又称解散分立，是指一个公司将其全部财产分割，解散原公司，并分别归入两个或两个以上新公司中的行为。在新设分立中，原公司的财产按照各个新成立的公司的性质、宗旨、业务范围进行重新分配组合。同时原公司解散，债权、债务由新设立的公司分别承受。新设分立是以原有公司的法人资格消灭为前提，成立新公司。

派生分立又称存续分立，是指一个公司将一部分财产或营业依法分出，成立两个或两个以上公司的行为。在派生分立中，原公司继续存在，原公司的债权、债务可由原公司与新公司分别承担，也可按协议由原公司独自承担。新公司取得法人资格，原公司也继续保留法人资格。企业分立有利于企业更好地适应环境和利用税收政策获得税收方面的利益。

2. 企业分立的筹划规律

企业分立筹划利用分拆手段，可以有效地改变企业组织形式，降低企业整体税负。分立筹划一般应用于以下方面：一是企业分立可以将一个企业分拆形成多个有关联关系的纳税主体；二是企业分立可以将兼营或混合销售中的低税率业务或零税率业务独立出来，单独计税，降低税负；三是企业分立使适用累进税率的纳税主体分化成两个或多个适用低税率的纳税主体，降低税负；四是企业分立可以增加一道流通环节，有利于增值税的抵扣及转让定价策略的运用。

（二）利用企业分立的税收政策筹划

企业分立是一种产权关系的调整，这种调整不可避免地会影响到税收。在我国企业分立实务中，税法规定了免税分立与应税分立两种模式。对于纳税人来说，在实施企业分立时，应尽量利用免税分立。

《国家税务总局关于纳税人资产重组有关增值税问题的公告》（国家税务总局公告2011年第13号）规定："纳税人在资产重组过程中，通过合并、分立、出售、置换等方式，将全部或者部分实物资产以及与其相关联的债权、负债和劳动力一并转让给其他单位和个人，不属于增值税的征税范围，其中涉及的货物转让，不征收增值税。"

《中华人民共和国土地增值税暂行条例》规定，土地增值税的征收范围为转让国有土地使用权、地上的建筑物及其附着物并取得收入。企业分立涉及的土地所有权转移不属于土地增值税征税范围，并非被分立企业将土地所有权转让给新成立企业，而是被分立企业的股东将该资产换股。因此，企业分立涉及的土地所有权转移不征收土地增值税。

企业分立中，对于企业所得税，通常情况下当事各方应按下列规定处理：

（1）被分立企业对分立出去的资产应按公允价值确认资产转让所得或损失。

（2）分立企业应按公允价值确认接受资产的计税基础。

（3）被分立企业继续存在时，其股东取得的对价应视同被分立企业分配进行处理。

（4）被分立企业不再继续存在时，被分立企业及其股东都应按清算进行所得税处理。

（5）企业分立相关企业的亏损不得相互结转弥补。

如在企业分立时，被分立企业所有股东按原持股比例取得分立企业的股权，分立企业和被分立企业均不改变原来的实质经营活动，且被分立企业股东在该企业分立发生时取得的股权支付金额不低于其交易支付总额的85%，可以选择按以下规定处理（特殊性税务处理）：

（1）分立企业接受被分立企业资产和负债的计税基础，以被分立企业的原有计税基础确定。

（2）被分立企业已分立出去的资产相应的所得税事项由分立企业承继。

（3）被分立企业未超过法定弥补期限的亏损额，可按分立资产占全部资产的比例进行分配，由分立企业继续弥补。

（4）被分立企业的股东取得分立企业的股权（以下简称"新股"），如需部分或全部放弃原持有的被分立企业的股权（以下简称"旧股"），"新股"的计税基础应以放弃"旧股"的计税基础确定。如不需放弃"旧股"，则其取得"新股"的计税基础可从以下两种方法中选择确定：直接将"新股"的计税基础确定为零；或者以被分立企业分立出去的净资产占被分立企业全部净资产的比例先调减原持有的"旧股"的计税基础，再将调减的计税基础平均分配到"新股"上。①

① 参见《财政部 国家税务总局关于企业重组业务企业所得税若干问题的通知》（财税〔2009〕59号）的相关规定。

例 11-10

奥维公司拟将一个非货币性资产价值945万元的分公司分离出去，分离方式可以是整体资产转让，也可以是整体资产置换，还可以是分立。不论采取哪种分离方式，都涉及确认财产转让所得、计算缴纳所得税的问题。

解析：

采取整体资产转让方式，将分公司全部资产转让给永信股份公司（系公开上市公司）。根据税法规定，只要永信股份公司所支付的交换额中，非股权支付额（如现金、有价证券等）不高于奥维公司所取得的永信股份公司股票面值的15%，就可以不确认财产转让所得。

假设永信股份公司股票的市场交易价为1∶3，支付给奥维公司股权的股票面值设为X，现金设为Y，则

$$3X+Y=945$$
$$Y\leqslant 15\%X$$

求解得　$X\geqslant 300$，$Y\leqslant 45$

这表明奥维公司争取取得永信公司300万元以上股票、45万元以下的现金，就可避免缴纳企业所得税。

分立筹划利用分拆手段，可以有效改变企业组织形式，降低企业整体税负。分立筹划通过企业分立，可以将兼营或混合销售中的低税率业务或免税业务独立出来，合理节税；或者利用分立使适用累进税率的纳税主体分化成两个或多个适用低税率的纳税主体。

例 11-11

某食品厂为增值税一般纳税人，适用13%的增值税税率。根据市场需求，该食品厂开发种植猕猴桃，并将猕猴桃加工成果脯、饮料等（以下简称加工品）对外销售。2019年，种植猕猴桃开始产生经济效益。2020年5月，该食品厂共销售猕猴桃加工品100万元（不含增值税价格），产生13万元的销项税额。但经核算，发现与该项业务有关的进项税额很少，只有化肥等项目产生了1万元的进项税额。这样，该食品厂需要就该项业务缴纳12万元的增值税。为了降低增值税负担，该企业在购进可抵扣项目时，十分注重取得规范的增值税专用发票，但收效不大。请对以上业务进行税收筹划。

解析：

针对这种情况，食品厂将猕猴桃的种植业务分立为一个独立的企业，并使其具有独立的法人资格，实行独立核算。税法规定：一般纳税人向农业生产者购买的免税农业产品，或者向小规模纳税人购买的农业产品，准予按照购买价格和9%的扣除率计算进项税额，从当期销项税额中扣除。直接从事植物的种植、收割和动物的饲养、捕捞的单位和个人销售的自产农业产品，免征增值税。当然，相应的进项税额也不能再抵扣。结果会使种植企

业没有因为分立而多承担任何税收，食品厂却在原有进项税额、销项税额不变的前提下，因为有了“向农业生产者购买的免税农业产品”，而增加大量的进项税额。

在上述方案中，食品厂分立后的税收负担及有关变化，体现在以下几个方面：

(1) 分立后的食品厂销项税额不变，仍为 13 万元。

(2) 分立后的食品厂增加了进项税额。假设按照市场正常的交易价格，该食品厂 2020 年 5 月用于生产猕猴桃加工品的原料价值 60 万元，则分立后的食品厂就可以按照 60 万元的买价和 9%的扣除率计算进项税额，即 5.4 万元。

(3) 种植企业享受增值税免税优惠，但有关的进项税额 1 万元不能抵扣。所以，分立后食品厂的这项业务需要缴纳的增值税计算如下：

应纳增值税＝13－5.4＝7.6(万元)

与筹划前相比，增值税负担降低了 4.4 万元 (12－7.6)。

二、分支机构设立的税收筹划

一些集团性企业在发展到一定规模后，基于稳定供货渠道、开辟新的市场或方便客户的考虑，不可避免地需要在异地设立分支机构。新设立的分支机构的性质不同，其企业所得税的缴纳方式也不尽相同。

企业分支机构企业所得税的缴纳有两种方式：一种是分支机构独立申报纳税；另一种是分支机构集中到总公司汇总纳税。采用何种方式纳税，关键取决于分支机构的性质——是否为独立纳税人。同时，受分支机构的盈亏状况、所处地区的税率高低及资金控制等因素影响，不同纳税方式会使企业当期及未来各期的整体税负水平产生显著差异。因此，分支机构是否为独立法人是实现税收筹划节税的关键。

例 11-12

奥立电梯公司主要生产、销售电梯并负责安装已售电梯。2020 年取得含税收入 3 390 万元，其中安装费约占总收入的 40%，假设本年度进项税额为 200 万元。按照税法规定，奥立电梯公司既生产、销售电梯又负责安装及保养电梯的行为是典型的混合销售行为。试分析如何通过企业分立实现节税。

解析：

2020 年度奥立电梯公司应纳税额计算如下：

$$
\begin{aligned}
\text{应纳增值税} &= \text{销项税额}-\text{进项税额} \\
&= 3\,390 \div (1+13\%) \times 13\% - 200 \\
&= 190(\text{万元})
\end{aligned}
$$

如果奥立电梯公司分立出一个独立核算的安装公司，奥立电梯公司只负责生产、销售电梯，安装公司专门负责电梯的安装，那么奥立电梯公司和安装公司分别就销售电梯收入、安装收入开具发票。奥立电梯公司分立出安装公司后，涉税处理会发生变化。按照财

税〔2016〕36号文件规定，电梯安装适用“建筑服务—安装服务”税目，税率为10%，则

奥立电梯公司应纳增值税＝销项税额－进项税额

＝3 390×(1－40%)÷(1＋13%)×13%－200

＝34(万元)

安装公司应纳增值税＝3 390×40%÷(1＋9%)×9%＝111.96(万元)

分立出安装公司后节省税收＝190－34－111.96＝44.04(万元)

在制定企业分立的税收策略时要注意以下问题：

(1) 进行成本收益衡量。设立安装公司所增加的分立成本或纳税筹划代理费用应低于节税收益。

(2) 注意定价的合理性。由于涉及货物销售价格与劳务价格的剥离，不要只是出于税收目的而故意抬高劳务价格，因为生产销售企业与提供劳务企业存在关联关系，如果定价不合理，税务机关有权调整货物及劳务定价。

案例分析

东海鼎盛房地产公司资产重组案例

1. 东海鼎盛房地产开发有限公司及项目概况

东海鼎盛房地产开发有限公司（以下简称东海鼎盛）在东部沿海开发建设商品房项目，其中鼎盛·光大花园项目的商业为底商，住宅部分位于底商之上，属于花园式建筑，在主体建筑的第四层建有绿化景观平台。鼎盛·光大花园项目包括写字楼和酒店，出于融资抵押要求和变现考虑，拟将酒店资产从房地产公司剥离，将酒店和售楼处一并销售给政府。酒店资产的市场公允价值为1.8亿元，预期会给予政府5%的价格折扣，总销售价格在1.71亿元左右。

2. 东海鼎盛开展资产重组的目标取向

东海鼎盛进行资产重组的目标取向在于对酒店和售楼处进行剥离，实现与房地产公司资产的清晰分割。企业实施资产分割的目的在于控制风险和增加经营收益，即一方面降低房地产公司可能给存量资产带来的不可控的经营风险；另一方面有效运营该资产，以实现存量资产运营的合理收益。

企业实施资产剥离后拟成立资产管理公司，对剥离资产进行管理。根据目前的基本情况，初步判断东海鼎盛可以采取以下三种重组方式：(1) 酒店资产投资，即东海鼎盛设立全资子公司，以酒店资产和售楼处对新设立的全资子公司进行增资，即以非货币性资产对外投资方式实现对子公司的增资；(2) 企业分立，即采取存续分立方式分离出一家新公司，单独进行酒店资产和售楼处的管理；(3) 资产划转，即由东海鼎盛或其股东设立全资子公司，然后实施酒店资产和售楼处的资产划转。但是，由于拟剥离的酒店资产已经作为抵押担保资产用于融资，采取企业分立方式剥离酒店资产难以操作，因此，依据东海鼎盛面临的现实情况，建议采取酒店资产增资或资产划转方式实施资产重组。

3. 东海鼎盛酒店的资产重组方案比较

(1) 酒店资产投资方式。根据税法规定，非货币性资产投资视为“转让”和“投资”两项业务，对于“转让”环节，主要涉及企业所得税、增值税、土地增值税（涉及不动产）、契税（涉及不动产）、印花税等税种。酒店资产投资的税负测算与政策依据如表 11-6 所示。

表 11-6　酒店资产投资的税负测算与政策依据

税种	税负测算	政策依据
企业所得税	企业所得税=(非货币性资产评估价值－原计税基础)×25%=(17 100－酒店分摊的成本)×25%	企业应于投资协议生效并办理股权登记手续时，确认非货币性资产转让收入的实现。可在不超过 5 年期限内，分期均匀计入相应年度的应纳税所得额，按规定计算缴纳企业所得税。
增值税	1. 免征增值税 2. 已经转为固定资产的旧房，再次销售时： (1) 2016 年 4 月 30 日前自建的不动产，适用简易计税方法： 增值税=销售额×5%÷(1+5%) =17 100×5%÷(1+5%) =814.285 7(万元) (2) 2016 年 4 月 30 日前自建的不动产，适用一般计税方法： 增值税=销售额×9%÷(1+9%) =17 100×9%÷(1+9%) =1 411.926 6(万元) (3) 2016 年 5 月 1 日后自建的不动产，适用一般计税方法： 增值税=销售额×9%÷(1+9%) =17 100×9%÷(1+9%) =1 411.926 6(万元)	1. 如符合“打包转让（资产与其相关的债权、负债和劳动力一并转让）”要求，可以免征增值税。 2. 旧房的政策： (1) 一般纳税人转让其 2016 年 4 月 30 日前自建的不动产，可以选择适用简易计税方法计税，以取得的全部价款和价外费用为销售额，按照 5%的征收率计算应纳税额。纳税人应按照上述计税方法向不动产所在地主管税务机关预缴税款，向机构所在地主管税务机关申报纳税。 (2) 一般纳税人转让其 2016 年 4 月 30 日前自建的不动产，选择适用一般计税方法计税的，以取得的全部价款和价外费用为销售额计算应纳税额。纳税人应以取得的全部价款和价外费用，按照 5%的预征率向不动产所在地主管税务机关预缴税款，向机构所在地主管税务机关申报纳税。 (3) 一般纳税人转让其 2016 年 5 月 1 日后自建的不动产，适用一般计税方法，以取得的全部价款和价外费用为销售额计算应纳税额。纳税人应以取得的全部价款和价外费用，按照 5%的预征率向不动产所在地主管税务机关预缴税款，向机构所在地主管税务机关申报纳税。
土地增值税	土地增值税按照正常情况计算，或者采用核定征收方法（核定征收率不低于 5%）。 核定征收率为 5%，则需要缴纳土地增值税 17 100×5%=855(万元)。	《财政部 国家税务总局关于土地增值税一些具体问题规定的通知》(财税字〔1995〕48 号）第七条规定，新建房是指建成后未使用的房产。凡是已使用一定时间或达到一定磨损程度的房产均属旧房。 单位销售旧房或旧建筑物，以销售收入减去扣除项目金额，按增值额计算缴纳土地增值税，其中扣除项目金额包括：取得土地使用权所支付的金额、房屋及建筑物的评估价格以及与转让房地产有关的税金。纳税人提供扣除项目金额不实的，应由评估机构按照房屋重置成本价乘以成新度折扣率计算的房屋成本价和取得土地使用权时的基准地价进行评估，税务机关根据评估价格按规定确定扣除项目金额。对不能取得评估价格，但能提供购房发票的，经当地税务部门确认，对取得土地使用权所支付的金额以及房屋及建筑物的评估价格可按发票所载金额并从购买年度起至转让年

续表

税种	税负测算	政策依据
土地增值税		度止每年加计5%计算；对纳税人购房时缴纳的契税，凡能提供契税完税凭证的，准予作为“与转让房地产有关的税金”予以扣除，但不作为加计5%的基数。对于转让房屋，既没有评估价格，又不能提供购房发票的，可以实行核定征收。 《中华人民共和国土地增值税暂行条例》规定： (1) 增值额未超过扣除项目金额50%的部分，税率30%（速算扣除率0）； (2) 增值额超过扣除项目金额50%、未超过扣除项目金额100%的部分，税率40%（速算扣除率5%）； (3) 增值额超过扣除项目金额100%、未超过扣除项目金额200%的部分，税率50%（速算扣除率15%）； (4) 增值额超过扣除项目金额200%的部分，税率60%（速算扣除率35%）。
契税	契税＝不动产转让价值×3% ＝17 100×3%＝513(万元)	《契税暂行条例》。
印花税	印花税＝不动产转让价值×0.5‰ ＝17 100×0.5‰＝8.55(万元)	按照产权转移书据所载金额的0.5‰贴花（国税发1991〕155号）。

(2) 酒店资产划转方式。资产划转是指100%直接控制的居民企业之间，以及受同一家或相同多家居民企业100%直接控制的居民企业之间按账面净值划转股权或资产。资产划转涉及资产在不同法律主体之间的权属改变，就业务实质而言，需通过相关法律主体之间进行资产转让、增资、减资等步骤才能实现。虽然财税〔2009〕59号文件未将资产划转列入企业重组的范围，但就其业务实质仍属于企业重组的一种特殊形式。

资产划转的税收政策最初主要针对国有企业制定。2014年，财政部、国家税务总局发布《关于促进企业重组有关企业所得税处理问题的通知》（财税〔2014〕109号），将资产划转业务拓展至包括国企、民营、混合所有制在内的所有企业，为集团公司内部资产重组与资源整合提供了新的路径。2015年，国家税务总局发布的《关于资产（股权）划转企业所得税征管问题的公告》（国家税务总局公告2015年第40号）明确规定，包括母公司向子公司、子公司向母公司以及子公司之间的股权或资产划转，可以享受递延纳税待遇。

● 100%直接控制的母子公司之间，母公司向子公司按账面净值划转其持有的股权或资产，母公司获得子公司100%的股权支付。母公司按增加长期股权投资处理，子公司按接受投资（包括资本公积）处理。

● 100%直接控制的母子公司之间，母公司向子公司按账面净值划转其持有的股权或资产，母公司没有获得任何股权或非股权支付。母公司按冲减实收资本（包括资本公积）处理，子公司按接受投资处理。

● 100%直接控制的母子公司之间，子公司向母公司按账面净值划转其持有的股权或资产，子公司没有获得任何股权或非股权支付。母公司按收回投资处理，或按接受投资处理，子公司按冲减实收资本处理。

酒店资产划转时主要涉及以下税种。

(1) 企业所得税。依据财税〔2014〕109号文件及国家税务总局2015年第40号公告的规定，对100%直接控制的居民企业之间，以及受同一或相同多家居民企业100%直接控制的居民企业之间按账面净值划转股权或资产，凡具有合理商业目的，不以减少、免除或者推迟缴纳税款为主要目的，股权或资产划转完成日起连续12个月内不改变被划转股权或资产原来实质性经营活动（生产经营业务、公司性质、资产或股权结构等），且划出方企业和划入方企业均未在会计上确认损益的，可以选择按以下规定进行特殊性税务处理：

1) 划出方企业和划入方企业均不确认所得。

2) 划入方企业取得的被划转股权或资产的计税基础，以被划转股权或资产的原计税基础确定。

3) 划入方企业取得的被划转资产，应按其原计税基础计算折旧扣除。

股权或资产划转完成日，是指股权或资产划转合同（协议）或批复生效，且交易双方已进行会计处理的日期。

进行特殊性税务处理的股权或资产划转，交易双方应在协商一致的基础上，采取一致处理原则统一进行特殊性税务处理。

资产划转的交易双方需在企业所得税年度汇算清缴时，分别向各自主管税务机关报送《居民企业资产（股权）划转特殊性税务处理申报表》和相关资料。

(2) 增值税。《增值税暂行条例实施细则》规定，将自产、委托加工或者购进的货物作为投资，提供给其他单位或者个体工商户；将自产、委托加工或者购进的货物分配给股东或者投资者；将自产、委托加工或者购进的货物无偿赠送其他单位或者个人，均视同销售货物，征收增值税。

《财政部 国家税务总局关于全面推开营业税改征增值税试点的通知》(财税〔2016〕36号) 中附件2《营业税改征增值税试点有关事项的规定》规定，在资产重组过程中，通过合并、分立、出售、置换等方式，将全部或者部分实物资产以及与其相关联的债权、负债和劳动力一并转让给其他单位和个人，其中涉及的不动产、土地使用权转让行为，不征收增值税。

《国家税务总局关于纳税人资产重组有关增值税问题的公告》(国家税务总局公告2011年第13号) 规定，纳税人在资产重组过程中，通过合并、分立、出售、置换等方式，将全部或者部分实物资产以及与其相关联的债权、负债和劳动力一并转让给其他单位和个人，不属于增值税的征税范围，其中涉及的货物转让，不征收增值税。

通常情况下，居民企业间资产划转涉及不动产、土地使用权、存货、设备的，原则上征收增值税。因此，无论是母子公司之间划转资产，还是子公司之间划转资产，划出方需视同按公允价值销售货物、不动产、无形资产缴纳增值税，但是满足税收政策规定的特殊条件的，不征收增值税。

(3) 土地增值税。《财政部 税务总局关于继续实施企业改制重组有关土地增值税政策的通知》(财税〔2018〕57号) 规定，除以土地使用权投资于房地产开发企业用于开发产品或房地产企业以开发产品对外投资需视同按公允价值转让房地产计算缴纳土地增值税外，其他情形不征土地增值税。因此，居民企业间资产划转如涉及不动产、土地使用权，划入方按接受投资处理的，属于投资入股方式之一，应当免征土地增值税。

需要注意的是，根据财税〔2018〕57号文件的规定，东海鼎盛作为房地产企业，其不动产类的资产划转需要缴纳土地增值税。

（4）契税。《财政部 国家税务总局关于继续支持企业事业单位改制重组有关契税政策的通知》（财税〔2018〕17号）规定，同一投资主体内部所属企业之间土地、房屋权属的划转，包括母公司与其全资子公司之间，同一公司所属全资子公司之间，同一自然人与其设立的个人独资企业、一人有限公司之间土地、房屋权属的划转，免征契税。实践中，对于母公司将土地、房屋投资给全资子公司是否免征契税条款争议较大。

酒店资产划转的税负测算与政策依据如表11-7所示。

表11-7 酒店资产划转的税负测算与政策依据

税种	税负测算	政策依据
企业所得税	符合特殊性税务处理条件，暂不纳税。	财税〔2014〕109号、国家税务总局公告2015年第40号明确规定，包括母公司向子公司、子公司向母公司以及子公司之间等四种情形的股权或资产划转，可以享受递延纳税待遇。
增值税	1. 免征增值税 2. 已经转为固定资产的旧房，再次销售时： （1）2016年4月30日前自建的不动产，适用简易计税方法： 增值税＝销售额×5%÷(1+5%) ＝17 100×5%÷(1+5%) ＝814.285 7(万元) （2）2016年4月30日前自建的不动产，适用一般计税方法： 增值税＝销售额×9%÷(1+9%) ＝17 100×9%÷(1+9%) ＝1 411.926 6(万元) （3）2016年5月1日后自建的不动产，适用一般计税方法： 增值税＝销售额×9%÷(1+9%) ＝17 100×9%÷(1+9%) ＝1 411.926 6(万元)	1. 如符合“打包转让（资产与其相关的债权、负债和劳动力一并转让）”要求，可以免征增值税。 2. 税法上按照“视同销售”处理。 （1）一般纳税人转让其2016年4月30日前自建的不动产，可以选择适用简易计税方法计税，以取得的全部价款和价外费用为销售额，按照5%的征收率计算应纳税额。纳税人应按照上述计税方法向不动产所在地主管税务机关预缴税款，向机构所在地主管税务机关申报纳税。 （2）一般纳税人转让其2016年4月30日前自建的不动产，选择适用一般计税方法计税的，以取得的全部价款和价外费用为销售额计算应纳税额。纳税人应以取得的全部价款和价外费用，按照5%的预征率向不动产所在地主管税务机关预缴税款，向机构所在地主管税务机关申报纳税。 （3）一般纳税人转让其2016年5月1日后自建的不动产，适用一般计税方法，以取得的全部价款和价外费用为销售额计算应纳税额。纳税人应以取得的全部价款和价外费用，按照5%的预征率向不动产所在地主管税务机关预缴税款，向机构所在地主管税务机关申报纳税。
土地增值税	土地增值税按照正常情况计算，或者采用核定征收方法（核定征收率不低于5%）。 核定征收率为5%，则需要缴纳土地增值税17 100×5%＝855（万元）。	单位销售旧房或旧建筑物，以销售收入减去扣除项目金额，按增值额计算缴纳土地增值税，其中扣除项目金额包括：取得土地使用权所支付的金额、房屋及建筑物的评估价格以及与转让房地产有关的税金。纳税人提供扣除项目金额不实的，应由评估机构按照房屋重置成本价乘以成新度折扣率计算的房屋成本价和取得土地使用权时的基准地价进行评估，税务机关根据评估价格按规定确定扣除项目金额。对不能取得评估价格，但能提供购房发票的，经当地税务部门确认，对取得土地使用权所支付的金额以及房屋及建筑物的

续表

税种	税负测算	政策依据
土地增值税		评估价格可按发票所载金额并从购买年度起至转让年度止每年加计5%计算；对纳税人购房时缴纳的契税，凡能提供契税完税凭证的，准予作为“与转让房地产有关的税金”予以扣除，但不作为加计5%的基数。对于转让房屋，既没有评估价格，又不能提供购房发票的，可以实行核定征收。（核定时，税务部门根据同地段的房产，综合房屋的建筑材料、使用年限等因素核定征收率5%计算。国税发〔2010〕53号文件规定，核定征收的征收率不低于5%）。 中华人民共和国土地增值税暂行条例规定： (1) 增值额未超过扣除项目金额50%的部分，税率30%（速算扣除率0）； (2) 增值额超过扣除项目金额50%、未超过扣除项目金额100%的部分，税率40%（速算扣除率5%）； (3) 增值额超过扣除项目金额100%、未超过扣除项目金额200%的部分，税率50%（速算扣除率15%）； (4) 增值额超过扣除项目金额200%的部分，税率60%（速算扣除率35%）。
契税	免征契税。	财税〔2018〕17号文件规定，母公司与其全资子公司之间土地、房屋权属的划转，免征契税。
印花税	印花税＝不动产转让价值×0.5‰ ＝17 100×0.5‰＝8.55(万元)	按照“产权转移书据”所载金额的0.5‰贴花；参照依据为《契税暂行条例》（国务院令第11号）、国税发〔1991〕155号。

(3) 企业分立方式。财税〔2009〕59号文件规定，分立是指一家企业（被分立企业）将部分或全部资产分离转让给现存或新设的企业（分立企业），被分立企业股东换取分立企业的股权或非股权支付，实现企业的依法分立。

尽管企业分立不适用于目前的东海鼎盛，但我们也做出相应的税负测算以利于方案比较。企业分立的税负测算与政策依据如表11-8所示。

表11-8　企业分立的税负测算与政策依据

税种	税负测算	政策依据
企业所得税	符合特殊性税务处理，暂不纳税。	财税〔2009〕59号文件规定，(1) 企业重组后的连续12个月内不改变重组资产原来的实质性经营活动。(2) 企业重组中取得股权支付的原主要股东，在重组后连续12个月内，不得转让所取得的股权。
增值税	1. 免征增值税 2. 已经转为固定资产的旧房，再次销售时： (1) 2016年4月30日前自建的不动产，适用简易计税方法： 增值税＝销售额×5%÷(1+5%) ＝17 100×5%÷(1+5%) ＝814.285 7(万元)	1. 如符合“打包转让（资产与其相关的债权、负债和劳动力一并转让）”要求，可以免征增值税。 2. 税法上按照“视同销售”处理。 (1) 一般纳税人转让其2016年4月30日前自建的不动产，可以选择适用简易计税方法计税，以取得的全部价款和价外费用为销售额，按照5%的征收率计算应纳税额。纳税人应按照上述计税方法向不动产所在地主管税务机关预缴税款，向机构所在地主管税务机关申报纳税。

续表

税种	税负测算	政策依据
增值税	(2) 2016年4月30日前自建的不动产，适用一般计税方法： 增值税＝销售额×9%÷(1＋9%) ＝17 100×9%÷(1＋9%) ＝1 411.926 6(万元) (3) 2016年5月1日后自建的不动产，适用一般计税方法： 增值税＝销售额×9%÷(1＋9%) ＝17 100×9%÷(1＋9%) ＝1 411.926 6(万元)	(2) 一般纳税人转让其2016年4月30日前自建的不动产，选择适用一般计税方法计税的，以取得的全部价款和价外费用为销售额计算应纳税额。纳税人应以取得的全部价款和价外费用，按照5%的预征率向不动产所在地主管税务机关预缴税款，向机构所在地主管税务机关申报纳税。 (3) 一般纳税人转让其2016年5月1日后自建的不动产，适用一般计税方法，以取得的全部价款和价外费用为销售额计算应纳税额。纳税人应以取得的全部价款和价外费用，按照5%的预征率向不动产所在地主管税务机关预缴税款，向机构所在地主管税务机关申报纳税。
土地增值税	土地增值税按照正常情况计算，或者采用核定征收方法（核定征收率不低于5%）。 核定征收率为5%，则需要缴纳土地增值税17 100×5%＝855（万元）。	财税〔2018〕57号文件规定，企业分设为两个或两个以上与原企业投资主体相同的企业，对原企业将国有土地、房屋权属转移、变更到分立后的企业，暂不征土地增值税。但东海鼎盛房地产公司属于房地产企业，不适用免税政策。 单位销售旧房或旧建筑物，以销售收入减去扣除项目金额，按增值额计算缴纳土地增值税，其中扣除项目金额包括：取得土地使用权所支付的金额、房屋及建筑物的评估价格以及与转让房地产有关的税金。纳税人提供扣除项目金额不实的，应由评估机构按照房屋重置成本价乘以成新度折扣率计算的房屋成本价和取得土地使用权时的基准地价进行评估，税务机关根据评估价格按规定确定扣除项目金额。对不能取得评估价格，但能提供购房发票的，经当地税务部门确认，对取得土地使用权所支付的金额以及房屋及建筑物的评估价格可按发票所载金额并从购买年度起至转让年度止每年加计5%计算；对纳税人购房时缴纳的契税，凡能提供契税完税凭证的，准予作为“与转让房地产有关的税金”予以扣除，但不作为加计5%的基数。对于转让房屋，既没有评估价格，又不能提供购房发票的，可以实行核定征收。 《中华人民共和国土地增值税暂行条例》规定： (1) 增值额未超过扣除项目金额50%的部分，税率30%（速算扣除率0）； (2) 增值额超过扣除项目金额50%、未超过扣除项目金额100%的部分，税率40%（速算扣除率5%）； (3) 增值额超过扣除项目金额100%、未超过扣除项目金额200%的部分，税率50%（速算扣除率15%）； (4) 增值额超过扣除项目金额200%的部分，税率60%（速算扣除率35%）。
契税	免征契税。	财税〔2018〕17号文件规定，母公司与其全资子公司之间土地、房屋权属的划转，免征契税。
印花税	印花税＝不动产转让价值×0.5‰ ＝17 100×0.5‰ ＝8.55(万元)	按照“产权转移书据”所载金额的0.5‰贴花；参照依据为《契税暂行条例》（国务院令第11号）、国税发〔1991〕155号。

复习思考题

1. 企业并购活动的税收筹划应考虑哪些影响因素？
2. 请比较分析资产交易与股权交易的税负差异。
3. 企业合并筹划适用于哪些情形？
4. 企业分立筹划适用于哪些情形？
5. 如何实现资产交易与股权交易的转化？

案例分析题

案例一　企业并购出资方式的选择

A 公司欲对 B 公司实施并购。已知 A 公司共有发行在外的股票 3 000 万股，股票面值为 1.5 元/股，市场价值为 4 元/股。A 公司近年来应纳税所得额比较稳定，估计合并后每年的应纳税所得额为 2 000 万元。A 公司合并前账面净资产为 500 万元，上年亏损 50 万元，以前年度无亏损，经评估确认 A 公司净资产公允价值为 800 万元。已知合并后 A 公司的股票面值基本不会发生变化，合并后资产的平均折旧年限为 10 年。

思考：

1. 如果 A 公司用 100 万股股票和 400 万元资金购买 B 公司，应该如何进行税务处理？
2. 如果 A 公司用 175 万股股票和 100 万元资金购买 B 公司，应该如何进行税务处理？

案例二　资产重组的税收筹划

A 公司由潘湖公司与蜀渝公司两家公司投资设立，双方各占 50%的股权。A 公司的资产构成为：货币资金 2 000 万元；厂房一栋，原价为 3 000 万元，已计提折旧 1 000 万元，净值 2 000 万元，评估价格为 2 500 万元（土地增值税中扣除项目），公允价值为 3 000 万元；存货一批，原价为 1 000 万元，公允价值为 3 000 万元。净资产 5 000 万元的构成为：股本 3 000 万元，未分配利润 2 000 万元。契税税率为 3%，A 公司、潘湖公司与蜀渝公司的企业所得税税率均为 25%。为讨论方便，忽略城市维护建设税与教育费附加等因素。

A 公司拟进行改制，有如下两种方案可供选择：

一是 A 公司向 B 公司进行整体资产转让（转让所有的资产与负债和劳动力）。两家公司协商后，B 公司支付其股票 6 000 万股（面值 6 000 万元），公允价值为 7 000 万元，同时支付现金 1 000 万元，合计 8 000 万元。A 公司转让后成为一家投资公司。

二是 A 公司先分配未分配利润 1 000 万元，后由潘湖公司与蜀渝公司转让各自的股份给 B 公司，B 公司支付其股票 6 000 万股（面值 6 000 万元），公允价值为 7 000 万元。

思考：试比较、分析不同方案的税收负担。

综合阅读题

1. 案例背景

江西国泰民爆集团股份有限公司（以下简称国泰集团）成立于2006年，坐落于资源大省江西省，主要从事民爆器材的生产销售和爆破服务的提供，是我国民爆行业的龙头企业。2016年在上交所挂牌上市。该企业实际控制人是江西国资委，控股股东是江西省军工控股集团有限公司。江西铜业民爆矿服有限公司（以下简称江铜民爆）成立于2015年，注册资本4 100万元。企业位于江西省德兴市，主营业务是民爆器材的生产销售。

我国鼓励深化产业结构，促进企业并购重组，民爆行业受国家政策和市场环境影响，也在积极兼并重组，整合优势资源。2018年10月，国泰集团通过股权收购方式，收购了江铜民爆100%的股权，完成了对江铜民爆的并购重组，如图11-2所示。重组后公司的资产总额、净资产、营业收入、净利润大幅增长，该公司也成为了国内民爆行业产品种类齐全的公司之一。

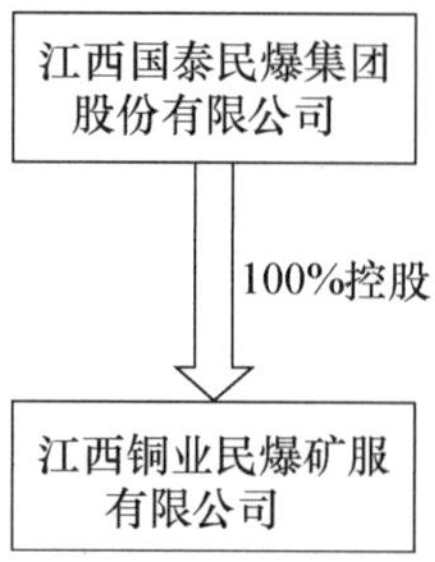

图11-2 重组后的股权关系

2. 并购的动因

(1) 扩大生产规模，提高综合竞争力。国泰集团与江铜民爆的主营业务都是生产销售民用爆破器材，国泰集团并购江铜民爆属于横向并购。横向并购以同行业的企业为合并目标，通过横向并购，可以消除同行业的竞争，扩大企业的生产经营规模，实现企业间优势互补，提高企业的综合竞争力。合并后，国泰集团的总资产、净资产以及净利润都有所增加，丰富的产品种类在民爆行业中极具竞争力，企业跻身行业前列。

(2) 实现协同效应，提高风险防范能力。根据协同效应理论，并购后企业的业绩高于并购前两个企业的业绩之和。国泰集团并购江铜民爆的协同效应体现在以下三个方面：一是战略的一致性，国泰集团与江铜民爆合二为一，这就意味着两个企业有共同的战略目标，在经营策略、人员安排、财务安排上相互协作，形成了协同优势，提高了竞争力。二是降低成本，合并后企业利用数量优势降低买入价格，从而降低采购成本；企业的生产规模扩大，产品生产成本降低；人员可能出现过剩现象，增加了员工之间的竞争压力，一定程度上提高了生产效率，或者通过裁员降低了人工成本。三是提高风险防范能力，国泰集团并购江铜民爆，可以减少竞争对手，且规模增大后，企业的资产增加，应对风险的能力增强。

（3）迎合政策导向，提升产品质量。国泰集团兼并江铜民爆，不仅迎合了产业重组的政策导向，而且受益于江铜民爆的税收优惠政策。江铜民爆于 2017 年取得高新技术企业证书，有效期 3 年，这意味着该企业适用 15%的企业所得税税率；江铜民爆有研发活动和专利申请，适用研发费用加计扣除政策，可以提高企业的产品质量；此外，江铜民爆使用的环保专用设备可以按专用设备投资额的 10%抵免当年税款。这些税收优惠政策可以降低税收负担，增加税后利润。

3. 资产收购

在实际收购中，国泰集团是通过股权收购的方式收购了江铜民爆，本案例假设国泰集团通过资产收购的方式收购江铜民爆，以讨论另一种资产重组的税收结果。

根据资产评估报告，江铜民爆净资产的公允价值为 48 573.32 万元，账面价值为 8 685.58 万元，总资产的账面价值为 19 477.46 万元，国泰集团收购江铜民爆的资产低于 50%，无论是现金支付还是股权支付都不符合特殊性税务处理方法，因此国泰集团若采用资产收购，则适用一般性税务处理，国泰集团与江铜民爆分别以转让资产或被收购股权的原有计税基础确定计税基础。

（1）现金支付。在现金支付模式下（见图 11－3），国泰集团按公允价值 48 573.32 万元确定江铜民爆的计税基础。由于江铜民爆的资产项目中含有固定资产和无形资产，每年折旧或摊销的金额为 240.53 万元，这可以抵减应纳税所得额，形成税收挡板。江铜民爆应按公允价值 48 573.32 万元与账面价值 8 685.58 万元之差确认资产转让所得 39 887.74 万元。由于江铜民爆作为高新技术企业，适用 15%的企业所得税税率，最终江铜民爆缴纳企业所得税 5 983.16 万元。

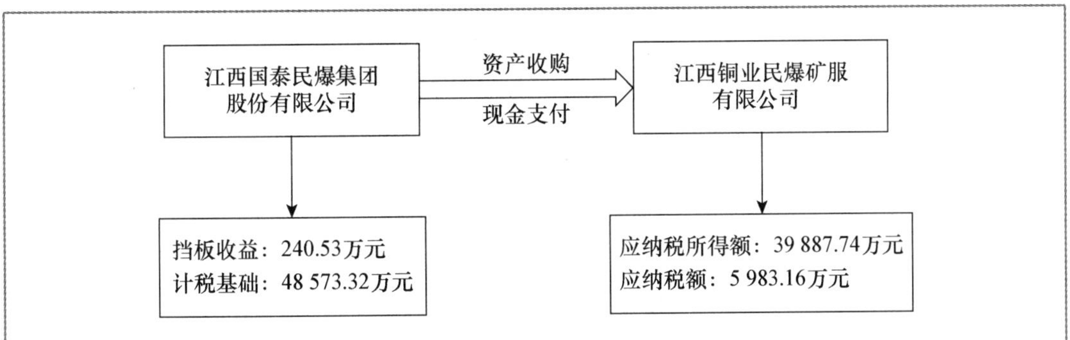

图 11－3　现金支付模式下的资产收购

（2）股权支付。在股权支付模式下（见图 11－4），国泰集团以股权支付对价，应确认股权转账所得 43 925.15 万元，适用 15%的企业所得税税率，企业所得税应纳税额为 6 588.77 万元；固定资产与无形资产当年折旧或摊销的金额同样是 240.52 万元。江铜民爆应确认资产转让所得 39 887.74 万元，乘以 15%的企业所得税税率后缴纳企业所得税 5 983.16 万元。

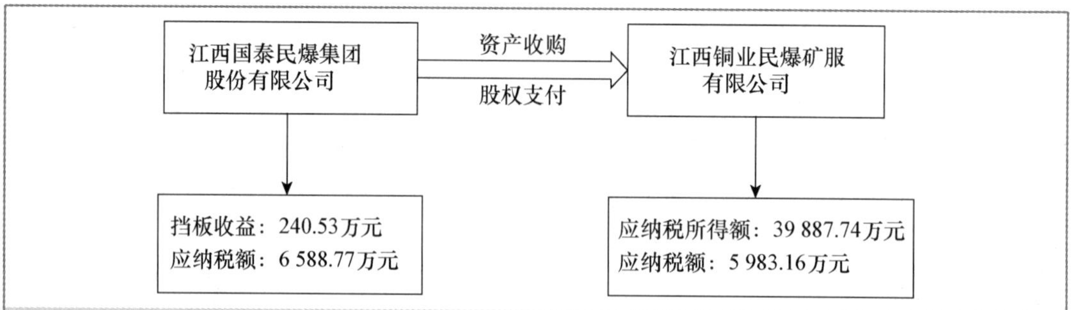

图 11－4　股权支付模式下的资产收购

4. 股权收购

在实际操作中，国泰集团收购江铜民爆100%的股权，支付方式分为股权支付和现金支付。下面既分析股权支付的实际情况，也分析现金支付的假设情况，从而讨论最优的税收筹划方案。

（1）现金支付。国泰集团按公允价值48 573.32万元确定收购江铜民爆股权的计税基础，取得股权时不做税务处理，在转让该股权时确认资产转让所得。

在并购前江铜民爆由江西省民爆投资有限公司（简称民爆投资）独家控股，民爆投资转让江铜民爆的股权并接受现金支付，应确认股权转让所得39 887.74万元，适用15%的企业所得税税率，应纳企业所得税额是5 983.16万元。江铜民爆在该股权转让交易中无需纳税，仅作为并购的标的公司。现金支付模式下股权收购税收分析如图11－5所示。

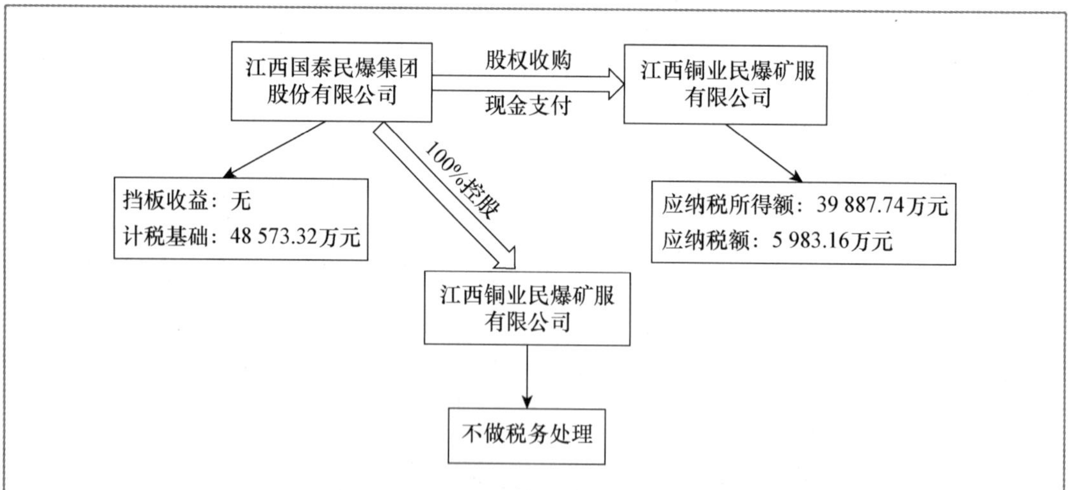

图 11－5　现金支付模式下的股权收购

（2）股权支付。国泰集团以100%股权支付对价收购江铜民爆100%的股权，该收购行为具有合理的商业目的，重组后12个月内既不改变江铜民爆资产的实质性经营活动，也不转让国泰集团取得的股权。这同时符合一般性税务处理和特殊性税务处理的条件。如果选择一般性税务处理，那么现金支付与股权支付类似，都是国泰集团后期确认股权转让所得，民爆投资也需要缴纳企业所得税。在这里我们选择特殊性税务处理方式进行筹划，国泰集团和民爆投资均以对方股权原有计税基础确定计税基础。

国泰集团以 8 685.58 万元确认收购江铜民爆的计税基础，该交换 100%通过股权支付且符合特殊性税务处理条件，因此国泰集团暂时不确认转让所得。

民爆投资以 8 685.58 万元确认取得国泰集团股权的计税基础，同样暂时不确认转让所得。

江铜民爆在该股权转让交易中仅作为并购的标的公司，无需纳税。股权支付模式下股权收购税收分析如图 11－6 所示。

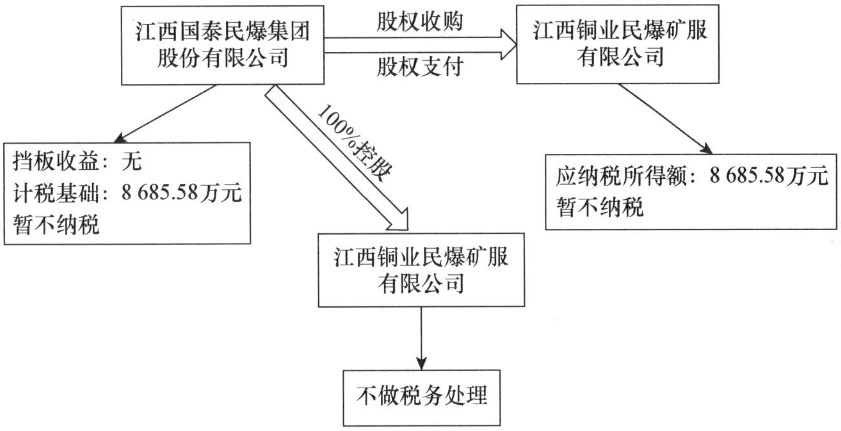

图 11－6　股权支付模式下的股权收购

5. 税收筹划结论

通过对比四种税收筹划方案（见表 11－9）可知，如果选择资产收购的方式，只能适用一般性税务处理，在此情况下现金支付要比股权支付所得税税收负担低；如果选择股权收购，则股权支付要比现金支付实际税负低，因为特殊性税务处理方式可以实现递延纳税，获得资金的时间价值。综上所述，国泰集团选择股权支付对价收购江铜民爆 100%的股权是最佳的税收筹划方案，在实际操作中国泰集团也是这样做的。

表 11－9　税收筹划方案对比表

支付方式		现金支付	股权支付
资产收购	国泰集团	挡板收益 240.53 万元	纳税 6 588.77 万元
	江铜民爆	纳税 5 983.16 万元	纳税 5 983.16 万元
股权收购	国泰集团	不纳税	不纳税
	江铜民爆	不纳税	不纳税
	民爆投资	纳税：5 983.16 万元	不纳税

当然，企业所得税只是企业重组中需要负担的税种之一，国泰集团还需缴纳增值税、城市维护建设税、房产税等，其中增值税负担对企业税收成本有着重要影响。在资产收购方式下，江铜民爆需要缴纳增值税；在股权支付下无需缴纳增值税，因此国泰集团通过股

权支付的方式收购民爆集团股权是税负最低的税收筹划方法。

虽然股权收购方式税负最低，但是国泰集团要承受江铜民爆的风险。因此，国泰集团在并购前要对江铜民爆的债务偿还、法律纠纷等情况进行调查，最大限度地降低财务风险。

问题思考：

1. 股权收购和资产收购各自的优缺点是什么？如果你来决策，如何权衡税收利益与财务风险、税务风险的关系？

2. 本案例可以涉及其他类型的资产重组方式吗？若有，请给出该方式下重组的操作模式及税务处理方法。

第十二章
跨国经营的税收筹划

目前全球税收体系是不公平的、扭曲的，导致苹果和谷歌等大公司海外运营后税收流失海外，美国国内普通工人和纳税人则没有因大公司的繁荣而受益。

——诺贝尔经济学奖获得者、哥伦比亚大学教授约瑟夫·斯蒂格利茨

第一节　跨国税收筹划的基本原理

一、跨国税收筹划的特征

在企业的生产经营活动中，许多活动常常会跨越国界，涉及在多个国家缴纳税款的问题。一般而言，跨国税收筹划是指从事跨国经营的企业利用不同国家之间的税法差异及各国税法、国际税收协定（tax treaty）中的相关规定，通过合法的生产经营活动安排，规避或减轻其整体税负的税务规划活动。跨国税收筹划活动突破了国家的界限，向国际领域延伸，因此具有不同于国内经营的税收筹划特征。

（一）跨国税收筹划需要考虑多国税法

与国内经营的税收筹划不同，跨国税收筹划不仅需要跨国企业遵循其本国的税法，而且要遵循其开展生产经营活动的所在东道国的税法。在现实中，大部分国家同时实行居民管辖权和地域管辖权。这意味着大部分国家对于境外企业在境内从事生产经营活动取得的所得都要征收所得税，同时对本国居民在境内外从事经营活动取得的全部所得也要征收所得税。因此，当一国企业到另一国开展生产经营活动并取得收入时，往往需要按照东道国税法的规定缴纳企业所得税，同时还要按照本国税法规定缴纳企业所得税。

需要说明的是，各国行使税收管辖权的方式和规定体现了其对于企业跨国所得的税收利益之争。为了避免国家间的利益争夺对企业的跨国经营活动造成影响，许

多国家都签订了国际税收协定，并据此完善了本国的税法。因此，如果一家企业的某项跨国所得被不同国家同时征税的话，根据税收协定和各国税法，可以采取相应的方法消除重复征税。

（二）跨国税收筹划的目标是减轻整体税负

跨国经营活动使得企业可以在不同国家获得收入，并且要按照不同国家的税法缴纳税款。在这种情况下，跨国税收筹划的目的不是减轻企业在某一国的税负，而是要减轻其在各国的总体税负。因此，作为从全球获利、在多个国家纳税的跨国企业，其跨国税收筹划活动需要综合考虑各国税制的特点及差异，并以此为基础，对组织结构、交易形式、成本费用与收入等进行合理安排，以减轻其在全球的整体税负。

（三）跨国税收筹划空间更大，风险也更大

由于企业的跨国税收筹划活动涉及多个国家，与国内税收筹划活动相比，需要采取更为复杂的税收筹划方法，且往往具有更大的筹划空间。之所以会产生这种不同的结果，原因是跨国税收筹划活动不仅可以利用各国的税收优惠、税法空白等手段减轻税负，而且可以利用各国税法差异实现节税目标。这就相当于给了企业更多的税收筹划手段，也允许企业以更多、更为复杂的方法进行税收筹划，所以跨国税收筹划的空间有了极大的拓展。

由于世界各国税法差异巨大，部分国家或地区会采取非常优惠的税收政策（甚至免税），这就不可避免地形成了各国之间的税收洼地，例如英属维尔京群岛、开曼群岛等“避税天堂”就是典型的税收洼地。企业跨国经营时可以利用这些税收洼地开展税收筹划活动。

正是因为上述特点，许多企业跨国经营的税收筹划活动取得了非常好的效果，但是，与之相伴随的是，跨国税收筹划也呈现出高风险的特征。例如，近年来OECD发布的“税基侵蚀与利润转移”（benefit erosion and profit shifting，BEPS）行动计划就对跨国税收筹划产生了巨大的限制。在这一计划的指导下，许多国家都加强了对企业在跨国经营中税收安排的避税管理。开曼群岛也开始制定并执行一系列有关经济实质的税收监管法案，更新了一系列有关经济实质现行监管法律、法规，主要包括2018年12月27日更新的《国际税收合作（经济实质）法（2018版）》（2019年1月1日生效）及后续相关修正案、2019年4月30日更新的《开曼群岛经济实质指引2.0》及2019年9月17日更新的最新版的指引修正案。这些法律法规要求在开曼群岛开展相关活动并取得相关收入前，相关主体必须满足经济实质测试，并向开曼群岛税务信息局申报相关信息。

在国际税收监管环境变化的情况下，一旦跨国税收筹划的手段和方法运用不当，企业很容易掉入“税收陷阱”，遭遇国际反避税调查并最终导致税务风险损失。

二、利用国际税收协定的筹划原理

国际税收协定是两个或两个以上国家为了消除对跨国所得的国际重复征税和处

理跨国纳税人征纳事务方面的关系而签订的书面协议。国际税收协定最初为消除国际重复征税而产生，经过不断地发展和完善，如今已经涵盖消除国际重复征税、划分税收管辖权、国际税收征管等更为丰富的内容，形成较为完备的、得到大多数国家认可的国际准则：OECD税收协定范本和联合国税收协定范本。目前，绝大部分国家之间的国际税收协定都是以这两个范本为基础签订的。

作为各国制定对跨国所得征税规定的基础，国际税收协定不仅兼顾各国居民管辖权和地域管辖权的实现，专门对税收居民和所得来源地（常设机构）做出了明确的规范，还根据不同类型跨国所得的性质划分了缔约各国的征税权。尽管国际税收协定还包含非歧视原则、国际税收征管协商与合作等非常丰富的内容，但其对各国实体税法产生影响的主要是税收居民和常设机构、各类所得征税权的划分等条款。这些条款在各国执行的程度、掌握的标准并不完全一致，而且这些条款并未涵盖跨国所得的全部领域，为企业开展国际税收筹划活动提供了空间。

（一）税收居民与常设机构

国际税收协定的两个范本同时认可各国的居民管辖权与地域管辖权。

税收居民（resident）和常设机构（permanent establishment，PE）是两个重要的概念。其中税收居民体现了国际税收协定对缔约国双方居民管辖权的认可，即承认一国对其居民的无限征税权；常设机构则给出了一国是否可以对境外企业征税的标准，即只有在境外企业在一国境内拥有常设机构的情况下，该国才可以对其征收所得税。由于国际税收协定通常只是给出了税收居民和常设机构的一般规定，各国在执行协定时对其相关条款理解的程度、掌握的尺度、采取的具体标准和规定有可能会不一致，这就给跨国税收筹划带来了空间。

就税收居民而言，如果一个企业或个人被一个国家认定为税收居民，就要在该国承担无限纳税义务，即该企业来自世界各国的所得都要在该国缴纳所得税；相反，如果一个企业或个人被一个国家认定为非税收居民，只需要承担有限纳税义务，仅就其来源于该国境内的所得在该国缴纳所得税。国际税收协定主要致力于解决纳税人税收居民身份冲突问题：在一个纳税人同时被多个国家认定为税收居民时，需要按照国际税收协定关于税收居民条款的规定进行处理，以解决缔约国双方居民管辖权的重叠问题。但是，从本质上看，国际税收协定认可了各国拥有根据自身情况自主制定税收居民标准的权力。按照国际税收协定的规定，各国有权在本国税法中规定税收居民的界定标准。也就是说，无论对于自然人还是法人，各国都可以自行制定其具体标准。由于各国税法对税收居民的认定标准并不相同，这就为企业开展跨国税收筹划活动提供了条件。

对跨国企业而言，其通过税收居民进行跨国税收筹划的主要方式是尽可能避免成为多国或一国的税收居民，从而规避无限纳税义务。企业在多个国家开展生产经营活动，很有可能同时被几个国家认定为税收居民。这一问题可以通过国际税收协定的规定加以解决。但是根据国际税收协定解决的结果，很有可能并不是税负最低的结果。例如，A，B两国的企业所得税税率分别为25%和30%，A国的居民企业到B国从事经营活动，同时被B国认定为其税收居民。而根据两国的税收协定，该企业最终应被认定为B国居民，这对该企业来说并不是一个最优的结果，因为B国的税率高于A国。该企业被认定为B国税收居民且在B国承担无限纳税义务，显然要比它作为A国居民缴纳更多的所得税。因此，在这种情况下，该企业最好的选择是：在其到B国从事生产经营活动之初，就采取措施尽可能避免成为B国的税收居民。

例12-1

A国一家公司为了打开其B国市场，于2008年在B国设立了一个销售代表处。经过十几年的发展，该公司的产品打开了B国的市场，其在B国的销售收入和利润快速增长。2018年，该公司一名高管提出将公司总部及主要管理机构搬到B国，以满足其在B国销售业务快速发展的需求。预计该公司未来每年在A国取得的利润为8 000万元，在B国取得的利润为6 000万元。该公司在A国的企业所得税税率为25%，在B国适用35%的企业所得税税率。

解析：

如果该公司将总部及主要管理机构迁往B国，根据A，B两国的税收协定，其将被认定为B国税收居民，来自A，B两国的所得均需在B国缴纳企业所得税，但其在A国缴纳的企业所得税可以在B国进行限额抵免。该公司每年在A，B两国的纳税情况如下：

在A国缴纳的企业所得税=8 000×25%=2 000(万元)
在B国缴纳的企业所得税=(8 000+6 000)×35%-2 000=2 900(万元)
该公司在两国的总税负=2 000+2 900=4 900(万元)

如果该公司仍将总部及主要管理机构设置在A国，根据A，B两国的税收协定，其将被认定为A国税收居民，来自A，B两国的所得均需在A国缴纳企业所得税，其在B国缴纳的企业所得税可以在A国进行限额抵免。该公司每年在A，B两国的纳税情况如下：

在B国缴纳的企业所得税=6 000×35%=2 100(万元)

由于B国税率高于A国税率，该公司在B国缴纳的税款超过了税收协定规定的抵免限额，因此，其在A国只能抵免1 500万元（6 000×25%）在B国已缴纳的税款，仍有600万元（2 100-1 500）的税款无法抵免。

在A国缴纳的企业所得税=(8 000+6 000)×25%-1 500=2 000(万元)
该公司在两国的总税负=2 100+2 000=4 100(万元)

由此可见，该公司将总部及主要管理机构迁至B国，其税负将增加800万元（4 900-4 100）。这主要是因为A，B两国的企业所得税税率存在差异。因此，A国公司应尽量避免成为B国税收居民。进一步而言，低税率国家的企业在高税率国家从事经营活动时，均应尽量避免成为对方国家的税收居民。由于税收协定规定，如果一个企业同时被两个国家认定为税收居民，应认定是其实际管理机构所在国的税收居民。因此，在本案例中，A国公司不应将总部和主要管理机构（实际管理机构）搬到B国，这样就可以规避B国较高的税负。

与税收居民的国际税收筹划相类似，对跨国企业而言，其针对常设机构的跨国税收筹划方式主要是尽量避免在多个国家或一个国家构成常设机构。一国的企业到另一国从事生产经营活动，其是否需要在另一国缴纳所得税，主要依据是该企业是否在另一国形成了常设机构。如果该企业在另一国形成了常设机构，其就需要在该国缴纳所得税；反之，则不需要缴纳所得税。因此，在另一国税率较高、税负较重的情况下，该企业最好的选择就是不构成常设机构，从而可以不在该国缴纳所得税。

对跨国经营企业来说，避免成为常设机构就避免了在非居住国有限的纳税义务，特别是当居住国税率低于非居住国税率时，避免成为高税率的非居住国常设机构，获得非居住国的免税优惠，就成为很有效的跨国经营纳税筹划策略。因而，跨国经营者可通过货物仓储、存货管理、广告宣传或其他辅助性营业活动而非设立常设机构来享受在非居住国免税的优惠。

国际税收协定关于常设机构的条款详细列举了常设机构的标准：除了正列举和反列举之外，税收协定还特别指出了“固定的营业场所”、“建筑安装工程持续时间超过 12 个月”（联合国范本为 6 个月）、“非独立的代理人”三个具体的标准。从税收角度看，一国企业在境外从事生产经营活动，应尽可能避开这些标准，避免在境外形成常设机构，从而规避境外税负。

例 12－2

中兴通讯股份有限公司是一家综合性通信制造企业，其经营业务已经从少量产品出口发展到大规模承包电信工程。由于业务需要，公司要与海外客户签订一系列涉及常设机构的合同。若想避免成为海外经营地的常设机构，可以在签订合同时采用以下方式：境外公司的签约主体对境外代表处负责人及其他常驻人员进行授权时，避免在委托授权书中标有“代替”或“代理”境外公司主体履行投标、谈判、合同签字、交付货物、工程执行等权力的字样；境外代表处负责人及其他常驻人员避免在合同上代表公司签字；避免在合同中注明从当地代表处仓库提取货物且直接交付给客户的条款。通过这些方式可以避免签订合同的代理行为符合常设机构的认定标准，从而减轻中兴通讯股份有限公司的非居民纳税义务。

例 12－3

A 国一家公司生产的产品主要通过网购的形式销售给 B 国的消费者。随着该公司在 B 国销售量的逐渐扩大，为便利其在 B 国的销售，该公司打算在 B 国租用一个仓库，专门用于储存、交付产品。但该公司总经理提出，应该直接在 B 国设立一个专门的销售分公司。预计该公司每年在 B 国取得的利润为 3 000 万元。该公司在 A 国的企业所得税税率为 20%，在 B 国适用 25%的企业所得税税率。

解析：

如果该公司在 B 国租用一个仓库，仅仅用于销往 B 国的产品的储存和交付，并不派人去B国从事销售活动，也不成立销售分公司，那么，根据A，B两国税收协定，专为储存、陈列或者交付本企业货物或者商品的目的而使用的设施，不构成常设机构，即该仓库并不构成常设机构。因此，该公司在B国无须缴纳企业所得税。

该公司在A国缴纳的企业所得税＝3 000×20％＝600(万元)

这也是该公司的全部税负。

如果该公司在B国成立销售分公司，在B国销售自己的产品，那么，根据A，B两国税收协定，这个销售分公司就构成了该公司在B国的常设机构，需要在B国缴纳企业所得税。

该公司在B国缴纳的企业所得税＝3 000×25％＝750(万元)

由于B国税率高于A国税率，该公司在B国缴纳的税款超过了税收协定规定的抵免限额，因此，其在A国只能抵免600万元（3 000×20％）在B国已缴纳的税款，仍有150万元（750－600）的税款无法抵免。

该公司在A国缴纳的企业所得税＝3 000×20％－600＝0

即该公司这笔所得无需在A国缴纳企业所得税，只需在B国缴纳750万元的企业所得税。

由此可见，该公司在B国成立销售分公司比租用仓库要多缴纳150万元（750－600）的企业所得税。这一差异之所以产生，主要是因为在B国成立销售分公司形成了常设机构，而租用仓库没有形成常设机构，且A，B两国税率存在差异。因此，企业到海外从事经营活动时，若东道国税率高于居住国税率，应尽量避免在东道国形成常设机构。

（二）税收管辖权的划分

根据性质的不同，OECD范本和联合国范本将企业的跨国所得分为营业利润、不动产所得、国际运输所得、股息、利息、特许权使用费、资本所得等类型；将个人所得分为非受雇所得、受雇所得、董事费、艺术家和运动员所得、养老金、政府服务、学生等类型。针对不同类型的所得，这两个范本划分了缔约国双方的征税权。

知识链接

国际税收协定对于不同类型所得的征税权划分情况

（1）营业利润（经营所得）：一般由居民国对营业利润征收所得税。但是，如果一国企业在东道国设有常设机构的话，对归属于该常设机构的利润，东道国也征收所得税。

（2）不动产所得：一般是指不动产的持有所得，即租金。该所得一般由不动产所在国征收所得税，税收协定并未限制其税率。

（3）国际运输所得：一般由国际运输企业的实际管理机构所在国征收企业所得税。许多国家的税收协定中还有互免流转税的条款。

（4）股息、利息和特许权使用费：一般由跨国企业的居民国和收入来源国共享征税权，收入来源国先征所得税，但限制税率（一般不超过10％，也有部分特殊优惠的规定），居住国随后征收所得税。各国在签订税收协定时，往往会对部分特殊情况约定更为优惠的限制税率。

（5）个人的受雇所得：一般由个人的居住国征税。但是，如果满足以下三个条件之一，收入来源国（东道国）也可以征税：1）该自然人在任何12个月中在东道国停留连续或累计超过183天；2）该自然人取得的报酬由非东道国居民的雇主支付或代表该雇主支付；3）该自然人取得的报酬不由其雇主设在东道国的常设机构负担。

（6）个人的非受雇所得：一般由个人的居住国征税，但如果该个人在东道国有固定基地或者在东道国停留时间超过183天，则东道国也可以征收所得税。

对于不同类型的所得，这两个范本对征税权的划分的详尽程度并不相同，而且在签订税收协定时，缔约国对协定中某些条款的理解程度和执行力度也不相同，这就给企业提供了跨国税收筹划的空间。例如，国际税收协定针对企业向境外支付的特许权使用费，做出了来源国可以按照限制税率（一般不超过10%）征税的规定；而针对企业向境外支付的服务费，国际税收协定却没有做出规定。因此，许多国家对其居民企业向境外支付的服务费都采取了不征税的措施。更为重要的是，由于在现实中，特许权使用费和服务费往往很难区分，而且国际税收协定对二者的界定也远远不能满足现实的状况，因此，跨国企业往往利用特许权使用费和服务费税收待遇的不同、界定标准的不统一来进行跨国税收筹划。

例12-4

A国一家建筑公司为完成某项建筑工程，需要借助其位于B国的母公司的专有设计技术。根据A，B两国签订的税收协定，该建筑公司向其境外母公司支付特许权使用费，其母公司需要向A国缴纳10%的企业所得税，并由该建筑公司代扣代缴税款。但是，根据A国税法，如果该建筑公司向其境外母公司支付服务费，则其母公司不需要在A国缴纳企业所得税。该公司面临着两种方案：一是与母公司签订技术转让合同，从母公司购买该项专有技术的使用权，该公司向其母公司支付特许权使用费2 000万元；二是与母公司签订技术服务合同，由母公司为该公司的这项工程提供建筑设计服务，该公司向其母公司支付服务费2 000万元。假定母公司在A，B两国适用的企业所得税税率分别为25%和20%。

解析：

第一种方案：双方签订技术转让合同，母公司取得的收入属于特许权使用费。

母公司需要在A国缴纳的企业所得税＝2 000×25%＝500(万元)

由于母公司居住国B国的税率20%低于居住国A国的税率25%，因此，其在B国取得的该笔所得不需在A国补缴企业所得税。母公司的实际税负为500万元。

第二种方案：双方签订技术服务合同，母公司取得的收入属于服务费。

母公司不需要在A国缴纳税款。

母公司在B国缴纳的企业所得税=2 000×20%=400(万元)

显然，双方签订技术服务合同比签订技术转让合同的税负减少了100万元（500－400），因此，从税收角度看，第二种方案对母公司来说更为有利。但需要注意的是，在本案例中，两种方案税负之所以产生差异，有一个必要的前提：收入来源国（东道国）税率高于居住国税率。换句话说，只有在收入来源国税率高于居住国税率的情况下，母公司的这种税收筹划方案才能奏效。而且，对于位于A国的该建筑公司（子公司）来说，两种方案下，其对该项专有技术的使用权也会存在差异。这意味着，企业的国际税收筹划要统筹考虑相关各方利益、多重因素和各类客观条件。

三、利用各国税制差异的筹划原理

（一）关税、商品税的各国税制差异与税收筹划空间

从各国税制发展的历史来看，关税作为比较古老的税种对经济的跨国流动一直产生着十分重要的影响。一国关税税率的高低往往意味着其经济壁垒的强弱。迄今为止，关税仍然是各国贸易战的主要工具。对跨国企业而言，其跨国经营活动（特别是商品贸易活动）在很大程度上取决于各国关税税率的高低。从跨国公司的整体战略而言，各国关税的税率状况往往是不可跨越的客观因素和现实屏障，总体而言，跨国企业在关税领域的税收筹划空间较为有限。在更多情况下，各国关税税率的高低被跨国企业视为其经营决策不可撼动的客观条件。

与关税相比，各国国内的商品税（比如增值税、消费税等）在征税原则上也基本达成了一致，各国之间的征税衔接也相对顺畅，因此，其留给企业进行跨国税收筹划的空间也比较有限。

（二）所得税的各国税制差异与税收筹划空间

与商品税相比，各国在所得税领域的税法差异为跨国税收筹划提供了更大的空间。一方面，与商品税法相比，所得税法往往更为复杂。在这种情况下，各国根据自己的立法程序、社会需求和国家战略等国情制定的所得税法往往存在巨大的差异，因为各国的国情存在巨大的差异。另一方面，各国所得税法的衔接存在较大的困难，这同样与所得税法的复杂性紧密相关。尽管国际税收协定为各国所得税征税权的划分规定了大致的框架和思路，但是由于生产经营活动形式的多样性和性质的复杂性，其远远未能涵盖现实中的全部经营活动。在这种情况下，各国所得税法也未能得以充分的衔接。由此，各国所得税法的差异就为跨国税收筹划活动提供了较大的空间。

1. 各国税率差异

从税收角度看，各国税率的差异是引导跨国企业经营活动的直接因素。由于经济发展阶段、国家治理水平及税制结构的不同，各国税率不可避免地存在差异。一方面，各国的税率会随着本国国情的变化不断调整，从全球来看，各国税率的这种

动态调整使得各国间税率的差异也在不断发生变化；另一方面，从国家之间税率的相互影响来看，国际税收竞争主要表现为税率的竞争，一国旨在吸引外来资本的低税率政策很可能会引发区域性甚至全球性的减税浪潮，这进一步加剧了国家之间税率的差异性。

从全球范围看，各国间的税率差异非常大，这就为跨国税收筹划提供了巨大的空间：为了实现利润最大化，跨国企业往往将其生产要素及相关的经营活动转移到税率最低的国家或地区，以尽可能减轻税负。

2. 各国税收优惠政策差异

在各国的所得税制度中，或多或少都会存在一些税收优惠的条款。从全球来看，这些优惠政策的目的不一，内容丰富，形式各异，成为跨国税收筹划的主要工具和手段。对于一些亟须引进外资的发展中国家来说，其税收政策的优惠往往是吸引外国投资的首要工具。我国在 20 世纪 90 年代实施的《中华人民共和国外商投资企业和外国企业所得税法》① 就是为了吸引外资专门制定的系统性的税收优惠政策。如今，一些发展中国家的特殊税收优惠政策依然对跨国企业有着极大的吸引力。即便在发达国家，为了实现特定的政策目标，税法中也不可避免地会有一些税收优惠条款。比如，为了促进科技创新而制定的研发费用加计扣除政策，为了促进中小企业发展而制定的减免税政策等。对跨国企业来说，这些税收优惠政策无疑成为其进行国际税收筹划的主要途径。

延伸阅读

万豪国际的避税之路

万豪国际集团在世界各地许多令人向往的城市和度假胜地拥有数千家酒店，当你走进其中的任何一家时，你会注意到什么呢？从费城到巴黎，豪华的地毯和闪耀的吊灯并没多大区别，而令人意外的是这家国际酒店连锁集团竟然投入巨资购置洗煤机。

对一个出色的酒店经营者来说，洗煤机听起来不会增加效益。但这种投资是一个非同寻常的营利手段，而且对美国公司的税务管理来说已经变得日趋重要（税务管理是老式避税的委婉说法）。2002 年，万豪国际集团利用税法中鼓励从非常规来源生产燃料的减税规定，通过投资购置洗煤机获得 7 400 万美元的减税收额，2003 年获得同样的减税额，两年的减税额加在一起是万豪国际集团最初 6 000 万美元投资额的 2 倍，从而使万豪国际集团的实际税率从 2001 年的 36.1%下降到 2002 年的 6.8%，而且这种减税大约占该公司 2002 年 2.77 亿美元利润的 1/4 以上。

万豪国际集团的所作所为并没有什么非法之处。当时美国对公司征收的联邦所得税税率为 35%，但没有几家公司按这个税率纳税。美国各地的公司都在效仿万豪国际集团减少纳税的策略，许多公司都学会了公司财务的真谛：利润不断增加，税收负担大大减轻。

---

① 本法自 1991 年 7 月 1 日起施行。2008 年 1 月 1 日起《中华人民共和国企业所得税法》施行，《中华人民共和国外商投资企业和外国企业所得税法》废止。

3. 所得税制度本身的差异

税率和税收优惠的国际差异在不同的领域形成了范围不一、形式各异的税收洼地，为跨国税收筹划提供了空间。与之相比，各国所得税制度本身的差异也会为跨国税收筹划带来一定的空间。主要表现在：各国所得税对于“收入”“扣除”等税制要素的规定存在差异，利用这些差异，跨国企业仍然有可能减轻总体税负。举一个典型的例子：许多跨国企业会利用各国税制本身的差异，通过混合金融工具等特定的安排，形成“缔约国一方准予税前扣除，缔约国另一方不征税”或者“缔约国双方同时准予扣除”等双重不征税来减轻其整体税负。

四、BEPS行动计划对跨国税收筹划的影响

BEPS行动计划即“税基侵蚀与利润转移”行动计划，是OECD发布的系统性的国际反避税计划。2013年，受G20的委托，OECD开始了对BEPS行动计划的研究。2015年，OECD发布了BEPS行动计划的15项研究成果，并逐渐开始在各国推行。BEPS行动计划强调国际税收的公平性，要求税收与经济实质和价值创造相匹配。传统的国际税收主要是为了解决双重征税问题，把征税权在居民国和来源国之间重新分配，但现在的结果是，跨国公司利用了国际税收协定的优惠条件，再加上各国存在的优惠税制，合法避免了居民国和来源国任何一方的税收，却将利润转移到了其他地区，对居民国和来源国都造成了税基侵蚀和利润转移，而得到好处的仅仅是对经济活动没有贡献的避税地和低税地。

知识链接

BEPS行动计划

BEPS行动计划包括五大类，共计15项行动（见表12-1）。BEPS行动计划的出台意味着跨国公司先前习惯使用的避税方式很可能遭到治理或中断，各跨国公司在税收筹划的过程中要更多考虑经济活动的问题，务必使税收和经济实质相匹配，否则很可能会给企业带来更大的税收风险。

表12-1　BEPS行动计划核心内容

类别	15项行动计划	主要内容
应对数字经济带来的挑战	第一项：数字经济	针对数字经济带来的新问题，对税制、税收协定和转让定价规则存在的问题提出修改建议。
协调各国企业所得税税制	第二项：混合错配	针对利用国家间税制差异获得双重或多重不征税结果的行为，提出修改国内法和国际规则的建议。
	第三项：受控外国公司规则	强化受控外国公司规则，防止利润留存境外避免纳税。
	第四项：利息扣除	针对利用利息扣除避税的问题，提出修改国内法和国际规则的建议。
	第五项：有害税收实践	审视各国“有害”的优惠税制，推动各国做出改变。

续表

<table>
<tr><th>类别</th><th colspan="2">15 项行动计划</th><th>主要内容</th></tr>
<tr><td rowspan="5">重塑现行税收协定和转让定价国际规则</td><td colspan="2">第六项：反税收协定的滥用</td><td>针对滥用税收协定待遇的行为，修订国际税收协定，并提出必要的国内法修改建议。</td></tr>
<tr><td colspan="2">第七项：常设机构</td><td>针对通过避免成为常设机构来避税的行为，修订国际税收协定中常设机构的定义。</td></tr>
<tr><td rowspan="3">转让定价</td><td>第八项：无形资产</td><td rowspan="3">限制利用无形资产、风险和资本，以不合理的定价进行转让，人为增加低税地利润，减少高税地利润的行为。</td></tr>
<tr><td>第九项：风险和资本</td></tr>
<tr><td>第十项：其他高风险交易</td></tr>
<tr><td rowspan="4">提高税收透明度和确定性</td><td colspan="2">第十一项：数据统计分析</td><td>建立数据统计分析体系，以监督和评估 BEPS 行动计划的作用和影响。</td></tr>
<tr><td colspan="2">第十二项：强制披露原则</td><td>帮助各国税务机关设计税收筹划方案披露机制。</td></tr>
<tr><td colspan="2">第十三项：转让定价同期资料</td><td>充分考虑企业遵从成本，制定转让定价同期资料通用模板。</td></tr>
<tr><td colspan="2">第十四项：争端解决</td><td>建立更为有效的争端解决机制，弥补国际税收协定中争端解决的不足。</td></tr>
<tr><td>开发多变工具促进行动计划实施</td><td colspan="2">第十五项：多边工具</td><td>研究制定多边方式，减少为落实行动计划国家之间不必要的协商程序。</td></tr>
</table>

随着 BEPS 行动计划在越来越多的国家推广，跨国企业的国际税收筹划空间将会进一步缩小。BEPS 行动计划涉及的税收筹划范围之广、经营活动内容之多、限制性规定之严，几乎无一不为跨国税收筹划带来潜在的风险。但是，这并不意味着企业将毫无税收筹划的空间。虽然 BEPS 行动计划的推广和普及对企业的跨国经营活动和税务构架会产生一定影响，但在经济全球化的背景下，跨国企业具有合理商业目的的业务安排仍是必不可少的，跨国企业仍存在税收筹划的操作空间与必要性，税收筹划具有鲜活的生命力。而且，近年来，各国的税收竞争一直没有停止，由此引发的减税浪潮仍未消退。在这种情况下，各国税法的差异和税收洼地仍然存在。因此，跨国企业进行税收筹划的空间仍然存在，而且各国面对发展经济与实施 BEPS 行动计划如何做出政策抉择，仍然具有很大的不确定性，这也决定了 BEPS 行动计划对跨国企业税收筹划影响的有限性。

五、OECD 应对数字经济挑战的最新税收进展

2019 年 OECD 正式提出 BEPS 两大支柱，针对数字经济的税收问题提出了新的解决方案。2020 年 1 月 31 日 OECD 和 G20 发布 BEPS 两大支柱的包容性框架声明，以应对数字经济下的税收挑战。声明中承诺将于 2020 年底之前针对数字经济

下的税收解决方案达成共识。支柱一的内容是统一方法，提出新联结度规则和利润分配规则；支柱二提出全球最低税规则并逐步寻求达成一致。BEPS 两大支柱的提出和应用将进一步影响国际税收环境，国际税收筹划方案也随之面临变革。

（一）BEPS 支柱一：统一方法

支柱一主要解决征税权分配的问题，OECD 于 2019 年 10 月提出统一方法规则并进行了公众咨询。支柱一的主要特征包括：（1）新联结度规则，即使外国企业在市场国内没有实体存在，市场国也能对该企业征税。（2）新利润分配规则，采用新公式对跨国集团利润进行分配。新联结度规则强调当企业与市场国有持续且重大的联系时，就可以判定其为常设机构，不再需要物理存在。新利润分配规则对企业全球合并利润进行划分，主要针对面向消费者的大型企业，将关于市场国的利润总额分成三部分：金额 A、金额 B 和金额 C，然后再做进一步分配。金额 A 是新联结度规则和新利润分配规则下，按公式分配归属于市场国的剩余利润；金额 B 是基于独立交易原则的固定回报，体现市场的基础营销功能；金额 C 体现了市场国功能超过金额 B 补偿的额外报酬。统一方法规则已经达成了基本共识，具体方案还在不断商议调整中。

（二）BEPS 支柱二：剩余问题

支柱二关注剩余问题，提出了最低税规则，借鉴了受控外国公司规则。最低税规则将确保跨国集团按照最低税率缴税，从而减少将利润转移到低税实体的动机，能够保护母公司或运营公司所在地的税基。其中还涉及不同地区采用不同会计准则，税务和会计之间存在差异，永久性差异和时间性差异如何调整等问题，这就意味着税收问题可能会上升为会计问题，整个财务系统都将面临重大调整。支柱二目前来看没有支柱一成熟，虽然在技术方面已经取得了一些进展，但还有很多后续工作亟待推进。

关于 BEPS 两大支柱的讨论还在进行，有望在 2020 年底出台正式解决方案。两大支柱将对跨国公司的全球架构、商业模式和税收选择产生重大影响，因此不仅需要在技术层面达成一致，在政治层面也需要得到各国的认可并保证规则的有效执行。OECD 为应对数字经济的税收挑战提出两大支柱，正式解决方案正在加紧制定与协调，如果方案通过并开始实施，将对国际税收环境产生新一轮的重大影响，现有的国际税收筹划方案或将面临颠覆。

第二节　跨国税收筹划方法

一、转让定价筹划

转让定价是企业进行跨国税收筹划的基本手段。一般来说，转让定价是跨国企业内部各公司之间通过提供产品、劳务、资金或财产等形式进行的收入与费用的分配。从本质来看，跨国企业的转让定价是利润在其位于不同国家的公司之间的转移过程，因而也成为跨国企业进行税收筹划的重要手段。

跨国企业通过转让定价的手段降低其位于高税负地区的关联公司的利润，同时增加其位于低税负地区的关联公司的利润，可以减轻集团整体税负，实现税后利润最大化。具体来说，跨国企业通过转让定价在其内部各公司间转移利润，主要是通过转让货物、提供劳务、融通资金、分摊成本等活动来实现的。

通过合理制定转让货物的价格转移利润是跨国企业常用的税收筹划方法，其操作方法如下：在跨国企业位于高税率国家或地区的子公司将原材料或产品销售给位于低税率国家或地区的子公司时，在相关国家或地区税法允许的范围内，通过制定尽可能低的交易价格，降低位于高税率国家或地区的子公司的利润，提高位于低税率国家或地区的子公司的利润，实现减轻整体税负的目的。在实践中，这种方法常常适用于跨国企业的生产型子公司位于高税率的国家或地区（在这些国家或地区设立生产基地的生产成本有可能会更低）、销售型子公司位于低税率的国家或地区（跨国企业在这些国家或地区可能拥有较为成熟的销售网络）的情形。反过来说，如果跨国企业出于生产成本或其他因素的考虑，将生产型子公司设在了低税率的国家或地区，而其销售型子公司位于高税率的国家或地区时，则在生产型子公司将货物转让给销售型子公司时，尽可能提高货物转让的价格。

提供劳务是跨国企业利用转让定价进行税收筹划的另一有效途径。与转让货物相比，跨国企业内部各关联企业之间提供劳务的价格制定具有更大的灵活性。由于劳务的类型多样、性质各异且富有变化，许多劳务的市场价格往往相差较大，难以形成公平的交易价格。因此，关联企业之间提供劳务的转让定价往往具有更大的空间。

融通资金是跨国企业利用转让定价进行税收筹划的又一重要途径，其操作方法如下：位于高税率国家或地区的子公司作为资金的需求者，从位于低税率国家或地区的关联企业借入资金，并以尽可能高的利率向其支付利息，以实现向低税负国家或地区转移利润的目的。在许多国家的企业所得税法中，对于企业的利息支出都有允许税前扣除的规定。在那些税率较高且有利息税前扣除规定的国家或地区，跨国企业的子公司便可以通过加大向低税率国家或地区关联企业举债的规模来支付较高的利息，从而实现其转移利润的目的。

除上述途径外，跨国企业内部各关联企业分摊成本也是一种利用转让定价进行税收筹划的重要方式。在跨国企业内部，为了提升整体管理水平和经营效率，在诸如技术研发、销售网络建设、产品广告等领域，往往采取跨国企业统一提供、各子公司分摊成本的方式。这样，对于那些位于高税率国家或地区的子公司来说，分摊成本就成为其利用转让定价进行税收筹划的一个有效途径。同时，由于分摊成本的各方往往有权获得相应的收益（对技术研发等无形资产的研发来讲尤其如此），因此，通过分摊成本的方式，也可以将相应的利润转移到税负较低的国家或地区。

利用转让定价进行跨国税收筹划需要充分考虑各关联企业本身的业务联系，只有在正常的业务联系范围内，同时在各国税法允许的范围内，利用转让定价进行跨国税收筹划才有可能取得预期的效果。

例 12－5

A国甲公司的最大股东是位于B国的乙公司。甲公司欲从乙公司筹集资金1 000万元。其面临股权融资和债权融资两种选择：如果采取股权融资方式，所筹集资金每年的税后利润全部分配给乙公司；如果采取债权融资方式，年利息率为10%。假定甲公司筹集的这1 000万元资金每年可以带来的税前利润为100万元，A，B两国的企业所得税税率分别为30%和20%，不考虑预提税。

解析：

在债权融资情况下，甲公司支付的利息100万元可以在税前扣除，无需在A国缴纳企业所得税；乙公司取得的利息，需要在B国缴纳企业所得税。

乙公司应纳企业所得税＝100×20%＝20(万元)

在股权融资情况下，甲公司筹集的1 000万元资金所带来的税前利润为100万元，则

甲公司需要在A国缴纳的企业所得税＝100×30%＝30(万元)

乙公司取得的利息在B国无需缴纳企业所得税。显然，股权融资的总税负为30万元，债权融资的总税负为20万元。债权融资比股权融资的总税负要低，因此债权融资方式更为有利。这也是国内税收筹划常用的方法：通过加大债权融资的比重减轻税负。

假如B国税法允许按照15%的利息率进行税前扣除，那么，乙公司可以进行进一步的筹划，将债权融资的利息率提高到15%。在这种情况下，甲公司需要支付利息150万元，不需要在A国缴纳企业所得税；乙公司取得这笔利息收入，需要按照B国税法规定的20%的税率缴纳企业所得税。这样一来，乙公司就可以通过较高的利息率将50万元额外的利润以利息的形式从较高税率的国家（A国）转移到较低税率的国家（B国），其总税负的减少额为：

50×(30%－20%)＝5(万元)

这5万元的税负减少额就是利用融通资金转让定价进行税收筹划转移利润的结果。

需要说明的是，本案例中的这种通过融通资金转让定价的方法有两个前提：一是筹集资金的公司所在国（A国）税率高于债权公司所在国（B国）税率；二是没有考虑向境外支付股息和利息的预提税。如果考虑预提税的话，需要对两种方案的总税负进行重新测算。

例 12－6

20世纪90年代开始，为了减轻在美国较高的所得税税负，美国微软公司建立起了全球性的业务分区域运营组织。按照美国税法的规定，如果微软的美国母公司把无形资产转移到新设立的外国子公司以换取子公司的股权，该交易将会被视同母公司销售无形资产，

公司应就该无形资产在未来20年间产生的所有特许权使用费在美国纳税。

为减轻在美国的所得税税负，美国微软公司与海外关联公司签订了成本分摊协议，将无形资产的研发费用预算进行了分摊：爱尔兰运营公司MIR大约分摊30%，波多黎各运营公司MOPR大约分摊25%，新加坡运营公司MAIL大约分摊10%，余下的35%由美国微软公司分摊。由于成本分摊协议的每个参与方均被视为研发的无形资产的所有人，依此方法，微软将其所研发的无形资产转移到了美国境外，也因此将无形资产所产生的收益转移到了美国境外。

通过上述安排，美国微软公司实际上获得了巨额的无形资产免税。2011年，美国微软公司在全球有699.43亿美元的销售收入和280.71亿美元的税前利润，全球实际税率是17.5%。而其在爱尔兰、新加坡和波多黎各的区域运营中心共获得约154.07亿美元的税前利润，约占全球税前利润的55%，但平均实际税率却仅为3.16%。

资料来源：崔晓静，何朔．“美国微软公司避税案”评析及启示．法学，2015（12）．

二、国际避税地筹划

国际避税地，又称避税天堂、避税港、离岸中心等，一般是指那些税负非常低甚至不征收所得税的国家或地区。由于其极低的税收待遇，因此往往是跨国公司进行避税活动的主要途径。

从目前世界上的主要避税地来看，国际避税地主要包括以下几种类型：一是不征收任何所得税的国家或地区。这类避税地通常称为“纯避税地”，如巴哈马、开曼群岛、瓦努阿图等。这些国家或地区对于在本地注册的公司，每年会收取公司年检费，而且费用相对较低。二是虽然征收所得税但税率极低的国家或地区，其税率一般不超过10%。这类避税地较为典型的有英属维尔京群岛、所罗门群岛等。三是对特殊的境外控股公司设置非常低的税率的国家或地区。这类避税地对本国或本地区的企业往往按照正常税率征收所得税，但是对于境外企业在境内设立的不在其境内开展经营活动、仅具有控股作用的公司，往往不征收所得税或者征收极低的所得税。四是与大部分国家签订具有特殊优惠条款的税收协定的国家或地区。在这些国家或地区签订的税收协定中，预提税的税率非常低甚至为零。此外，有的国家或地区（比如中国香港地区）实行单一的地域管辖权，仅对来源于境内的所得征税，对于来自境外的所得不征收所得税。这些国家或地区也常常被认为是国际避税地。

上述各种类型的国际避税地有一个共同的特点：对于境外控股的公司往往设置了非常低的税率，甚至不征收所得税。这就形成了世界上最为主要的税收洼地。显然，对跨国公司来说，这些避税地成为其进行跨国税收筹划的主要途径。通过将利润从其他国家的子公司转移到位于国际避税地的子公司，并将利润累积在国际避税地，便可以在很大程度上降低公司的整体税负。

从实施步骤来看，跨国公司若要利用国际避税地进行跨国税收筹划，第一步就是选择在某个国际避税地建立子公司。对于国际避税地的选择，跨国公司除了考虑地缘关系等客观因素之外，往往还要考虑国际避税地的信息安全等因素，以应对各相关国家可能采取的反避税措施。事实上，许多国际避税地都有严格的银行安全法或者相关的保密规定。此外，跨国公司在国际避税地建立何种性质的子公司，也需要根据企业经营的性质、特点等因素做出合理的决策。在国际避税地建立子公司之后，跨国公司第二步要做的就是通过转让定价等各种形式，将位于其他国家（特别是高税率国家）的子公司的利润转移到在避税地新设立的子公司。由此，跨国公司的利润就从高税国转移到了国际避税地，其整体税负就会大幅降低。这是跨国公司利用避税地进行税收筹划的最常见方法。

跨国公司往往会根据自身的需要，利用世界各地的避税地虚设各种形式的离岸公司（也称为信箱公司），然后通过关联交易，把利润留在该离岸公司，从而减轻税负。

例12-7

上海盛大网络发展有限公司于1999年11月成立，是一家从事互动娱乐媒体的跨国经营企业。在公司规模不断扩大的过程中，为了寻求更大的税收筹划空间，公司采用了设立离岸公司的方式。2003年11月在开曼群岛注册成立盛大互动娱乐有限公司，并由该公司100%控股在英属维尔京群岛设立的盛大控股有限公司。在此之前，公司在英属维尔京群岛设立的盛大控股有限公司已经下设有多家全资子公司，包括中国的盛大信息科技上海有限公司、美国特拉华州的Shanda Zona LLC公司、英属维尔京群岛的Shanda Zona Limited公司及日本的Bothte公司。2004年又设立了英属维尔京群岛的地平线媒体有限公司和开曼群岛的软银亚洲基础基金。

通过对盛大网络发展有限公司设立离岸公司前一年和当年的财务报告数据进行对比分析，发现2003年的息税前利润比2002年增加了77%，所得税支出减少了19%；2004年比2003年息税前利润增加了127%，所得税支出增加了108%。可见，息税前利润增加的幅度大于所得税增加的幅度，企业每年的税负也逐渐减轻。部分原因在于其在英属维尔京群岛和开曼群岛设立了离岸公司，得到了免缴企业所得税、资本利得税和股息分配时的预提税的优惠。

需要注意的是，2008年《企业所得税法》实施后，通过注册离岸公司进行税收筹划，应该避免离岸公司成为中国居民企业，否则将不能减轻企业的纳税负担。

此外，跨国公司还可以利用国际避税地进行多种形式的税收筹划。比较典型的筹划方法有：规避较高的预提税税率、混合海外公司利润、降低间接转让财产的税负等。这些筹划方法往往有着不同的特点，适用于不同的情形，但毫无疑问都利用了国际避税地较低税率甚至不征收所得税的特点。

跨国公司利用国际避税地筹划的一个重要形式是通过在避税地设立控股公司，降低预提税税率。一般而言，跨国公司会在具有资源禀赋的地区设立生产型子公司，该子公司实现利润后，缴纳当地的企业所得税，并将税后利润以股息、红利的形式汇回给母公司。在汇回时，母公司需向子公司所在国缴纳一部分预提税（一般由支付股息的子公司代扣代缴）。如果子公司所在国预提税税率较高的话，跨国公司就可以在一个与两国同时签订税收协定且协定规定的预提税税率较低的国家设立控股公司，从而减轻预提税的税负。

例 12-8

A 国的居民企业甲为了降低生产成本，欲在 B 国设立从事生产的子公司乙，预计乙公司每年在 B 国缴纳企业所得税后可以分回股息 1 000 万元。但是，由于 A，B 两国之间没有签订税收协定，乙公司在向甲公司分回股息时，甲公司需要缴纳 30%的股息预提税，税负高达 300 万元（1 000×30%）。甲公司的净所得为 700 万元（1 000－300）。

解析：

为了减轻预提税税负，甲公司在一个与 A，B 两国都签订了税收协定且协定规定的股息预提税税率都比较低的国家 C 设立了子公司丙，再由丙公司到 B 国设立子公司乙。由此，甲公司就构建了"甲公司（A 国）—乙公司（B 国）—丙公司（C 国）"的公司架构。假定按照 A，B 两国分别与 C 国签订的税收协定，股息预提税税率分别是 5%和 10%。那么，乙公司首先将 1 000 万元的股息为分给丙公司，丙公司需要在 B 国缴纳股息预提税 100 万元（1 000×10%），甲公司的净所得为 900 万元（1 000－100）。由于 C 国为国际避税地，对丙公司取得的来自境外的股息不征收所得税，因此，丙公司无需在 C 国缴纳所得税。接下来，丙公司将其所得以股息形式分给甲公司，按照 A，C 两国的税收协定，甲公司需要向 C 国缴纳股息预提税 45 万元（900×5%）。因此，三个公司的整体税负为 145 万元（100＋45），甲公司的净所得为 855 万元（900－45）。

显然，通过上述筹划方法，甲公司的税负有了明显的降低。但需要说明的是，在上述筹划安排中，丙公司只能设立在国际避税地，否则，在丙公司取得乙公司分回的股息后，还要在 C 国缴纳企业所得税，这会使得公司的整体税负增加，极大地抵消减税效果，甚至得不偿失，导致整体税负增加。因此，选择一个合适的国际避税地成为这一筹划方法的关键。

需要进一步说明的是，即便 C 国只与 B 国签订了具有股息预提税优惠税率条款的税收协定，C 国与 A 国的税收协定中并没有针对股息预提税的优惠条款，甲公司仍然可以借此进行有效的税收筹划。即乙公司将股息分给丙公司后，丙公司（至少在若干年内）不再向甲公司分配利润，而是将利润保留在丙公司。这样，整体税负只有丙公司向 B 国缴纳的 100 万元股息预提税。但是，与前述方案不同的是，在这一方案中，利润留在了 C 国的丙公司而不是 A 国的甲公司。而且，这一方案往往会面临 A 国纳税调整的风险。

跨国公司利用国际避税地进行税收筹划的另一个常用形式是：在母公司所在国采取分国限额抵免税收政策的情况下，通过在避税地设立控股公司，混合海外各子公司的利润，减轻整体税负。在许多国家签订的税收协定中，都采用了 OECD 范本和联合国范本规定的税收抵免政策来消除重复征税。但是，在税收抵免的具体运用中，各国的规定有所不同，有的国家实行分国限额抵免政策，有的国家则实行综合限额抵免政策。

对于来自境外的所得在境外已经缴纳的企业所得税，我国之前采取分国限额抵免的方法消除重复征税。《关于完善企业境外所得税收抵免政策问题的通知》（财税〔2017〕84号）赋予纳税人选择权，可自行选择分国限额抵免法和综合限额抵免法，一经选择，5年内不得改变，使企业有了更大的筹划空间。如果我国的居民企业在海外投资且东道国税率高于我国，则超过按照我国税法计算的税额不能抵免；如果东道国税率低于我国，按照我国税法规定，还要补缴企业所得税。因此，企业需要根据实际情况谨慎筹划选择分国限额抵免法或是综合限额抵免法，尽量使得企业整体税负更轻。

例 12-9

A国居民企业甲在B，C两国均设有分公司。B，C两国分公司均取得税前利润100万元。假定A，B，C三国的企业所得税税率分别为20%，15%，30%，且A国允许纳税人选择分国限额抵免法和综合限额抵免法来消除重复征税。

如果选择分国限额抵免法，那么A公司的境外所得纳税情况如下：

B国分公司在B国缴纳的企业所得税＝100×15%＝15(万元)

B国分公司的所得在A国的抵免限额＝100×20%＝20(万元)

B国分公司的所得在A国需补缴的企业所得税＝20－15＝5(万元)

C国分公司在C国缴纳的企业所得税＝100×30%＝30(万元)

C国分公司的所得在A国的抵免限额＝100×20%＝20(万元)

C国分公司的所得在C国缴纳的企业所得税超过了抵免限额，不需要在A国补缴企业所得税。

显然，B国分公司的所得需要在A国补缴所得税，而C国分公司的所得在国外承担了过重的税负，则

B，C两国的分公司取得的所得承担的总税负＝15＋5＋30＝50(万元)

如果选择综合限额抵免法，那么，A公司的境外所得纳税情况如下：

B国分公司在B国缴纳的企业所得税＝100×15%＝15(万元)

C国分公司在C国缴纳的企业所得税＝100×30%＝30(万元)

B，C两国分公司在境外取得的所得在A国的抵免限额合计＝200×20%＝40(万元)

因此，B，C两国分公司的所得不需要在A国补缴企业所得税。

这样，B，C两国的分公司取得的所得承担的总税负仅为45万元。

显然，本案例中选择综合限额抵免法对甲公司更有利，降低了公司整体税负——甲公司的整体税负降低了5万元（50－45）。由此可见，在有利的政策下，企业需要合理选择抵免方法来消除重复征税。

除上述两种形式外，跨国企业的一些具体经营活动也可以利用国际避税地进行税收筹划以降低税负。比如，跨国公司要转让位于某一国的财产（比如房产），而这一行为往往需要在财产所在国缴纳较高的所得税。在这种情况下，跨国公司可以通过层层控股控制在国际避税地的某一公司，该公司也通过层层控股控制其财产所在国的子公司。在这种公司架构下，母公司可以安排位于国际避税地的子公司通过转让位于层层控制的子公司的股权，间接转让财产所在国的子公司的股权，最终实现转让财产的目的。这样就可以减轻甚至规避财产所在国较高的税负。

例 12-10

A 国的甲公司在 B 国拥有一家全资子公司乙（100%持股），乙公司的核心资产是位于 B 国的一处房产。根据生产经营的需要和公司集团的统一安排，甲公司欲将乙公司的该处房产转让给 C 国的丙公司，预计该笔交易将获得税前利润 8 000 万元。假定 A，B 两国的企业所得税税率均为 20%。如果由乙公司与丙公司直接签订房产转让协议，需要在 B 国缴纳企业所得税 1 600 万元（8 000×20%）；如果由甲公司与丙公司签订一份股权转让协议，甲公司向乙公司转让一部分丙公司的股权，从而实质上转移乙公司位于 B 国的该处房产，则仍需要承担 A 国的企业所得税 1 600 万元。在以上两种方案中，无论是直接转让房产，还是通过转让股权间接转让房产，都至少需要承担 1 600 万元的高额税负。

解析：

如果甲公司改变其集团架构，在属于国际避税地的 C 国设立全资子公司丁，再由丁公司在另一国际避税地 D 国设立控股公司戊，由戊公司控制乙公司的股权。这就形成了这样一种架构：甲公司（A 国）—丁公司（国际避税地 C 国）—戊公司（国际避税地 D 国）—乙公司（B 国）。然后，由丁公司与丙公司签订股权转让协议，将戊公司的一部分股权转让给丙公司，从而实现对乙公司股权的间接转让，最终将乙公司位于 B 国的实际控制权转让给丙公司。假定该笔交易产生的利润仍为 8 000 万元，且 B 国作为被间接转让股权的公司的所在国不对这类间接转让行为征收企业所得税（许多国家都有类似规定），则该笔利润在 C，D，B 三国均无需缴纳企业所得税。这样，甲公司就可以将利润累积在 C 国的丁公司，从而规避 A 国的企业所得税。可以看出，在这一安排中，企业几乎不需要承担任何企业所得税。

三、导管公司筹划

（一）导管公司及其分类

1. 导管公司的引入

在 OECD 和联合国的两个国际税收协定范本产生以后，世界各国签订的税收协定越来越多。迄今为止，全世界已签署的税收协定超过 4 000 个；中国目前对外正式签署的税收协定也达 100 多个。这些税收协定形成了巨大的税收协定网络。由于税收协定的双边特性，签署不同税收协定的缔约国之间，以及缔约国与非缔约国之间都存在着明显的税制差异。

在税制差异的前提下，跨国投资者可以预先设计投资的税务安排，他们通常并不直接从自己的居住国向所得来源国进行投资，而是通过在一个与所得来源国签订有税收协定，或者与居住国和所得来源国都签订有税收协定的第三方国家或地区设立分支机构，即所谓的“导管公司”，并利用导管公司进行实际利益归属于自己的经济活动，从而享受税收协定优惠。

2. 导管公司的类型

导管公司有两种类型：一是直接导管公司；二是“垫脚石”导管公司。

（1）直接导管公司。

例 12－11

假设A国与B国没有签订税收协定，A国居民对B国的投资所得会被征收较高的预提税，这里假定税率为30%。A国居民发现第三方——C国与B国签订了税收协定，按照税收协定，B国仅对C国征收较低的预提税，假定税率为10%。在此背景下，A公司不直接投资B国，而是在C国设立一个子公司，即设立一个导管公司来对B国进行投资。这样，跨国投资者便享受10%的预提税税率，从而使其所负担的所得税大大降低。从另一角度分析，即使A国与B国签订了税收协定，只要其协定的预提税税率高于10%，就存在利用导管公司筹划节税的空间。图12－1展示了直接导管公司的操作过程。

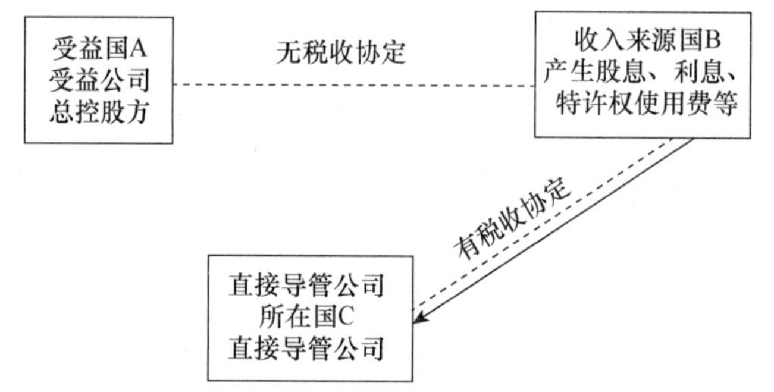

图 12－1 直接导管公司的操作过程

（2）“垫脚石”导管公司。

例 12－12

例12－11中，如果C国对在其国内的导管公司来源于B国的所得实行免税政策，那么C国的导管公司就称为直接导管公司，它的作用是利用税收协定控制投资环节的税负；如果C国仍然对导管公司来源于B国的所得全额征税，则跨国投资者就需要考虑将B国的利润（通过支付利息、管理费用等方式）转移到另一个对来源于C国的所得不征税的国家D，母公司就需要在D国设立一个辅助性导管公司。这样，C国的公司一方面把利润转移到D国公司，另一方面又获得C国成本费用的税前扣除，D国导管公司的作用则是保留所得。这种模式称为“垫脚石”导管公司。图12-2展示了“垫脚石”导管公司的操作过程。

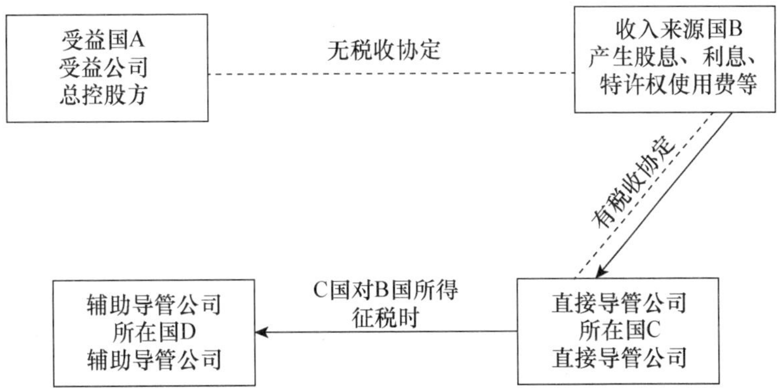

图12-2　“垫脚石”导管公司的操作过程

（二）导管公司与税收协定

在国际税收领域，导管公司这种筹划方法因游走于合法性的边缘，一直受到国际税收界的广泛关注。一些使用导管公司的税收实践由于过度偏离税收协定的意图，在国际上被视为滥用税收协定。许多国家根据实质课税原则，对滥用税收协定的行为采取了必要的防范措施。例如，在德国与瑞士的税收协定中，规定了瑞士的公司如果大部分股权归属于第三国，则不应享有相应的低预提税税率优惠。美国与加拿大1994年签订的税收协定中引入了反滥用税收协定的相关措施。

关于税收协定的未来发展，有专家提出了建立一次性多边税收协定以替代现有的双边税收协定网络的前沿观念（Elsayyad，Konrad，2011）。在2014年OECD的BEPS行动计划中也重点针对滥用税收协定，提出了更新常设机构的定义这一措施。

根据实质课税原则，判断税收协定是否被滥用的标准有两个：一是受益所有人；二是合理商业目的。受益所有人是指对所得或所得据以产生的权利或财产具有所有权和支配权的人，该标准意即不从事实质经营活动的导管公司不是真正的受益所有人，因此不应该适用税收协定的优惠税率。合理的商业目的则是指企业适用税收政策的商业行为主要或唯一目的不是获取税收利益。

国际上应对滥用税收协定的方法主要有透视法、渠道法、善意法等。透视法是指最终取得股息的受益人应当是缔约国居民的公司，这种方法对享受税收协定优惠的公司的股东也做出了规定；渠道法则是对享受税收协定优惠的公司支付给第三方居民的股息、利息、特许权使用费的比例做出规定，常常与透视法结合使用；善意法则是指税收协定的优惠只允许从事实质经营活动的公司享受。

为了避免与这些应对滥用税收协定的条款相抵触，跨国投资者在设立导管公司时，首先，必须考虑税务当局的税收监管能力与反滥用税收协定的政策规定，选择适当的地点设立导管公司；其次，在导管公司设立国也应开展实质性的经营生产活动，避免建立单纯用来避税的空壳公司，引起税务当局的注意。

例 12-13

谷歌是一家致力于网络信息服务的跨国高科技公司，在互联网搜索、云计算、广告等方面拥有成熟的技术。它的税收筹划体系也成熟而缜密。当然，近几年，谷歌公司也面临一些税务问题。2010 年 10 月 21 日，美国媒体发表一份报告，披露了谷歌公司的纳税状况，在 2007—2009 年这三年的时间中，谷歌一共节省了税收 31 亿美元。媒体声称，谷歌在这三年的有效税率仅为 2.4%，远远低于同一时期其他信息科技业公司。该消息一出，谷歌公司引起了美国民众对其的强烈不满和批评。

谷歌总部下设两家位于爱尔兰的公司：谷歌爱尔兰持股公司（Google Ireland Holdings，GIH）和谷歌爱尔兰有限公司（Google Ireland Ltd.，GIL）。GIH 的实际管理控制地在百慕大，它和谷歌总部签订了许可协议，谷歌总部授予 GIH 无形资产，而 GIH 每年向谷歌总部支付一定的特许权使用费。之后，GIH 把得到的无形资产授予 GIL，同时 GIL 也要向 GIH 支付特许权使用费，GIL 承担了谷歌公司大部分的海外业务。这一费用的支付经由在荷兰的谷歌荷兰持股公司（Google Netherlands Holdings，GNH）。

谷歌的这一税收筹划框架（见图 12-3）和苹果公司的三明治模型如出一辙。

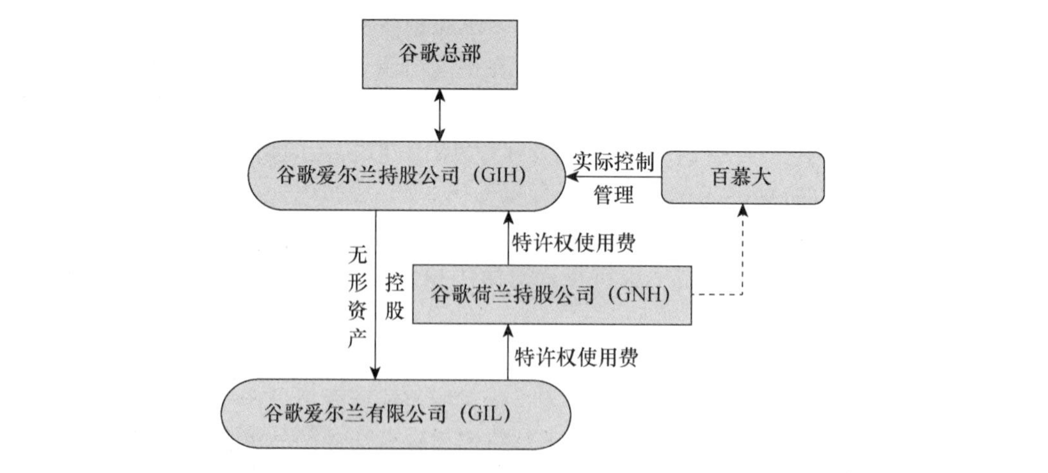

图 12-3　谷歌公司税收筹划框架图

首先，谷歌总部把无形资产的使用权授予海外。与苹果公司不同的是，谷歌公司采用的不是签订成本分摊协议的方法，而是通过签订许可协议的方式。只不过许可协议中谷歌公司以较低的价格，即转让定价的方式，把不容易核算出价格的无形资产授予了 GIH。

GIH每年只要向谷歌总部支付很少一部分的特许权使用费，利润就可以大量囤积在GIH中。

其次，GIH和GIL的注册地都在爱尔兰，而爱尔兰按照实际控制机构所在地标准判定居民纳税人身份。GIH的实际控制地在百慕大，因此GIH不属于爱尔兰的居民企业，利润可以避免缴纳爱尔兰所得税。同时由于百慕大没有企业所得税，因此取得了避税的效果。上面提到，GIH要向谷歌总部支付的特许权使用费只是很少的数额，所以GIH的利润较高，百慕大这一避税地为谷歌节省了很多税收费用。而对于GIL，它的注册地和实际管理机构所在地都在爱尔兰，是爱尔兰的居民企业，需要缴纳12.5%的企业所得税，但这一税率相比美国35%的企业所得税税率仍然较低。

最后，GIL向GIH支付特许权使用费时，不直接将其支付给实际管理机构在百慕大的GIH，否则需要缴纳一定比例的预提税。于是谷歌在荷兰注册成立了一家导管公司GNH：一方面荷兰和爱尔兰之间有税收协定，两个国家的居民企业支付特许权使用费，可以免征预提税，所以GIL支付给GNH的特许权使用费不纳税；另一方面，GNH位于荷兰，荷兰税法规定，本国居民公司向非居民公司支付费用也不缴纳预提税，因此当GNH向总部位于百慕大的GIH支付费用时，也不用缴纳预提税。

谷歌公司税收筹划模式可以总结如下：

（1）国家间居民纳税身份判定标准的差异：建立两个爱尔兰“面包片”公司，一个成为百慕大居民公司，不缴纳企业所得税；另一个成为爱尔兰居民公司，享受低税率。

（2）导管公司：利用税收协定建立荷兰的“夹心”公司，免缴预提税，从而减轻税负。

（3）外国基地公司：利用避税地百慕大，建立GIH的实际控制公司，进行利润的转移与保留。

（4）转让定价：谷歌总部低价授予GIH无形资产。

（5）各国优惠税制：爱尔兰较低的企业所得税税率、荷兰的不征收预提税政策。

四、其他形式的跨国税收筹划

除了利用转让定价和国际避税地进行税收筹划外，跨国企业还会利用其他手段进行税收筹划。其中，较为常见的方法有企业组织形式筹划和筹资结构筹划。

（一）企业组织形式筹划

企业组织形式筹划主要是跨国企业根据各国对于子公司和分公司征税规定的不同，通过合理设置境外经营机构的组织形式，来达到减轻税负的目的。在大部分国家的税收规则及相关法律规定中，子公司都被视为一个独立的法人，需要独立承担所在国的纳税义务；而分公司在更多情况下被视为不具有独立法人地位的经营机构，其在法律意义上仍然属于总公司，其经营成果往往要与总机构的经营成果汇总到一起。由于子公司和分公司的上述不同，当跨国企业打算到境外设立经营机构开展经营活动时，可以灵活安排经营机构的组织形式，以实现税负最小化的目的。

一般来说，如果企业预计其境外经营机构在设立之初的几年内会出现亏损，那么，其应将该经营机构以分公司的形式设立。这是因为，在分公司亏损的情况下，其亏损一般可以抵消一部分境内总公司的盈利，从而减少应纳税所得额，降低税负。如果境外分公司在发展几年后开始盈利，这时，则应将该经营机构的组织形式由分公司改为子公司，以使其成为东道国的居民企业。这是因为成为东道国的税收居民，子公司通常可以享受到一些居民企业特有的税收优惠，比如，东道国与其他国家签订的税收协定中规定的预提税优惠条款，往往只有居民企业才可以享受；一些国家对居民企业采取延迟纳税的政策，例如，一些国家的税法规定，境外投资企业的利润未以股息形式汇回之前，母国公司可以不必为这笔收入缴纳企业所得税。当然，与分公司相比，子公司也可能会给企业带来额外的费用，比如，两国的重复征税、向母公司分回利润的预提税等。因此，总体而言，分公司与子公司的组织形式各具特点，各有利弊，企业需要根据自身的经营情况对在海外设立经营机构的组织形式进行综合考虑。

例 12－14

CC 汽车集团公司成立分公司和子公司的税收筹划方案

CC 汽车集团公司成立于1989年，公司总部位于广东省深圳市，于1998年在深圳证券交易所上市。从最初出口少量产品到中国周边的国家，到全球范围内大规模的汽车制造，CC 汽车集团公司开拓了庞大的海外市场。CC 汽车集团公司最初的业务主要是汽车销售，通过与海外的汽车运营商合作，CC 汽车集团公司实现了更多产品本土化。由当初的代表处到如今分公司、子公司如雨后春笋般成立；包括研究所和培训中心在内的运营模式的华丽转变；海外业务也从最初简单的销售汽车转变成生产制造汽车、制造与销售汽车零配件和售后服务等多项业务。

随着全球汽车行业的迅猛发展，由于业务拓展的需要，CC 汽车集团公司计划在A国成立一家公司。根据该公司选择的不同组织形式，制定的税收筹划方案如表12－2所示。

表 12－2 选择不同组织形式的税收筹划方案

差异	分公司	子公司
法人资格	没有独立法人的资格	具有独立法人的资格
税负的抵消	分公司亏损可以抵消其母公司的盈利	母公司不能进行税负抵消
税收的风险	会转移到母公司，母公司进行汇总缴纳	不会转移到母公司
税收的监管	相对比较宽松	相对比较严格

如果只是从减轻税负的角度来看，对CC汽车集团公司更为有利的是选择分公司这种组织形式，因为CC汽车集团公司刚刚迈向国际市场，这时如果选择的组织形式是设立分公司，那么成立的分公司很可能亏损，而这些亏损额就可以抵消总公司的一部分盈利。如果成立子公司，不但不可以冲减总公司的利润，反而可能会带来一些风险。

因此，CC汽车集团公司综合考虑，站在长远的角度，选择设立分公司。

（二）筹资结构筹划

在大部分国家的税法中，企业采取不同的筹资形式，会面临不同的税收待遇，这就使得跨国企业利用其筹资结构进行税收筹划成为可能。一般而言，企业采取股权筹资方式获取资金，其向股东支付的股息、分红都是企业缴纳企业所得税之后的利润，不可以在企业所得税前扣除；而与之相比，企业通过债权筹资方式获得资金，其向债权人支付的利息可以在企业所得税前扣除。对企业而言，这就使得债权筹资在税收上具有更大的优势：债权融资方式下企业支付的利息可以在税前扣除，因此会减少企业的应纳税所得额，从而减少应纳税额。在这种情况下，企业可以通过改变其筹资结构、加大债权筹资比重的方式减轻税负。

对跨国企业而言，这种筹划方法通常应用于子公司所在国税率非常高的情形，一般通过子公司向母公司借款的形式来实现。如果子公司所在国税率非常高，其增加向母公司借款的规模，就可以向母公司支付高额的利息，从而减少其在东道国的应纳税所得额。这种方法表现在子公司的筹资结构上就是：其债权筹资的比重增加，股权筹资的比重下降。

如果考虑到向境外母公司支付利息可能带来的其他税收影响，还需要对这种筹划方法进行综合性的税收考量。这些税收影响包括：子公司向境外母公司支付利息时母公司需要缴纳的预提税、母公司收到这笔利息后在其居住国需要缴纳的企业所得税等。考虑到这些税收影响，在具体实践中，这种筹划方法往往与国际避税地、转让定价等方法结合在一起，作为企业整体税收战略的一个组成部分使用。此外，在运用这一方法时，还需要考虑子公司资本结构的合理性问题——毕竟，考虑到债务过度的风险，企业不可能无限制地举债。从这个角度来看，这一方法往往具有较大的局限性。

第三节　跨国税收筹划案例

一、苹果公司的全球税收筹划战略案例

（一）背景资料

苹果公司是美国一家高科技公司，总部位于加利福尼亚州的库比提诺市。苹果公司创立于1976年，当时公司名称为美国苹果电脑公司（Apple Computer Inc.），并于1980年公开招股上市，2007年更名为苹果公司。

苹果公司最初是一家从事个人电脑研发和销售的公司，目前该公司经营的硬件产品主要是Mac电脑系列、iPod媒体播放器、iPhone智能手机和iPad平板电脑等；在线服务包括iCloud，iTunes Store和App Store；消费软件包括OS X和iOS操作系统、iTunes多媒体浏览器、Safari网络浏览器，以及iLife和iWork创意和生产力套件。

2013年5月20日，美国国会参议院国土安全委员会下属的常设调查委员会向外界发布了一份关于苹果公司纳税情况的报告，称苹果公司利用美国税法中的漏洞和海外分支网络，在2009—2012年间逃避向美国政府缴纳超过百亿美元的税额，总税率仅为22%，远低于美国联邦税率35%。苹果公司2012年发布的财务报告显示，苹果公司在海外获得了368亿美元的利润，却仅仅缴纳了7.13亿美元的公司所得税，税负率仅为1.9%。这些数据都表明苹果公司可能存在很大的税收问题。

面对这样的指控，苹果公司CEO蒂姆·库克（Tim Cook）在第二天的听证会上进行了辩驳。他坚决否认苹果公司在财务运营上有非法之处，并且强调苹果公司是美国第一大纳税企业，在创造就业、推动经济发展上对美国经济社会都有巨大的贡献。但他承认，苹果公司在海外拥有千亿美元的资金储备，由于美国税率太高，苹果公司并没有把现金全部转回美国的打算。他建议美国对公司所得税进行全面的改革，这样才会有更多的公司把海外资产转回美国，从而推动美国经济的繁荣与发展。

一同出席听证会的苹果公司CFO以及税务主管也强调，苹果公司与爱尔兰的协议早在30年前就已签订，并且税收筹划手段没有违背任何法律。美国税法限制了苹果公司的竞争力，为了扩展海外业务，他们不得不把海外收入留存在境外。如果苹果公司无法获得合理税率，则不会将境外收益汇回本土。

（二）苹果公司开展税收筹划的诱因与条件

1. 各国税收管辖权和法人税收居民身份判定标准的差异

税收管辖权是一国政府在征税方面的主权。目前，税收管辖权主要有地域管辖权、居民管辖权和公民管辖权。美国同时实行三种税收管辖权，爱尔兰同时实行地域管辖权和居民管辖权。实行居民管辖权就要确定居民身份的判定标准，而实行地域管辖权需要判定对非居民能否征税，关键在于其是否有来源于本国的所得，但也需要确定纳税人的居民身份。

对于法人税收居民身份的判定，美国采用的是以法人登记注册地作为确定法人居民身份的标准，即凡依据本国法律在本国登记注册的公司（企业），不论其总机构是否设在本国，也不论其投资者是本国人还是外国人，均确认其为本国公司或本国的法人居民；凡是根据外国法律在外国注册成立的公司，不论其设在美国境内还是境外，即使股权的全部或部分属于美国，也都是外国公司。而爱尔兰采用管理机构或者控制中心地（通常是公司董事会行使其权力的地点）标准，即凡是法人管理机构或者控制中心设在本国，无论其在哪个国家注册成立，都是本国的法人居民；凡是管理机构或者控制中心机构不在本国的，即使其在本国注册成立，也都不是本国的法人居民。苹果公司正是利用了不同国家税收居民身份的判定标准不同这一漏洞，在爱尔兰注册了一个负责海外业务的国际运营公司，又把其实际管理机构或者控制中心设在美国，这样就可以实现“双边均不纳税”。

对于所得来源地的判定，一般采用OECD税收协定范本的规定：特许权使用费一般只能由居民国征税，来源国不能行使征税权。这一规定也是发达国家之间签订税收协定时普遍采取的做法。例如，爱尔兰的居民公司在英国收取特许权使用费，根据爱尔兰和英国之间的税收协定，特许权使用费所得只能由爱尔兰征税。另外，根据税收协定以及一些国家的税法规定，积极营业所得①不需要在来源国缴税，除非在来源国设有常设机构；即使在来源国设有常设机构，积极营业所得扣除支付的特许权使用费后也只需缴纳少量的税收。苹果公司利用这些规定在全球各集团子公司内转移其无形资产使用权，最终只在居民国缴纳了较低的税收。

2. 各国、各州公司所得税的差异

（1）美国本地公司所得税的差异。美国宪法允许州政府自行开征州所得税，因而公司需要将其所得在拥有课税权的州之间进行划分。每一个州都有权自由选择对公司所得进行划分的要素种类及其权重。因此，这就使得公司所得分配公式中的要素种类和数量以及计算方法在各州之间存在很大的差异。多数州使用三要素法进行分配，即以销售额、财产额和薪金额为分配要素来确定所得在各州之间分配的比例。部分州在确定分配比例时对三要素赋予相等的权重，但也有越来越多的州逐步使用一种修正过的三要素公式，具体公式如下：

某州应分配的所得＝[（公司在该州的销售额/公司销售总额）×权重
＋（公司在该州的财产额/公司财产总额）×权重
＋（公司在该州支付的薪金额/公司支付的薪金总额）
×权重]×公司应分配的总所得

此外，公司所得在各相关州之间进行分配主要包括四个步骤：

第一步：公司统一计算来自各州的总所得，并确定可以扣除的项目；

第二步：对经营性所得与非经营性所得加以区分，并将非经营性所得从公司总所得中剔除，以确定应分配所得；

第三步：将应分配所得按照各州确定的分配公式在相关州之间进行分配，将非经营性所得直接分配给与取得该所得有直接联系的特定州；

第四步：根据公式计算的应分配所得和直接分配的非经营性所得，确定公司在各州的应税所得，并按各州的税法规定计算缴纳公司所得税。

按照上述规则，如果把收入实现在一个公司所得税较小甚至为零的州，那么该公司的州应纳公司所得税额就会很小，这样就可以实现国内税收支出的减少。这就是苹果公司选择内华达州设立资金管理公司的重要原因。

（2）海外公司所得税的差异。公司利用之前提到的双边避免成为纳税人的方法，把海外公司建立在一个所得税相对较低甚至为零的国家，避开美国35%的高所得税税率，就会使海外税收支出大大减少。就目前而言，苹果公司在海外拥有1 000多亿美元资金，如果把海外资金全部汇回美国，至少要向美国政府缴纳超过300亿美元的公司所得税。

① 积极营业所得，是指非居民企业从事经营活动而取得的所得，包括承包工程作业所得和提供劳务所得等。与积极营业所得相对应的是消极所得，主要是指股息、红利、利息、租金、特许权使用费、转让财产所得或其他所得。

3. 转让定价协定的可利用

利用转让定价手段在企业集团内部转移利润，使得企业集团的利润尽可能多地在低税国关联企业中实现，是跨国公司最常用的一种国际税收筹划策略。跨国关联企业之间可以通过操控企业之间的关联交易行为，把利润转移到低税率的国家，实现企业集团总税负降低的目的，但是此策略要求关联企业之间的转让定价符合独立交易原则（arm's length principle）。苹果公司可以利用无形资产转让定价，使其海外利润承担较低的税负。

4. 成本分摊协议的可利用

成本分摊协议是指参与方共同签署的对开发、受让的无形资产或参与的劳务活动享有受益权，并承担相应的活动成本的协议。两个或多个企业之间议定好成本分摊框架，用以确定各参与方在研发、生产或获得资产、劳务和权利等方面承担的成本和风险，并确定这些资产、劳务和权利的各参与方的利益的性质和范围。美国公司采用成本分摊协议可以避免使用美国税法典 Section 367（d）[1] 的规定。苹果公司可以通过与爱尔兰控股公司签订成本分摊协议，共同研发、拥有无形资产，后期爱尔兰控股公司再买断欧洲地区的无形资产所有权。

5. 国际税收协定的可利用

为了解决各国之间税收权益分配的矛盾和冲突，各国一般都会通过签订国际税收协定给予缔约国居民一定的所得税优惠。第三国居民可以通过在缔约国一方设立子公司，使子公司成为缔约国一方居民公司，从而享受到税收协定的优惠。苹果公司利用爱尔兰和欧洲国家的相关协定（如爱尔兰与欧洲各国达成的欧盟成员国所得税免税协议）安排税收筹划战略。

值得一提的是，利用国际税收协定筹划具有一定的风险性，表面上看是合法有效的，实际上却容易被认为滥用国际税收协定，税务当局可以通过加强与税收协定国家税收信息交换等方式加以控制。

6. 其他因素的可利用

如国际避税地的存在、其他税收优惠政策的可利用等。

（三）苹果公司境内税收筹划战略

1. 美国的多级税收体制

美国实行的是联邦—州—地方多级税收体系。美国现行的公司所得税是由联邦公司所得税和州公司所得税组成的。一般来说，州公司所得税是在联邦公司所得税税基上加征一定比例的税收。对于州公司所得税的征税权力，美国国会颁布了公法86－272号，就各州对跨州经营行为的公司所得税课税权做了进一步限定，着重强调只有当公司在征税州的活动与税收有足够联系时，该州才可征收公司所得税的

[1] 美国税法典 Section 367（d）规定，如果母公司把无形资产转移到新设立的外国子公司换取子公司的股权，该交易将会被视同母公司销售无形资产，应该就该无形资产收取的特许权使用费在美国纳税。

原则。

苹果公司对于国内的利润需要缴纳的公司所得税包括联邦公司所得税和州公司所得税两个部分。联邦公司所得税法定税率为35%，而对于州公司所得税的税率，各州有不同的规定。苹果公司在美国境内正是利用了各州之间不同的税率，部署了一套税收筹划安排。

2. 境内税收筹划的组织架构安排

(1) 在内华达州设立子公司。苹果公司的总部位于加利福尼亚州库比提诺市，而其管理和投放资金的部门却是一个设立在内华达州雷诺市的 Braeburn Capital 子公司，然而这个子公司非常简陋，仅有几张桌子和几台电脑设备。该公司是苹果旗下的资产管理公司，成立于2006年，其目的就是管理苹果公司的庞大资金。Braeburn Capital 用这些资金对公众权益市场进行相对保守的投资并且高度保密。

苹果公司为什么要把 Braeburn Capital 设在内华达州呢？原因在于，加利福尼亚州的公司所得税税率为8.84%，如果该子公司设立在加利福尼亚州，那么公司就需要为其在美国的收益缴纳公司所得税。而内华达州不征收公司所得税，也没有资本收益税，把该公司设立在内华达州就避免了缴纳高额的州公司所得税。这样各州一旦发生 iPhone，iPad 或者其他苹果产品的销售，部分销售利润就被存入了 Braeburn Capital 公司的账户，接着该公司又会把这些收入投资到股票、债券等理财产品中，而对于这些投资产生的利润也不受加利福尼亚州税务当局的监管。Braeburn Capital 公司还为苹果公司提供了削减包括佛罗里达州、新泽西州和新墨西哥州在内的其他州的税额的可能，因为那些州的税法规定，如果一家公司的财务管理在其他州进行，那么纳税基数可以降低。由此，苹果公司就通过在美国跨州建立一个子公司，避免了加利福尼亚州和其他20个州需要课征的上亿美元的税额。苹果公司在美国境内税收筹划的结构设置如图12-4所示。

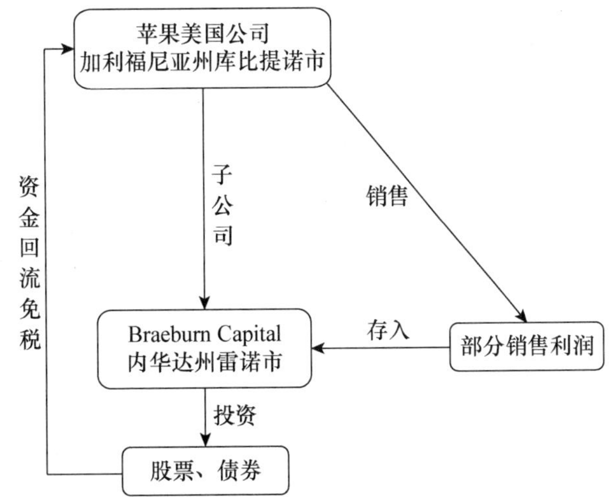

图12-4　苹果公司在美国境内税收筹划的结构设置

（2）利用研发支出优惠政策。美国高新技术产业税收优惠政策分别是：科研机构作为非营利机构免征各项税收和对企业研发（R&D）费用实行税收优惠。

R&D投入与企业开发产品、提高市场竞争力有关，美国为鼓励企业增加R&D投入，把R&D投入与一般性投资区分开，实行费用扣除和减免所得税的双重优惠。企业R&D费用可选择两种方法扣除：一是资本化，采取类似折旧的办法逐年扣除，扣除年限一般不少于5年，用于软件的费用可缩短到3年；二是在R&D费用发生当年一次性扣除。作为鼓励措施，企业R&D费用按规定办法计算新增部分，其20%可直接冲减应纳所得税额。若企业当年没有盈利，或没有应纳所得税额，则允许的减免税额和R&D费用扣除可往前追溯3年，往后结转7年，其中费用扣除最长可顺延15年。

加利福尼亚州鼓励企业加强基础研究和开发活动，允许将公司内部15%的研发费用，或公司请外部机构从事研发的24%的费用，用于抵免公司所得税，这一比例在全美国是最高的。

3. 境内税收筹划的评价

对于苹果公司在美国境内的筹划结构安排，苹果公司的一些高管认为，批评苹果公司是不公平的，因为其他上千家公司都在做类似的操作。如果苹果公司自愿缴税，那会削弱它的竞争力，最终会损害股东利益。然而，问题的关键应该在于美国特殊的多级税收体系，各州拥有一定的立法权，从而造成了各州税率的差异，给予企业一定的政策选择空间。联邦政府的高税率在一定程度上也迫使企业寻求各种筹划手段以减轻税负。

（四）苹果公司海外税收筹划战略

1. 苹果软件产品筹划分析

（1）无形资产交易的特性分析。无形资产是指企业拥有或者控制的没有实物形态的可辨认非货币性资产，它没有物质实体，表现为某种法定权利或技术。

无形资产交易的特征一般有以下四个：1）无形资产在交易中产生所有权和使用权的分离；2）无形资产交易是长期交易；3）无形资产交易没有统一价格；4）无形资产交易价款支付方式多样化。

软件也属于一种无形资产。正是因为软件下载不同于实体物品交易，是无形的、无法触碰的，从中国的iTunes下载和从英国的iTunes下载效果是一样的，如果你从低税国的iTunes下载，这种交易关系就会被当作发生在该低税国。

（2）业务流程分析。苹果公司海外市场的App Store业务是由在卢森堡注册的子公司iTunes S. A. R. L运营的，该业务的交易结构如图12-5所示。该公司只有几十名员工，并且该公司存在的外部证据只有一条，那就是一个写有“iTunes公司”字样的信箱。选择在卢森堡设立该公司的原因就是，该国承诺只要苹果公司把相关的交易转移到卢森堡，该国就会对苹果等高科技公司的收入实行低税率政策。一旦相关国家的消费者从App Store下载了歌曲、视频或者相关软件，这些销售收入就会被记在卢森堡iTunes公司名下。该行为的法律实质是，消费者向在卢森堡注册的 iTunes 公司付费购买了一款软件，iTunes 公司在收到款项后将软件传输至消费者的手机中。据统计，卢森堡 iTunes 公司自 2011 年以来，每年的销售收入都超过 10 亿美元，大致相当于 iTunes 全球销售额的 20%。

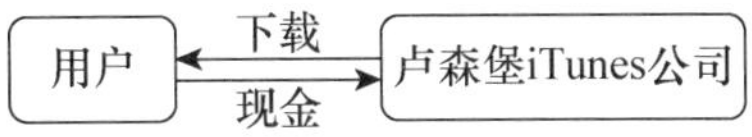

图 12-5　苹果公司海外市场的 App Store 业务的交易结构

（3）税收争议分析。目前关于苹果公司如何确定软件销售地及如何征税，存在一定的税收争议，基本观点如下：

世界贸易组织协定中具有法律效力的《服务贸易总协定》确定了四种国际服务贸易方式，很多国家仅能对其中的"商业存在"和"自然人流动"征收关税。App Store 的线上数字服务交易是《服务贸易总协定》中典型的"跨境交付"，需要对此征收关税。但根据世界贸易组织《关于软件海关估价的决定》，只有有载体的软件才需缴纳关税，如果苹果 App 下载不牵涉人员过境和硬件捆绑销售，就不必缴纳关税。

在苹果 App Store 上传 App 的开发公司是自主的销售商，已为自己的销售行为在所在地缴纳增值税。而 App Store 向开发商提供信息存储服务，并受其委托向最终用户收取费用，在扣除标准佣金后将全部收益转交给开发商，按照交易实质无法要求 App Store 缴纳增值税。

对于企业所得税，App Store 通过网络向境外销售 App 的行为，目前只适用于非居民企业来源于收入来源国的所得，应由付款人代扣代缴企业所得税，但很难找到一个个下载苹果 App 的付款人。另外，iTunes 公司是卢森堡公司，无法在各国银行开立账户，所以其需要第三方支付公司的支持，这种交易实际是通过第三方支付服务商实现的，即由第三方支付服务商向用户收费，再转付至境外；或者支付人可以通过国内银行卡的国际卡通道支付美元，如国内银行卡绑定的威士、运通等国际卡。

2. "爱尔兰—荷兰—爱尔兰"三明治架构分析

苹果公司虽然把大部分的制造和组装业务承包给了海外公司，但是大多数的管理人员、产品设计师、营销人员、研发部门等却在美国。美国税制的基本理念是，企业的收入是在创造价值的地点获得的，并不是来自销售产品的地点。由此得出合乎逻辑的推理结论是，苹果公司的绝大部分利润也应该来自美国。然而，苹果公司的财务报告显示，该公司已经找到了各种各样的不违法途径，将大约 70%的利润转移至世界各地，并且仅需承担极低的税负。苹果公司采用的税收筹划方法就是运用"爱尔兰—荷兰—爱尔兰"三明治架构（见图 12-6）。

所谓的"爱尔兰—荷兰—爱尔兰"三明治结构，就是图 12-6 中间框内的设立在境外的三家海外公司，这三家海外公司的基本概况如表 12-3 所示。

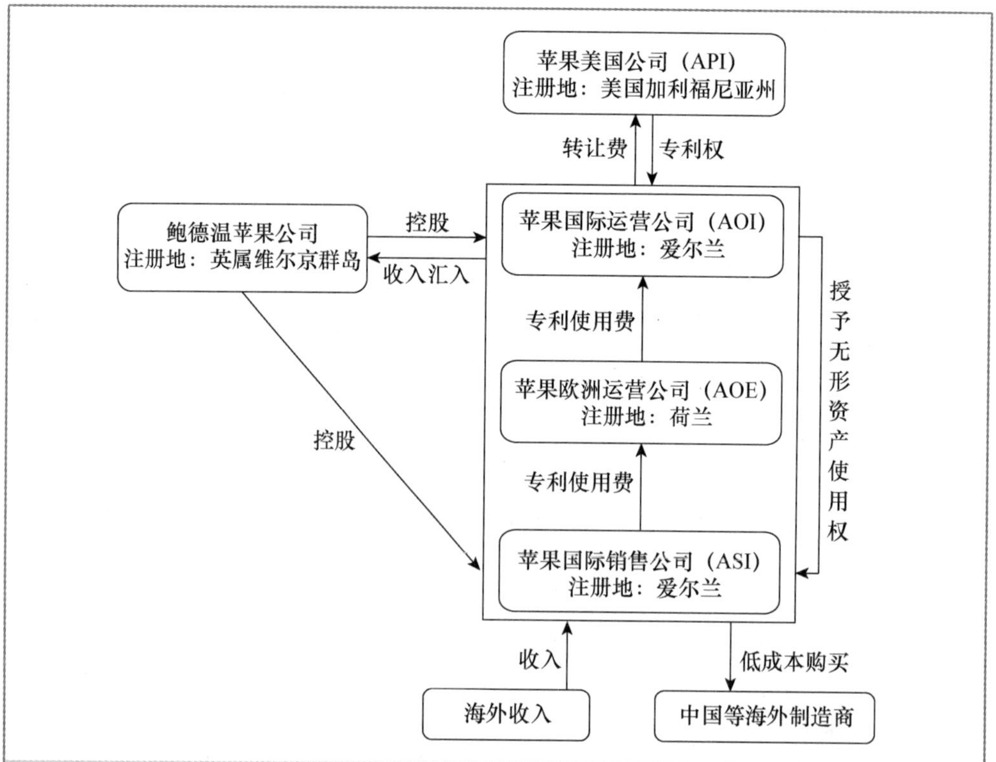

图 12－6 “爱尔兰—荷兰—爱尔兰”三明治架构

表 12－3 苹果设立的三家海外公司

项目	注册地	实际控股企业	居民纳税人身份
面包片二： 苹果国际运营公司（AOI）	爱尔兰	英属维尔京总部	非爱尔兰居民纳税人、 非美国居民纳税人
夹心： 苹果欧洲运营公司（AOE）	荷兰	苹果公司	荷兰居民纳税人
面包片一： 苹果国际销售公司（ASI）	爱尔兰	英属维尔京总部	非爱尔兰居民纳税人、 非美国居民纳税人

（1）纳税人身份认定。爱尔兰、美国、荷兰法人居民纳税身份的判定标准如表 12－4 所示。

表 12－4 爱尔兰、美国、荷兰法人居民纳税身份的判定标准

爱尔兰	美国	荷兰
管理和控制中心地标准	公司注册地标准	公司注册地标准

通过观察可以发现，爱尔兰认定居民纳税人身份是根据其管理和控制中心所在地而不是注册地，因此在爱尔兰注册的“双层面包”并不是爱尔兰的居民纳税人，因为其实际管理和控制机构并不在爱尔兰；同时，“双层面包”也不是美国的居民纳税人，因为美国认定居民纳税人是根据其公司注册地。苹果公司人为地形成了

“双层面包”AOI 和 ASI 的实际管理和控制地不在爱尔兰，同时注册地不在美国，自我双重否定两国的居民纳税人身份。

(2) 三明治“面包片”的作用。图 12-6 显示，苹果的关联公司之间并不存在实际的销售活动，苹果公司选择了一种难以找到公允价值的交易品来充当转移收入的媒介——知识产权（或无形资产）。当美国以外的苹果用户点击购买音乐或者下载软件时，美国的苹果公司就把其所拥有的知识产权资产转移到 AOI 中，也就是 iPhone，iPad 等硬件终端和 iTunes 等软件所提供的服务，用户所支付的现金则进入 ASI 的账户。

第二片爱尔兰面包 AOI 持有大量苹果产品的相关专利和知识产权，由于第一片爱尔兰面包 ASI 在销售苹果产品时，必须使用苹果的知识产权资产，因此 ASI 就需要向 AOI 支付知识产权专利使用费，同时分配股息。

为什么要选定爱尔兰作为三明治的面包片？首先，对爱尔兰当时所处的环境进行分析。对于当时的爱尔兰，苹果公司的投资无疑具有很大的吸引力。苹果公司落户爱尔兰之前，爱尔兰的失业率和通货膨胀率都很高并且不断攀升，加之受高素质人才移民国外等因素的影响，爱尔兰的经济和社会发展都面临着很大的危机。但苹果公司并不是特例，1956—1980 年，爱尔兰就开始通过零税率吸引外国企业入驻该国，以拯救爱尔兰的经济。直至 1973 年，作为加入欧洲经济共同体的条件之一，爱尔兰才被迫停止向出口企业提供税收优惠。从 1981 年起，为让企业具备生产资格，落户爱尔兰的企业必须缴税，但是税率仍然很低，不超过 10%。所以，苹果公司在爱尔兰可以享受很长一段时间的免税和低税待遇。其次，选择爱尔兰还取决于以下因素：一是爱尔兰的企业所得税税率是欧盟国家中最低的，仅为 12.5%，远低于美国的 35%；二是由于苹果公司为当地提供了大量的就业机会，爱尔兰政府承诺给苹果公司提供税收减免优惠。最后，由于爱尔兰法人居民身份的判定标准是管理和控制中心地标准，也就是说如果一家在爱尔兰注册的公司，其管理权和控制权都不在爱尔兰本国，就会被认定为外国公司，不用在爱尔兰缴税。苹果公司正是利用这一点，在国际著名避税地——英属维尔京群岛设立了爱尔兰公司的总部——鲍德温控股有限公司，鲍德温控股有限公司掌握了 AOI 和 ASI 的部分股权，达到了控股的标准。同时，由于 AOI 是外国公司，它把收入汇到设在英属维尔京群岛的总部不需要向爱尔兰缴税，几乎是零成本。

(3) 三明治“夹心”的作用。按照爱尔兰税法的规定，ASI 向 AOI 名义上支付的专利使用费实际上是转移利润，需要缴纳企业所得税。苹果公司为了避免这个环节的税负，采用“曲线救国”的路线，在同盟国荷兰设立了 AOE。

荷兰税法规定，对于法人居民身份的判定以公司注册地而不是总部所在地为标准。所以与两个爱尔兰公司一样，荷兰公司也被认定为欧盟公司，并且爱尔兰和荷兰都有税收协定，欧盟公司之间的交易免征企业所得税，即爱尔兰和荷兰都不对向境外支付的特许权使用费征收预提税。于是，爱尔兰销售公司取得海外收入后首先支付给荷兰公司，再由荷兰公司支付给爱尔兰运营公司，这两个支付过程都是免税的，这样荷兰公司就把爱尔兰销售公司的收入“零成本”转移到爱尔兰运营公司。

而且这些专利费在美国也不用缴税，原因在于美国联邦税法在关于受控外国公司的Subpart F中规定：受控外国公司进行积极营业活动收取来自非关联人的特许权使用费不属于Subpart F所得；受控外国公司自己制造产品然后销售获得的所得也不属于Subpart F所得，不用纳税。最终，爱尔兰运营公司收到收入后再通过分配股息的方式，把利润转移到处于国际避税地的鲍德温控股有限公司，这部分收入积累在英属维尔京群岛就避开了税收监管。

3. 基于成本分摊协议的转移定价分析

苹果公司研发活动的成果就是苹果公司的知识产权，这是苹果公司和苹果商品的核心竞争力和价值源泉所在。苹果公司的研发活动几乎全部在美国进行，由API的工程师和专家完成。然而，在成本分摊协议（cost-sharing agreement，CSA）之下，在美国进行的研发活动所创造出的价值极高的知识产权被部分地置于爱尔兰公司名下，所赚取的巨额商业利润大多不成比例地被截留在美国以外，成功实现避税。

首先API与AOI通过签订CSA，共同研发并拥有无形资产，此协议名义上是母公司和运营公司联合负担成本，实际上考虑的还是税收利益。因为如果没有CSA，根据美国税法典Section 367（d）的规定，运营公司在获得这些专利技术时就需要母公司的授权，母公司转移专利技术就相当于销售无形资产，这就需要运营公司支付一笔权利金，并按照20%的税率课税，而母公司的这笔销售收入又要按照美国税法征收35%的公司所得税。但CSA的使用就解决了上述高税负问题。在CSA下，母公司和运营公司通过联合研发的方式实现了专利转移授予的目的。但是运营公司需要支付“买入费”（buy-in payment）来进行联合开发，即运营公司支付给母公司一部分的专利对价来换取联合开发的权利，由于成本是分摊的，因此其只要缴纳较少的税收。

CSA主要由两家苹果的关联公司签订，即API和ASI。API与ASI共同承担苹果公司全球研发活动的成本，分担研发活动的风险，也共享研发活动的成果。虽然苹果公司全球研发活动几乎都在美国进行，但CSA规定，由API与ASI按照各自负责的销售市场实现的销售收入所形成的比例，分担苹果公司全球研发活动的成本。

CSA对苹果公司的知识产权做了特殊的安排，把知识产权拆分为法律权利（legal rights）和经济权利（economic rights），其中全部的法律权利由API拥有，即API是苹果知识产权中法律权利的唯一拥有者。同时，API还是销往美洲市场苹果商品知识产权中经济权利的拥有者，ASI是销往美洲以外市场苹果商品知识产权中经济权利的拥有者。这种对知识产权中经济权利的拆分，既与API和ASI对苹果公司全球研发活动成本的分担完全对应，也与苹果公司全球市场分为美洲市场和美洲以外市场完全对应。当API和ASI根据合约加工服务协议以很低的价格从合约制造商购买加工好的苹果产品以后，API和ASI会附上很高的加价将产品出售给美洲市场及美洲以外的市场，因此销往美洲以外的利润就保留在ASI。正是由于API和ASI拥有了知识产权中的经济权利，它们才能够在苹果的关联交易中充当资产、功能和风险的主承担者角色，从而赚取利润。

总体来说，苹果的CSA的真正功能是通过转让定价工具，人为地安排苹果价值核心的知识产权中的经济权利在关联公司间的拥有和归属，满足现有转让定价国际通用规则的形式要件，把利润转移到爱尔兰进行避税。

苹果公司设计的这种筹划方法为其带来了巨大的税收收益。然而，这种筹划方法早就不是独家享有，很多跨国公司都几乎直接照搬这种筹划方法，诸如谷歌、星巴克、微软、亚马逊等我们耳熟能详的企业都通过类似的方法规避巨额税负。

（五）苹果公司税案的延伸：国际反避税评价①

2016 年 8 月，苹果公司的避税事件引起轩然大波，可能面临补缴 145 亿美元的税务风险。据法新社报道，欧盟委员会 2016 年 8 月底裁定，苹果公司在爱尔兰非法逃税 145 亿美元，苹果公司须将这部分税金返还给爱尔兰政府。其实，2014 年 6 月，欧盟委员会已经对苹果公司在爱尔兰的税务问题展开调查。

“爱尔兰向苹果公司许诺了减税政策，使得苹果公司在很多年里比其他企业少缴纳了相当大的一笔税款，”欧盟竞争委员会专员玛格丽特·维斯塔格（Margrethe Vestager）在邮件声明中表示，“这种选择性税收政策使苹果公司的有效企业税从 2003 年的 1%降低到 2014 年的 0.005%。”著名经济学家斯蒂格利茨认为，苹果公司在爱尔兰的税收安排属于“耍奸使滑”行为。当然，美国税法也存在不足，它允许苹果公司将大部分现金留在国外。

苹果公司避税的主要手法是通过爱尔兰子公司，而且根据爱尔兰法律，一家爱尔兰公司如果管理权和控制权都不在该国，可以不在爱尔兰纳税。利用爱尔兰这种独特的税法，苹果公司先在爱尔兰设立苹果国际销售公司，负责接收除了美国以外地区的所有销售收入，享受较低的所得税税率。然后，通过苹果国际销售公司的母公司苹果国际运营公司，将利润都转到后者的总部所在地英属维尔京群岛。由于苹果国际运营公司管理权不在爱尔兰，因此不用在爱尔兰缴税，而英属维尔京群岛几乎免税。

英国《金融时报》称，苹果必须补缴数十亿欧元税款，这将是欧盟有权规管成员国企业以来的最大追税单。近年来，欧盟委员会正采取行动，对全球各大企业的激进避税行为重新划定红线。如果对苹果公司的避税惩罚成为先例，欧盟后续可能还会对星巴克、亚马逊、麦当劳等几十家美国公司过去数年在爱尔兰、荷兰、比利时、卢森堡等避税国家的部分避税款进行追缴。

欧盟法院于 2020 年 7 月 15 日对苹果公司和爱尔兰政府的税案做出裁决：欧盟委员会没有提供足够的证据来证明爱尔兰政府违反了欧盟竞争法中的“禁止国家援助”条款，并将税收作为国家资源向苹果公司提供不正当的优惠待遇。因此撤销 2016 年对此案做出的相关裁定，苹果公司无需向爱尔兰政府补缴 130 亿欧元（约合人民币 1 030 亿元）的税款。至此，苹果公司和欧盟之间持续 4 年的税务纠纷暂时告一段落。

二、中联重科跨境并购意大利 CIFA 公司税案

为响应国家“走出去”的号召，拓展国际混凝土机械市场，长沙中联重工科技

① 借鉴《第一财经》2016 年 8 月 30 日报道的相关资料。

发展股份有限公司（以下简称中联重科）选择并购产品性价比高、技术管理水平先进、销售前景广阔的意大利 CIFA 公司（Compagnia Italiana Forme Acciaio）。2008年9月28日，中联重科正式并购 CIFA 公司。从2008年5月开始，中联重科就通过在中国香港、卢森堡、意大利设立特殊目的公司的方式建立了“香港—卢森堡”的并购组织架构，不仅便于并购与风险控制，还在税收筹划方面起到了很大的作用。

（一）案例背景

1. 主要并购方——中联重科基本情况

中联重科成立于1992年，注册资本达76.64亿元。其前身为长沙高新技术开发区中联建设机械产业公司。经过20多年的发展，中联重科逐步成长为一家集工程机械、农业机械和金融服务为一体的全球高新技术装备研发制造企业，是业内首家A+H股上市公司，同时也通过了高新技术企业认定，享受15%的高新技术企业优惠税率。中联重科的业务已覆盖全球100多个国家和地区，在全球近20个国家拥有分子公司，在“一带一路”沿线均有市场布局。

并购CIFA公司后，中联重科的国际市场地位大大提升，稳居中国第一大混凝土机械制造商的地位，接近世界第一，改变了全球混凝土机械市场的竞争格局。2013年6月22日，这一并购案例也荣获首届中国海外投资经典案例奖，引起各方关注。

2. 被并购方——意大利 CIFA 公司基本情况

意大利CIFA公司于1928年创建，是一家历史悠久的工程机械制造商，总部位于意大利米兰附近的塞纳哥。第二次世界大战后，CIFA公司开始主导欧洲建筑市场。20世纪50年代，CIFA公司将其业务拓展到混凝土搅拌车、混凝土泵车、搅拌机及混凝土运输设备等，不仅在欧洲传统市场具有一定的市场份额和客户忠诚度，而且布局东欧、俄罗斯、印度等具有发展潜力的新兴市场，形成了良好的竞争态势。2008年中联重科收购CIFA后，帮助CIFA在欧美同行中率先走出金融危机的影响。

3. 共同投资方

与中联重科共同完成收购案的还有另三家基金公司，分别为弘毅投资、高盛集团、曼达林基金。中联重科董事长詹纯新指出：“弘毅投资是具有国际视野的中国本土基金，高盛集团是具有全球投资管理经验的纯国际化基金，而曼达林基金的股东之一是意大利最大银行联合圣保罗，它的管理团队是相对了解中国国情的意大利本土团队。”与国内外这三家公司的强强联合推动了收购案的顺利进行。

4. 并购过程的重要细节

根据中联重科2008年10月8日披露的《重大资产购买暨关联交易实施情况报告书》，其重要细节列示如下：

2008年1月14日，中联重科收到卖方发出的邀请投标的程序函及目标公司的初步情况介绍材料。

2008 年 1 月和 3 月，中联重科分别递交了一、二轮投标文件。

2008 年 6 月 20 日，双方签署了最终的《买卖协议》。同日，买方（中联重科与共同投资方）签署了《共同投资协议》以及与意大利 Intesa 银行的相关融资协议。根据《买卖协议》，本次交易中 CIFA 公司全部股权作价 3.755 亿欧元，由中联重科和共同投资方合计支付的 2.515 亿欧元作股权转让价款（合计支付总额为 2.71 亿欧元，剩余 0.195 亿欧元为交易费用，费用由中联重科和共同投资方按比例承担），差额部分 1.24 亿欧元（3.755－2.515）最终由 CIFA 公司自身长期负债解决。《共同投资协议》规定，在本次交易完成后的 3 年届满之后，中联重科可随时行使其以现金或中联重科股票购买各共同投资方在控股公司中全部股份的期权，除非共同投资方的退出价值低于共同投资方的初始投资。

2008 年 9 月 5 日，中联重科将本次收购相关事宜报送湖南省国资委备案。

（二）中联重科并购 CIFA 公司的组织架构

本收购案中，中联重科并购 CIFA 公司的组织架构（见图 12－7）情况如下：

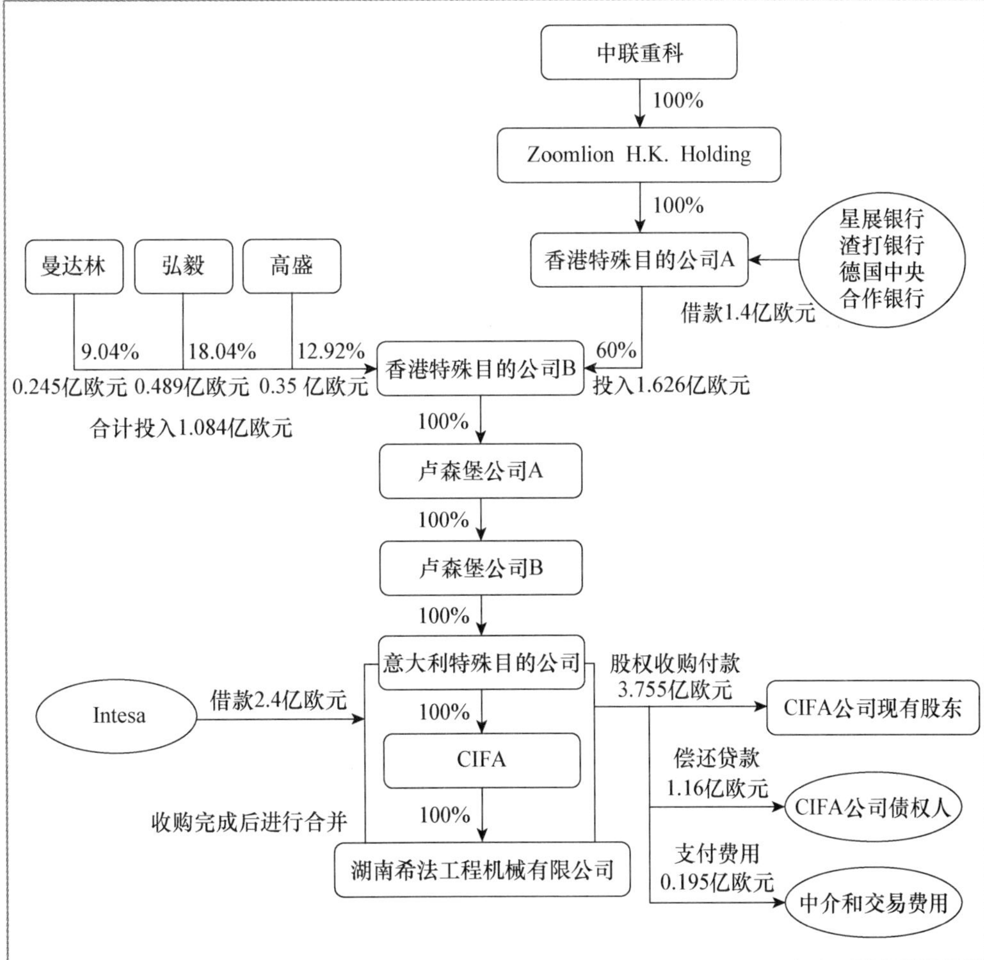

图 12－7　中联重科并购 CIFA 公司的组织架构图

（1）2008年5月28日，中联重科（香港）控股有限公司（Zoomlion H.K. Holding Co. Ltd）在中国香港成立，为中联重科的全资控股子公司，8月注入资本金约5.27亿港元（约合0.48亿欧元）。

（2）2008年6月23日，中联重科海外投资管理（香港）有限公司，即香港特殊目的公司A——Zoomlion Overseas Investment Management（H.K.）Co. Limited在中国香港成立，为中联重科（香港）控股有限公司的全资控股子公司，资本金约4.49亿港元（约合0.4亿欧元）。

2008年9月3日，该公司与星展银行有限公司、渣打银行（香港）有限公司和德国中央合作银行香港分行三家银行签署了金额为2亿美元（约合1.4亿欧元）的定期贷款协议，期限为3年，利率为LIBOR+1%。该贷款协议适用中国香港地区法律，由中国进出口银行以相同期限、相同金额为中联重科向以上三家银行提供担保，中联重科向中国进出口银行提供反担保。该笔贷款连同部分自有资金用于向香港特殊目的公司B——Zoomlion CIFA（Hong Kong）Holdings Limited的出资。

（3）2008年7月31日，香港特殊目的公司B——Zoomlion CIFA（Hong Kong）Holdings Limited在中国香港成立。2008年9月10日依照《共同投资协议》，中联重科联同共同投资方向该公司出资2.71亿欧元，其中中联重科的投资实体香港特殊目的公司A出资1.626亿欧元，持有60%股权；弘毅投资的投资实体Sunny Castle International Limited出资0.489亿欧元，持有18.04%股权；曼达林基金的投资实体Ace Concept Holdings Limited出资0.245亿欧元，持有9.04%股权；高盛集团的投资实体GS Hony Holdings I Ltd. 出资0.35亿欧元，持有12.92%股权，弘毅投资、曼达林基金、高盛集团三家共同投资1.084亿欧元。

（4）2008年8月11日，卢森堡公司A——Zoomlion CIFA（Luxembourg）Holdings S.a.r.l在卢森堡成立，设立时其资本为12.6万欧元。9月12日香港特殊目的公司B向该公司进行增资，总出资额为2.71亿欧元，并持有该公司100%股权。

2008年9月12日，卢森堡公司B——CIFA（Luxembourg）Holdings S.a.r.l在卢森堡成立，设立时资本为12.3万欧元，同日卢森堡公司A向卢森堡公司B进行增资，总出资额为2.71亿欧元，并持有卢森堡公司B 100%股权。

（5）2008年8月27日，意大利特殊目的公司——CIFA Worldwide S.p.A.（股份有限公司）在意大利米兰成立，设立时资本为12万欧元。卢森堡公司B于2008年9月22日向意大利特殊目的公司增资至2.71亿欧元，并持有该公司100%股权。

（6）2008年9月19日，CIFA公司股权的交割手续完成。根据中联重科聘请的意大利律师事务所Caffi Maroncelli e Associati出具的法律意见，本次收购中的意大利特殊目的公司已经依意大利法律合法成立且有效存续。

CIFA公司及意大利特殊目的公司分别于交割日向意大利银行Intesa提取1.1745亿欧元和1.2255亿欧元（共计2.4亿欧元）的现金并承担相应债务，用于支付买卖对价并偿清了目标公司CIFA公司原有的优先级贷款和卖方贷款。收购完成后，CIFA公司和意大利特殊目的公司完成合并，中联重科间接持有CIFA公司60%的股权。

(7) 2012年12月28日，中联重科收购了由弘毅投资等股东持有的40%的意大利CIFA公司股权，实现了对意大利CIFA公司的100%全资控股。2009年12月1日，意大利特殊目的公司为了帮助CIFA公司进入中国市场，在中联重科的“老家”长沙市设立了湖南希法工程机械有限公司，公司性质为外国法人独资的有限责任公司，从事混凝土机械的研发、生产、销售及售后服务。2016年12月30日，股东变更为意大利CIFA公司。

(三) 中联重科组织架构涉税分析

中联重科设立的组织架构常被称为“香港—卢森堡”结构，这一结构最大的好处就是可以利用国际避税地和税收协定这两种避税方式进行税收筹划。由于卓越的地理环境、稳定的政治环境、出色的金融服务、优惠的税收政策和富有弹性的双边税务协定，卢森堡和香港在我国企业进驻欧洲市场时备受青睐。下面就这一结构面临的税收问题进行讨论与分析。

1. 利息费用与投资资产成本的税前扣除

目前我国企业跨境并购可采取的融资方式有内部资金融资、债务融资、权益融资，使用内部资金融资不涉及税收相关问题。《企业所得税法》规定，非金融企业向金融企业借款的利息支出可据实扣除，使用债务融资方式可获得利息抵税的税收利益。在本次交易中，香港特殊目的公司A向星展银行、渣打银行、德国中央合作银行借款2亿美元，中联重科承担还款责任，利率为LOBOR+1%，还款期限为3年，每年可依照利率扣除相应利息。

我国《企业所得税法》第八条规定，企业实际发生的与取得收入有关的、合理的支出，包括成本、费用、税金、损失和其他支出，准予在计算应纳税所得额时扣除。《企业所得税法实施条例》指出，可以扣除的成本、费用、损失和其他支出都是与生产经营活动有关的。中联重科此次股权收购是企业生产经营活动还是企业资本经营活动，其收购股权支付的对价能否税前扣除还有待商榷。但可以明确的是，《企业所得税法实施条例》规定，通过现金支付方式取得的投资资产，以购买价款为成本。中联重科支付现金对价1.626亿欧元（其中1.509亿为股权款，其余0.117亿为交易费用）取得意大利CIFA公司的权益性投资资产，只能在资产转让或者处置时扣除，在对外投资期间计算应纳税所得额时不得扣除。中联重科在此次交易中没有发生所得，成本也不得扣除，不必就该笔交易缴纳企业所得税，但这笔现金作为投资资产的成本的确流出了企业，使资金链面临较大的风险，又无法在当期应纳税所得额中扣除，对其来说是一个沉重的负担。

2. 印花税涉税处理

我国印花税的征税范围包括借款合同、产权转移书据等，共有13个税目（表12-5为我国印花税部分税目税率）。《中华人民共和国印花税暂行条例》规定，在中华人民共和国境内书立、领受条例所列举凭证的单位和个人，都是印花税的纳税义务人。《中华人民共和国印花税暂行条例施行细则》规定，应纳税凭证应当于书立或者领受时贴花，如果合同在国外签订的，应在国内使用时贴花。应纳税凭证所载金额为外国货币的，纳税义务人应按照凭证书立当日的中华人民共和国国家外汇管理局公布的外汇牌价折合人民币，计算应纳税额。

表12-5　我国印花税部分税目税率

税目	范围	税率	纳税人
借款合同	银行和其他金融组织和借款人（不包括银行同业拆借）签订的借款合同	按借款金额的0.05‰	立合同人
产权转移书据	包括财产所有权在内的8种转移书据和合同	按所载金额的0.5‰	立据人

中联重科与共同投资方签署的《共同投资协议》不涉及印花税问题。中联重科及共同投资方与意大利Intesa银行签订的融资借款协议金额为2.4亿欧元，2008年6月20日外汇牌价100欧元=1 066.6元人民币，则2.4亿欧元=25.598 4亿元人民币，印花税为127 920元人民币。如果在中国境内书立、领受，则协议双方要在中国境内缴纳这笔税款；如果在中国境外签订合同，那么合同在境内使用时，双方还是要缴税的。

香港特殊目的公司A与星展银行、渣打银行、德国中央银行签订的贷款协议适用中国香港地区法律，香港税制中的印花税仅对房地产转让、租约和证券转让这三项交易的有关文书征收，贷款协议不涉及这三项，所以香港不会对此协议征税。

如果中联重科直接与意大利CIFA公司签订股权收购合同，那么这项合同要被视作产权转移书据向中国内地缴纳印花税。现在由意大利特殊目的公司负责收购CIFA公司，就可以规避向中国内地缴纳这笔巨额印花税。

3. 股息汇回中国的税务处理

中联重科成为意大利CIFA公司的第一大股东后自然享受其分配的股息，在股息从境外向境内汇回的各个步骤上，充分体现了“香港—卢森堡”这一结构在避税方面的优势。CIFA公司被收购后，其意大利居民公司的身份没有改变，继续享受国民待遇。将股息分配到中联重科时，中联重科享受的税收优惠主要体现在四个层次上。

第一层为根据欧盟《关于不同成员国间母子公司税收指令》（以下简称《指令》），意大利不得对股息征收预提税。

为避免对股息进行双重征税，扭曲市场主体的经营决策行为，阻碍欧洲市场统一的趋势，欧盟各成员国一直有意地在双边税收协定中解决这个问题。1990年，欧盟理事会通过了《指令》，《指令》规定了适格客体、适格主体来规范豁免的条件。适格客体明确规定为“分配利润”，仅包括子公司分配给母公司的股息；适格主体分为公司和常设机构（2003年新增），并对母子公司规定了持股比例和持股时间的条件。《指令》要求可以享受优惠的公司必须同时满足三个条件：（1）必须是《指令》附件中列出的公司，包括股份有限公司和有限责任公司；（2）必须是成员国国内税法意义上的居民，同时也不能被非成员国视为税收居民；（3）必须在成员国负有不可选择且未被豁免的公司税义务。

CIFA公司的企业性质为意大利股份公司，卢森堡公司B的企业性质为CIFA（卢森堡）控股有限公司，满足条件（1）；意大利律师事务所Caffi Maroncelli e Associati出具的法律意见表明，CIFA公司系依意大利法律正式组建，有效存续且资格完备，仍为意大利税收居民，而根据卢森堡税法，注册地或主要管理地在卢森堡的公司为居民公司，所以卢森堡公司B为其居民企业，满足条件（2）；CIFA公司要向意大利缴纳公司税，卢森堡公司B作为居民公司也有纳税义务，满足条件（3）。

此外，母公司对子公司的持股比例在当时还必须满足在25%以上，持股时间满两年为上限，成员国可以自行规定甚至不做要求。卢森堡公司B持有CIFA公司100%的股份，只需让持股时间满足意大利本国规定即可。

第二层为卢森堡不对该笔股息征税。卢森堡税法规定，居民公司是指注册地或主要管理地在卢森堡的公司，居民公司应就来源于境内外的所得缴纳公司所得税，卢森堡公司的应税所得额涉及卢森堡税法规定的公司间股息和外国所得。但卢森堡税法对公司间股息设立了条件，达到以下条件可以免税：

（1）分配公司可以是卢森堡居民公司、欧盟居民公司，也可以是非居民有限责任公司；

（2）受益公司可以是卢森堡居民公司，也可以是欧盟国家或者与卢森堡签订税收协定国家的税收居民公司的常设机构；

（3）受益公司必须持有分配公司10%以上的股份，或者在会计结算最后期限之前的12个月以上参股额不低于120万欧元（现已改为600万欧元）。

分配股息的公司是意大利CIFA公司，属于欧盟居民公司，受益公司为卢森堡居民公司，且持有CIFA公司100%股权，因此公司间的股息免征公司所得税。同时，税法规定，从外国子公司获得的股息应当纳税，除非满足上述免税规定。这样无论这笔股息被认为是公司间股息还是外国子公司所得，都免于缴纳公司所得税。

一般来说，对股息征收预提税的都是子公司居民国，但有时母公司居民国也会征收，如比利时曾对银行子公司支付给母公司的股息征收过预提税。为此，《指令》第六条规定，母公司所在国不得对母公司源于子公司的利润征收预提税。这也使得卢森堡无法对意大利CIFA公司汇回的股息征收预提税。由此可知，在卢森堡境内，这笔股息可以获得“三重保险”。

第三层为卢森堡与中国香港之间签订有《香港-卢森堡双边税务协议》。

根据该协议，如果香港受益所有人是直接持有卢森堡公司至少10%股份的公司，则无需向卢森堡缴纳股息预提税。又由于香港实行单一的收入来源地管辖权，即各个税种的征收权限仅限于来自香港当地的财产和收入，来源于本土之外的财产和收入一律不征收，那么这笔股息在由卢森堡公司汇到香港的时候，由于不是在香港当地取得的，香港也不对该笔股息征税。

第四层为中国内地与香港签订有《内地和香港特别行政区关于对所得避免双重征税和防止偷漏税的安排》（以下简称《安排》）。

《安排》规定，一方居民公司支付给另一方居民的股息，可以在该另一方征税。然而，这些股息也可以在支付股息的公司是其居民的一方，按照该一方法律征税。但是，如果股息受益所有人是另一方的居民，则所征税款不应超过：（1）如果受益所有人直接拥有支付股息公司至少25%股份的，为股息总额的5%；（2）在其他情况下，为股息总额的10%。中联重科为内地居民公司，也为股息的受益所有人，持有 Zoomlion H. K. Holding Co. Ltd 100%的股份。当 CIFA 公司汇回股息时，这笔股息仅按照5%的税率向香港特别行政区政府缴纳预提税。如果直接从内地投资 CIFA 公司，则股息汇回时需要适用中意之间签订的《中华人民共和国政府和意大利共和国政府关于对所得避免双重征税和防止偷漏税的协定》，按照不超过10%的税率征收预提税。

4. 股权转让的税务处理

严格来讲，中国香港并没有一套单独全面的税法体系，现行的香港税制由《香港税务条例》及其附例和税务规则构成，《香港税务条例》首次颁布是在1947年。在70多年的历史中，不管形势如何变化，香港吸引外资、促进当地经济贸易发展的指导思想从未改变，也因此可以继续保持税率低、税制简单、对经济干扰少的优势。香港税制中没有设立投资利得税，因此高盛集团、弘毅投资或者曼达林基金退出投资、将股权转让给香港特殊目的公司A时，可以不必就投资利得缴税。香港的利得税税率也很低，公司等法人或者团体的税率仅为17.5%，远远低于内地25%的企业所得税税率。如果中联重科将利润截留在香港子公司从事生产、投资，即使获得了来源于香港当地的财产或者收入，也可以以低税率的方式缴税。

5. 湖南希法公司的税负分析与筹划思路

湖南希法公司汇回中联重科的股息很有可能无法获得抵免，可以从以下两个角度思考：

（1）通过设立湖南希法公司，中联重科形成了“内地—香港—卢森堡—意大利—内地”的多重母子公司关系模式，每一层子公司汇给母公司的股息所得相应承担的子公司的企业所得税都可以通过间接抵免的方式在母公司所在国获得抵免。但我国适用间接抵免法的层级最多为三层，湖南希法公司处于间接抵免的第四层，其在我国境内缴纳的企业所得税不能在计算中联重科的企业所得税时间接扣除，造成了重复征税。

（2）湖南希法公司处于内地，向中联重科汇回的股息收入不能作为企业来源于我国境外的所得，其缴纳的企业所得税不能作为可抵免的境外所得税税额进行抵免。

虽然中联重科和湖南希法公司都是我国的居民企业，但是湖南希法公司向中联重科分配的股息并不符合免税优惠。《企业所得税法》第二十六条规定，对于符合条件的居民企业之间的股息、红利等权益性投资收益以及符合条件的非营利组织的收入免征企业所得税。这个“符合条件”的因素在《企业所得税法实施条例》的第八十三条中得到了进一步解释，即居民企业直接投资于其他居民企业取得的投资收益。中联重科只是通过多层子公司间接持有湖南希法公司的股份，并不符合直接投资的条件，所以中联重科收到的股息所得也不可免税。此外，湖南希法公司将利润汇到境外的 CIFA 公司时还要代扣代缴不超过 10%的预提税，使得湖南希法公司在中联重科的整个税收体系中十分尴尬。

值得欣慰的是，财税〔2011〕47 号文件规定，高新技术企业来源于境外的所得可以按照 15%的优惠税率缴纳企业所得税，在计算境外抵免限额时，可按照 15%的优惠税率计算境内外应纳税总额。中联重科已经通过国家高新技术企业认证，享受 15%的优惠税率，在抵免来自意大利 CIFA 公司的股息所得税时可以享受到税收优惠。

如果由中联重科从意大利 CIFA 公司购买湖南希法公司的股份，则中联重科直接持有湖南希法公司的股份，符合《企业所得税法》第二十六条的免税规定，且随着购买股份的增多，获得的免税优惠也越多。相应地，向意大利 CIFA 公司汇出的股息在缴纳预提税时税款会减少，从境外将股息汇回中联重科时，由于税款不可抵免造成的重复征税状况也能得到一定的缓解。

（四）对境外子公司税务风险的界定与控制

中联重科的组织架构在税收筹划方面发挥了很好的作用，虽然在设立该组织架构时已经获得国家发改委、商务部、湖南省国资委、国家外汇管理局、证监会等部门的批准，但并不代表这一组织架构没有潜在的税务风险。

1. 对境外子公司税务风险的界定

（1）受控外国企业。根据国际税法和我国税法，中联重科设立的香港特殊目的公司和卢森堡境外子公司有被认定为受控外国企业的风险。国际税法上的受控外国企业一般是相对于股东居住国而言的，指的是由该国居民直接或间接控制或者拥有实质利益但是设立于其他国家或地区的企业。这类企业一般设立于税负比较低的国家或者地区，股东可以通过控制受控外国企业，对利润的分配时间、用途等进行控制，以达到递延纳税或是不纳税的目的。我国国税发〔2009〕2 号文件在我国最先提出了这一概念，《企业所得税法》及其实施条例也表述了这一概念。在我国，一个境外企业构成受控外国企业需要满足以下三个条件：

1）该境外企业由中国税收居民企业控制或由中国税收居民企业和中国税收居民个人控制。控制既包括股份控制，也包括其他控制。股份控制分为直接控制和间接控制。对于中联重科来说，其设立的诸多境外中间企业都满足控制标准。

2）该外国企业设立在实际税负明显低于 12.5%的国家或地区。在中国首例受控外国企业案例中，山东 A 公司的全资控股子公司香港 B 公司，就被税务机关认定为设立在实际税负低于 12.5%的国家或地区。因此，中联重科设立在香港的特殊目的公司有被认定为受控外国企业的风险。国税函〔2009〕37 号文件规定了不构成受控外国企业的“白名单”，如果中国居民企业或居民个人能够提供资料证明其控制的外国企业设立在美国、英国、法国、德国、日本、意大利、加拿大、澳大利亚、印度、南非、新西兰和挪威的，可免于将该外国企业不做分配或者减少分配的利润视同股息分配额，计入中国居民企业的当期所得。因为卢森堡不包括在内，所以中联重科设立的卢森堡公司虽然为间接控制，但仍然有被认定为受控外国企业的风险。

3）并非由于合理的经营需要而对利润不做分配或者减少分配。然而，我国税法并没有对什么是合理的经营需要、什么是不合理的经营需要做出规定，实际上这也难以确定。如果中联重科要把利润保留在境外，在这一条上就有了很大的斡旋空间。

如果这些境外公司被认定为受控外国企业，那么中联重科就不能通过将利润保留在境外来规避纳税，无论利润是否汇回，中联重科都要就这笔利润纳税，其计算公式为：

$$\text{中国居民企业股东当期所得}=\text{视同股息分配额}\times\text{实际持股天数}\div\text{受控外国企业纳税年度天数}\times\text{股东持股比例}$$

（2）境外中资控股居民企业。上面提到的境外子公司不仅受到中国受控外国企业反避税规则的挑战，也会面临境外中资控股居民企业认定的问题，从而就全球范围的所得纳税，甚至会面临重复征税。我国《企业所得税法》引入的“居民企业”的判定条件，不仅明确了注册地标准，也明确了实际管理机构所在地标准。而境外中资控股居民企业指的就是因实际管理机构在中国境内而被认定为中国居民企业的境外注册中资控股企业。境外中资控股居民企业的认定除了要满足中国内地企业或企业集团为主要控股投资者这一条件外，还需要同时满足以下条件：

1）企业负责实施日常生产经营管理运作的高层管理人员及其履行职责的场所主要位于中国境内；

2）企业的财务决策（如借款、放款、融资、财务风险管理等）和人事决策（如任命、解聘和薪酬管理等）由位于中国境内的机构或人员决定，或需要得到位于中国境内的机构或者人员的批准；

3）企业的主要财产、会计账簿、公司印章、董事会和股东会议纪要档案等位于或存放于中国境内；

4）企业1/2（含）以上有投票权的董事或者高层管理人员经常居住在中国境内。

在税总函〔2013〕183号文件中，国家税务总局依据上述四个条件，判定中粮集团（香港）有限公司等164家中粮集团境外注册中资控股企业为中国居民企业。中联重科在并购过程中曾做出与意大利Intesa银行的融资决策，虽然与星展银行、渣打银行、德国中央银行的贷款协议是由香港特殊目的公司A签订的，但决策非常有可能是中联重科在境内做出的。应该注意的是，境外中资控股居民企业仅是企业所得税上的居民纳税人，是否涉及我国的其他税种还要再根据实际情况判断。如果境外企业在其他国家被认定为某税种的纳税人，则境外企业还要向其他国家的税务机关缴纳税款。

（3）受益所有人与导管公司。受益所有人是税收协定中的概念，只有属于税收协定下的受益所有人，才能享受税收协定规定的股息、利息、特许权使用费和技术使用费的协定优惠税率。1966 年，英美税收协定首次提出这一概念，OECD 在 1977 年采纳这一概念，防止第三国居民滥用税收协定。1987 年 OECD 财政事务委员会在《双重征税条约与导管公司的运用》中特别指出，导管公司虽然形式上是受益所有人，但如果它仅仅是受托人或者管理者，拥有非常小的权力，就不能被认为是受益所有人。这一报告体现了实质重于形式的原则。同时，欧盟《指令》也规定了反避税的例外条款，其中反导管公司规则和反滥用协定规则明确规定可以不予使用税收优惠。但长期以来，国际上对受益所有人的概念缺乏统一的规定，各国在实践中的理解也各不相同。

通过梳理中联重科投资的资金流动过程可以发现，中联重科和投资方共同投资的 2.71 亿欧元经过香港特殊目的公司 B、卢森堡公司 A、卢森堡公司 B，最终到达意大利特殊目的公司，用于收购 CIFA 公司。从中联重科于 2008 年 10 月披露的报告来看，这些中间公司几乎没有发挥其他重要作用。除了考虑到规避母公司股权变动风险、便于并购计划执行等非税因素外，中联重科肯耗费大量的成本设立多层子公司，很可能是看到了组织架构带来的税收利益。中联重科通过设立中间公司，使之在多层母子公司关系之间成为受益所有人，达到免缴或少缴预提税的目的，那么这些中间公司的性质是否为导管公司就非常值得探讨。一旦导管公司的性质落实，那么意大利 CIFA 母公司、卢森堡公司 B、卢森堡公司 A 母公司、香港特殊目的公司 B 都不能被当局判定为受益所有人，免征预提税的优惠就可能不适用。

2. 对境外子公司税务风险的控制

（1）避免被认定为受控外国企业。中联重科可以利用“受控外国企业安全港规则”来“明哲保身”，满足规则中的任意一条就可以免除上述纳税义务。

中联重科可在“白名单”中选取一个国家，如法国。法国与卢森堡同为欧盟成员国，CIFA 公司将股息汇到法国的境外子公司时可以享受同样的免征预提税的优惠。中国香港与法国之间也签订有税收协定，预提税税率由之前的 25%降为 10%，只是达不到与卢森堡之间免税的效果。法国税法规定，母公司可以对来源于国内或国外子公司分配的股息选择参股免税规定，股息的 95%免征公司所得税。显然，相对于卢森堡来说，在法国设立境外子公司要付出的成本更多，因此中联重科需要进一步筹划，衡量认定后向中国缴纳税额与设立法国境外子公司后向境外缴纳税额的大小，做出对企业最有利的决策。

中联重科还可以证明企业主要取得相对于股息、利息、特许权使用费等消极所得而言的积极经营活动所得，这类经营活动包括生产、销售、劳务提供等。目前税法并没有对“主要取得积极经营活动所得”提出判定标准，在实践中一些税务机关将比例设定为 50%，即从事积极经营活动以外的其他活动所得不超过全部所得的 50%。这就要求中联重科在境外开展积极经营活动，或是控制股息所得的数额。

为扶持中小企业“走出去”，简化税收管理，我国还规定境外企业年度利润总额低于 500 万元人民币可免于被认定为受控外国企业。相对于上述两条规则来说，这一明确的标准给了中联重科确切的筹划空间，中联重科可以采用企业分立的方法降低每个境外企业的年度利润，利用居住国税法规定的加速折旧等优惠尽量多列成本和费用支出。

（2）避免被认定为境外中资控股居民企业。目前认定境外中资控股居民企业的规则中仍然存在着漏洞，要避免被认定为境外中资控股居民企业可以从以下三个角度入手：

1）从主要控股投资者入手。境外中资控股居民企业认定规则规定，主要控股投资者必须为中国内地企业或企业集团，也就是说中国内地居民个人作为主要控股投资者在境外注册成立的企业不适用认定规则。如果中联重科可以找到个人合作者，由个人合作者设立境外公司，通过与个人合作者签订协议完成 CIFA 公司生产技术的引进，则可以降低认定风险。

2）从高层管理人员入手。迄今为止税法并没有对高层管理人员进行清晰的界定，税务机关在判定时可能会根据不同企业的具体情况而定。中联重科可以依据自身的企业特点就何为高层与税务机关进行磋商，争取主动权。在上面提到的中粮集团案例中，中粮集团有限公司明确规定集团下属企业需由集团派出董事，164 家境外企业除外方董事、独立董事外，主要董事均由集团领导人员、职能部门经理人、集团经理人担任，人数占具有投票权董事的 1/2 以上，这些负责企业生产经营运作的高层管理人员均在北京常住。所以，中联重科可吸取中粮集团的教训，在任命负责日常运作的境外企业董事和高层管理人员时采用适量雇用外国人员、对境内派出人员进行补贴以提高其赴外积极性、在境外建立办公室等方法，将主要履行职责的场所和经常居住地从境内转移至境外。

3）从上面提到的境外中资控股居民企业认定的第三个条件入手。因为境外中资控股居民企业认定的四个条件需要同时满足，所以中联重科可以立足第三个条件来降低和规避被认定的风险。境外企业的主要财产主要是长期股权投资、银行存款和各种往来款项。中联重科对境外子公司注入资金时，子公司的银行存款一般存放于境外离岸银行，不会滞留于境内，长期股权投资和往来款项本身也不在境内，则将会计账簿、公司印章、董事会和股东会议纪要档案存放于境外企业就可以满足条件，相对于其他条件来说，这点还是比较容易做到的。

（3）避免被认定为导管公司。为获得受益所有人享有的免征预提税的税收优惠，中联重科应避免香港特殊目的公司 B、卢森堡公司 A、卢森堡公司 B 和意大利特殊目的公司被税务当局认定为导管公司。

为避免上述公司被认定为导管公司，满足受益所有人的认定标准，缔约对方国家或地区居民在申请享受股息、利息和特许权使用费等条款规定的税收协定待遇时，如除持有所得据以产生的财产或权利外几乎没有其他经营活动，将不利于对其受益所有人身份的认定。目前实质性经营活动的内涵仍然处于相对模糊的状态，受益所有人的判定存在法律盲区，但一般的观点认为，制造、经销、管理属于实质性经营活动。税总函〔2013〕165 号文件也指出，不能仅根据一个不利因素就判定公司不符合受益所有人身份，还要结合其他因素综合判定。虽然该文件是针对我国香港企业申请协定待遇的规定，但文件所体现的基本原则可供参考。因此，中联重科可尽量为上述公司安排生产经营活动，赋予部分对所得或所得据以产生的财产、权利的控制权或处置权，使其具备与商业经营活动相适应的承担风险的能力，并拥有与所得数额相匹配的资产、规模及人员配置，以备应对经营风险之需。

中联重科的并购之旅无疑是成功的，其“香港—卢森堡”组织架构的最大亮点就在于利用国际避税地和税收协定降低股息预提税，然而在未来复杂的国际税收环境下，这一组织架构可能会暴露出潜在的税务风险，这是我们应该特别关注的问题之一。

三、澳大利亚雪佛龙税案①

2015 年 10 月 23 日，在长达近一年的诉讼审理后，澳大利亚法院就雪佛龙集团（Chevron）2003—2008 年间在美国和澳大利亚之间集团关联融资税务案件做出判决，最终宣判澳大利亚税务当局（以下简称澳洲税局）胜诉。

这一判决的背后是漫长而针锋相对的抗辩过程，双方围绕澳大利亚的转让定价法规、所得税法规、澳大利亚与美国之间的双边税收协定等一系列文件展开辩论，引用的判例多达 40 余例。本案开庭审理时间长达 21 天，参与庭审的除了原被告双方外，还包括由律师、投资银行顾问、转让定价顾问、国际税务顾问组成的庞大顾问团，本案成为澳大利亚税务庭审时间最长的案件之一。

另外，这一判决的时点也颇具意义，在 G20 主导并持续发酵的 BEPS 行动计划引致的国际税收格局重塑的大浪潮下，无论是跨国企业、各国税务机关，还是专业中介机构，势必将这一判例作为关联融资案例的里程碑之一。

（一）案例背景

雪佛龙集团于 2002 年开始对其澳大利亚控股公司（CAHPL）开展资本结构调整。该控股公司是雪佛龙集团与美国德士古集团（Texaco）合并后在澳大利亚设立的。

为了实现调整目的，CAHPL 与其全资子公司，即位于美国的雪佛龙德士古融资公司（CFC）签订了信贷融通协议，经由 CFC 在美国外部市场中筹措资金后通过关联贷款的方式向 CAHPL 提供资金。

以下是本案例的重要事实信息：

（1）CFC 主要从外部商业票据市场筹集资金，共计约 25 亿美元，其资金利率成本不超过美元 LIBOR 利率。在该案例发生期间，CFC 取得的美元 LIBOR 利率维持在 1%～2%的水平。

（2）CFC 在上述筹资过程中获得了雪佛龙集团控股母公司的担保。

（3）CFC 共向 CAHPL 提供了约 25 亿美元的澳元关联贷款，利率达到澳元 LIBOR+4.14%，CFC 提供的贷款以澳元作为本金并相应计提利息。

（4）CFC 与 CAHPL 之间的关联借贷交易没有任何形式担保、财务和运营保障性条款或其他资产保全条款。

① 本案例来自德勤中国。

（5）根据澳大利亚税法、澳大利亚与美国签订的双边税收协定，以及CAHPL在澳大利亚做出的相关申请，CAHPL在向CFC支付上述关联贷款利息时无需在澳大利亚缴纳任何预提税。

（6）与此同时，根据美国税法以及CFC在美国的税务安排，CFC从CAHPL收到的利息收入无需在美国作为应纳税所得。

（7）基于CFC是CAHPL全资子公司的控股关系，CFC在融资活动中产生的利润以股息的形式向CAHPL分派。

（8）CAHPL就CFC分派的股息可享受在澳大利亚免税的待遇。

澳大利亚税务机关基于一系列考量，认为上述转让定价安排不符合澳大利亚现行转让定价法规，CAHPL承担了过高的利率定价，并且交易的税务目的和税务利益可以被论证，因此该交易不符合独立交易原则。雪佛龙集团则围绕澳大利亚法规进行抗辩，试图采用独立交易安排下的可比交易论证案例中的关联交易，并引用先前判例。

最终，澳大利亚法院基于一系列文件证据和考量，基本否决了雪佛龙集团引用的判例在本案中的适用性，并认为其提供的分析不足以证明案例中的关联交易充分遵循了独立交易原则，因此判决澳洲税局胜诉。倘若雪佛龙集团不再上诉，将面临大额的转让定价调整金额和罚金。

（二）案例焦点

1. 何为独立交易？

首先，雪佛龙集团引用澳洲税局败诉法国爱森公司（SNF）（该案是澳洲税局在颁布适用交易重新定性的转让定价法规后的一起败诉案件，该案中SNF取得了不适用该规定的判决）的判例，强调其分析的合理性。

具体而言，雪佛龙集团就假设情形下CAHPL与第三方商业银行（如美国银行）之间可能发生的可比贷款交易进行了详细说明，并在外部投资银行专家的协助下，试图对该无担保无抵押①的虚拟贷款进行量化分析，以此证明本案中交易的利率符合独立交易原则。

然而，主审法官最终驳回了雪佛龙集团公司的分析和提议。法院认为，引用SNF判例从而试图忽略交易主体的所有特征和可比因素，这样的分析逻辑是不符合独立交易原则的。

具体来说，法院认为，即使雪佛龙集团需要基于虚拟情形下的交易进行分析，也应当充分考虑交易主体的关键特征，包括CAHPL作为跨国集团企业的一部分和贷款方CFC的特征（集团母公司提供担保），以及其所在行业特征（即本案中的油气能源行业），从而使得假设情形足够接近真实交易。

因此，本案中雪佛龙集团公司采用与商业银行之间的虚拟交易是难以从转让定价角度证明该行业内实际交易是如何定价和安排的。基于上述考量，法院最终没有

---

① CFC在上述筹资过程中获得了雪佛龙集团公司的担保，而CFC与CAHPL之间的关联贷款则无任何担保抵押条款。最终控股母公司的担保是否透过CFC的融资成本间接影响了后者贷款的利率，是值得考虑的一点。

采纳雪佛龙集团公司提出的转让定价分析方式。

2. 集团隐性支持与信用评级

在关联融资交易中，集团隐性支持主要指的是单个企业因其作为集团的一部分而可能被外界认同的偿债能力和信用状况的提升。在本案中，法院基于法理认为，在没有明确的理由和法律依据得以完全忽略集团隐性支持这一因素的情况下，雪佛龙集团公司认为的集团隐性支持因素可能是存在的。

需要强调的是，法院甚至从集团定价政策和融资策略上论证 CAHPL 在外部市场上会倚用集团信用支持获得更低的借款利率。庭审中还引用了 2009 年加拿大通用电气税务案件的判例（以下简称 GE 判例）作为对上述因素的有利佐证，在 GE 判例中法院认可了集团隐性支持这一因素的存在。

在本案中，主审法官认为，独立企业的概念与单个企业是不同的。雪佛龙集团公司之所以能够对该融资交易进行安排并得以按照目前的各项交易条件实施该交易，与其作为跨国企业成员的身份、其与资金提供者之间的控制关系是密切相关的。因此，法院认为完全抛去这些交易主体的特征，将雪佛龙集团公司当作毫无瓜葛的单个企业来考虑其信用状况以及市场利率是不合适的。但在本案中，法院在信用评级分析上的庭审结果与 GE 判例有所不同。

在 GE 判例中，法院不仅认可了集团隐性支持的因素，而且认可了基于单个企业信用评级进行适当上调的分析方法，换言之，GE 判例中法院认可了单体信用评级作为分析的基础。然而，在本案中，法院认为以单体信用评级为基础的分析方法在独立金融机构的贷款业务中可能常见，但并不适用于像本案中母子公司之间的关联借贷，因此基于信用评级进行调整的分析也就无从谈起了。

基于上述考虑，法院没有采纳本案中雪佛龙集团公司提供的评级机构针对借款人（即 CAHPL）的主体信用评级分析。然而，法院和澳洲税局实际上并没有给出雪佛龙集团公司应该如何分析集团隐性支持因素的方法或实质性意见。此外，澳洲税局和法院并未就美国母公司向 CFC 做出集团担保从而使得 CFC 获得较低融资成本的问题予以考虑，这一因素可能不利于澳洲税局的立场并且产生美国转让定价风险，这将在后面予以讨论。

3. 对关联交易的重新定性

在本案中，法院就澳洲税局对于交易条件的重新定性给予了支持，使得这一判决具有时代意义。

法院认同澳洲税局在资产保全条款这一关键交易条件上的主张，即在独立交易情形下，借款人通常都会向贷款人提供运营或财务方面的保障，以此获得独立交易条件下的合理利率水平，作为融资交易对价。这意味着在分析本案中的独立交易条件时，应当基于含有上述保障条款的可比交易进行定价。因此，本案中雪佛龙集团公司一方的专业分析，即基于无资产保全条款情形下的转让定价分析或调整，最终几乎都被法院认定为无效证据。

更为重要的是，在澳大利亚修订后的转让定价法规中，税务机关被正式赋予了对交易进行重新定性的权力（即使需要满足特定条件），并且对于交易的重新定性，税务机关无需就重新定性的行为主动举证其正当性，这一举证义务将由纳税人承担，即需要纳税人举证对税务机关的重新定性予以反驳。

除上述三点外，本案中法院还对交易币种、纳税人企业内部证据（如内部往来邮件）进行了全面审理，进一步支持了其判决依据和结果。

（三）BEPS时代前后对于关联融资交易的观点差异

时至今日，相比购销交易、服务交易和无形资产交易而言，金融交易在转让定价领域处于各国税务机关难以真正触碰的价值链环节，这在很大程度上是由这类交易的高度灵活性和复杂性决定的。

由于金融交易本身可以附加和设定层出不穷的交易条件（甚至是各种金融期权）以达到交易双方的特定目的，加之金融交易的频率在借助互联网和数据平台的情况下达到空前的高度，以及在金融机构的协助下交易成本可以达到很低的水平，因此关联方之间的金融交易相比其他交易而言，从安排到执行都更为便捷。此外，2008年金融危机后，跨国企业越来越多地使用内部融资代替外部融资以节省成本，而对于节约税务成本的重视程度也常常在金融交易中得到充分体现。基于上述背景，关联融资交易逐渐成为跨国企业进行税务筹划以达到税基侵蚀和利润转移目的的重要领域。

1. 真实交易和风险承担的界定

BEPS报告的相当篇幅都在论述和指导各国税务机关和纳税人为何以及如何对真实交易进行界定，并提出了一套较为完整的分析框架。其中，关联交易的合同安排是理解和界定关联交易的切入点，而不再是完全依赖的基础。

BEPS报告明确指出，单凭交易双方的书面合同是远远不够的。如果合同信息不完整或与双方实际行为不符，则可根据关联企业的实际行为提供补充性证明，从而在转让定价分析和调查中取代相应的合同安排，并基于准确界定后的交易确定独立交易定价。同样，在对风险承担的界定上，决定并实施风险控制活动、拥有承担风险的财务能力在BEPS报告中成为重要考量因素。

BEPS报告的推出无疑进一步扩大了各国税务机关在面对形式交易时的主动权，特别是在面对金融交易时，可以采取更为有效的手段重新定义双方的交易条件，甚至否决一部分交易条款，以还原真实交易的本质。更为重要的是，金融交易在某种程度上可以说是风险交易，交易双方根据互相承担的风险量化形成交易条件，最终确定交易对价。税务机关如能对风险和风险的分配有较为全面的分析和评判，就能大大增强对金融交易的监管能力。

2. 对集团协同效应的考量

BEPS报告明确提出了对集团协同效应的指南，即将集团协同效应按照其实质区分为集团隐性支持产生的附带性收益和特意采取的协同行动。其中，对于企业仅因其作为集团成员而非集团成员协同行动产生的收益，例如在关联融资交易下的资信水平提升，企业和税务机关无需就该集团隐性支持产生的附带性收益进行定价调整；反之，如果该收益来自集团成员采取的一致协同行动，则应当就产生的收益对该协同行动进行补偿。

上述指南对关联融资交易，尤其是借贷交易和担保交易形成了深远影响。目前，在实务中模糊不清的集团信用评级与个体信用评级的关系、担保费的定价问题等，都有望在这一指南的影响下逐步形成有章可循的实践指引。

本案中，雪佛龙的美国母公司对 CFC 提供了集团担保，该担保在一定程度上使得 CFC 能够以较低的资金成本从票据市场上融资，进而向 CAHPL 提供稳定的长期贷款资金。在独立交易条件下，资金供给的担保是否会间接地传导至 CAHPL 以至于 CFC 愿意以无担保的方式和目前的利率与 CAHPL 进行交易，同样值得从美国转让定价角度进行思考。

从美国转让定价角度来考虑，是否应当以及如何对母公司提供的担保予以补偿，可能会成为美国税务机关的关注点。考虑到包括前述 GE 判例在内的相关案例，母公司提供担保的价值应当予以考量，本案中澳洲税局站在本国税收的立场上，没有充分考虑这一因素。倘若在本案判决后美国税务机关对集团母公司提出质疑，公司应当如何应对潜在的双重征税、如何就母公司担保价值予以分析将成为新问题。

此外，如前所述，在对子公司进行信用评级时，即使仅根据子公司个体的财务状况进行分析，子公司的个体财务状况是否在一定程度上已经体现母公司和集团对其的经营价值也值得思考，尤其是在子公司依赖关联交易获得经营业绩的情形下。

四、英国 IRC v. Ramsay 公司规避资本利得税案①

英国 IRC v. Ramsay 公司规避资本利得税案（以下简称 Ramsay 案）是英国税法历史上一个里程碑式的案例。此案之前，英国法院在反避税方面历来持审慎态度。1936 年，英国上议院通过 IRC v. DUCK of Westminster 案确定了 Westminster 原则，明确了税收不能类推，即法院必须遵照议会的立法，只能依据法律对纳税人征税，纳税人有权采取任何可能的方式安排其事务以减少税收责任，只有议会的法律才有权禁止避税行为。到 20 世纪 80 年代，随着世界范围内的避税狂潮，为了寻求国家税收与纳税人利益的平衡，英国开始加强对避税行为的控制，司法机关在适用税法时更多地运用超脱于文义的目的解释方法，来应对日益复杂多变的避税筹划技术。Ramsay 案就是转折点。

（一）案例背景

IRC v. Ramsay 公司（以下简称 Ramsay 公司）是一家英国公司。1982 年，Ramsay 公司出售一个农场，获得一笔收益，按照英国税法，该收益应该缴纳资本利得税。为避免履行这笔收益的纳税义务，Ramsay 公司聘请专家设计了用公司资本损失抵消资本收益的避税方案。按照避税方案，Ramsay 公司购买 Caithmead 公

① 刘剑文. 财税法成案研究. 北京：北京大学出版社，2012.

司股票，同一天又向该公司贷款两笔，两笔贷款金额相同，利率均为11%，双方约定的贷款条件为：Ramsay公司有权减少其中一笔贷款的利率，并把减少的利率加到另一笔贷款上。贷款发放数日后，Ramsay公司行使合同权利，将一笔贷款的利率减为0，同时将另一笔贷款的利率增为22%。同一天，Ramsay公司将后一笔贷款的债权出售获利，依英国税法，该债权证书出售所获收益免缴资本利得税。一周后，Caithmead公司将前笔贷款归还Ramsay公司。由于上述贷款交易，Caithmead公司股价下跌，Ramsay公司抛售该公司股票因此受损，损失与出售债权凭证收益相等。

Ramsay公司认为，其出售Caithmead公司股票所受损失能抵消其出售农场的收益，应当免于缴纳资本利得税。税务机关认为，Ramsay公司的操作意在避税，不同意抵消。该案经过税务机关、税务特别委员会、王室法院、上诉法院审理，最后上诉到上议院。

英国上议院Wilberforce勋爵认为，Ramsay案的问题在于，是否可以用抛售股票的损失抵消其资本收益。上议院审理后认为，Ramsay公司的系列交易计划既无商业合理性，亦无营业目的，其唯一目的是产生所谓的损失，以抵消其所实现的资本收益。其出售债权证书所获收益与出售股票所受损失相互不可分立，纳税人实质上既无所得亦无损失。因此，Ramsay公司的一系列行为属于迂回的交易方式，应认定为避税行为。Ramsay公司的系列交易属于一个整体，应将系列交易各个步骤结合在一起进行认定，股票损失不得用于扣除其出售农场所获的资本收益。

具体而言，Ramsay案中的避税计划主要由两项交易行为构成，既产生收益又制造损失。收益设计为可以免税，损失则设计为可以在计算时全额扣除。从法律形式上看，这两项交易行为相互分立，具有不同的法律性质，且均不构成虚伪表示。但从经济实质上看，这两项交易行为，如收益和损失相抵，纳税人经济结果、财务结果实质上如同交易前的状态，等于绕了一圈又回到原地。正因为这一性质，此类避税安排在英美税法学界被称作“环形交易”。这一系列交易唯一可能的结果是，用最后一步——抛售股票产生的损失抵消出售农场产生的资本收益，从而免除资本利得税。这种环形交易没有任何商业目的，显然是为了避税。

针对Ramsay案就环形交易税收筹划的判决，英国税法界确立了一项重要原则：在预先规划的系列交易情形下，各步骤的交易如除了规避纳税责任外，既无商业合理性又无营业目的，则该系列交易的税收后果应以整个交易的经济实质为基础，而非以各步骤交易的法律形式为依据。

（二）Ramsay案涉税分析

1. Ramsay公司商业行为的税法认定

英国上议院的判决认为，Ramsay公司故意设计出一项损失用来抵消其之前所获得的一笔应税所得，同时在另一笔交易中安排一项同等的不需纳税的所得（出售债权凭证所得），最终达到了避税的效果。

因此，Ramsay公司的系列商业行为在税法上应认定为避税。Ramsay公司为了规避出售农场获得收益的资本利得税，人为地制造出另一笔资本损失，以达到用损失抵消出售农场的收益的目的，这是Ramsay公司采取系列避税交易行为的基本思路与目标。

2. 反税收规避行为的法律应对

世界各国日益对避税行为持否定的态度，在立法、司法和行政执法中逐步完善反避税的制度和措施。在大陆法系国家，德国1919年《帝国租税通则》第42条规定，税法不因滥用法律的形式的可能性而得以规避其适用；日本在其法人税法中确定了实质课税原则。在英美法系国家，加拿大、澳大利亚、新西兰、新加坡等国先后制定了反避税一般规则；美国发展了一系列反避税的判例法规则，诸如实质重于形式原则、一步交易规则、虚伪表示规则等。

随着20世纪80年代世界范围内的避税狂潮，为了寻求国家税收与纳税人利益的平衡，英国开始加强对避税行为的控制，司法机关在适用税法时更多地运用超脱于文义的目的解释方法来解释税法，以应对日益复杂多变的避税筹划技术，Ramsay案就是这一转变的开始。1982年，英国上议院就Ramsay案做出判决，一改过去坚守Westminster原则的做法，明确表示向避税“宣战”。该案被引为反避税的重要判例，其所确立的原则被称为Ramsay原则，并被誉为反避税的新方法。Ramsay原则即对纳税人众多复杂的交易形式进行整体考量，重视交易实质。

3. 实质课税主义在反避税中的运用

(1) 实质课税主义是反避税的中心思想。英国上议院对Ramsay案的处理，实际上是透过诸多复杂的交易形式把握其中的经济实质，最终将其认定为避税行为。基于这一理念，学界概括出一条应对避税的基本原则——实质重于形式。正是基于对实质正义的维护，实质重于形式成为税法解释的一条准则，即实质课税原则。

实质课税指的是在适用税法时必须认定课税要件事实，如果课税要件事实的“外观与实体”或“形式与实质”不一致，则不能按照外观或形式，而只能依照实体或实质加以判断。实质课税原则最早在德国确立，英美法系国家也不排斥实质课税原则。在反避税实践中，实质重于形式原则往往借助于税法解释，通过目的解释方法来完善税法文义的不足。同时，在借助目的解释方法追寻税法的真实目的时，法律往往赋予税务机关和司法机关较大的自由裁量权。正是在这个意义上，实质课税原则与税收法定主义有相互冲突的一面，因为税收法定主义坚持严格的税法文义，税务机关、司法机关必须严格遵循立法机关制定的税法文义征税；实质课税原则从经济实质角度课税，可能超越税法本身的文义，并且损害纳税人的信赖利益，违反税收法定主义。

(2) 实质课税原则的一个具体标准是具有合理商业目的。在Ramsay案中，英国上议院认为，Ramsay公司的系列商业行为并没有任何商业目的，唯一的目的是获取税收利益。由此，上议院以具有合理商业目的为标准定性了避税行为。我国《企业所得税法》第四十七条规定，企业实施其他不具有合理商业目的的安排而减少其应纳税收入或者所得额的，税务机关有权按照合理方法调整。这是一个兜底性的反避税条款，学界将其视为我国的一般反避税条款，这一条款的核心就是合理商业目的的认定。由此可见，合理商业目的的判断是实质课税、反避税的一个重要的衡量标准。

认定合理商业目的时还需要考量系列迂回交易，只有在系列迂回交易中不具有合理商业目的，才可能属于避税行为。从 Ramsay 案的判决意见看，迂回交易具有以下特点：第一，从目的来看，该安排完全以避税为目的，没有任何商业目的；通过该计划的实施，纳税人不可能有任何利润收入，相反一定会有损失，也就是实施该计划所需要的成本。第二，整个计划都会按照预定安排进行，最终获得预定的效果。第三，将整个计划中的所有交易作为一个整体来看，它不会产生任何收益或损失。对于这种迂回交易行为，税务机关启动反避税调查程序，无论如何都有其合理性与必要性。

复习思考题

1. 请阐释跨国税收筹划的基本原理。

2. 什么是导管公司？在国际税务筹划中应如何使用导管公司？

3. 请比较下列三个转让定价的价格标准：可比非受控价格法、再销售价格法、成本加利法。

4.“一带一路”倡议使中国企业逐渐走出国门，请分析“走出去”企业可能遇到的国际税收风险有哪些，并论述“走出去”企业应如何规避国际税收风险。

5. 请分析 BEPS 行动计划对国际税收筹划的影响，并进一步分析应对 BEPS 行动计划的企业跨国税收筹划策略与方法应如何改进。

案例分析题

星巴克公司的税收筹划

星巴克是美国一家连锁咖啡公司，不仅在特种咖啡零售界处于世界领先地位，同时也是世界著名的咖啡连锁店。星巴克每年都从世界各地的消费者手中赚取丰厚的利润，然而它的税收问题却频频出现在媒体的报道中。

2012 年，星巴克曾在英国因纳税问题引发公关危机。路透社和英国独立调研机构——税务研究机构对星巴克的纳税情况进行调研，这一调研持续了 4 年的时间。调研显示星巴克 1998 年进入英国，截至 2012 年已占据英国咖啡零售市场 1/3 的份额，总销售额累计超过 30 亿英镑，但其缴纳的企业所得税累计只有 860 万英镑，占其销售额的比重不到 0.5%。

在荷兰，星巴克也存在纳税争议。2015 年 10 月，欧盟委员会判决荷兰政府与星巴克之间签订的预约定价协议不正当地减轻了星巴克在荷兰的税负，构成了荷兰对星巴克的非法国家补助。为减少由此引发的不公平竞争，欧盟委员会责令星巴克向荷兰当局补缴 2 000 万～3 000 万欧元的税款。

星巴克公司的税收结构如图 12－8 所示。

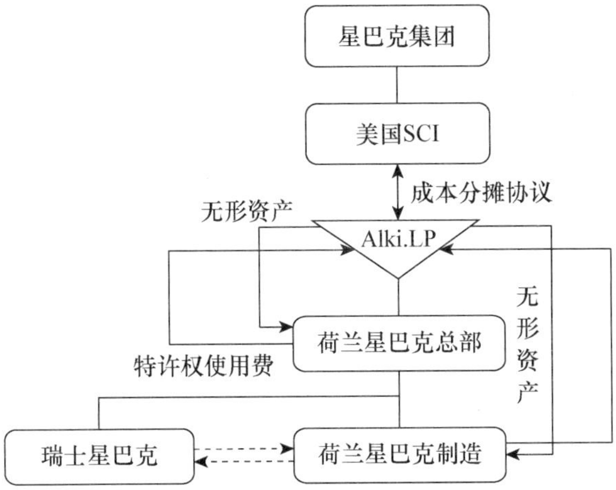

图 12－8　星巴克公司税收结构图

星巴克集团控制下的 Starbucks Coffee International（SCI）是一家成立于美国华盛顿州的有限责任公司。首先，其通过美国集团内部一系列复杂的控股关系，最终控制了位于英国的有限合伙企业 Alki. LP；其次，这家位于英国的有限合伙企业控股 Starbucks Coffee BV（荷兰星巴克总部）；最后，荷兰星巴克总部控股 Starbucks Coffee Trading Company SARL（瑞士星巴克）和 Starbucks Manufacturing BV（荷兰星巴克制造）。

星巴克整体的方向是把海外利润集中在英国和瑞士，原因如下：第一，瑞士是避税天堂，企业所得税税率只有 20%，远远低于美国的 35%，也低于欧洲多数国家，利润囤积在瑞士可以大大降低星巴克税负。第二，星巴克在英国的企业是一个合伙制企业，按照英国税法规定，合伙企业不承担纳税义务，由合伙人缴纳个人所得税，而它的合伙人位于美国的华盛顿州，因此不用在英国纳税，所得分回美国后在华盛顿州不需要缴纳州所得税，税负降低效果明显。

下面梳理一下这些组织在星巴克税收筹划过程中的作用。

首先，来看英国的有限合伙企业 Alki. LP。Alki. LP 和 SCI 一起负责产品研发，签订了成本分摊协议，享有星巴克的无形资产所有权。它负责一小部分产品研发，主要起着授予无形资产所有权的作用，除此之外不负责其他生产经营工作。成本分摊协议是企业之间签订的一项协议，用来规定在研发、生产或获得资产、劳务和权利等过程中，各方承担的风险和成本，以及享有的权利和利益范围。成本分摊协议签订后，签订协议的相关各方即可拥有开发后的无形资产，同时各方也可以扣除无形资产开发过程中产生的费用。

假设没有成本分摊协议，美国公司SCI在授予英国有限合伙企业Alki. LP知识产权的过程中会获得一笔特许权使用费，这笔特许权使用费没有改变整个集团的收益，却因需要在美国纳税而造成利益损失。成本分摊协议最重要的作用就是避免产生特许权使用费而纳税。

其次，瑞士星巴克负责星巴克全球范围内的生咖啡豆采购工作，之后再把生咖啡豆销售给世界各地的星巴克制造公司，其中就包括荷兰星巴克制造。为了利用瑞士税率较低的优势，星巴克把利润汇集在瑞士，瑞士星巴克用较高的价格把生咖啡豆卖给荷兰星巴克制造。荷兰星巴克制造被定义为一家来料加工企业，因此采购价格根据成本加成法，按照20%的利润率，在瑞士星巴克购进生咖啡豆的成本上计算确定。资料表明，其他生咖啡豆加工制造企业的利润率一般在4.9%～13.1%，由此看来，20%的利润率远远超过最高利润率，因此瑞士星巴克和荷兰星巴克制造的交易价格偏高，存在转移定价的行为。

再次，荷兰星巴克制造负责欧洲、非洲等地区的生咖啡豆供应，从瑞士星巴克采购生咖啡豆，然后烘焙和包装，之后再分销给各地的门店。荷兰星巴克的利润一部分流入了英国，一部分流入了瑞士，使得最后的应纳税所得额大幅减少。一方面，由于荷兰星巴克制造在咖啡豆生产过程中利用了英国的Alki. LP授权的咖啡豆烘焙等技术，因此其收入的一部分通过特许权使用费的形式转移给了Alki. LP；另一方面，如上所述，荷兰星巴克制造通过转让定价的方式，在采购生咖啡豆的过程中，向瑞士星巴克支付较高的价格，把这部分利润转移到了瑞士。

最后，荷兰星巴克总部负责和各门店谈判各项产品的具体销售协议，同时提供星巴克商标等无形资产的使用权，向各门店收取特许权使用费。虽然荷兰星巴克总部每年从各门店获得了大量的特许权使用费，但是由于这一使用权是从英国Alki. LP而来，因此还需要再向英国的Alki. LP支付高额的特许权使用费，由此带来利润的减少把大量的利润转移给了英国的Alki. LP。

此外，上述两家荷兰企业——荷兰星巴克制造和荷兰星巴克总部享有荷兰的优惠政策，即对从荷兰向境外支付的股息、利息和特许权使用费不征预提税，这两家公司都使用了英国合伙企业Alki. LP提供的特许权，须支付特许权使用费，所以星巴克无需支付任何预提税，就轻松地完成了利润由荷兰到英国的转移。

思考：

1. 星巴克公司主要采用了哪些跨国税收筹划方法？
2. 星巴克公司与苹果公司的跨国税收筹划有何异同点？

综合阅读题

腾讯“组团作战”并购Supercell公司税案

腾讯作为互联网三巨头之一，在竞争升级的背景下，与阿里、百度展开了竞赛，积极开展“新圈地运动”，将一个个公司收入囊中。在跨境并购过程中，企业通常会设计特殊的控股架构和融资架构来实现财务目标，防范税务风险，并进行有效税收筹划。并购芬兰手游公司 Supercell 是近年来腾讯并购金额最大的一次，腾讯在并购中构建了较为有利的间接控股架构和融资架构。

腾讯并购 Supercell 公司是迄今全球游戏产业史上最大规模的并购。腾讯采用组建财团这一独特的“组团作战”形式，构建出间接控股架构和融资架构，进行有效税收筹划，发挥税收协同效应。

1. 案例背景

（1）并购方——腾讯。腾讯始创于 1998 年，2004 年于香港联交所上市。其核心业务是社交软件，通过 QQ、微信建立了庞大的用户体系；如今在游戏产业也占有较大市场份额，国内游戏行业已形成了腾讯和网易占主导地位的两超多强格局。而在国外，腾讯积极践行国际化战略，多次高额并购，扩大游戏产业版图。截至 2019 年底，腾讯已投资 668 家公司，其中游戏公司有 88 家。腾讯投资行业分布如图 12-9 所示。

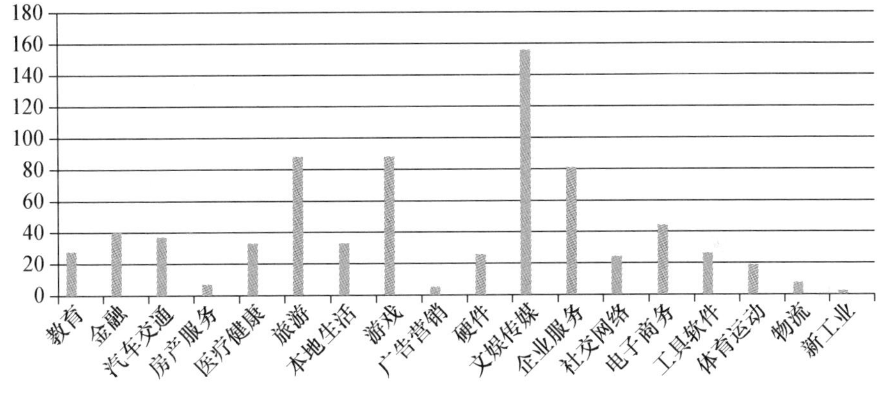

图 12-9　腾讯投资行业分布图

（2）被并购方——Supercell 公司。Supercell 是芬兰的游戏公司，于 2010 年成立。其主营业务是开发移动端游戏，目标客户遍布全球 30 多个国家，智能手机和 iPad 的使用群体都可成为其服务对象。在被腾讯并购前，Supercell 公司共研发了 4 款游戏，备受青睐，各游戏长期稳居排行榜的前 10 位。Supercell 公司依靠这 4 款游戏成为全球最赚钱的创业公司，其创收能力十分可观，并购前拥有高达 23 亿美元的营业收入。虽然只有 180 名员工，但拥有精湛的研发技术、先进的研发理念和良好的口碑，这对并购方具有极大的吸引力。

Supercell 公司被并购前的组织及产品结构如图 12-10 所示。

Supercell 公司被并购前的股权结构如表 12-6 所示。

（3）并购过程。2016 年 4 月，日本软银公司因债务问题欲出售其所持的 Supercell 公司 73.2%的股份。作为软银公司的被投资公司，阿里巴巴首先表达了购买意愿，但因估价问题暂时没有达成一致意见。5 月 14 日，正打开游戏市场的腾讯与 Supercell 公司进行了

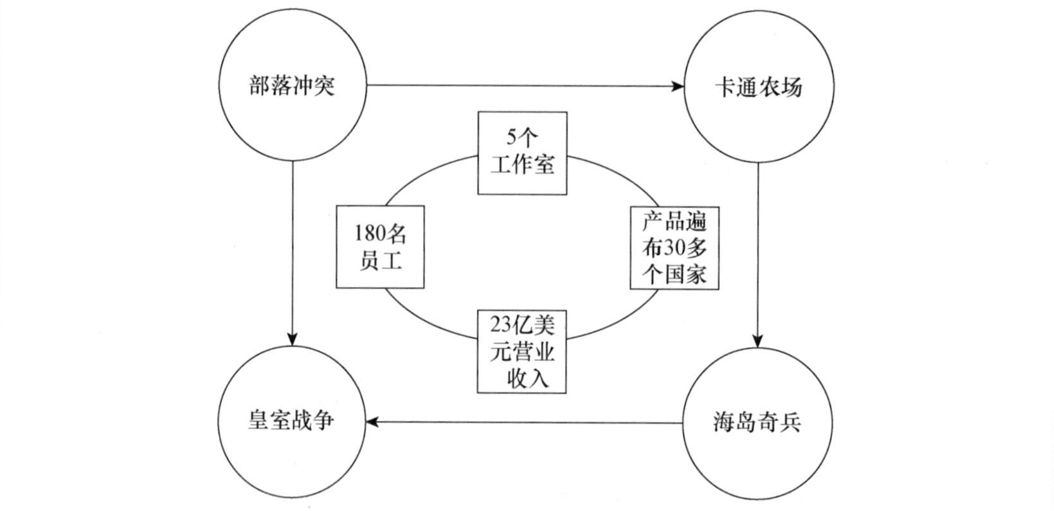

图 12-10 Supercell 公司被并购前的组织及产品结构

表 12-6 Supercell 公司被并购前的股权结构

持股人	持股比例（%）
软银股份有限公司	73.2
Likka Paananen（埃卡·潘纳宁）	6
Mikke Kodisoja（米科·科迪索加）	5.4
员工及其他创始人	15.4

早期谈判，腾讯给出较高的估价，双方达成并购意向。6 月 16 日，并购双方就具体并购事项进一步谈判，腾讯随即根据卢森堡法律成立了 Halti S. A. 公司，将其作为专门服务于此次并购的财团，腾讯全资控股，总资产价值约 37.2 亿美元，并建立了该财团的全资子公司。6 月 21 日，腾讯在公告中表达了引入潜在共同投资者的意愿，出让部分财团股份，合作实现对 Supercell 公司的间接控股。公告显示，并购的卖方由软银集团、部分 Supercell 公司的员工股东及前员工组成。腾讯将购买卖方拥有的 Supercell 公司股权，合计最多约占 Supercell 公司全部股权的 84.3%。①。8 月 16 日，由腾讯做担保，财团的附属公司向境外银行借款，合计 35 亿美元。10 月 16 日，腾讯公告发布后引入的共同投资者签订了财团股份认购协议，总对价为 8.5 亿美元，均采用现金方式交易。由此，腾讯和其他投资者各持财团股份 50%。10 月 27 日并购完成。

根据腾讯公司 2016 年 10 月的公告披露，财团最终持有的 Supercell 公司股权为 76.9%，并购总估值 102 亿美元，需支付并购价约 86 亿美元。双方协议约定对价分 3 期支付，分别于交割日、交割日 3 年后和延迟并购价发布日支付 41 亿美元、2 亿美元和 43

① 腾讯控股．有关腾讯参与财团收购 Supercell Oy 大部分股权的须予披露交易．（2016-06-21）[2019-09-23]．https://www.tencent.com/zh-cn/investors.html#investors-con-2.

亿美元。① 此次并购的融资来源采用了多种途径，既包括腾讯的自有资金25亿美元，也有发行债券融资的12亿美元、财团全资附属公司的银行贷款35亿美元、共同投资者认购财团股份支付的现金8.5亿美元，以及优先股融资的5.5亿美元。

在与共同投资者签订的认购协议中，约定腾讯和共同投资者各持50%投票权益，但实际控制权在当期及今后均需归属于腾讯。由于腾讯在我国香港上市，适用国际会计准则而非中国会计准则。结合国际会计准则的规定，腾讯持有半数表决权，其配合公司其他治理条款，使审计师接受不并表的诉求，只将分得的股息或利润作为财团股息收入列在收益表中即可。腾讯拥有的财团权益源自附带赎回权的金融工具，今后可通过金融工具买卖，触发一系列条款变动，达到并表目标。

并购后，从财务指标测算结果来看，腾讯公司的短期绩效为正，并购前后的运营、盈利、偿债及成长四个维度的主要财务指标处于上升趋势，并购长期绩效为正。② Supercell公司的发展也逐步稳定。2019年9月23日，腾讯控股发布最新公告，公司拟透过其全资附属公司将其持有的财团Halti S. A. 的可换股债券转换为财团股份，并将其可投票股份权益由50%增加至51.2%，增持后可并表。③ 10月21日，腾讯完成了增持股份的收购。

2. 案例分析

(1) 控股方式。腾讯此次并购是通过组建财团的方式来间接持有Supercell股份，因此属于间接控股。Halti S. A. 是腾讯以并购为唯一目的组建的财团，注册地为卢森堡，财团在卢森堡还拥有全资子公司。并购前腾讯对财团100%持股，并购过程中，腾讯将财团股份出让给共同投资者，筹得现金8.5亿美元，而持有的财团股票权益减少为50%，实现只需在收益表中列示分得的股息红利而不并表的效果，所以组建财团收购是出于权衡财务处理影响的考虑。

如果腾讯采用直接控股的方式，不设置财团，Supercell公司将成为腾讯的子公司而需编制合并财务报表，并购初期运营的不确定性及控股过程内部交易的披露都会给腾讯带来风险和压力。但采取联合收购间接控股的方式（见图12-11）就可避免上述问题，既消除披露压力，又不必为Supercell公司的业绩担忧；如果其经营业绩不好，不并表对公司股价的影响较小，满足上市公司对股价平稳的需求。

此外，间接控股的方式还有许多税收处理上的优势。此次并购的架构可简化为“腾讯控股有限公司—卢森堡财团公司—卢森堡财团全资子公司—芬兰Supercell公司”这样的模式。卢森堡是公认的国际避税地，为国际投资者创造良好的环境、提供便捷高效的金融服务，并与多国签订税收协定，在卢森堡投资注册可享受一系列税收优惠。所以，腾讯通过财团与Supercell公司进行交易可以获得税收优惠的红利，为企业减轻税收负担。

---

① 腾讯控股. 有关腾讯参与财团收购Supercell Oy大部分股权的须予披露交易.（2016-06-21）[2019-09-23]. https://www.tencent.com/zh-cn/investors.html#investors-con-2.

② 夏绍群. 互联网企业并购的动因及绩效分析. 天津：天津财经大学，2017.

③ 腾讯控股. 自愿性公告——收购持有Supercell Oy大部分权益的财团之额外可投票股份权益的意向.（2016-10-16）[2019-09-23]. https://www.tencent.com/zh-cn/investors/announcements.html.

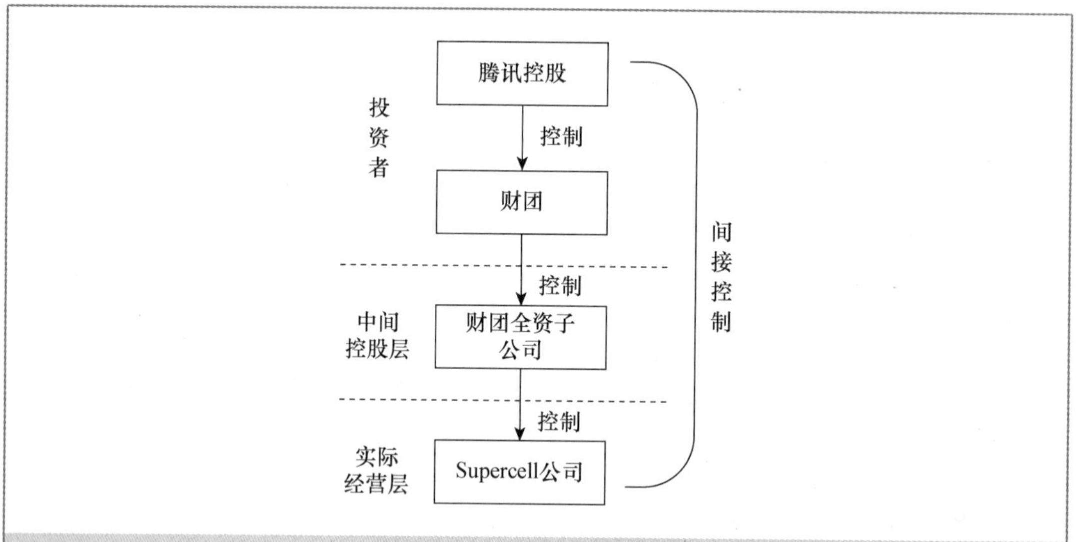

图 12-11　并购控股架构图

此外，卢森堡和芬兰都是欧洲国家，相关法律环境、政治体系相似，且可享受欧盟国家间的税收优惠政策，特别是可以免于缴纳股息、红利的预提税。这不仅为并购带来了极大便利，缩短了并购时间，减少了并购过程的不确定性，还为并购双方今后的经营活动和交易活动提供了良好的外部环境。

在后续经营过程中，利息汇回时，形成了三层的控股架构。

首先是位于芬兰的 Supercell 公司向位于卢森堡的财团全资子公司汇回利息。二者都是欧盟国家，根据欧盟《母子公司指令》，子公司向母公司分派股息红利免缴预提税，因此 Supercell 向位于卢森堡的财团子公司分派的股息、红利无需扣缴预提税。

其次，财团的子公司向财团汇回股息时，也无需就股息纳税。因为卢森堡税法对分配公司、收益公司和股份持有比例做出规定，满足条件即可免缴企业所得税。一是财团子公司作为分配公司是卢森堡居民公司，满足对分配公司是卢森堡或欧盟居民公司的规定；二是受益公司财团是卢森堡居民公司，满足对受益公司是卢森堡或欧盟国家居民公司或其常设机构的规定；三是受益公司财团持有分配公司 100%股份，满足受益公司持有分配公司 10%以上股份的要求。这样就满足了免缴企业所得税的三个条件，因而可以享受免缴股息所得税的税收优惠。

最后是腾讯接受卢森堡财团汇回的股息。根据《中华人民共和国和卢森堡大公国关于对所得和财产避免双重征税和防止偷漏税的协定》（国税发〔1994〕71 号），如果股息收款人是股息受益人，且受益所有人直接持有支付股息公司至少 25%资本的公司（不是合伙企业），不应超过股息总额的 5%，因而对汇回的股息最多征收 5%的预提税。由于没有并表，具体的适用税率没有披露数据。但相比而言，即使采用最高税率 5%，其税收负担也较轻。同时，通过三层间接控股的方式，可以延迟股息汇回的时间，实现递延纳税效应。

（2）融资方式。此次并购的总价款为 86 亿美元，腾讯通过财团设计了巧妙的融资方式，如图 12-12 所示。最终并购的融资来源包括腾讯的自有资金 25 亿美元、发行债券融资12亿美元、财团子公司的银行贷款35亿美元、共同投资者认购财团股份支付现金对价8.5亿美元和发行优先股筹资5.5亿美元。

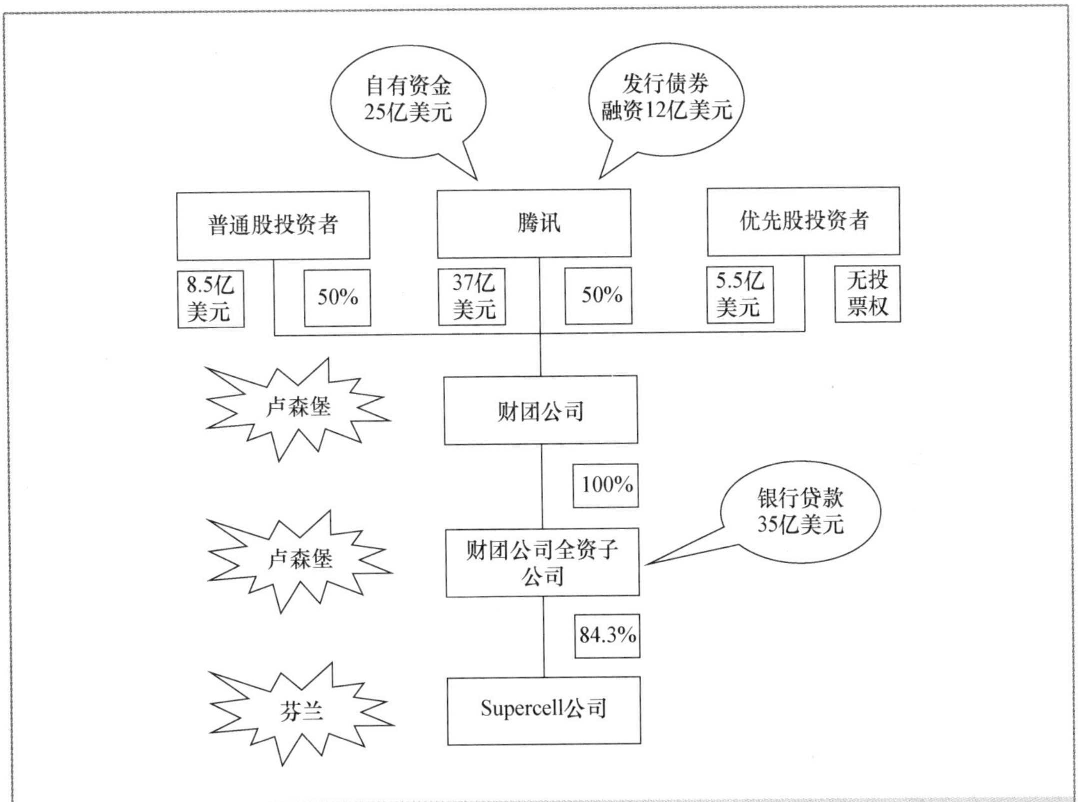

图12-12　并购融资结构图

此次并购设计了多层级的资金结构，包括自有现金、股权融资以及以腾讯集团做担保发行的债券融资。虽然并购金额巨大，但通过此种方式融资，腾讯只占用了自身相对较少的资金。债券融资需要承担利息支出，作为财务费用在应税收入中扣减，还可发挥税盾效应，获得债券融资的利息抵税利益。

另外，并购Supercell公司是截至目前腾讯在游戏产业最大规模的一次收购，估值的溢价很高。资料显示腾讯并购之时现金流量足够当期一次性支付，但巨额的支出会对公司的财务指标产生影响，资本市场可能对腾讯资金链条产生担忧，影响到股价，这对于上市公司来说是很不利的表现，所以可以结合多种融资方式的多层级融资是一种较好的融资方式。

综上，采用组建财团的方式实现了多层级融资，可以达到以小博大的效果。股权融资使得腾讯对财团的持股比例减至50%，从而实现不并表的目的。采用债券融资，一方面，财务费用税前支出体现税盾效应，利息抵税发挥税收挡板作用；另一方面，腾讯在向境外银行支付利息时，根据我国与卢森堡的税收协定及卢森堡的税法，一般情况可以以较低的预提税税率纳税，某些情况还可以免缴预提税，节省税款的现金流出。

(3) 支付方式。跨境并购的支付方式通常分为三类，分别是现金支付、股权支付和混合支付。三种支付方式各有利弊。不同支付方式的利弊分析如表12-7所示。

表12-7　跨境并购不同支付方式的利弊

支付方式	现金支付	股权支付	混合支付
利	1. 快速，节约并购时间，规避因时间拖延造成的不确定性 2. 拥有现金来源，抢占先机，使竞购对手处于劣势 3. 股权结构不会发生变化	1. 并购方不受自由现金流限制，保留足够资金维持生产经营活动 2. 不增加企业财务杠杆，降低财务风险 3. 降低信息不对称性 4. 不会使被并购企业的股东减少对股份的持有	1. 可选择多种形式，正确搭配能够兼具现金支付和股权支付的优势 2. 避免使用单一支付手段带来的风险，提高并购的成功概率，降低并购后的整合风险
弊	1. 为并购企业带来沉重的现金支付压力，举债会产生偿还压力且面临汇率风险 2. 被并购企业需承担自身应纳税额	1. 并购企业不能享受被并购企业由于资产折旧而获得的税收优惠 2. 稀释并购方原股东的股权份额 3. 被并购企业不能在短时间内获得资金，可能造成交易延误或失败	选取不当或搭配比例不科学，可能无法发挥自身优势，反而增大风险

采用合理的融资架构筹集资金，为腾讯采用现金支付方式提供了有利条件，不会造成很大的现金支付压力。在腾讯并购Supercell公司的案例中，出售方以持有Supercell公司73.2%股份的软银公司为主，它是阿里巴巴的投资者，基于双方的合作以及阿里巴巴收购的意愿，腾讯的此次收购并不占据优势。但是当时阿里巴巴与Supercell公司由于价格问题，谈判一度僵持不下，没有很快达成收购协议。腾讯想要参与到这一收购事项中，一定要做到“快、准、狠”。现金支付便首先满足了“快”的条件，节约了并购时间，为收购协议的尽快签订奠定了基础，避免由于股份支付时间过长造成收购延误，这是腾讯在与阿里巴巴竞争时变被动为主动的重要一环。腾讯并购的“准”在于其并购目的明确，即扩张游戏版图，提高在国际市场游戏产业的份额，所以腾讯是在原有基础上扩大业务范围，要维持原有股权结构稳定而不稀释股权，这也是采用现金支付最为关键的因素。“狠”便在于腾讯给出了86亿美元的高额对价，这对于正处债务危机的出售方软银公司以及Supercell公司的其他持股者来说无疑是有巨大吸引力的，充足的现金来源使腾讯在谈判过程中处于优势。虽然现金支付也意味着被收购方要承担较高的所得税，但相比当时迫切的现金需求和稳定的估值，出售者很可能更倾向于现金支付。对腾讯而言，这86亿美元并非完全来源于自有资金，其通过独特的多种融资方式为自身减缓现金压力，使得本就“左手流量，右手资本”的腾讯有足够的出资能力。

此外，在现金支付约定中，双方协议现金对价分3期支付，分别于交割日、交割日3年后和延迟并购价发布日支付41亿美元、2亿美元和43亿美元（见表12-8）。递延支付的方式使并购方可以分阶段地筹集资金，降低了融资风险和流动性风险，也有效缓解了现金支付的负担。

表 12-8 并购现金支付时点

并购现金支付时点	金额
交割日	41 亿美元
交割日 3 年后	2 亿美元
延迟并购价发布日	43 亿美元

（4）并购方式。跨境并购的方式通常有两种，即股权并购和资产并购。二者在税务处理方面各有利弊，具体如表 12-9 所示。

表 12-9 跨境并购不同收购方式的利弊

收购方式	资产收购	股权收购
利	税务风险一般不被收购方继承	1. 目标公司税收优惠延续 2. 没有流转税税负 3. 享受目标公司历史亏损所带来的所得税减免 4. 税务程序较简单
弊	1. 资产交易可能会产生非常高的交易税费 2. 收购方不能享受目标公司历史亏损所带来的所得税减免 3. 目标公司的税收优惠无法延续 4. 程序复杂，包括评估价值向各个资产分配、发票开具等	潜在的税务风险会被收购方继承

Supercell 公司作为软件开发企业可享有税收优惠政策，相比资产收购，采用股权收购可以使这种优惠政策得以延续。同时，在转让环节，采用股权收购不需要缴纳流转税，这在很大程度上减轻了并购双方的税负，是一种较为理想的节税收购方式，并且税务程序简单，这也会为腾讯的并购方案节省时间，增加成功并购的机会。

股权收购的弊端在于潜在的税务风险会被收购方继承，但是腾讯通过组建财团形成的架构设计方便剥离风险，由具有独立法人资格的全资子公司实际控股 Supercell 公司，可有效隔离 Supercell 公司的不良资产、债务风险以及破产风险等，使其不会波及腾讯的产业。另外，尽职调查可以在很大程度上消除这一隐患。腾讯对 Supercell 公司做了较为充分的尽职调查。其总裁亲自飞往芬兰，与 Supercell 公司的高管会谈，实地考察了 Supercell 公司的经营场所，对企业的财务、税务、人事、商业、法务以及游戏开发理念等基本情况有较细致的掌握，并亲自体验其开发的游戏产品，获得与此次并购相关的更多一手信息。此外，腾讯设有专门的投资并购部门，尽职调查是他们的重要职责，该部门也采取专业的方法对 Supercell 公司展开了详尽调查，尽可能量化风险。加之 Supercell 公司良好的口碑和价值创造能力，基本可以确定其历史清白，股权收购的风险不大。这样，股权收购的风险基本得以排除。

（5）其他相关税务问题的界定与处理。对股权收购的税务处理主要有一般性税务处理和特殊性税务处理。

股权收购的一般性税务处理以公允价值作为计税基础，而特殊性税务处理以原有计税基础作为计税基础，并且可以享受在5年内递延纳税的优惠政策。特殊性税务处理的要求主要包括一个目的，即合理商业目的；两个比例，即收购的股权不少于企业全部股权的50%，股权支付不少于总交易对价的85%；两个不变，即12个月内不改变原来的实质性经营活动且不转让所取得的股权。①

腾讯此次收购采用现金支付，不满足股权支付比例的要求，不适用特殊性税务处理。但有效税收筹划要求税后收益最大化，既要考虑税收成本，又要考虑非税成本和多边契约等条件。对腾讯而言，保持原有的股权结构对公司来讲是更好的选择方式，合理的并购方案使企业保证长期的利益最大化而非单次交易事项的税负最小化，因此采用一般性税务处理同样符合有效税收筹划的原理。

3. 案例思考

腾讯此次并购的核心在于组建财团来实现特定的融资架构和控股架构，达到通过“组团作战”以小博大，投入较少资金满足预期目的，并承担较低税负的目的。

（1）控股架构的设计。根据腾讯并购案例可知，企业跨境并购设计间接控股架构的优势在于：能够充分利用税收协定的优惠政策，企业设立的中间控股公司与被并购方所在国通常签有双边税收协定，预提税、资本利得税等税率相对较低，在后续经营过程中可减轻股权转让、利润汇回过程的税负；中间设计控股公司可获得我国境内税收的递延，腾讯及其财团可根据实际需要适当安排利润汇回的时间，推迟缴纳股息与资本利得方面的所得税，在现金流正常流动的基础上争取递延税款，获得货币时间价值，要保证不影响资金用途，使留存在中国境外的现金尽可能多；为后续存在投资退出可能性做考虑，间接控股架构的设计使得企业可以在中间控股层或被并购方层面退出，增加退出的灵活性，防范此过程为腾讯带来的财务风险。如果设计多个位于不同国家或地区的中间控股公司，还可灵活利用综合限额抵免法，用此计算方法相比分国限额抵免计算方法能够获得更多的税务收益，这样有着多层间接控股架构的控股平台可进一步增加企业跨境并购及后续经营的抵免限额。

为了有效控制中间控股层的税负，中间控股公司的选择需要在以下三个方面考量：首先，企业跨境并购的动机通常出于企业的发展战略和商业安排，在尊重企业业务需求的前提下，综合考虑被并购方所在国、母公司所在国、中间控股层所在国以及交易涉及的其他国家或地区之间的税法差异和双边税收协定签署情况，初步确定几个投资环境良好、税负较轻的国家或地区作为备选对象。其次，在确定的备选对象中选择一个在外汇管制、政治体制、营商环境和文化习俗等方面符合企业预期的国家或地区，作为跨境并购架构的中间控股公司所在地，达到便利投资、高效营商和规避税收风险的目的。最后，控股架构设计还要综合考虑非税成本。企业并购更多的是为了今后的运营，因此要测算维护所涉及的架构需要付出的成本费用和其他非税收方面的代价。如果需要付出的成本太高，也不符合有效税收筹划的目的，此时设计间接控股架构或许不是一个很好的选择。

（2）融资架构的设计。腾讯在此次并购中的融资架构设计在于实现多层级融资模式，一方面通过权益融资吸引共同投资者，从而减少腾讯对财团的持股比例，做到短期内不并

① 财政部 国家税务总局关于企业重组业务企业所得税处理若干问题的通知（财税〔2009〕59号）.

表。这主要是出于对被并购方初期业绩不确定性的担忧，防止对股价造成影响，也是上市公司在跨境并购中一定要考虑的问题。此融资过程较为简单，在此不做过多分析。另一方面采用债券融资，通过利息抵税，发挥税盾作用，实现税收协同效应。组建财团使得腾讯在并购融资时可以采用多样化融资途径，“组团作战”共同完成并购。

在债券融资中，“内保外贷”也是一种较为理想的模式（见图 12-13），即境内的金融机构为贷款做担保，实际款项由境外的金融机构向中间控股层发放。“内保外贷”的融资安排为境内母公司提供享受税收协定预提税优惠税率的优势；还有重要的一点是，中间控股公司因为建立不久，很难凭借其资信取得足够的借款额，而境内的母公司作为上市公司在资信方面有较大主动性，可以合作完成“内保外贷”，解决资金筹措问题。

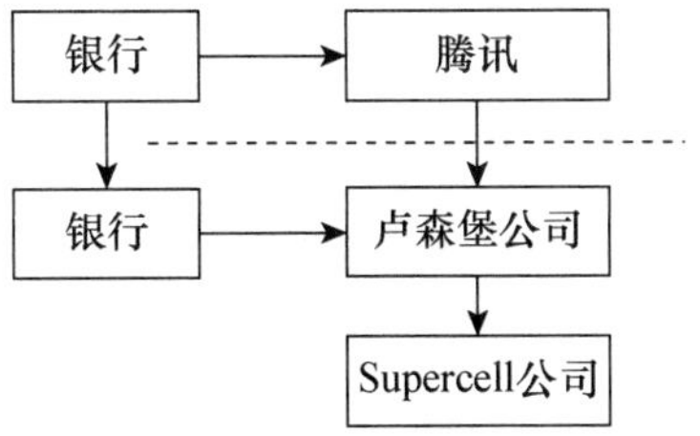

图 12-13　“内保外贷”的融资结构图

在“内保外贷”的融资结构下，如果境内母公司、中间控股公司所在国与被并购方所在国之间签订了税收协定，则只需缴纳较低的利息预提税或者直接免予缴纳预提税。在这样的结构中，贷款主体由中间控股公司承担，筹得款项后收购目标公司，减轻这一过程的整体税负。

此外，上市控股架构和融资架构的设计还会影响支付方式和并购方式等方面的决策，在综合考虑所有显性税负和隐性税负的基础上，企业可以选择最优方案，实现整体利润最大化，进行有效税收筹划。

资料来源：蔡昌，刘万敏. 腾讯“组团作战”并购 Supercell 税案. 北京：中央财经大学，2019.

问题思考：

1. 腾讯开展国际并购的主要动机有哪些？这次并购 Supercell 公司的行为主要考虑了哪些方面的税务问题？这些税务问题的解决方案是什么？你怎样评价这些税务问题的解决方案？

2. 腾讯的这次海外并购活动对你有哪些重要启示？

参考文献

1. S.P. 科塔里，等. 当代会计研究：综述与评论. 北京：中国人民大学出版社，2009.

2. 哈维·S. 罗森，特德·盖亚. 财政学：第十版. 北京：中国人民大学出版社，2015.

3. 迈伦·S. 斯科尔斯，等. 税收与企业战略：筹划方法：第2版. 北京：中国财政经济出版社，2004.

4. 萨利·M. 琼斯，谢利·C. 罗兹-卡塔那奇. 税收筹划原理——经营和投资规划的税收原则：第十一版. 北京：中国人民大学出版社，2008.

5. 萨利·M. 琼斯，谢利·C. 罗兹-卡塔那奇. 高级税收战略：第4版. 北京：人民邮电出版社，2010.

6. 迈伦·S. 斯科尔斯，等. 税收与企业经营战略：筹划方法：第五版. 北京：中国人民大学出版社，2018.

7. 蔡昌. 税收筹划八大规律：规则、规律、技术、案例. 北京：中国财政经济出版社，2005.

8. 蔡昌. 契约视角的税收筹划研究. 北京：中国财政经济出版社，2008.

9. 蔡昌. 税收筹划. 北京：经济科学出版社，2016.

10. 蔡昌. 税收筹划论：前沿理论与实证研究. 北京：清华大学出版社，2015.

11. 蔡昌. 房地产企业全程会计核算与税务处理. 5版. 北京：中国市场出版社，2019.

12. 蔡昌. 税收筹划：理论、实务与案例. 2版. 北京：中国财政经济出版社，2013.

13. 蔡昌. 中国特色公有制产权税收论. 北京：中国财政经济出版社，2018.

14. 蔡昌. 评点中外税案. 北京：中国财政经济出版社，2018.

15. 盖地，丁芸. 税务筹划. 5版. 北京：首都经济贸易大学出版社，2019.

16. 盖地. 税务筹划理论研究：多角度透视. 北京：中国人民大学出版社，2013.

17. 谭光荣. 战略税收筹划研究. 长沙：湖南大学出版社，2007.

18. 梁云凤. 战略性税收筹划研究. 北京：中国财政经济出版社，2006.

19. 于长春. 企业税务筹划. 2版. 北京：北京大学出版社，2014.

20. 计金标. 税收筹划. 7版. 北京：中国人民大学出版社，2019.

图书在版编目（CIP）数据

税收筹划：理论、实务与案例/蔡昌主编. --3版. --北京：中国人民大学出版社，2020.12
（MPAcc精品系列）
ISBN 978-7-300-28757-7

Ⅰ.①税… Ⅱ.①蔡… Ⅲ.①税收筹划-研究生-教材 Ⅳ.①F810.423

中国版本图书馆CIP数据核字（2020）第216528号

MPAcc 精品系列
税收筹划：理论、实务与案例（第3版）
主　编　蔡　昌
副主编　李梦娟　阴长霖　王爱清
Shuishou Chouhua：Lilun，Shiwu yu Anli

出版发行	中国人民大学出版社		
社　　址	北京中关村大街31号	**邮政编码**	100080
电　　话	010－62511242（总编室）		010－62511770（质管部）
	010－82501766（邮购部）		010－62514148（门市部）
	010－62515195（发行公司）		010－62515275（盗版举报）
网　　址	http://www.crup.com.cn		
经　　销	新华书店		
印　　刷	北京宏伟双华印刷有限公司	**版　　次**	2016年4月第1版
规　　格	185 mm×260 mm　16开本		2020年12月第3版
印　　张	24.25 插页2	**印　　次**	2021年11月第2次印刷
字　　数	521 000	**定　　价**	56.00元

教师教学服务说明

中国人民大学出版社财会出版分社以出版经典、高品质的会计、财务管理、审计等领域各层次教材为宗旨。

为了更好地为一线教师服务，近年来财会出版分社着力建设了一批数字化、立体化的网络教学资源。教师可以通过以下方式获得免费下载教学资源的权限：

在中国人民大学出版社网站 www. crup. com. cn 进行注册，注册后进入“会员中心”，在左侧点击“我的教师认证”，填写相关信息，提交后等待审核。我们将在一个工作日内为您开通相关资源的下载权限。

如您急需教学资源或需要其他帮助，请在工作时间与我们联络：

中国人民大学出版社　财会出版分社

联系电话：010-62515987，62511076

电子邮箱：ckcbfs@crup. com. cn

通讯地址：北京市海淀区中关村大街甲 59 号文化大厦 1501 室（100872）